Hussein Morsy

Adobe Dreamweaver CC

Der praktische Einstieg

Galileo Press

Liebe Leserin, lieber Leser,

Sie werden Adobe Dreamweaver CC sicherlich nutzen wollen, um auf komfortable Art und Weise Layouts für Ihre Website, für Tablets oder Smartphones zu erstellen? Sie sind neu in Dreamweaver oder steigen von einer Vorversion auf die Version CC um? Dann werden Sie wissen, dass die Arbeit mit Dreamweaver gar nicht selbsterklärend ist.

Doch dieses Praxisbuch von Hussein Morsy wird Ihnen hilfreich zur Seite stehen. Praxisbuch deshalb, weil Sie mit dem Autor zusammen Ihre erste Website erstellen, und zwar vom Anlegen einer Vorlage über die Navigation bis hin zum Testen, Veröffentlichen und Verwalten. Um Ihre Website ansprechend zu gestalten, benötigen Sie grundlegende CSS-Kenntnisse, die Ihnen hier leicht verständlich vermittelt werden. Außerdem erfahren Sie, wie Sie Ihrer Website mit jQuery UI Interaktivität verleihen und wie Sie Google, YouTube und die sozialen Medien integrieren können. Dabei behalten Sie natürlich auch immer die Ausgabe für mobile Geräte im Blick.

Die Beispieldateien für die Erstellung der Website stehen kostenlos auf der Buchwebsite unter *www.dwbuch.de* zum Download für Sie bereit. So kann also nichts mehr schiefgehen!

Wenn Sie Fragen, Kritik oder Anregungen zum Buch haben, wenden Sie sich bitte an mich. Herr Morsy und ich sind gespannt auf Ihre Meinung.

Viel Spaß beim Erstellen Ihrer Websites wünscht

Ruth Lahres
Lektorat Galileo Design
ruth.lahres@galileo-press.de

www.galileodesign.de
Galileo Press · Rheinwerkallee 4 · 53227 Bonn

(📖) Die Bonus-Seite

Ihr Vorteil als Käufer dieses Buches

Auf der Bonus-Webseite zu diesem Buch finden Sie zusätzliche Informationen und Services. Dazu gehört auch ein kostenloser **Testzugang** zur Online-Fassung Ihres Buches. Und der besondere Vorteil: Wenn Sie Ihr **Online-Buch** auch weiterhin nutzen wollen, erhalten Sie den vollen Zugang zum **Vorzugspreis**.

So nutzen Sie Ihren Vorteil

Halten Sie den unten abgedruckten Zugangscode bereit und gehen Sie auf **www.galileodesign.de**. Dort finden Sie den Kasten **Die Bonus-Seite für Buchkäufer**. Klicken Sie auf **Zur Bonus-Seite/Buch registrieren**, und geben Sie Ihren **Zugangs-code** ein. Schon stehen Ihnen die Bonus-Angebote zur Verfügung.

Auf einen Blick

Wir hoffen sehr, dass Ihnen dieses Buch gefallen hat. Bitte teilen Sie uns doch Ihre Meinung mit. Eine E-Mail mit Ihrem Lob oder Tadel senden Sie direkt an die Lektorin des Buches: *ruth.lahres@galileo-press.de*. Im Falle einer Reklamation steht Ihnen gerne unser Leserservice zur Verfügung: *service@galileo-press.de*. Informationen über Rezensions- und Schulungsexemplare erhalten Sie von: *ralf.kaulisch@galileo-press.de*.

Informationen zum Verlag und weitere Kontaktmöglichkeiten finden Sie auf unserer Verlagswebsite *www.galileo-press.de*. Dort können Sie sich auch umfassend und aus erster Hand über unser aktuelles Verlagsprogramm informieren und alle unsere Bücher versandkostenfrei bestellen.

An diesem Buch haben viele mitgewirkt, insbesondere:

Lektorat Ruth Lahres
Korrektorat Petra Bromand, Düsseldorf
Herstellung Maxi Beithe
Layout Vera Brauner
Einbandgestaltung Janina Conrady
Coverbild iStockphoto: 711113 © David shultz, 9999602 © arturbo, 16764141 © Cristian Baitg, 9426764 © Vladimir Piskunov; Fotolia: 998126 © Ryan Klos
Satz SatzPro, Krefeld
Druck Beltz, Bad Langensalza

Dieses Buch wurde gesetzt aus der Linotype Syntax (9,5 pt/13,75 pt) in Adobe InDesign CS6. Gedruckt wurde es auf chlorfrei gebleichtem Offsetpapier (90 g/m²).

Der Name Galileo Press geht auf den italienischen Mathematiker und Philosophen Galileo Galilei (1564–1642) zurück. Er gilt als Gründungsfigur der neuzeitlichen Wissenschaft und wurde berühmt als Verfechter des modernen, heliozentrischen Weltbilds. Legendär ist sein Ausspruch *Eppur si muove* (Und sie bewegt sich doch). Das Emblem von Galileo Press ist der Jupiter, umkreist von den vier Galileischen Monden. Galilei entdeckte die nach ihm benannten Monde 1610.

Bibliografische Information der Deutschen Nationalbibliothek:
Die Deutsche Nationalbibliothek verzeichnet diese Publikation in der Deutschen Nationalbibliografie; detaillierte bibliografische Daten sind im Internet über *http://dnb.d-nb.de* abrufbar.

ISBN 978-3-8362-2452-9
1. Auflage 2014
© Galileo Press, Bonn 2014

Inhalt

3   Dreamweaver CC – los geht's

4   Die Arbeitsumgebung

Teil II Ein Websiteprojekt

5 Eine neue Website

6 Eine Vorlage anlegen

7   Seiten mit Inhalten füllen

8   Erstellen einer Navigation

9   Das Design der Website mit CSS

10   Websites testen, veröffentlichen und verwalten

Teil III Dreamweaver im Detail

11   Texte eingeben und strukturieren

12   Arbeiten mit CSS

13   Bilder einfügen

14   Tabellen erstellen

15   Hyperlinks einsetzen

16   Interaktivität mit JavaScript und jQuery UI

17   Formulare erstellen

18   Mobile Websites

Teil IV Über Dreamweaver hinaus …

19 Bloggen mit WordPress

20 Gesucht und gefunden bei Google

21 Mashups – YouTube, Facebook und Co. integrieren

22 Nützliche Software der Creative Cloud

Workshops

Dreamweaver CC – los geht's

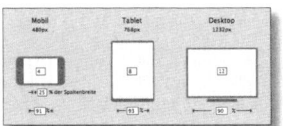

Eine neue Website

Eine Vorlage anlegen

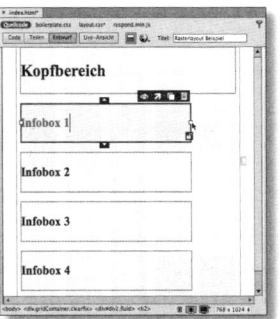

Seiten mit Inhalten füllen

Erstellen einer Navigation

Das Design der Website mit CSS

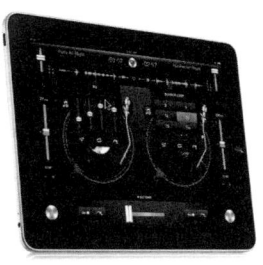

Websites testen, veröffentlichen und verwalten

Texte eingeben und strukturieren

Arbeiten mit CSS

Bilder einfügen

Tabellen erstellen

Hyperlinks einsetzen

Interaktivität mit JavaScript und jQuery UI

Formulare erstellen

Mobile Websites

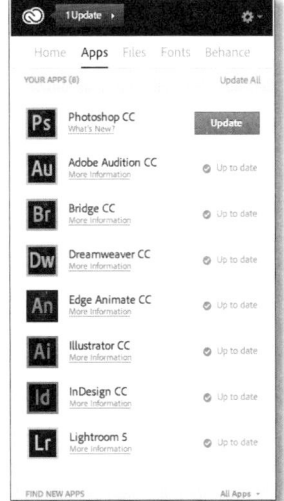

Bloggen mit WordPress

Gesucht und gefunden bei Google

Mashups – YouTube, Facebook und Co. integrieren

Vorwort

Ich kann mich noch gut daran erinnern, wie ich 1997 auf der CeBIT in Hannover den Stand von Macromedia besuchte. Ich interessierte mich damals hauptsächlich für das Programm Macromedia Director, damals das beste Tool, um eigene Multimedia-Präsentationen (meist für CD-ROM) zu erstellen. Nachdem ich mir die Präsentation der neuen Director-Version angeschaut hatte, wurde ein neues Produkt namens Dreamweaver vorgestellt. Damit war es erstmals möglich, mit ein paar Mausklicks interaktive Webseiten inklusive Animationen (mit JavaScript) zu erstellen.

Das waren noch Zeiten, als man Besucher der eigenen Website durch blinkende Bilder und animierte Texte beeindrucken konnte! Es gab damals bereits Konkurrenzprodukte wie PageMill von Adobe, Microsoft Frontpage und NetObjects Fusion. Doch keines dieser Programme bot so viele professionelle Funktionen wie Dreamweaver. Selbst Cascading Stylesheets (CSS) und JavaScript wurden bereits in der Version 1.0 (rudimentär) unterstützt. Heute, mehr als 16 Jahre später und nachdem Adobe Macromedia 2005 übernommen hat, ist Dreamweaver CC (Version 13) eine ausgereifte Software, die aktuelle Webstandards unterstützt. Keines der oben genannten Konkurrenzprodukte ist übrigens heute noch auf dem Markt.

Mit dem Versionswechsel Dreamweaver CS6 nach Dreamweaver CC hat Adobe besonders viel umstrukturiert. Einige Funktionen wurden entfernt, wie z. B. Spry, das durch jQuery UI ersetzt wurde. Die Erstellung und Bearbeitung von CSS ist mit dem neuen CSS-Designer sehr viel besser geworden. Daher wurden auch große Teile des Buchs erheblich überarbeitet. So bietet diese Ausgabe auch für Leser der älteren Ausgaben viel Neues.

Ziel dieses Buchs ist es, Sie als angehenden Webdesigner an die Hand zu nehmen und sicher durch den Dschungel der Funktionen zu führen:

Im ersten Teil, »Einführung«, lernen Sie nicht nur die vollständige Arbeitsumgebung von Dreamweaver CC kennen, Sie erfahren auch, welche Vorbereitungen Sie treffen sollten, um Ihre erste eigene Website ins Internet zu bringen.

Die große Herausforderung für einen Webdesigner in der heutigen Zeit ist es, Website zu erstellen, die nicht nur auf Notebooks und Desktop-Rechnern gut aussehen, sondern auch auf mobilen Endgeräten wie Smartphones und Tablet-Rechnern, wie z. B. dem iPad. Im zweiten Teil, »Ein Websiteprojekt«, lernen Sie daher, wie Sie mit Dreamweaver CC eine erste eigene Site aufbauen, die auch auf mobilen Geräten gut aussieht, und wie Sie diese im WWW veröffentlichen. Sie werden dabei erfahren, wie Sie mit Vorlagen arbeiten und eine komplette Navigation integrieren, die aussieht, als hätte sie ein Profi programmiert.

Im dritten Teil, »Dreamweaver im Detail«, werden wir uns das Einfügen und Bearbeiten der wichtigsten Elemente genauer anschauen. Die Kapitel sind hier weitgehend unabhängig voneinander aufgebaut. Sie müssen diesen Teil daher nicht von vorn bis hinten durchlesen, sondern können auch einfach einzelne Themen nachschlagen.

Einige Bonbons finden Sie im vierten Teil, »Über Dreamweaver hinaus ...«. Dort erfahren Sie, wie Sie ganz leicht einen eigenen Weblog mit WordPress erstellen und wie Sie Ihre Website über Google bekanntmachen können. Dazu gehört nicht nur die Optimierung Ihrer Website für die Suchfunktion, sondern auch das Analysieren der Besucherströme und das Schalten von Werbung. Weiterhin wird die Integration von YouTube, GoogleMaps und Twitter in Ihre Website behandelt. Im letzten Kapitel schauen wir uns an, welche Programme der Creative Cloud Sie als Ergänzung zu Dreamweaver nutzen sollten.

Am Ende des Buchs angelangt, werden Sie Dreamweaver CC kompetent bedienen können, die wichtigsten Technologien im Web kennengelernt haben und vor einer ersten eigenen Website stehen, die sogar professionellen Ansprüchen genügt.

Ich hoffe, dass Sie aus diesem Buch viel für Ihre eigenen Projekte mitnehmen können und Spaß damit haben!

Hussein Morsy
twitter.com/HusseinMorsy
www.dwbuch.de

Teil I

Einführung

Kapitel 1

Ein Platz im Internet
So veröffentlichen Sie Ihre
Website im Internet

- ▶ Wie erhalte ich Webspace?
- ▶ Wie bekomme ich eine eigene Webadresse?
- ▶ Was ist eigentlich eine Domain?
- ▶ Wie finde ich den richtigen Provider?

1 Ein Platz im Internet

Genauso, wie ein Haus ein Grundstück und eine Hausnummer benötigt, braucht Ihre Website Platz und eine Adresse im Internet. In diesem Kapitel erfahren Sie, wie Sie eine Parzelle auf einem Webserver und eine passende Internetadresse anmieten können.

1.1 Wie kommt meine Site ins Internet?

Dieses Buch handelt davon, wie Sie mit den faszinierenden Möglichkeiten des Webpublishing-Tools Dreamweaver CC Websites erstellen. Auf der einen Seite werden Sie lernen, wie Sie Dreamweaver bedienen. Auf der anderen Seite lernen Sie aber auch alle Elemente und Technologien kennen, die eine gute Website ausmachen. Am Ende werden Sie einen eigenen Internetauftritt erstellt haben und alle wichtigen Funktionen von Dreamweaver beherrschen.

Bevor Sie sich aber an Dreamweaver und eine erste eigene Website heranwagen, sollten Sie sich erst einmal anschauen, was eine Website überhaupt ist und was man erledigen sollte, bevor man sie zusammenbaut.

Was ist eine Website?

Eine Website ist einfach ein Zusammenschluss aus mehreren Webseiten. Diese Webseiten sind über Hyperlinks miteinander verknüpft. Klickt man auf einen Link, gelangt man auf eine neue Webseite. Jede einzelne Webseite besteht aus einer einzelnen Datei, dem sogenannten *HTML-Dokument*. Klicken Sie sich durch eine Website, sehen Sie den Namen der gerade angezeigten Datei immer in der Adresszeile des Browsers.

Ein Platz im WWW

Eine Website ist wiederum Bestandteil des großen World Wide Web. Wer über einen Internetanschluss und ein Browserprogramm wie Firefox, Safari, Opera, Internet Explorer oder Google Chrome verfügt, kann diese Website von überall auf der Welt erreichen. Die Voraussetzung dafür ist, dass die Site auf einem Computer liegt, der ständig an das Internet angeschlossen ist. Würden Sie sie auf Ihrem eigenen PC unterbringen, wäre sie vom Internet abgetrennt, wenn Sie die Onlineverbindung beenden. Rechner, die ständig an das Internet angeschlossen sind und auf denen eine Software läuft, die Daten über das im WWW gültige *Hypertext Transfer Protocol (HTTP)* an andere Internetnutzer versendet, nennt man *Webserver.* Die Dateien, aus denen eine Website besteht, müssen also auf einem solchen Webserver untergebracht werden.

Es gibt Millionen von Websites im WWW. Jede einzelne benötigt eine eigene, einzigartige Adresse, über die sie vom Internetnutzer aufgerufen werden kann. Eine solche Adresse, wie zum Beispiel *galileodesign.de*, heißt *Domain*; den ersten Teil (hier *galileodesign*) bezeichnet man als *Domainnamen*.

Um unsere Website, die wir in diesem Buch aufbauen, wirklich im WWW anbieten zu können, müssen wir sie also auf einem Webserver unterbringen und eine Domain für sie beschaffen. Beides ist kein Problem, denn Speicherplatz auf einem Webserver und Internetadressen kann man mieten. In der Regel bekommen Sie beides bei Providern oder sogenannten Webhostern. Einen Überblick über die größten Anbieter finden Sie am Ende dieses Kapitels.

1.2 Die eigene Domain

Wenn Sie Speicherplatz auf einem Webserver anmieten, ist normalerweise mindestens eine Domain kostenfrei enthalten. Die Wahl des Domainnamens ist wie das Namensschild einer Haustür. Ohne ihn kann Ihre Website nicht (oder nur über die IP-Adresse) gefunden werden.

Was ist eine Domain?

Möchten Sie jemanden per Telefon anrufen, benötigen Sie seine Telefonnummer. Unter dieser erreichen Sie ausschließlich seinen Telefonapparat und sonst niemand anderen. Ähnlich verhält es sich im Web. Jeder Webserver hat seine eigene *IP*-Adresse (*Internet Protocol*), über die er im Internet erreichbar ist. Diese setzt sich immer aus vier Teilen zusammen, wobei jeder Teil aus einer Zahl zwischen 0 und 255 besteht.

Die deutsche Google-Website ist zum Beispiel über die IP-Adresse 173.194.39.23 erreichbar. Sie können die IP-Adresse auch im Browser eingeben, um zur Website zu gelangen.

Damit sich der Besucher Ihrer Website die IP-Adresse nicht merken muss, können Sie eine *Domain* beantragen. Für die IP-Adresse 85.88.3.146 wurde zum Beispiel die Domain *galileopress.de* registriert.

Es ist auch möglich, mehrere Domains für dieselbe IP-Adresse zu registrieren. Für die IP-Adresse 85.88.3.146 ist z. B. auch die Domain *galileodesign.de* registriert.

Der Domainname darf nur Buchstaben, Zahlen und Bindestriche enthalten. Domainnamen mit der Endung *de* müssen mindestens drei und dürfen höchstens 63 Zeichen lang sein. Autokennzeichen sind zum Beispiel bei der Top-Level-Domain *de* nicht zulässig. Zwischen Groß- und Kleinschreibung wird nicht unterschieden.

Außerdem sollten Sie darauf achten, dass Ihre Wunschdomain nicht bereits als Marke registriert ist, um einen Rechtsstreit zu vermeiden.

Subdomains

Das Präfix *www* ist nicht Teil des Domainnamens, sondern heißt *Subdomain*. Sie können auf dem für Ihre Site zuständigen Webserver beliebige Präfixe anlegen lassen, ohne diese irgendwo registrieren zu müssen. Meistens beschränken Provider die Anzahl der verfügbaren Subdomains auf fünf, zehn oder zwanzig pro Domain.

Die Firma Apple zum Beispiel verwendet für ihren Shop die Adresse *store.apple.com* und für die allgemeinen Informationen zum Unternehmen die Hausadresse *www.apple.com*. Eine Sub-

---

Domains mit Umlauten

Domainnamen können auch Umlaute und Sonderzeichen anderer Sprachen enthalten. Diese Domainnamen bezeichnet man als *IDN* (*Internationalized Domain Name*). Ein Sonderfall ist das »ß«, das automatisch in »ss« umgewandelt wird. Bei Umlauten ist das nicht der Fall.

Leider funktionieren IDN-Domains im Internet Explorer erst richtig ab Version 7. Andere Browser wie Firefox, Opera und Safari haben keine Probleme mit IDNs.

domain kann einer Internetadresse somit eine spezifische Bedeutung geben.

Bei den meisten Websites können Sie die Subdomain auch weglassen. So können Sie im Browser also statt *www.google.de* auch *google.de* eingeben, und dennoch wird dieselbe Seite geladen.

Top-Level-Domains

Die *Top-Level-Domain* (*TLD*) ist jener Teil in einer Domain, der ganz rechts hinter dem Punkt steht. Die TLD von *google.de* ist *de* und die TLD von *google.com* entsprechend *com*. Es gibt zwei Arten von TLDs:

▶ **länderspezifische TLDs** (*ccTLD* für *country code TLD*), z. B. *de* für Deutschland, *fr* für Frankreich, *nl* für die Niederlande. Insgesamt existieren über 240 verschiedene länderspezifische TLDs. Obwohl die Europäische Union kein eigener Staat ist, gibt es auch *eu*.

▶ **generische TLDs** (*gTLD*), z. B. *com* für kommerzielle (*commercial*) Websites, *org* für öffentliche Organisationen, *gov* für die amerikanische Regierung, *info* für Informationswebsites usw.

ICANN – die Internetverwaltung

ICANN (*Internet Corporation for Assigned Names and Numbers*) ist die Hauptorganisation, die die IP-Adressräume und die Top-Level-Domains verwaltet. Die ICANN ist unter *www.icann.org* erreichbar.

Inzwischen gibt es auch neue gTLDs, die den Einsatzbereich der Website kennzeichnen sollen, wie *tv* für Websites zum Thema Fernsehen und *museum* (wie bei *deutsches.uhren.museum*) für Museen.

Trotz der wachsenden Anzahl an generischen TLDs sind die *com*- und die *de*-TLD für kommerzielle Websites in Deutschland zu bevorzugen, da diese am geläufigsten sind. Eine Übersicht über alle aktuellen TLDs finden Sie auf der Seite *http://www.iana.org/domains/root/db/*.

Ist meine Domain noch frei?

Für jede Top-Level-Domain gibt es jeweils eine Organisation, die die Vergabe der Domainnamen regelt. Für die deutschen Domains (*de*) ist die *Denic* zuständig. Sie können dort auch überprüfen, ob Ihr Wunschname noch frei ist.

Ist eine Domain bereits vergeben, müssen Sie nicht gleich aufgeben. Sie können nämlich mit dem Domaininhaber in Kontakt treten. Die Kontaktinformationen liefert Ihnen ebenfalls die Denic. Sie müssen nur die Option DOMAINDATEN ANZEIGEN aus- wählen und die Sicherheitsabfrage (Captcha) ausfüllen, um alle relevanten Informationen über den Domaininhaber zu erhalten (siehe Abbildung 1.2).

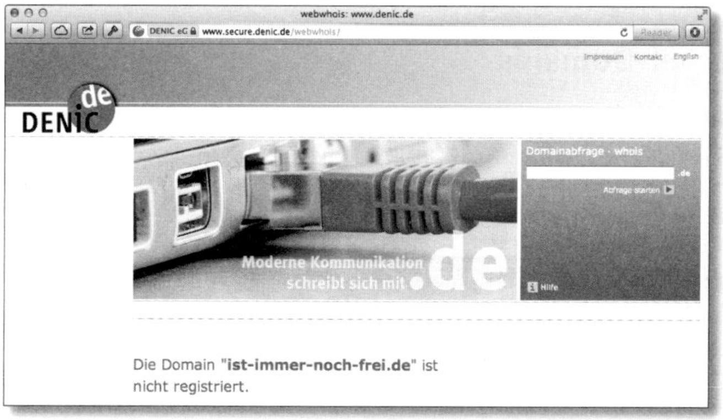

Abbildung 1.1 ▶
Bei der Denic (*www.denic.de*) können Sie überprüfen, ob Ihre gewünschte Domain noch frei ist – in diesem Fall ist die Domain *ist-immer-noch-frei* noch zu haben.

Abbildung 1.2 ▶
Ist eine Domain bereits regis- triert, können Sie sich Infor- mationen über den Domain- inhaber anzeigen lassen.

Abbildung 1.3 ▶
Die Denic liefert Ihnen u. a. die Anschrift und Telefon- nummer des Domaininhabers.

Für die *com*-Domains ist die Organisation *Nic* (*www.nic.com*) zuständig. Um nicht für jede Top-Level-Domain einzeln prüfen zu müssen, ob die Domain noch frei ist, gibt es zahlreiche Websites, die automatisch eine Prüfung Ihres Wunschnamens unter verschiedenen TLDs durchführen. Auf den Websites *www.sedo.de* oder auch *www.united-domains.de* können Sie einfach einen beliebigen Namen eingeben (ohne TLD). Daraufhin werden die möglichen Domains überprüft. Bei der Eingabe von »dreamweaver-training« auf *www.united-domains.de* wird angezeigt, dass u.a. *dreamweaver-training.net* noch frei ist – das allerdings nur gegen Bares.

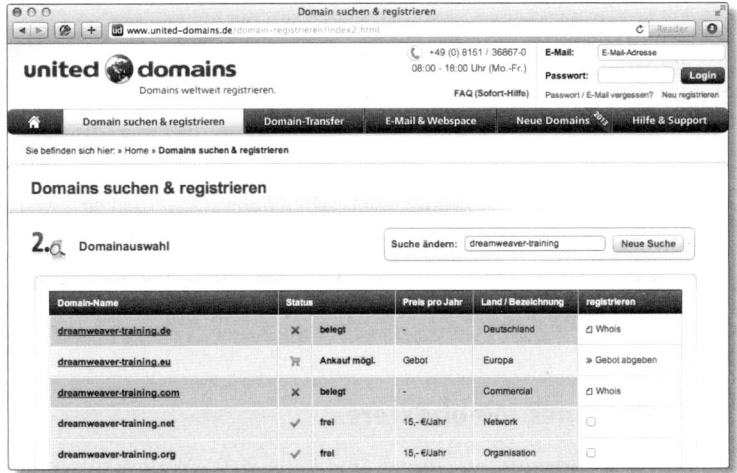

▲ **Abbildung 1.4**
Bei *www.united-domains.de* werden automatisch mehrere Domains überprüft.

Domains registrieren

Bei der Denic können Sie Domains mit der Top-Level-Domain *de* registrieren. Dies ist für Einzelpersonen jedoch recht kostspielig. Provider können die Domains viel günstiger für Sie anmelden, da viele von ihnen Mitglied bei der Denic sind und Domains zu Sammelpreisen einkaufen.

Bei einem Provider können Sie Ihre (freie) Domain beantragen, und Sie erhalten zusätzlich Speicherplatz auf dem Webserver, auf dem Sie Ihre Website ablegen können.

1.3 Einen Provider finden

Bevor Sie Ihre Website im World Wide Web veröffentlichen können, benötigen Sie Speicherplatz auf einem Webserver, den sogenannten *Webspace*. Dieser ist dann Ihr »Grundstück« im Web, das Sie nach Ihren eigenen Wünschen beackern können.

Diesen Platz können Sie bei *Webspace-Providern*, auch *Webhoster* genannt, mieten. Die Webhoster bieten für die unterschiedlichen Ansprüche ihrer Kunden verschiedene Pakete an. In jeder Computerzeitschrift finden Sie zahlreiche Angebote, angefangen bei ein paar Megabyte kostenlos bis hin zu ganzen eigenen Servern für unter 30 Euro. Der Markt für Serverplatz ist unüberschaubar groß geworden. Informieren Sie sich daher gut!

Die Qualität der Webhoster ist sehr unterschiedlich. Was nutzt Ihnen die beste Website, wenn der Webserver, aus welchen Gründen auch immer, nicht erreichbar ist? Bei einem der bekanntesten billigen Webhoster kam es sehr häufig zu Ausfällen, weil etwa das Netzteil eines Großrechners ausgefallen war oder weil aus Versehen sämtliche Daten von Kunden gelöscht wurden. Fragen Sie also auch nach der Leistungsgarantie, und wählen Sie Ihren Webhoster sorgfältig aus.

Kostenloser Webspace?

Wenn Sie nichts gegen Werbeeinblendungen haben, können Sie auch kostenlos Webspace bekommen. Bekannte Anbieter in diesem Bereich sind z. B. *www.beepworld.de* und *www.tipido.de*.
Eine andere Alternative ist *www.uberspace.de*. Hier können Sie den Preis (ab 1 Euro) selbst bestimmen.

Auswahl eines Webhosters

In Deutschland gibt es zurzeit mehr als 700 Webhoster. Viele stellen verschiedene Hosting-Angebote bereit. Doch für welches soll man sich entscheiden? Erwähnt werden soll hier eine hervorragende Website, die Ihnen bei der Entscheidung helfen kann: Unter *www.webhostlist.de* finden Sie mehrere Übersichten über die besten Webhoster in Deutschland mitsamt Bewertungen von Kunden, die die Services in Anspruch genommen haben. Sie können dort auch nachlesen, welche Erfahrungen die User mit den Providern gemacht haben. In Tabelle 1.1 finden Sie die Top 10 der Webhoster der Leserwahl vom Mai 2013.

Tabelle 1.1 ▶
Top 10 der deutschen Webhoster (Quelle: Webhostlist, Auswertung 05/2013, Kategorie Business)

Platzierung	Webprovider	URL
1.	domainfactory GmbH	*http://www.df.eu*
2.	Net-Build® GmbH	*http://www.netbuild.net*

Platzierung	Webprovider	URL
3.	Greatnet.de	http://www.greatnet.de
4.	STRATO AG	http://www.strato.de
5.	ALL-INKL.COM	http://www.all-inkl.com
6.	WebhostOne e.K.	http://www.webhostone.de
7.	Host Europe GmbH	http://www.hosteurope.de
8.	1&1 Internet AG	http://www.1und1.de
9.	Hetzner Online AG	http://www.hetzner.de
10.	Greatweb.de	http://www.greatweb.de

◄ **Tabelle 1.1**
Top 10 der deutschen Webhoster (Quelle: Webhostlist, Auswertung 05/2013, Kategorie Business) (Forts.)

Das passende Angebot finden

Nachdem Sie sich für einen Webprovider entschieden haben, müssen Sie nur noch das für Sie passende Webhosting-Angebot auswählen. Die folgenden Kriterien sind dabei behilflich:

1. **Anzahl an Domainnamen**
   Unter einem Domainnamen ist Ihre Website erreichbar. Je mehr Domainnamen Ihnen zur Verfügung gestellt werden, desto besser.

2. **Anzahl an Subdomains**
   Normalerweise kann man Ihre Website mit *www.firmenname.de* aufrufen. Wenn Sie Subdomains anlegen, ist Ihre Website zum Beispiel auch unter *shop.firmenname.de* erreichbar. Somit können Sie beispielsweise verschiedene Unternehmensbereiche anzeigen.

3. **Anzahl an E-Mail-Adressen**
   Viele Provider bieten im Bundle mit Domains und Webspace inzwischen teils mehr als 100 E-Mail-Adressen an.

4. **Größe des Speicherplatzes**
   Für die meisten normalen Websites sind 1 GB mehr als ausreichend. Wenn Sie aber auch Filme oder Musikdateien anbieten möchten, sollten Sie wesentlich mehr Speicherplatz anmieten.

5. **Monatliches Transfervolumen (Traffic)**
   Wenn ein Besucher eine Seite Ihres Webauftritts aufruft, wird jede einzelne Datei an den Besucher transferiert. Das verursacht Transferkosten. In einem Angebot ist immer ein bestimm-

tes Transfervolumen pro Monat enthalten. Viele Provider bieten mindestens 500 MByte pro Monat an. In der Praxis bedeutet das, dass eine Seite mit einer durchschnittlichen Größe von 200 KByte 2.500 Mal pro Monat aufgerufen werden kann, ohne dass zusätzliche Kosten entstehen. Wenn Ihre Website oft besucht wird, sollten Sie unbedingt ein Webhosting-Angebot wählen, das ein großes oder unbegrenztes Transfervolumen bietet.

6. **PHP und MySQL-Datenbank**

Falls Sie anspruchsvolle Webseiten erstellen möchten, die aus Datenbanken generiert werden, sollten Sie darauf achten, dass Ihr Webhoster die Skriptsprache PHP unterstützt und mindestens eine MySQL-Datenbank bereithält. Dies ist auch für das Kontaktformular und den Blog erforderlich, die wir in diesem Buch in Abschnitt 17.7, »Kontaktformular mit PHP-Skript«, und in Kapitel 19, »Bloggen mit WordPress«, exemplarisch in unsere Website einbinden werden.

Brauche ich einen eigenen Webserver?

Die geringen Mietpreise für einen eigenen Webserver, auf dem Sie nach Herzenslust alles selbst konfigurieren können, sind sehr verlockend. Aber davon rate ich in den meisten Fällen ab, da Sie dafür sehr gute Linux-Kenntnisse benötigen und sich selbst um die Sicherheit Ihres Servers kümmern müssen. In den folgenden Fällen ist ein eigener Webserver jedoch von Vorteil:

▸ Sie benötigen einen Gameserver.
▸ Sie benötigen spezielle Erweiterungen (z. B. spezielle PHP-Module).
▸ Sie benötigen eine bei vielen Providern nicht installierte Programmiersprache (wie z. B. Java oder Ruby).
▸ Sie möchten selbst Provider sein.
▸ Sie haben Spaß am Konfigurieren von Linux-Servern und möchten viel ausprobieren.

Wie konfigurieren Sie Ihren Webspace?

Beispielsweise für den Fall, dass Sie E-Mail-Adressen anlegen oder neue Domains beantragen möchten, bieten alle Provider ein Konfigurationsmenü an, mit dem Sie die gewünschten Einstellungen vornehmen. Dazu erhalten Sie vom Provider einen Zugang, der über den Webbrowser aufrufbar ist.

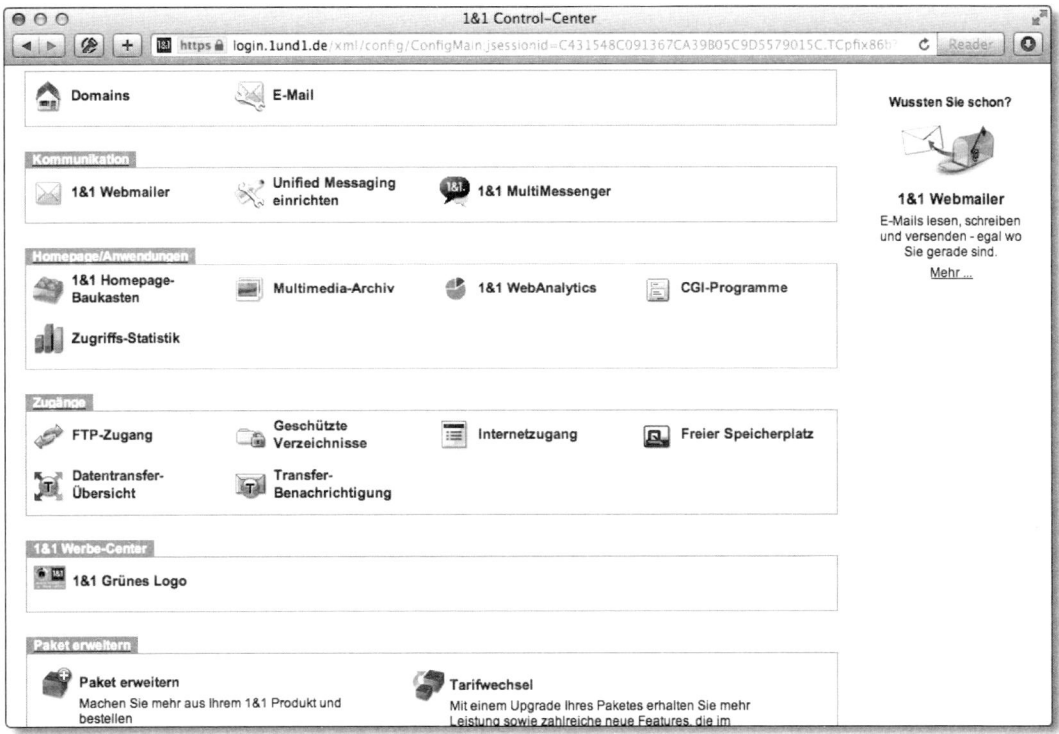

▲ **Abbildung 1.5**
Ein komfortables Webspace-Konfigurationsmenü bietet z. B. 1&1
(*http://www.1und1.de*).

Kapitel 2

Die Sprachen des Web
Sie müssen kein Programmierer werden

- ▶ Wie ist eine Webseite aufgebaut?
- ▶ Womit werden Webseiten »programmiert«?
- ▶ Was sind HTML und Cascading Stylesheets (CSS)?
- ▶ Was ist in HTML5 und CSS3 neu?
- ▶ Wofür benutzt man JavaScript und PHP?

2 Die Sprachen des Web

Sie müssen nicht die Internetsprachen HTML, JavaScript und PHP beherrschen, um Webseiten in Dreamweaver zu erstellen. Es ist jedoch sehr hilfreich, wenn Sie in etwa wissen, worum es dabei geht. Falls Sie lieber gleich mit Dreamweaver loslegen möchten, können Sie dieses Kapitel auch überspringen und unbekannte Begriffe später hier nachschlagen.

2.1 Welche Sprachen gibt es?

Sublime Text

Sehr viele professionelle Webentwickler verwenden den Texteditor Sublime Text (*http://www.sublimetext.com*), der auf das Bearbeiten von Quelltexten wie HTML, CSS, PHP etc. spezialisiert ist. Sublime Text ist zwar nicht so komfortabel wie Dreamweaver zu bedienen, dafür ist er sehr schnell und lässt sich hervorragend über Tastenkürzel steuern, ohne dass die Maus verwendet werden muss. Sublime Text gibt es sowohl für Mac und Windows als auch für Linux.

HTML (*Hypertext Markup Language*) ist die Grundlage jeder Webseite. Dabei handelt es sich um eine Sprache für den Webbrowser, die neben dem Text, der auf der Webseite sichtbar ist, Anweisungen (sogenannte *Tags*) enthält, die z. B. angeben, welche Texte als Überschriften dargestellt werden und welche als Link.

Neben HTML wird auch die Sprache CSS (*Cascading Stylesheets*) eingesetzt, die für das Aussehen der Webseite verantwortlich ist. In CSS werden u. a. Farben, Schriften und Abstände festgelegt.

Um HTML- und CSS-Dateien zu erstellen, brauchen Sie nicht einmal ein Programm wie Dreamweaver. Ein einfaches Programm zum Erstellen von Texten (wie z. B. WordPad, TextEdit oder Sublime Text) reicht aus. Das Dokument muss lediglich als einfacher Text mit der Dateiendung ».html« abgespeichert werden.

Anspruchsvolle Seiten von Hand mit HTML und CSS zu entwickeln, ist eine komplexe Sache. An dieser Stelle tritt Dreamweaver auf den Plan. Seine Hauptaufgabe besteht darin, Sie beim Erstellen von HTML-Seiten zu unterstützen und es Ihnen möglichst so einfach wie beim Schreiben eines Word-Textes zu machen. Sie brauchen keine Zeile HTML selbst zu schreiben, Sie müssen sich den Quelltext der Seiten noch nicht einmal anschauen. Dreamweaver erzeugt den Code ganz einfach im Hintergrund. Trotzdem ist es hilfreich, HTML grundlegend zu verstehen.

Neben HTML spielen auch andere Sprachen wie *JavaScript* und *PHP* bei der Erstellung von Webseiten eine wichtige Rolle. Die angewandten Sprachen lassen sich in zwei Kategorien aufteilen:

1. Sprachen, die im Browser interpretiert werden und die Strukturierung und Darstellung der Inhalte vorgeben (vor allem HTML, Cascading Stylesheets, JavaScript)
2. Sprachen, die bereits auf dem Server ausgeführt werden, um z. B. Daten aus einer Internetdatenbank abzufragen (PHP, JSP, ASP und andere).

2.2 Hypertext Markup Language

Mit HTML werden die Inhalte einer Webseite strukturiert. Für die Formatierung der Inhalte, wie z. B. die Festlegung von Schrifttypen oder Farben, sollten Sie nicht HTML, sondern Cascading Stylesheets – kurz *CSS* – einsetzen. Diese behandele ich in Kapitel 9, »Das Design der Website mit CSS«, und in Kapitel 12, »Arbeiten mit CSS«. Eine kurze Einführung finden Sie aber bereits in Abschnitt 2.3, »Cascading Stylesheets«.

HTML ist eine sogenannte *Auszeichnungssprache* (englisch *Markup Language*). Sie können HTML in jedem beliebigen Texteditor erstellen. Dreamweaver ist somit nicht zwangsläufig erforderlich, um Webseiten zu erstellen, bietet jedoch viele Hilfsfunktionen und Arbeitserleichterungen. HTML wurde 1991 von Tim Berners-Lee erfunden und seitdem ständig weiterentwickelt. Die aktuelle Version, die wir auch in diesem Buch verwenden, ist HTML5.

In dem folgenden Beispiel wird z. B. der Textabschnitt »Galileo-Einsteigerreihe« in HTML ausgezeichnet:

HTML ist keine Programmiersprache

HTML ist keine Programmiersprache wie Java oder C. Es gibt darin keine Variablen, Schleifen usw. Auch kann man ein HTML-Dokument nicht ausführen oder Berechnungen damit erstellen lassen.

```
Das Buch aus der <strong>Galileo-Einsteigerreihe</strong>
zeigt Ihnen systematisch die Handhabung von Dreamweaver.
```

Die Auszeichnungsbefehle wie `<strong>` werden *Tags* genannt. Das `<strong>`-Tag hebt den Textabschnitt hervor. Im Browser wird dieser Textabschnitt in fetter Schrift dargestellt.

Die meisten Tags müssen mit `</Tagname>` geschlossen werden. In unserem Beispiel wurde `<strong>` mit `</strong>` geschlossen. Der Browser weiß so, bis wohin der Text hervorgehoben werden soll.

Strukturieren von Inhalten

Die Hauptaufgabe von HTML ist es, den Inhalt einer Webseite zu strukturieren, indem der Text in Überschriften, Absätze, Listen, Tabellen usw. eingeteilt wird.

Der folgende Text enthält eine Überschrift und einen Absatz, die mit HTML strukturiert werden:

Listing 2.1 ▶
Der HTML-Code enthält HTML-Tags für Überschriften (<h1>), Absätze (<p>) und starke Hervorhebungen (<strong>).

```
<h1>Dreamweaver CC: Der praktische Einstieg</h1>
<p>Das Buch aus der <strong>Galileo-Einsteigerreihe
</strong> zeigt Ihnen systematisch die Handhabung von
Dreamweaver</p>
```

Das <h1>-Tag kennzeichnet Überschriften. Das h im <h1>-Tag steht für »Header«, und 1 steht für die höchste Überschriftenebene. Das <h2>-Tag bezeichnet die zweithöchste Überschriftenebene usw.

Das <p>-Tag markiert Absätze. Nach jedem Absatz wird normalerweise eine Leerzeile eingefügt.

HTML-Tag	Anwendung
<h1> ... <h1>, <h2> ... </h2> bis <h6>	Überschriften
<p> ... </p>	Absatz
<em> ... </em>	Hervorhebung (wird meist kursiv dargestellt)
<strong> ... </strong>	starke Hervorhebung (wird meist fett dargestellt)
<ul>... </ul>	unnummerierte Liste
<ol> ... </ol>	nummerierte Liste
<table> ... </table>	Tabelle
<a > ... </a>	Hyperlink
<img src="bildname.jpg">	Bild
 	harter Umbruch

▲ **Tabelle 2.1**
Wichtige HTML-Tags zur Strukturierung von Inhalten

Tag-Attribute

Für die meisten Tags können zusätzlich Attribute definiert werden. Um z. B. die Überschrift zu zentrieren, können Sie das `style`-Attribut in das `<h1>`-Tag integrieren:

```
<h1 style="text-align:center">Dreamweaver-Buch</h1>
```

Um einen Hyperlink zu einer anderen Webseite zu erstellen, wird das Attribut `href` für das `<a>`-Tag eingesetzt:

```
<a href="http://www.galileo-press.de">Galileo-Verlag</a>
```

Ein Tag kann auch mehrere Attribute gleichzeitig aufnehmen, wie z. B. bei dem `<img>`-Tag zur Integration von Bildern:

```
<img src="logo.gif" width="100" height="80">
```

Zeichen	HTML-Entities
€	`&euro;`
©	`&copy;`
®	`&reg;`
«	`&laquo;`
»	`&raquo;`

▲ **Tabelle 2.2**
HTML-Entities (kleine Auswahl)

HTML-Entities

Sonderzeichen können in HTML mit sogenannten *HTML-Entities* codiert werden. `&copy;` stellt z. B. das Copyright-Symbol dar, während für das Euro-Zeichen das HTML-Entity `&euro;` verwendet wird. Tabelle 2.2 listet einige HTML-Entities auf.

Sie brauchen sich diese Tabelle jedoch nicht zu merken, da Dreamweaver eine Funktion zum Einfügen von Sonderzeichen besitzt.

Umlaute und HTML-Entities

Da Dreamweaver den Unicode-Zeichensatz (die UTF-8-Zeichenkodierung) verwendet, können Sie Umlaute direkt im HTML-Code eingeben.
Mit dem Unicode-Zeichensatz können auch Texte in Arabisch, Hebräisch usw. dargestellt werden.

Header und Body

Ein HTML-Dokument besteht immer aus zwei Teilen: einem Kopfteil (Header), in dem u. a. der Titel der Seite definiert wird, und einem Rumpfteil (Body), in dem der Inhalt der Webseite eingefügt wird. Beide Bereiche werden vom `<html>`-Tag umgeben.

Das folgende Listing zeigt eine vollständige HTML-Seite in der neuen Version HTML5:

```
<!doctype html>
<html>
<head>
  <meta charset="UTF-8">
  <title>Dreamweaver-Buch</title>
</head>
```

◄ **Listing 2.2**
Eine vollständige HTML5-Seite

```
<body>
  <h1>Adobe Dreamweaver CC: Der praktische Einstieg</h1>
  <p>Das Buch aus der <strong>Galileo-
  Einsteigerreihe</strong> erklärt Ihnen systematisch die
  Handhabung von Dreamweaver.</p>
  <p>&copy; 2013</p>
</body>
</html>
```

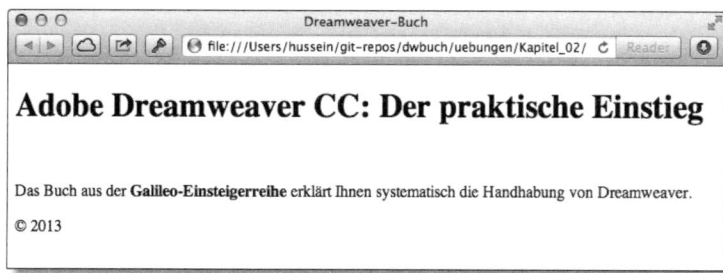

Abbildung 2.1 ▶
HTML-Seite im Webbrowser
dargestellt

Darstellung im Browser

In unserem Beispiel wird HTML nur zur Strukturierung der Inhalte verwendet. Es werden keine Tags zur Formatierung, wie z. B. das uralte <font>-Tag (für Schriftformatierungen), verwendet.

Für die Formatierung sind, wie schon erwähnt, Cascading Stylesheets erforderlich. Doch was passiert, wenn man die HTML-Seite ohne Cascading Stylesheets im Browser öffnet? In diesem Fall wendet der Browser eine Standardformatierung an. Das <h1>-Tag wird z. B. in fetter, großer Schrift dargestellt, und das <strong>-Tag für starke Hervorhebungen wird fett angezeigt.

Extensible Hypertext Markup Language (XHTML)

XHTML ist der Nachfolger von HTML 4. Im Wesentlichen basiert XHMTL auf HTML, enthält jedoch strengere Regeln, die dem XML-Standard entsprechen. (XML ist ein allgemeiner Standard für hierarchisch strukturierte Daten.)

Die auffälligste Neuerung gegenüber HTML ist, dass jedes Tag geschlossen werden muss. In HTML wird z. B. das
-Tag nicht geschlossen. In XHTML hingegen muss das Tag geschlossen werden, indem man z. B.
</br> schreibt. Dafür gibt es in XHTML allerdings auch eine praktischere Schreibweise: `<br />` bedeutet, dass das Tag zugleich geöffnet und geschlossen wird.

Ob es sich um ein XHTML-Dokument handelt, erkennen Sie am sogenannten Doctype in der ersten Zeile.

```
<!DOCTYPE html PUBLIC "-//W3C//DTD XHTML 1.0
Transitional//EN"
"http://www.w3.org/TR/xhtml1/DTD/xhtml1-transitional.dtd">
```

HTML5

2009 wurde bekanntgegeben, dass XHTML nicht mehr weiterentwickelt und durch HTML5 ersetzt wird. HTML5 ist erheblich toleranter als XHTML. Tags können, müssen aber nicht geschlossen werden (das heißt, dass z. B. `<br>` wieder erlaubt ist). Der Grund dafür ist, dass in der Praxis diese Regeln oft nicht eingehalten wurden. Vielmehr wollte das World Wide Web Consortium (*W3C*; Gremium für das Festlegen von Standards im Internet) einen Standard schaffen, der sich an der Praxis orientiert. HTML5 ist daher viel einfacher als XHTML.

HTML5 enthält auch neue Tags wie z. B. `<article>` und `<footer>`, um die HTML-Dokumente einfacher zu strukturieren.

In Zukunft wird HTML5 auch immer mehr Flash ersetzen. Mit dem Tag `<video>` können z. B. Videos ohne Flash abgespielt werden. Objekte können mit dem `<canvas>`-Tag dynamisch erstellt und animiert werden. Besonders gut eignen sich der Safari- und der Chrome-Webbrowser für die Anzeige von HTML5-Dokumenten. Der Internet Explorer unterstützt erst seit Version 9 HTML5. Es gibt jedoch Tricks (die sogenannten *Polyfills*), mit denen einige HTML5-Tags auch unter älteren Internet-Explorer-Versionen funktionieren.

Wenn Sie auf die Verwendung der neuen Tags verzichten, können Sie HTML5 schon heute ohne Probleme (auch bei älteren Browsern) in der Praxis einsetzen. So haben z. B. Google und Apple ihre Seiten bereits auf HTML5 umgestellt. Wir folgen diesem Beispiel und verwenden in diesem Buch ebenfalls HTML5.

Ein HTML5-Dokument erkennen Sie an folgendem Doctype in der ersten Zeile, der im Vergleich zu XHTML sehr einfach ist:

```
<!doctype html>
```

YouTube und HTML5

Auf der Webseite *http://www.youtube.com/html5* werden YouTube-Videos ohne Flash abgespielt.

2.3 Cascading Stylesheets

Layout mit Tabellen

Früher hat man das Layout einer Webseite in der Regel mit Tabellen gestaltet. Der Grund dafür lag in der mangelnden CSS-Unterstützung der Browser. Da inzwischen jedoch alle gängigen Browser CSS unterstützen, sollten Sie auf das Layouten mit Tabellen möglichst verzichten. Webseiten, deren Layout mit Tabellen erstellt wurde, haben einige Nachteile. So benötigen sie z. B. mehr Zeit zum Laden, ihr Layout lässt sich im Nachhinein nur schwer ändern, und diese Vorgehensweise entspricht nicht dem aktuellen Webstandard.

Cascading Stylesheets bezeichnen eine Technologie, mit der Sie das Aussehen einer Webseite bestimmen können – angefangen bei der Textformatierung bis hin zum gesamten Layout der Webseite. Das Formatieren von Texten mit CSS ist relativ einfach. Das Layouten ganzer Webseiten mit CSS hingegen erfordert sehr viel Wissen und Erfahrung, damit die Seiten in allen aktuellen Browsern korrekt dargestellt werden. Zum Glück werden in Dreamweaver CC Layoutvorlagen mitgeliefert, die Ihnen diese Arbeit größtenteils abnehmen. Im folgenden Beispiel zeige ich, wie Sie CSS für die Formatierung von Texten einsetzen. In Kapitel 9, »Das Design der Website mit CSS«, werden Sie lernen, wie Sie mit CSS-Vorlagen das Layout einer Website gestalten.

Inline-CSS

Zu jedem HTML-Tag kann angegeben werden, wie dieses angezeigt werden soll. Angenommen, eine Überschrift mit dem <h1>-Tag soll zentriert werden und eine Schriftgröße von 20 px zugewiesen werden. Dazu ergänzen wir das <h1>-Tag um das Attribut style, in dem wir die gewünschte Formatierung angeben.

```
<!doctype html>
<html>
<head>
  <meta charset="UTF-8">
  <title>Dreamweaver-Buch</title>
</head>
<body>
   <h1>Überschrift ohne Inline-CSS</h1>
   <h1 style="text-align: center; font-size:
24px">Überschrift mit Inline-CSS</h1>
   <p>Das Buch aus der <strong>Galileo-Einsteigerreihe
</strong> erklärt Ihnen systematisch die Handhabung von
Dreamweaver.</p>
   <p>&copy; 2013</p>

</body>
</html>
```

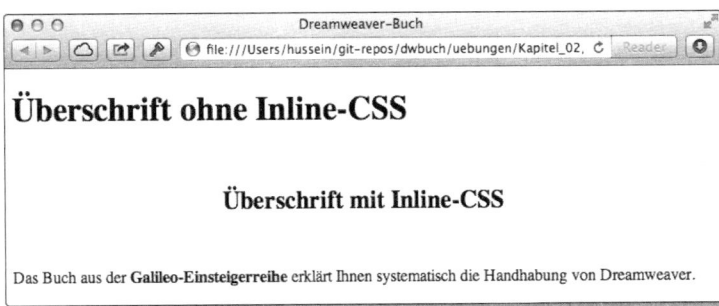

◄ **Abbildung 2.2**
HTML-Seite mit und ohne
Inline-CSS

Inline-CSS (in Dreamweaver Inline-Stil genannt) haben den Vorteil, dass man ad hoc direkt in der Zeile des HTML-Tags (daher der Name Inline) das Aussehen festlegen kann. Was ist aber, wenn man z. B. die Überschrift mit dem ⟨h1⟩-Tag auf mehreren Webseiten einheitlich gestalten will? Hier müsste man das Style-Attribut mehrfach kopieren und einfügen. Einheitliche Anpassungen werden dadurch erheblich erschwert.

Externe CSS-Datei

Die Lösung für das Problem besteht darin, die CSS-Formatierungen in eine separate Datei auszulagern.

Dort ist dann z. B. zentral festgelegt, wie das ⟨h1⟩-Tag für Überschriften formatiert werden soll. Im Gegensatz zum Inline-CSS kann man die Formatierungen auch übersichtlich in separaten Zeilen angeben:

```
h1 {
    font-family: Arial;
    font-size: 20px;
    font-weight: bold;
    text-align: center;
    border: 1px solid #000;
    border-radius: 12px;
}

p {
    font-family: Arial;
    font-size: 14px;
}
```

◄ **Listing 2.3**
Definition einer CSS-Datei
(namens »style.css«), in der
die Tags ⟨h1⟩, ⟨p⟩ und
⟨strong⟩ einheitlich formatiert werden

```
strong {
    color: red;
}
```

Damit die Formate der CSS-Datei Einfluss auf eine Webseite haben, muss die CSS-Datei mit dem `<link>`-Tag eingebunden werden:

Listing 2.4 ►
HTML-Seite mit verknüpfter CSS-Datei

```
<!doctype html>
<html>
<head>
  <meta charset="UTF-8">
  <title>Dreamweaver-Buch</title>
  <link rel="stylesheet" type="text/css" href="style.css">
</head>
<body>
  <h1>Adobe Dreamweaver CC: Der praktische Einstieg</h1>
  <p>Das Buch aus der <strong>Galileo-
  Einsteigerreihe</strong> erklärt Ihnen systematisch die
  Handhabung von Dreamweaver.</p>
  <p>&copy; 2013</p>
</body>
</html>
```

Abbildung 2.3 ►
HTML-Seite jetzt mit einer CSS-Datei verknüpft: Schrifttyp, Ausrichtung und Textgröße haben sich verändert. Die Überschrift hat einen Rahmen mit abgerundeten Ecken.

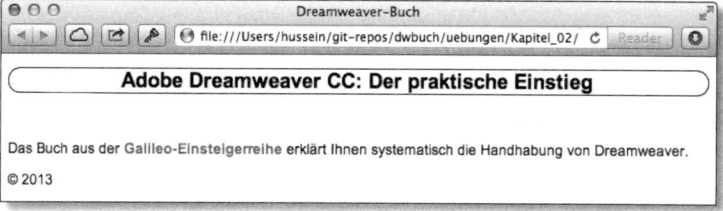

CSS3

CSS3 ist der neuste CSS-Standard, der zusammen mit HTML5 bei modernen Websites eingesetzt wird. CSS3 eröffnet dem Webdesigner ganz neue Möglichkeiten, die vorher nur mit Grafikprogrammen, JavaScript oder komplizierten Tricks erstellt werden konnten, wie z. B. abgerundete Ecken oder Animationen.

Da der CSS3-Standard noch recht neu ist, gibt es zurzeit keinen Webbrowser, der alle Funktionen unterstützt. Die neusten Webbrowser beherrschen jedoch die folgenden Funktionen:

▸ Schlagschatten

▸ transparente Bereiche

▸ mehrere Hintergrundbilder

▸ Farbverläufe

▸ abgerundete Ecken bei Rahmen (siehe Abbildung 2.3)

▸ Übergangseffekte

▸ Animationen

▸ individuelle Webschriften

Dreamweaver CC unterstützt Sie bei der Verwendung einiger CSS3-Befehle (wie z. B. bei den Übergangseffekten), damit diese auch in älteren Webbrowsern funktionieren.

2.4 JavaScript

Mit JavaScript wird Ihre Webseite interaktiver und lebendiger. Sie können mit JavaScript u. a. Folgendes realisieren:

▸ Rollover-Buttons (Bilder verändern sich bei Mausberührung)

▸ Öffnen von neuen Browserfenstern in einer bestimmten Größe

▸ Formularfelder-Überprüfung

▸ interaktive Menüs

Mit JavaScript können Sie jedoch keine Verbindung zu einem Datenbanksystem direkt herstellen, um z. B. Produktdaten auszulesen. Dafür wird oft PHP eingesetzt.

JavaScript ist eine Programmiersprache, die in HTML integriert wird, aber weit schwieriger zu erlernen ist. Das Hauptproblem liegt u. a. darin, die Inkompatibilitäten der verschiedenen Browser in den Griff zu bekommen.

Mit dem Bedienfeld VERHALTEN können Sie in Dreamweaver jedoch auch ohne JavaScript-Kenntnisse komfortabel interaktive Webseiten erstellen (siehe Kapitel 16, »Interaktivität mit JavaScript und jQuery UI«).

Es gibt verschiedene Techniken, JavaScript in HTML zu integrieren. Die einfachste Form sehen Sie im folgenden Beispiel:

```
<!doctype html>
<html>
<head>
```

CSS3 und Medienabfragen

Mit CSS3 sind auch Medienabfragen möglich. Diese erlauben es, unter anderem die Größe des Bildschirms des Endgerätes – beispielsweise eines Smartphones – abzufragen und die Webseite entsprechend anzupassen. In Kapitel 18, »Mobile Websites«, erfahren Sie mehr zu diesem Thema.

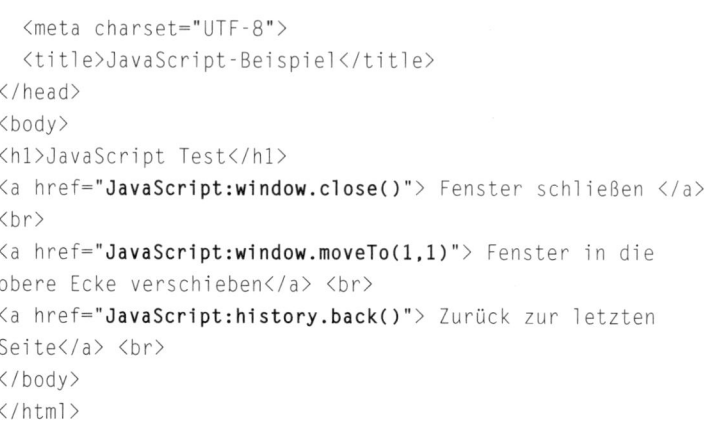

Listing 2.5 ▸
JavaScript wird in diesem Beispiel in Hyperlinks integriert,
um bei einem Klick darauf das
Fenster zu schließen, es in die
obere linke Ecke des Bildschirms zu verschieben oder
wieder zur letzten besuchten
Webseite zu gelangen.

```
    <meta charset="UTF-8">
    <title>JavaScript-Beispiel</title>
</head>
<body>
<h1>JavaScript Test</h1>
<a href="JavaScript:window.close()"> Fenster schließen </a>
<br>
<a href="JavaScript:window.moveTo(1,1)"> Fenster in die
obere Ecke verschieben</a> <br>
<a href="JavaScript:history.back()"> Zurück zur letzten
Seite</a> <br>
</body>
</html>
```

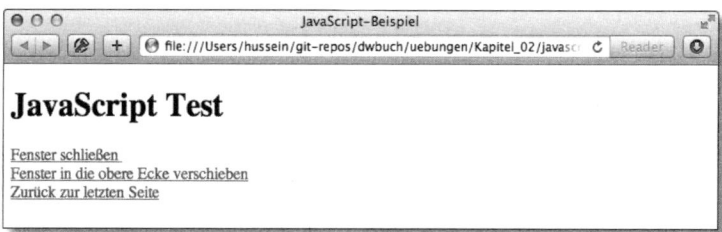

Abbildung 2.4 ▸
Anzeige der HTML-Seite mit
JavaScript im Browser

Einige Effekte, wie z. B. Rollover-Buttons und Animationen, lassen sich inzwischen in CSS3 eleganter realisieren.

2.5 Ajax

Ajax ist die Abkürzung für »Asynchronous JavaScript and XML«. Die Ajax-Technologie basiert auf JavaScript und XML. Hiermit ist es u. a. möglich, Teile einer Webseite z. B. mit neuen Datenbankdaten zu aktualisieren, ohne dass die Webseite neu geladen werden muss. Auf diese Weise können Webseiten erstellt werden, die ähnlich interaktiv sind wie echte Applikationen. Ein bekanntes Beispiel ist Google Mail. Mit dieser Webapplikation verwalten Sie Ihre E-Mails (fast) so komfortabel wie in einer Windows- oder Mac-Applikation.

Die Programmierung von Ajax ist jedoch relativ schwer. Daher gibt es Bibliotheken (genannt *Frameworks*), die dem Programmierer viel Arbeit abnehmen. Adobe setzt seit Dreamweaver CC nur noch auf das meisteingesetzte Framework jQuery (siehe ebenfalls Kapitel 16, »Interaktivität mit JavaScript und jQuery UI«).

**Spry nicht mehr
integriert**

Bis Dreamweaver CS6 hat Adobe das JavaScript-Framework Spry integriert, das selbst von Adobe entwickelt wurde. Inzwischen setzt Adobe nur noch auf jQuery. Spry kann jedoch noch als Plug-in von Adobe nachträglich installiert werden.

2.6 PHP und MySQL

Mit HTML und JavaScript allein können Sie keine Webseiten mit Inhalten erstellen, die automatisch aus Datenbanken gezogen werden. Das aber ist erforderlich, wenn Sie etwa Content-Management-Systeme, Blogs, Foren, Shops usw. in Ihre Site integrieren möchten.

Zur Programmierung von datenbankbasierten Websites eignen sich die Programmiersprachen PHP, JavaServer Pages (JSP), Perl, Python, ASP (Active Server Pages) und ASP.NET von Microsoft oder auch Ruby on Rails. HTML wird jedoch immer für die Darstellung der Inhalte benötigt.

Die Skriptsprache PHP ist sehr verbreitet und relativ leicht zu erlernen. PHP ist eine Abkürzung für »Personal Homepage Tools« und wurde 1995 von Rasmus Lerdorf entwickelt. Heute wird PHP als Open-Source-Projekt unter dem Namen »PHP: Hypertext Preprocessor« weiterentwickelt, und mittlerweile gibt es dazu zahlreiche Bücher und sogar zwei deutschsprachige Zeitschriften.

Als Datenbanksystem kommt meist MySQL oder PostgreSQL zum Einsatz.

Für viele Anwendungen gibt es bereits fertig programmierte Lösungen, die Sie kostenlos aus dem Internet laden können. Jedoch sind Installation und Anpassung nicht immer ganz einfach. Am Ende des Buches zeige ich Ihnen, wie Sie z. B. einen Webblog mit Wordpress in Ihre Website integrieren.

Der PHP-Code kann wie folgt in HTML eingefügt werden:

```
<?php ... ?>
```

Im Folgenden bespreche ich ein einfaches Beispiel ohne Datenbankanbindung, um Ihnen einen Eindruck von PHP zu vermitteln. Das Beispiel berechnet die Mehrwertsteuer von 10 Euro.

```
<!doctype html>
<html>
<head>
  <meta charset="UTF-8">
  <title>PHP-Beispiel</title>
</head>
<body>
```

Ruby on Rails

Wenn Sie komplexe datenbankbasierte Projekte, wie z. B. Online-Buchungssysteme, realisieren möchten, bietet es sich an, Ruby on Rails zu verwenden. Ruby on Rails ist ein sogenanntes Web-Framework für die Skriptsprache Ruby, mit der die Entwicklung von datenbankbasierten Websites erheblich vereinfacht wird. In dem Buch »Ruby on Rails« von Hussein Morsy und Tanja Otto, erschienen bei Galileo Press, finden Sie eine ausführliche Einführung in die Thematik.

◄ **Listing 2.6**
PHP-Skript mit einer einfachen Mehrwertsteuer-Berechnung

```
Die MwSt. von 10 &euro; betraegt <?php print 10*0.19 ?>
&euro;
</body>
</html>
```

Wenn man das PHP-Skript auf den Server überträgt und im Browser aufruft, erhält man das Ergebnis aus Abbildung 2.5.

Abbildung 2.5 ▶
Ausgabe der PHP-Seite im
Webbrowser

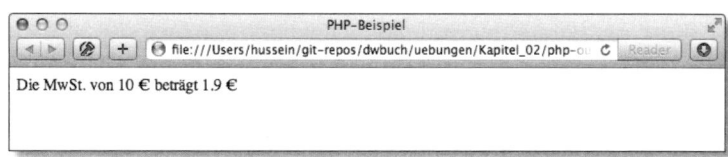

Wenn man nun im Webbrowser den Quelltext der Webseite betrachtet, so wird Erstaunliches zu Tage gefördert:

Listing 2.7 ▶
Quelltext des PHP-Skripts im
Webbrowser: Es ist kein PHP-
Code mehr sichtbar.

```
<!doctype html>
<html>
<head>
  <meta charset="UTF-8">
  <title>PHP-Beispiel</title>
</head>
<body>
  Die MwSt. von 10 &euro; betraegt 1.9 &euro;
</body>
</html>
```

Im Quelltext ist also kein PHP-Code mehr vorhanden. Es erscheint nur noch das Ergebnis der Berechnung. Der Grund hierfür liegt darin, dass PHP-Skripte, bevor sie an den Betrachter der Webseite geschickt werden, auf dem Server von einer PHP-Engine verarbeitet werden. Der Besucher der Webseite erhält nur noch das fertige Ergebnis.

Der Vorteil liegt darin, dass der Webbrowser PHP nicht interpretieren muss und dass kein Besucher Ihrer Website den PHP-Code im Quelltext der Seiten sehen kann. Das ist bei HTML und JavaScript anders: Jeder Besucher kann den HTML- und JavaScript-Code aus Ihrer Webseite kopieren und weiterverwenden.

Das bedeutet natürlich nicht, dass man HTML und JavaScript durch PHP ersetzen kann. PHP benötigt HTML für die Darstellung der Inhalte und hat lediglich die Aufgabe, im Hintergrund Berechnungen und Datenbankabfragen durchzuführen und gegebenenfalls HTML-Code zu generieren.

2.7 Webbrowser und Rendering-Engines

Für einen Webdesigner ist es nicht nur wichtig, HTML, CSS usw. zu kennen, sondern sich auch gut mit den verschiedenen Webbrowsern auszukennen, denn diese sind ja schließlich für die Darstellung der Webseiten zuständig.

Jeder Webdesigner kennt das Problem, dass die Webseite in dem einen Browser korrekt dargestellt wird und in einem anderen Browser erhebliche Fehler aufweist oder zumindest anders aussieht. Ich kann mich gut an schlaflose Nächte (meist kurz vor der Veröffentlichung einer Website) erinnern, in denen ich versucht habe, diese Probleme zu lösen. Die Ursachen für die unterschiedliche Darstellung der Webseiten in den verschiedenen Webbrowsern erläutere ich in diesem Abschnitt näher.

Ein Webbrowser ist im Prinzip nichts anderes als ein Anzeigeprogramm von Webseiten. Die Hauptaufgabe besteht darin, die Texte (HTML), die Stilinformationen (CSS) und den JavaScript-Code für Benutzer auszuwerten und entsprechend grafisch darzustellen. Dieser Vorgang wird als *Rendering* bezeichnet; die Komponente des Webbrowsers, die für das Rendering zuständig ist, wird als *Rendering-Engine* bezeichnet. Kenntnisse über die Rendering-Engine sind für den Webdesigner sehr wichtig. Die Bedienungselemente des Webbrowsers, wie z. B. die Funktionen zur Verwaltung der Favoriten bzw. Bookmarks, sind dabei weniger von Interesse.

Die beiden Webbrowser *Safari* von Apple und der Google-Browser *Chrome* sind auf den ersten Blick zwei vollkommen unterschiedliche Webbrowser. Sie haben nicht nur ein unterschiedliches Aussehen, sondern unterscheiden sich auch in ihrem Funktionsumfang. Beide Webbrowser verwenden jedoch die gleiche Rendering-Engine. Dies bedeutet, dass die gleiche Webseite im Prinzip auch gleich dargestellt wird. Seit Google Chrome Version 28 verwendet Google die Rendering-Engine Blink, die eine Abspaltung von Webkit ist. Praktisch sollten die Webseiten aber auf den Browsern gleich aussehen.

Die Qualität einer Rendering-Engine richtet sich im Wesentlichen nach zwei Hauptkriterien:

▸ **Standardkonformität**
Ein Webbrowser sollte sich möglichst zu 100% an die Standards des W3C halten.

Webbrowser	Marktanteil
Mozilla Firefox	37,2%
Internet Explorer	21,3%
Google Chrome	14,1%
Mobile Safari	11,1%
Android Browser	7,2%
Safari	6,1%
Opera	1,7%
andere	1,1%

▲ **Tabelle 2.3**
Die verschiedenen Webbrowser und ihr Marktanteil in Deutschland; Quelle: Wikipedia, Stand August 2013

▶ **Geschwindigkeit**

Da die Webseiten teilweise sehr viele Inhalte haben, ist es wichtig, dass die Seite sehr schnell dargestellt wird.

Microsoft hat mit dem Internet Explorer ab Version 9 wieder den Anschluss an die modernen Webbrowser gefunden. Damit die Webseiten auch auf älteren Versionen noch ordentlich dargestellt werden, fügt Dreamweaver z. B. bei den Layoutfunktionen oder Übergangseffekten Code ein, der eine Kompatibilität weitgehend herstellt.

Daher ist es während der Entwicklung einer Website sehr wichtig, diese zunächst nur auf Webbrowsern mit einer standardkonformen Rendering-Engine zu testen und erst kurz vor der Fertigstellung die Probleme mit nicht standardkonformen Webbrowsern zu lösen.

Standardkonforme Rendering-Engines sind u. a. die *Gecko-Engine*, die im Firefox-Webbrowser verwendet wird, und *WebKit*, das u. a. im Safari- und im Google-Browser Chrome eingebaut ist. Das iPhone und das iPad verwenden den Webbrowser Safari und somit die Rendering-Engine WebKit. Jedoch gibt es Unterschiede zu dem »großen« Safari. Daher sollten Sie die Webseiten auf den mobilen Geräten ausgiebig testen.

Da es so wichtig ist, die Website mit einer standardkonformen Rendering-Engine zu testen, hat Adobe in Dreamweaver CC die Rendering-Engine WebKit direkt integriert. Diese kommt bei der Darstellung der Seiten in der Live-Ansicht (siehe Kapitel 4, »Die Arbeitsumgebung«) zum Einsatz. Es ist daher nicht mehr unbedingt notwendig, die Website während der Entwicklung andauernd in Safari oder Firefox zu testen.

Alte Internet Explorer

Da ältere Webbrowser, wie z. B. Internet Explorer mit Version kleiner als 9.0, nicht standardkonform sind, unterstützen viele Websites nicht mehr zu 100 % diese Versionen. Der Aufwand, die Webseiten kompatibel zu machen, ist in den meisten Fällen zu hoch.

Kapitel 3

Dreamweaver CC – los geht's
So installieren Sie Dreamweaver und bauen Ihre erste Website

▸ Was ist neu in Dreamweaver CC?

▸ Wie installiere ich Dreamweaver CC?

▸ Wie öffne und bearbeite ich Dokumente?

▸ Wie erstelle ich eine erste Website?

▸ Wie füge ich Bilder ein?

▸ Wie verknüpfe ich Webseiten mit Hyperlinks?

3 Dreamweaver CC – los geht's

Falls Sie noch nie mit Dreamweaver gearbeitet haben, sind Sie hier genau richtig. Andernfalls wechseln Sie einfach schon zum nächsten Kapitel. Zum Einstieg werden wir hier zunächst eine sehr einfache Seite erstellen.

3.1 Neu und interessant in Dreamweaver CC

Die neue Dreamweaver-Version ist Bestandteil der Adobe Creative Cloud, kurz Adobe CC. Es handelt sich hierbei um eine Mietlizenz, bei der Sie monatlich eine Gebühr zahlen müssen. Dafür erhalten Sie immer alle Updates kostenlos. Je nach Lizenz sind auch die anderen Produkte wie Photoshop CC, InDesign CC und weitere enthalten. Der Kauf einer Lizenz, wie es bisher möglich war, ist für die Adobe CC-Produkte nicht mehr möglich.

Bei Dreamweaver CC handelt es sich um die Version 13.0. Dies können Sie auch im Dialogfenster ÜBER DREAMWEAVER sehen. Die BUILD-Nummer ist eine fortlaufende Nummer, die nur von den Entwicklern der Software verwendet wird. Bei jedem Update erhöht sich die Nummer, wobei die Sprünge in der Nummerierung groß sein können, da nicht jeder Build veröffentlicht wird.

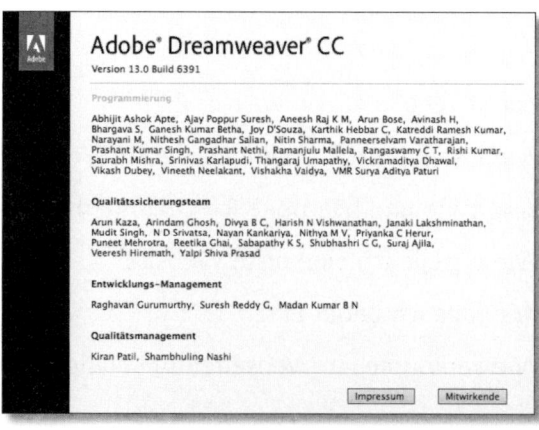

Abbildung 3.1 ▶
Das Fenster ÜBER DREAM-
WEAVER zeigt die Version.

Dreamweaver CC bietet zahlreiche neue Funktionen, insbesondere im Bereich HTML5/CSS3 und mobile Websites.

Der neue CSS-Designer

Die größte Neuerung in Dreamweaver CC ist das CSS-Designer-Werkzeug. Hiermit lassen sich CSS-Eigenschaften visuell erstellen. Zum Beispiel lassen sich nun leicht Ecken abrunden und Verläufe einstellen, indem Sie einfach ein Element auf der Webseite selektieren und dann im CSS-Designer-Bedienfeld die gewünschte Einstellung vornehmen. Dreamweaver sorgt automatisch für die Kompatibilität mit den verschiedenen Webbrowsern, sodass die Webseite auf den verschiedenen Browsern gleich gut aussieht. Auch für erfahrene Webdesigner kann die neue Funktion sehr hilfreich sein (siehe auch Abschnitt 12.3).

jQuery UI

Adobe hat (endlich) sein eigenes JavaScript-Framework Spry eingestellt und setzt nun vollständig auf jQuery. Sehr erfreulich ist die Integration von jQuery UI, mit der z. B. leicht Tabs, Dialoge und andere visuelle Elemente erstellt werden (siehe Abschnitt 16.5).

▲ **Abbildung 3.2**
Mit dem CSS-Designer-Bedienfeld können z. B. leicht die Ecken von Rahmen abgerundet werden.

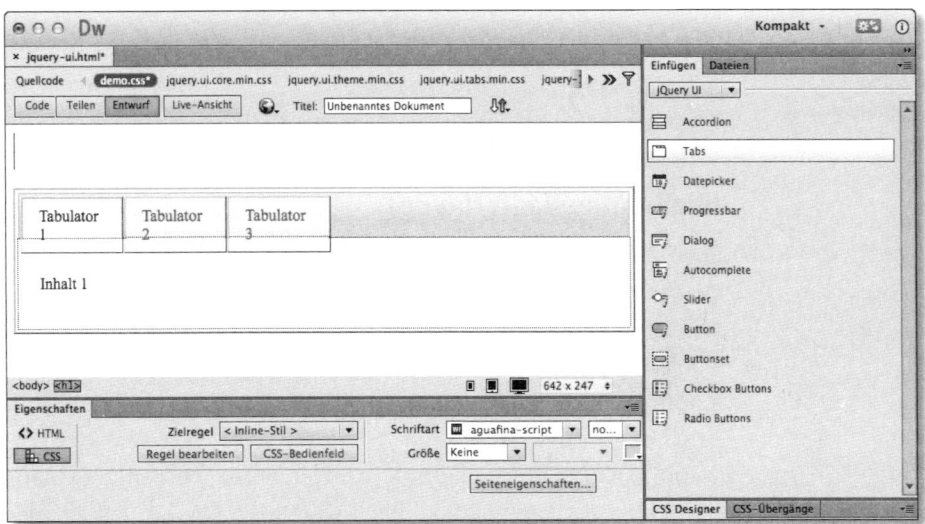

▲ **Abbildung 3.3**
Die Erstellung von Tabs wird mit jQuery UI zum Kinderspiel.

Adobe Web Fonts

Aus Dreamweaver heraus können Sie nun einfach Schriften, Web Fonts genannt, in Ihre Webseiten integrieren. Dabei wird der Dienst Typekit verwendet, der in der Adobe CC-Lizenz enthalten ist. Der Dienst stellt Ihnen eine Bibliothek von über 300 Schriften zur Verfügung, die Sie kostenlos in Ihren Webseiten verwenden können.

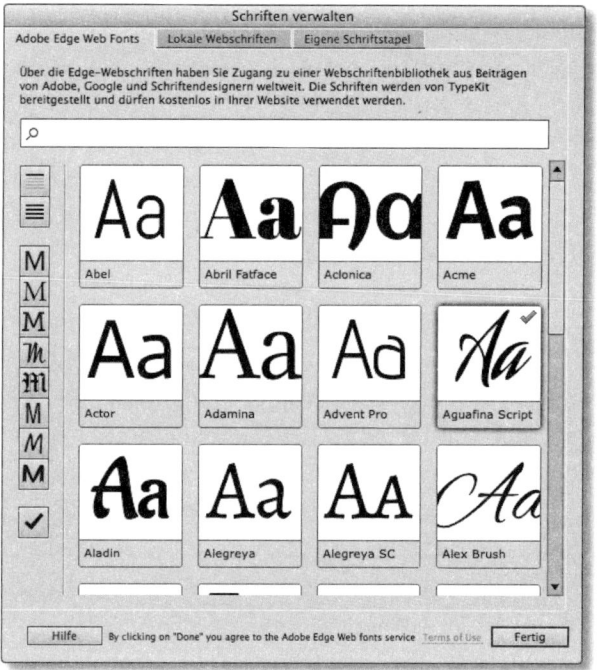

Abbildung 3.4 ▶
Wählen Sie aus über 300 Adobe-Schriften aus.

Fließendes Rasterlayout

Das verbesserte fließende Rasterlayout erlaubt es, *responsive* Webseiten zu erstellen, deren Layout sowohl auf großen Desktop-Bildschirmen als auch auf Tablets und Smartphones passt. Abhängig von der Größe des Bildschirms passt sich die Webseite automatisch an. Mehr zum Responsive Webdesign erfahren Sie in Abschitt 18.2).

Zur genauen Positionierung von Elementen werden in Dreamweaver Raster angezeigt. Je nach Gerätetyp (Mobil, Tablet oder Desktop) werden unterschiedlich viele Raster nebeneinander dargestellt. Im Webbrowser sind die Raster nicht zu sehen.

In Dreamweaver CC wurde die Bedienung erheblich verbessert. Elemente lassen sich nun leicht duplizieren, löschen und ausblenden. Von der Funktion des fließenden Rasterlayouts werden wir in unserer Beispielwebsite »djay«, die wir ab Kapitel 5 entwickeln, intensiv Gebrauch machen.

▼ **Abbildung 3.5**
Mit fließenden Rasterlayouts passt sich die Webseite der Bildschirmgröße automatisch an.

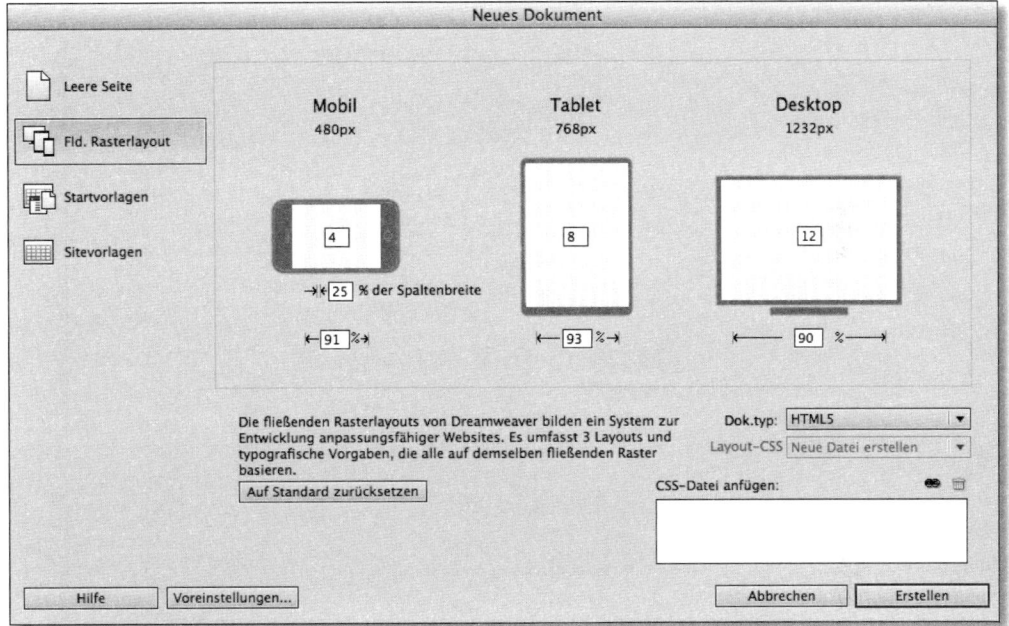

Erstellung von mobilen Applikationen

Seit CS5.5 können mit Dreamweaver auch mobile Applikationen erstellt werden, die sich ähnlich verhalten wie native Apps, die man z. B. im App Store herunterladen kann.

In Dreamweaver ist jQuery Mobile enthalten, eine Bibliothek, die es Webentwicklern erleichtert, Applikationen in HTML und JavaScript zu erstellen (siehe Abschitt 18.3).

Mit dem integrierten Tool PhoneGab ist es sogar möglich, die mobile App in eine native App u. a. für iOS- und Android-Systeme zu transformieren (siehe Abschitt 18.4).

Die Apps können dann in die entsprechenden App Stores hochgeladen werden. Für Apples App Store z. B. ist eine kostenpflichtige Mitgliedschaft (iOS Developer Program) bei Apple notwendig.

CSS-Übergänge

Seit CS6 können Übergangseffekte erstellt werden. Wenn ein Webbesucher z.B. mit der Maus über einen Menüpunkt fährt, ändert sich beispielsweise die Hintergrundfarbe oder Schriftgröße. Dank CSS3 ist dafür nicht mehr JavaScript erforderlich (siehe Abschitt 12.4).

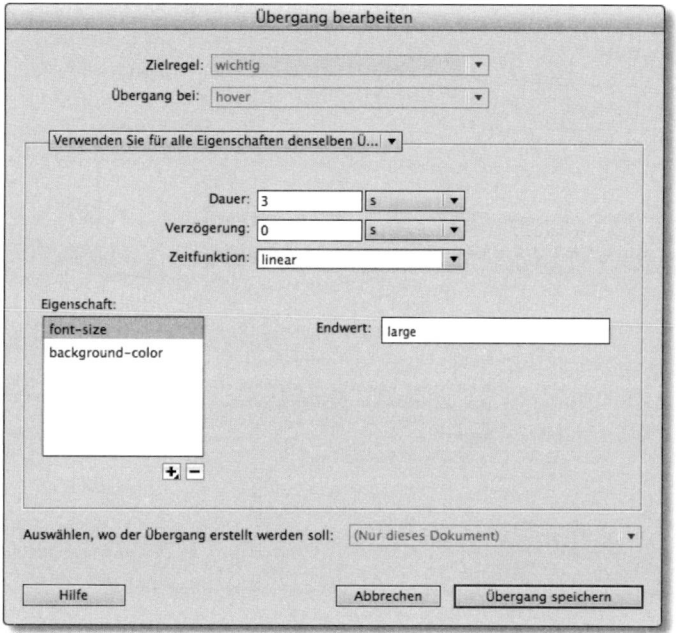

Abbildung 3.6 ▶
Mit CSS-Übergängen können Sie Effekte ohne JavaScript erstellen.

Detailverbesserungen

In Dreamweaver CC wurden nicht nur neue Funktionen hinzugefügt, sondern auch einige Teile der Software verbessert.

Mit einer Adobe CC-Lizenz können Sie z.B. Dreamweaver sowohl auf einem Desktop-Rechner als auch auf einem Notebook für unterwegs verwenden. Praktisch dabei ist, dass auf Wunsch Einstellungen, Site-Definitionen und Dateien über die Adobe Creative Cloud zwischen den Rechnern automatisch **synchronisiert** werden. Aber keine Sorge, das Programm fragt Sie aus Sicherheitsgründen vorher, ob Sie das auch wirklich wünschen.

Außerdem können nun HTML5-Animationen, die mit dem Tool Adobe Edge Animate CC erstellt wurden, leicht importiert werden.

Funktionen, die entfernt wurden

In der neuen Dreamweaver-Version kamen nicht nur neue Funktionen hinzu, sondern es wurden auch veraltete Funktionen aus der Software entfernt:

▸ **Spry**
Das von Adobe entwickelte JavaScript-Framework Spry weicht nun dem Standard jQuery und jQuery UI.

▸ **Serververhalten, Datenbanken und Bindungen**
Mit der Funktion SERVERVERHALTEN konnte man u.a. simple datenbankbasierte PHP-Seiten visuell entwickeln. Die Praxis hat jedoch gezeigt, dass die Funktion einen echten PHP-Programmierer nicht ersetzen konnte.

▸ **ASP- und JSP-Seiten**
Die Seitentypen ASP (Active Server Pages) und JSP (JavaServer Pages), die kaum noch verbreitet sind, wurden auch entfernt.

Falls Sie die Funktionen unbedingt benötigen, wird auf den Adobe-Hilfe-Seiten beschrieben, wie Sie sie per Erweiterung in Dreamweaver CC integrieren können.

3.2 Dreamweaver installieren und aktualisieren

Kommen wir nun endlich zum Wichtigsten, dem Startschuss für die Entwicklung einer eigenen Webseite mit Dreamweaver. Jetzt erkläre ich, wie Sie eine einfache Seite erstellen und sie in Ihrem Browser anzeigen.

Ich gehe davon aus, dass Sie Dreamweaver bereits installiert haben. Falls nicht, melden Sie sich unter *http://creative.adobe.com* an, laden Dreamweaver CC herunter und installieren es. Sie können dabei nichts falsch machen. Zusätzlich ist es empfehlenswert, auch das Grafikprogramm Photoshop zu verwenden.

Updates

Auf Ihrem Rechner prüft der **Adobe Application Manager** automatisch in regelmäßigen Abständen, ob Aktualisierungen Ihrer Software vorliegen, und fragt, ob diese installiert werden sollen. Sie sollten normalerweise alle Updates durchführen, da damit

Sie haben noch kein Dreamweaver?

Das ist kein Problem. Sie können für 30 Tage ein Probeabo auf *https://creative.adobe.com* anlegen. In dieser Zeit können Sie die meisten Adobe-Produkte wie z. B. Dreamweaver und Photoshop kostenlos downloaden und verwenden. Wenn Sie nach der Testphase weiterhin die Produkte nutzen möchten, müssen Sie ein Abo abschließen. Eine Installations-CD/DVD wird nicht mehr angeboten.

nicht nur Fehler in der Software, sondern oft auch Sicherheitslücken beseitigt werden.

3.3 Der Programmstart

Nachdem Sie Dreamweaver gestartet haben, werden Sie als Erstes mit einem Startfenster begrüßt. Dieses Fenster bietet Ihnen folgende Funktionen zur Auswahl:

❶ Öffnen eines zuvor geöffneten Dokuments

❷ Erstellen einer neuen Datei, wie zum Beispiel einer HTML-Datei für eine normale Webseite

❸ Öffnen von Tutorials, in denen Sie in die Grundfunktionen von Dreamweaver eingewiesen werden (meist in englischer Sprache)

❹ Einführungsvideos zu den wichtigsten Funktionen

▼ **Abbildung 3.7**
Begrüßungsfenster zum
Erstellen oder Öffnen
von Dokumenten

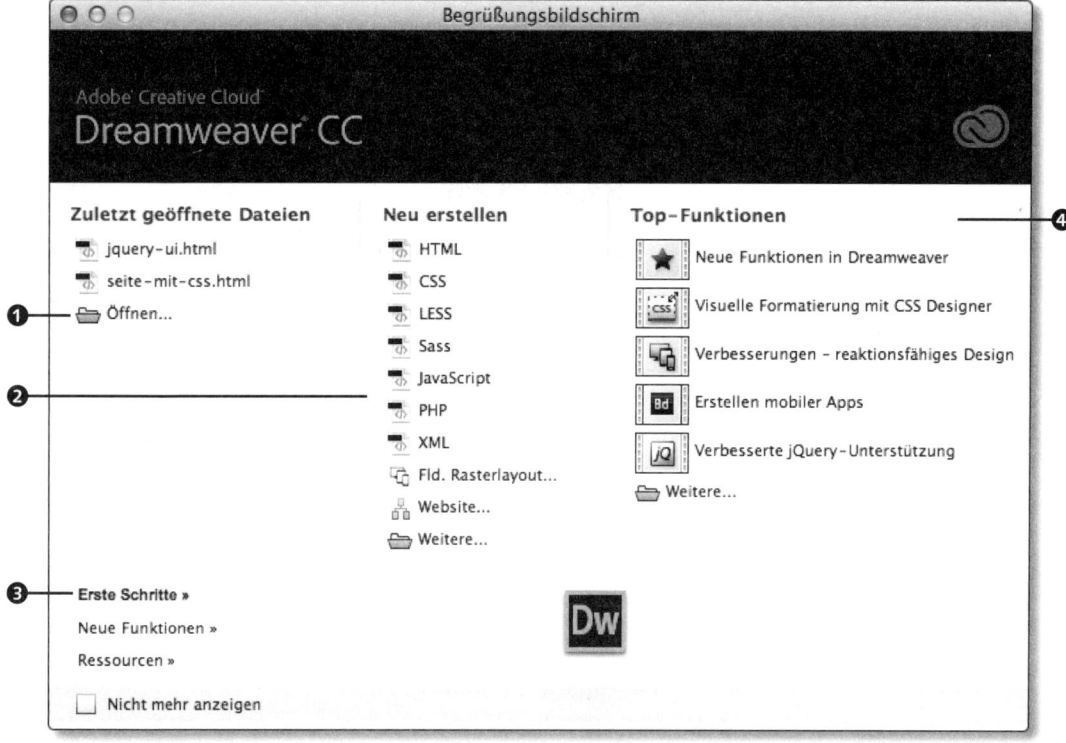

Das Begrüßungsfenster öffnet sich nicht nur beim Programmstart, sondern auch immer dann, wenn gerade kein Dokument geöffnet ist. Sie können auch ohne dieses Fenster eine neue Datei erstellen, indem Sie DATEI • NEU wählen. Dann erscheint ein Fenster, in dem Sie in der Kategorie LEERE SEITE den Typ der neuen Datei wählen können. Der wichtigste Dateityp ist HTML, interessant ist aber auch PHP, mit dem sich u. a. datenbankbasierte Webseiten entwickeln lassen.

Begrüßungsfenster deaktivieren

Sie können Dreamweaver so konfigurieren, dass kein Startfenster angezeigt wird. Deaktivieren Sie dazu unter BEARBEITEN • VOREINSTELLUNGEN unter Windows bzw. unter DREAMWEAVER • VOREINSTELLUNGEN auf dem Mac in der Kategorie ALLGEMEIN das Kontrollkästchen bei BEGRÜSSUNGSBILDSCHIRM ANZEIGEN.

3.4 Schnellstart: Probieren Sie Dreamweaver aus

Um die ersten Schritte mit Dreamweaver zu gehen, werden wir in der folgenden Anleitung eine Website mit drei einfachen Seiten erstellen, die miteinander verlinkt werden sollen. Falls Sie bereits grundlegende Kenntnisse in Dreamweaver haben, können Sie die Übung auch überspringen.

Schritt für Schritt
Eine Website mit Hyperlinks und Bildern erstellen

1 Neue Site anlegen
Zunächst müssen Sie eine sogenannte Site anlegen, in der sämtliche Komponenten der Website, wie Bilder, HTML- und CSS-Dateien, gespeichert werden. Wählen Sie dazu im Menü SITE • NEUE SITE aus, und tragen Sie dort in das Feld SITE-NAME ❶ (Abbildung 3.8) eine Bezeichnung für Ihre Website ein, zum Beispiel »Zitate«. Dieser Site-Name wird nirgends auf der Website angezeigt; er dient lediglich zur Unterscheidung der Projekte.

Legen Sie nun den Ordner für die Site fest, indem Sie auf das Ordnersymbol ❷ rechts neben dem Feld LOKALER SITE-ORDNER klicken. Alle anderen Einstellungen können Sie so lassen, wie sie sind. Schließen Sie das Dialogfenster mit einem Klick auf SPEICHERN.

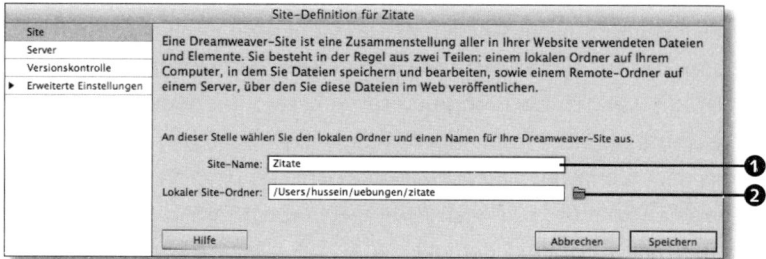

Abbildung 3.8 ▶
Der Site-Name

2 Seitentyp anlegen

Um eine einzelne Seite zu erstellen, wählen Sie Datei • Neu und dort aus der Kategorie Leere Seite den Seitentyp HTML und als Layout <Kein>. Klicken Sie auf Erstellen.

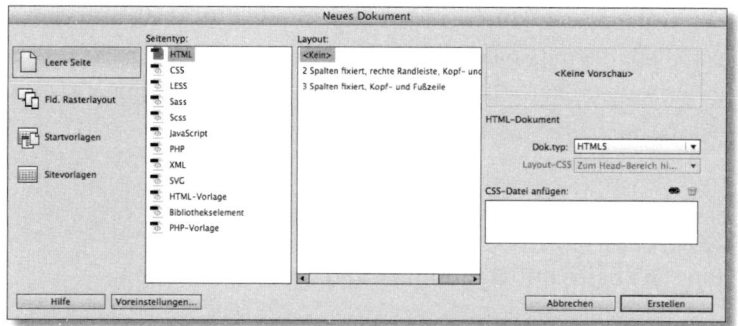

Abbildung 3.9 ▶
Vorgefertigte Layouts

3 Text eingeben

Beginnen Sie nun mit dem Eingeben von Texten. In unserem Beispiel geben wir ein Zitat von Steve Jobs ein.

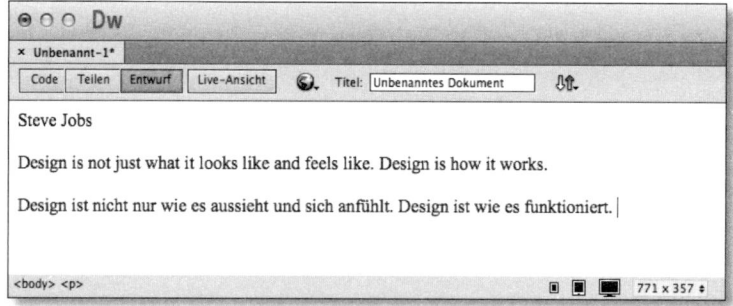

Abbildung 3.10 ▶
Ganz einfach Texte eingeben

4 Format »Überschrift« einstellen

Formatieren Sie als Nächstes die erste Zeile als Überschrift. Markieren Sie dazu die erste Zeile, und wählen Sie im Eigenschaften-

Bedienfeld unter FORMAT den Eintrag ÜBERSCHRIFT 1 ❸ aus. Achten Sie darauf, dass im Bedienfeld der HTML-Modus ❹ aktiviert ist. Die Überschrift wird nun in Fett und in einer größeren Schrift dargestellt.

▼ **Abbildung 3.11**
Ganz einfach Texte formatieren

5 Größe und Schriftart der Überschrift anpassen

Um die Schriftart und Schriftgröße der Überschrift zu ändern, wechseln Sie im EIGENSCHAFTEN-Bedienfeld in den CSS-Modus ❺ und stellen die gewünschte Schriftart ❻ und Größe ❼ ein.

▼ **Abbildung 3.12**
Die Formatierung anpassen

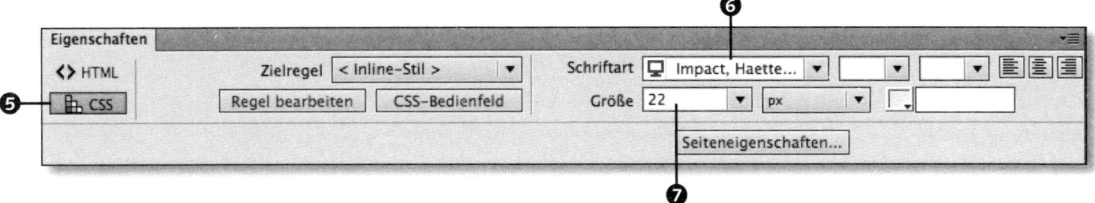

6 Speichern

Bevor wir im nachfolgenden Schritt ein Bild einfügen, sollten Sie Ihre Seite speichern, damit Dreamweaver die Pfade zum Bild korrekt darstellen kann. Wählen Sie DATEI • SPEICHERN, und achten Sie darauf, keine Sonderzeichen, Umlaute oder Leerzeichen im Dateinamen zu verwenden. Nur Buchstaben von a bis z, Zahlen, Bindestriche und Unterstriche sind erlaubt. Außerdem ist es üblich, nur Kleinbuchstaben zu benutzen. Geben Sie z. B. den Dateinamen »steve-jobs.html« ein. Klicken Sie auf die Schaltfläche STAMMORDNER ❽, um sicherzustellen, dass die Datei im Ordner der Website gespeichert wird.

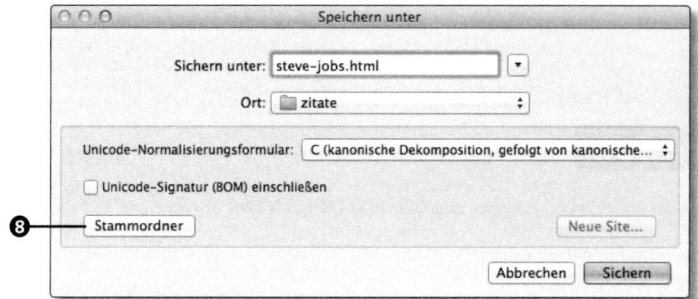

Abbildung 3.13 ▶
Speichern unter »steve-jobs.
html«

7   Bild einfügen

Um nun eigene Bilder einzufügen, klicken Sie mit der Maus an die entsprechende Stelle in der Webseite und wählen EINFÜGEN • BILD.

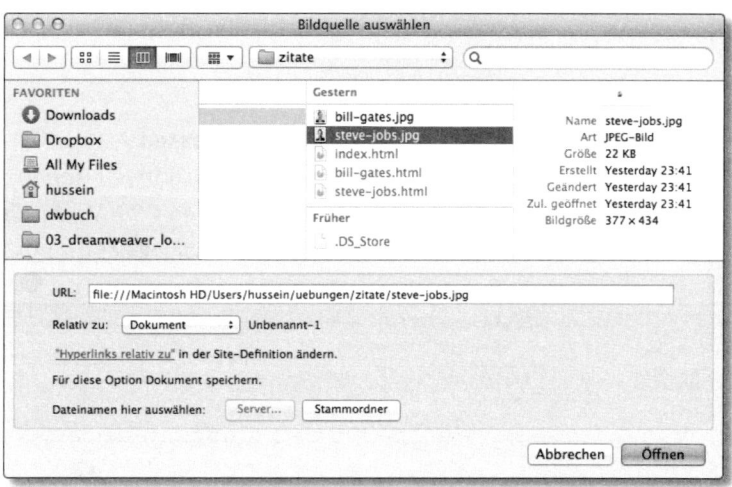

Abbildung 3.14 ▶
Ebenfalls einfach: Bilder einfügen

Wählen Sie das gewünschte Bild von Ihrer Festplatte aus, und klicken Sie auf ÖFFNEN. Es öffnet sich daraufhin ein Dialogfenster, das Sie mit JA bestätigen, damit das Bild an die richtige Stelle kopiert wird.

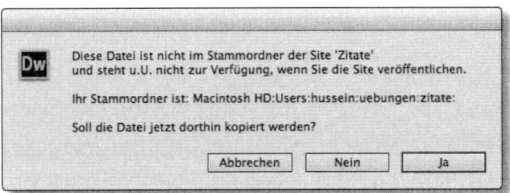

◄ **Abbildung 3.15**
Bestätigen Sie mit Ja.

Geben Sie einen Namen für das Bild ein.

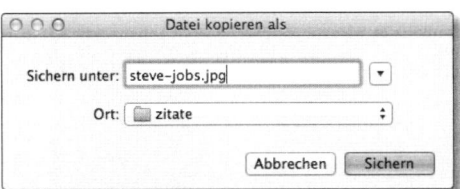

◄ **Abbildung 3.16**
Unter diesem Namen sichern
Sie das Bild.

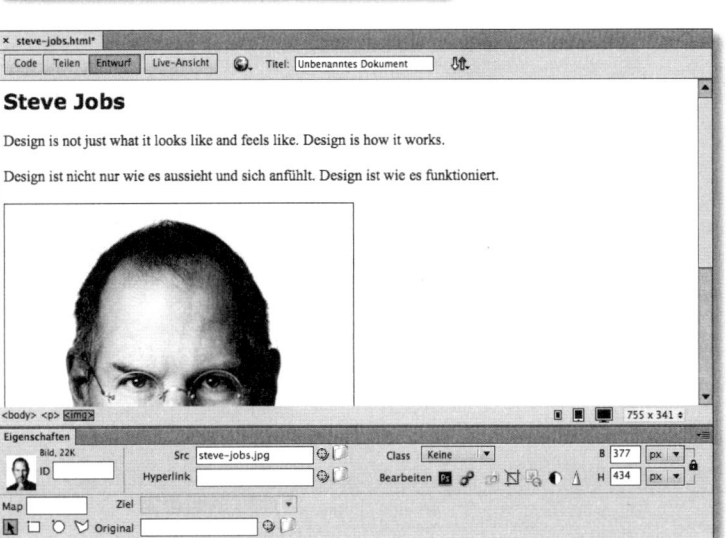

◄ **Abbildung 3.17**
Die Seite »steve-hobs.html«
mit Bild

8 Seitentitel festlegen

Tragen Sie abschließend ins Feld Titel ❾ einen Seitentitel ein.
Dieser erscheint im oberen Fensterbalken oder Tab des Browsers.
Außerdem wird der Titel beim Speichern als Favorit bzw. Lesezeichen verwendet.

◄ **Abbildung 3.18**
Der Seitentitel

9 Live-Ansicht

Klicken Sie auf die Schaltfläche LIVE-ANSICHT ❶, um die Seite exakt so anzeigen zu lassen, wie sie im Webbrowser erscheint. In dieser Ansicht können Sie jedoch immer noch Änderungen am Dokument vornehmen. Klicken Sie erneut auf LIVE-ANSICHT, um wieder in den Bearbeitungsmodus zu gelangen.

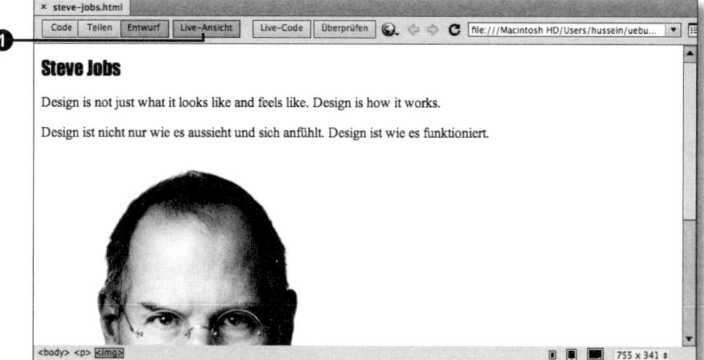

Abbildung 3.19 ▶
Durch erneutes Klicken gelangen Sie in den Bearbeitungsmodus zurück.

Bevor wir nun eine weitere Seite erstellen, speichern Sie das Dokument erneut.

10 Zweite Seite erstellen

Erstellen Sie eine weitere Datei aus der ersten Seite. Ändern Sie die Texte entsprechend ab, und speichern Sie die Datei unter »bill-gates.html« ab.

Abbildung 3.20 ▶
Speichern unter »bill-gates.html«

11 Neue Seite »Verzeichnis« anlegen

Anschließend legen Sie eine weitere Seite mit Links zu unseren beiden Webseiten an. Um eine Liste zu erstellen, schalten Sie zunächst im EIGENSCHAFTEN-Bedienfeld auf HTML um und klicken auf das Listensymbol ❷.

◄ **Abbildung 3.21**
Übersichtsseite

Speichern Sie anschließend die Webseite. Wählen Sie als Dateinamen für die Startseite »index.html«.

12 Seiten verlinken

Um die Textstellen zu verlinken, markieren Sie die zu verlinkende Stelle und klicken auf das Ordnersymbol ❸ hinter HYPERLINK im EIGENSCHAFTEN-Bedienfeld. Wählen Sie dann die zu verlinkende Datei »steve-jobs.html« aus.

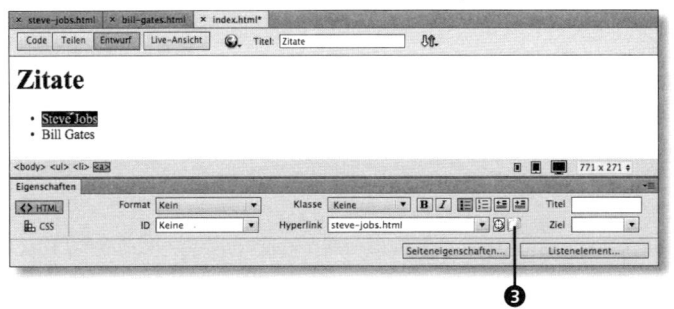

◄ **Abbildung 3.22**
So verlinken Sie Textstellen.

Führen Sie diese Schritte auch für den zweiten Link aus. Wählen Sie »bill-gates.html«.

13 Vorschau testen

Um die Verlinkung zu testen, öffnen Sie die Seite über die Weltkugel ❹ (Abbildung 3.23) im Browser (die Browser müssen auf Ihrem System installiert sein, um hier angezeigt zu werden).

Sie haben in diesem Kapitel bereits die grundlegenden Funktionen von Dreamweaver CC kennengelernt. Im nächsten Kapitel werden wir uns näher mit der Arbeitsumgebung beschäftigen.

Kapitel 4

Die Arbeitsumgebung

Die Oberfläche von Dreamweaver
im Überblick

- ▸ Wie lasse ich mir Layout und Quelltext von Webseiten anzeigen?
- ▸ Wie gehe ich mit Bedienfeldern und Fenstern um?
- ▸ Welche Aufgaben hat das Bedienfeld »Eigenschaften«?
- ▸ Wie wähle ich Arbeitsbereiche aus, und wie lege ich sie an?

4 Die Arbeitsumgebung

Fenster oder Bedienfeld nicht sichtbar?

Falls eines der Fenster nicht sichtbar ist, können Sie es über das Menü FENSTER anklicken und damit einblenden. Wenn Sie zum Beispiel das Fenster DATEIEN öffnen möchten, wählen Sie FENSTER • DATEIEN.

In diesem Kapitel erkläre ich die wichtigsten Elemente und Fenster der Arbeitsoberfläche von Dreamweaver CC. Lassen Sie sich nicht von den zahlreichen Menüs und Bedienfeldern einschüchtern. Diese kommen in späteren Kapiteln noch ausführlicher zur Sprache.

4.1 Dokumentenfenster

Das Dokumentenfenster ist Ihre Werkbank, auf der Sie eine Webseite direkt bearbeiten können. Es erscheint nur dann, wenn Sie eine Datei geöffnet haben oder eine neue erstellen.

Auf den ersten Blick ähnelt das Dokumentenfenster sehr dem einer Textverarbeitung. Jedoch besitzt es vier verschiedene Ansichtsmodi. In der linken oberen Ecke des Dokumentenfensters können Sie zwischen den Ansichten CODE, TEILEN, ENTWURF und LIVE-ANSICHT ❶ wechseln.

Abbildung 4.1 ▶
Oberer Bereich des Dokumentenfensters – unter anderem zum Umschalten zwischen den Ansichtsmodi CODE, TEILEN, ENTWURF und LIVE-ANSICHT

Entwurfsansicht

Die Entwurfsansicht ist die Standardansicht für den Webdesigner. Hier erstellen und bearbeiten Sie Texte, Bilder, Tabellen usw. visuell. Um die direkte HTML-Programmierung brauchen Sie sich nicht zu kümmern, das übernimmt Dreamweaver.

Die Entwurfsansicht zeigt jedoch nur ungefähr, wie die Seite hinterher im Browser aussieht. Im Fenster blendet Dreamweaver als Hilfsmittel Tabellenlinien, Größenangaben usw. ein, die im Code nicht enthalten sind und die der Browser nicht anzeigt.

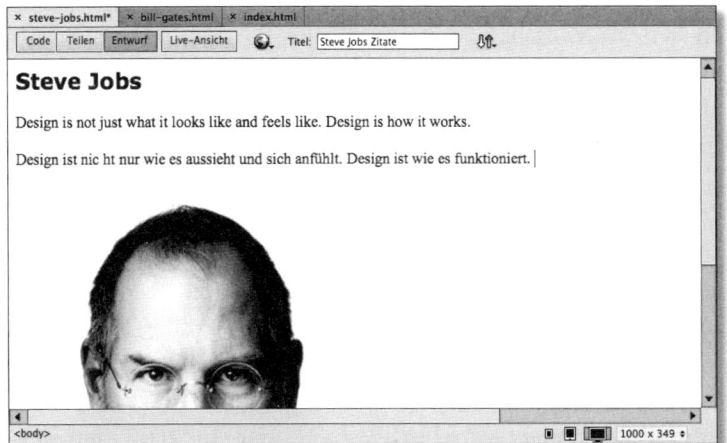

◄ **Abbildung 4.2**
Das Dokumentenfenster in
der Ansicht ENTWURF – sie
zeigt zusätzliche Elemente
wie Tabellenlinien, die im
Webbrowser nicht dargestellt
werden.

Live-Ansicht

Um die Webseite so anzuzeigen, wie sie der Browser darstellt
(sogenannte WYSIWYG-Darstellung), aktivieren Sie die LIVE-
ANSICHT ❷. Im Dokumentenfenster werden nun wie in einem
Webbrowser u.a. eine Adresszeile ❹ sowie Vor- und Zurück-
Schaltflächen ❸ eingeblendet. In Abbildung 4.3 kann man z.B.
sehen, dass die Schriften und Zeilenabstände anders aussehen als
in der Entwurfsansicht.

Wenn Sie die Tastenkombination [Strg] + Leertaste unter Win-
dows bzw. [cmd] + Leertaste unter Mac festhalten und auf einem
Link doppelklicken, öffnet sich die verlinkte Webseite direkt in
Dreamweaver.

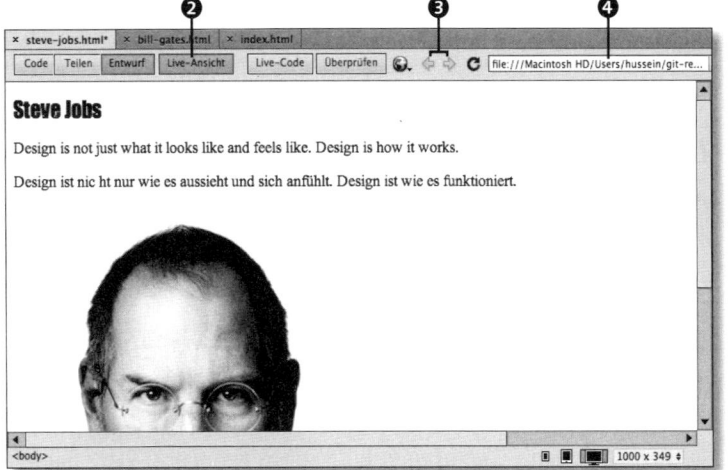

◄ **Abbildung 4.3**
Ein Klick auf LIVE-ANSICHT
zeigt die Seite so an, wie sie
im Webbrowser aussieht.

71

In der Live-Ansicht ist jedoch eine Bearbeitung der Seite nicht möglich. Um die Live-Ansicht zu verlassen, klicken Sie erneut auf die Schaltfläche.

Code-Ansicht

In der Code-Ansicht können Sie »hinter« eine Seite schauen und den HTML-Quelltext betrachten. So sehen Sie direkt, wie Dreamweaver den Code generiert. Sie sollten jedoch mit der Bearbeitung von HTML-Quellen vorsichtig sein. Bereits kleine Änderungen können dazu führen, dass die Seite nicht mehr korrekt dargestellt wird. Diese Ansicht eignet sich also für erfahrene HTML-Entwickler, die den von Dreamweaver generierten Code noch optimieren oder ergänzen möchten. Auch PHP-Programmierer nutzen diese Ansicht, um PHP-Code zu schreiben.

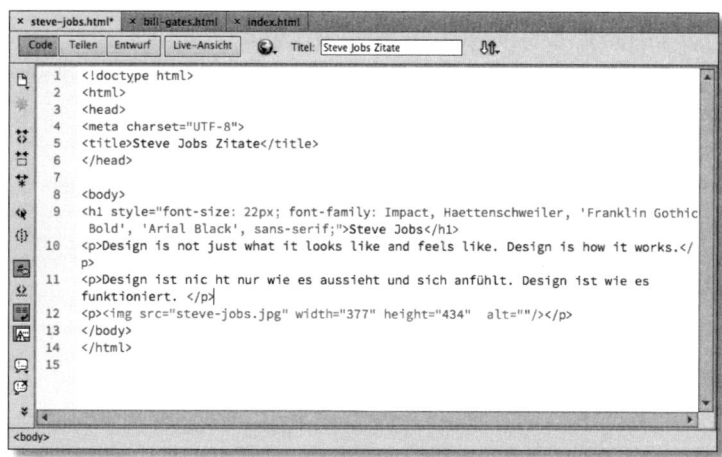

Abbildung 4.4 ▶
Das Dokumentenfenster in der Code-Ansicht

Teilen-Ansicht

Wer sich für keine der beiden obengenannten Ansichten entscheiden möchte, kann auch beide zur gleichen Zeit anzeigen lassen. In der Teilen-Ansicht wird der Code im linken Bereich und das Entwurfsfenster im rechten Bereich angezeigt.

Dies hat den Vorteil, dass jede Änderung in der Entwurfsansicht unmittelbar auch in der Code-Ansicht gezeigt wird. Hier können Sie live sehen, wie Dreamweaver den HTML-Quelltext für Sie generiert. Falls Sie auf dem Bildschirm genügend Platz haben, kann es hilfreich sein, in diesem Ansichtsmodus zu arbeiten, weil Sie dann sehr schnell an praktischen Beispielen HTML erlernen bzw. kontrollieren können. Sie bearbeiten Ihr Dokument im unteren Fenster und beobachten, wie Dreamweaver Ihre Eingaben in HTML umsetzt: Probieren Sie es einfach aus!

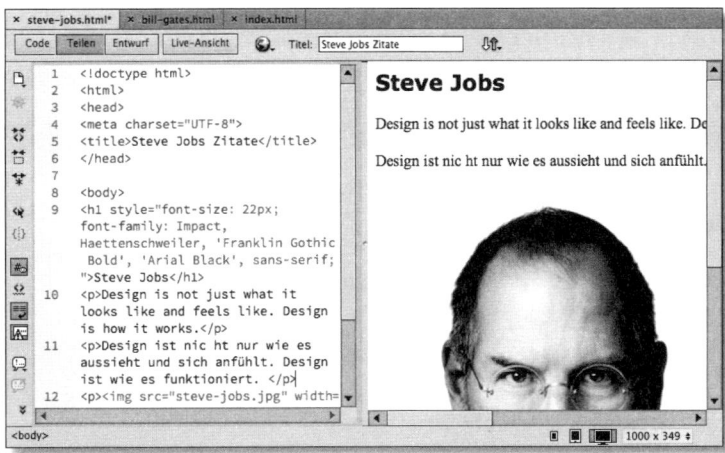

Aktualisierung funktioniert nicht?

Änderungen in der Entwurfsansicht werden unmittelbar in der Code-Ansicht angezeigt. Wenn Sie jedoch Eingaben in der Code-Ansicht durchführen, aktualisiert Dreamweaver die Änderungen nicht automatisch. Klicken Sie dann auf die Schaltfläche AKTUALISIEREN im EIGENSCHAFTEN-Bedienfeld oder einfach auf eine beliebige Stelle innerhalb der Entwurfsansicht.

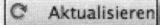

▲ **Abbildung 4.5**
Das Dokumentenfenster in der Teilen-Ansicht – links ist der Code zu sehen, rechts die WYSIWYG-Version der Seite.

Statuszeile

Die Statuszeile befindet sich am unteren Dokumentenrand. Sie bietet fünf sehr nützliche Funktionen.

▼ **Abbildung 4.6**
Die Statuszeile

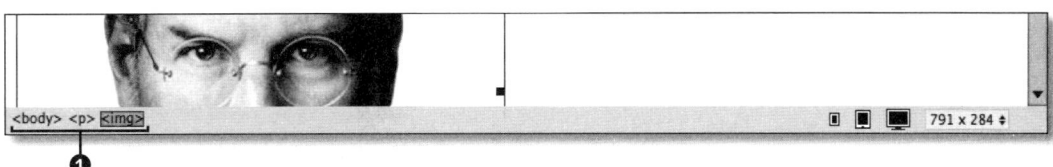

Die angezeigten HTML-Tags ❶ dienen dazu, auf schnelle Weise Bereiche wie Absätze und Tabellen zu markieren. Es sind aber einige HTML-Kenntnisse für die Verwendung der Statuszeile notwendig. Wenn sich die Texteinfügemarke (Cursor) z. B. in einer Tabellenzelle befindet, so werden in der Statuszeile die umgebenden HTML-Tags angezeigt. Um etwa ein Bild zu markieren, klicken Sie auf <IMG>. Falls Ihnen die Vorgehensweise etwas merkwürdig vorkommt, markieren Sie Elemente auf die herkömmliche Weise, indem Sie das Element einfach mit der Maus in der Entwurfsansicht auswählen.

Sehr praktisch sind die drei Symbole, die für ein Smartphone ❷, einen Tablet-PC (z. B. iPad) ❸ und einen Desktop-Rechner ❹ stehen. Hiermit wird die Webseite in der Breite des entsprechenden Endgerätes angezeigt. Somit stellen Sie z. B. schnell fest, wie die Webseite auf einem Smartphone aussieht.

▼ **Abbildung 4.7**
Webseite dargestellt in Mobilgerätegröße

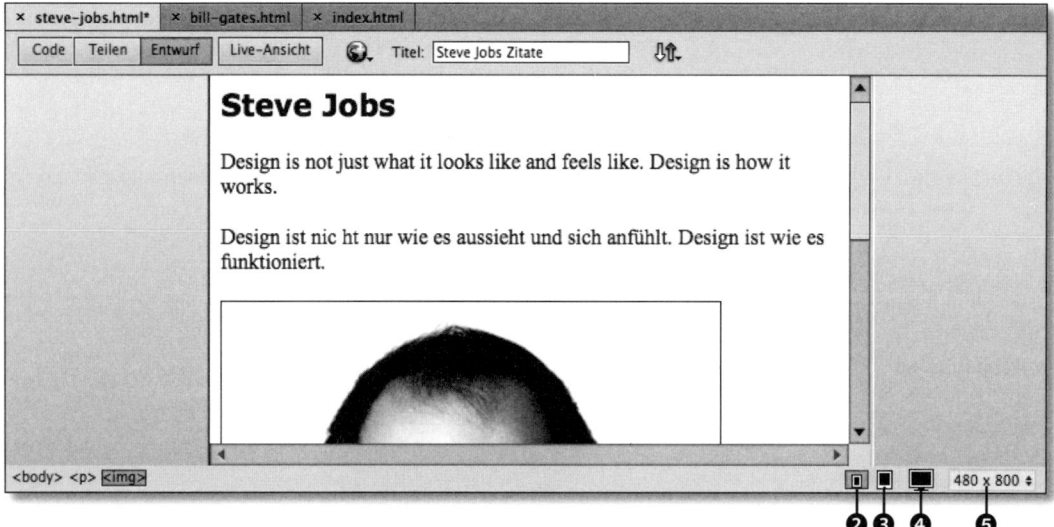

Die Größenanzeige ❺ stellt die Breite und die Höhe des aktuellen Fensters in Pixeln dar. Diese Anzeige ist gleichzeitig ein Listenfeld, mit dem Sie das Fenster auf eine vorgegebene Größe einstellen können.

Individuelle Fenstergröße

Die Werte im Listenfeld für die Größenanzeigen lassen sich in den Voreinstellungen (siehe Abschnitt 4.4.2, »Voreinstellungen«) in der Kategorie FENSTERGRÖSSEN anpassen.

4.2 Das Eigenschaften-Bedienfeld

Das Bedienfeld EIGENSCHAFTEN (auch Eigenschaftsinspektor genannt) unter FENSTER • EIGENSCHAFTEN befindet sich normalerweise unter dem Dokumentenfenster. Hier können Sie die Eigenschaften von markierten Objekten verändern. Wie Sie vielleicht schon bemerkt haben, handelt es sich dabei um ein sich ständig veränderndes Fenster, das sein Aussehen immer an das markierte Objekt anpasst.

HTML-Modus

Markieren Sie in der Entwurfsansicht z.B. einen Text, können Sie im EIGENSCHAFTEN-Bedienfeld das Format einstellen. Auch Verknüpfungen (Hyperlinks) zu anderen Webseiten können hier festgelegt werden. Voraussetzung hierfür ist, dass Sie mit der Schaltfläche ❺ den HTML-Modus aktiviert haben.

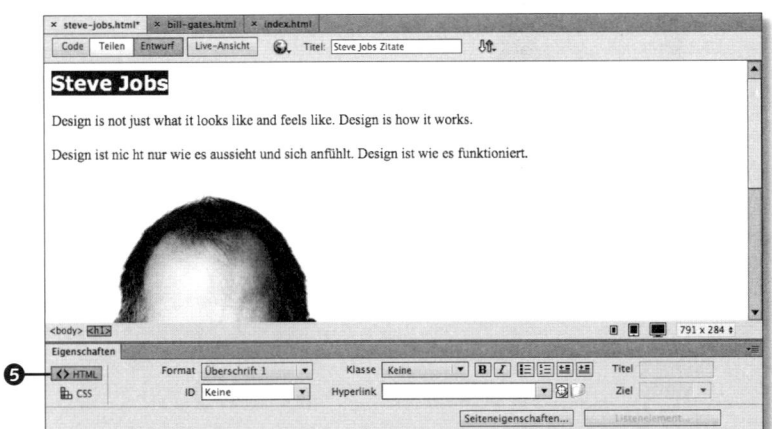

◀ **Abbildung 4.8**
Fenster EIGENSCHAFTEN im HTML-Modus

CSS-Modus

Wenn Sie auf die CSS-Schaltfläche ❻ klicken, wechseln Sie in den CSS-Modus. Wie Sie bereits in Kapitel 3, »Dreamweaver CC – los geht's«, erfahren haben, können Sie hier u.a. die Schriftart und Schriftgröße einstellen.

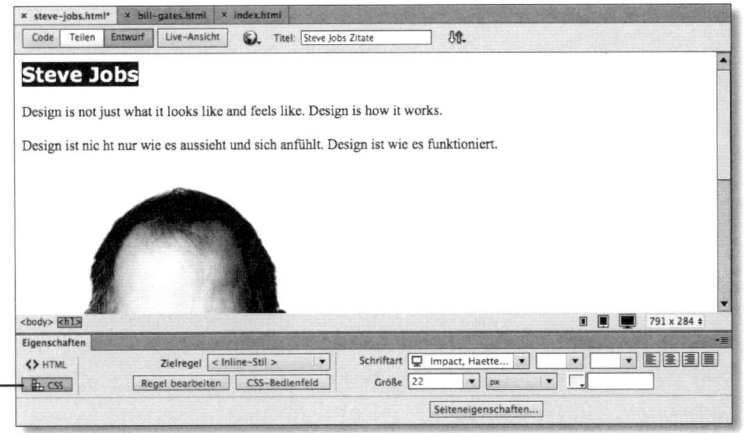

◀ **Abbildung 4.9**
Fenster EIGENSCHAFTEN im CSS-Modus

Bildeigenschaften

Markieren Sie in der Entwurfsansicht ein Bild. Jetzt können Sie Bildeigenschaften wie die Größe ❸ verändern. Sogar die Helligkeit ❶ und die Schärfe ❷ des Bildes können Sie hier einstellen.

Abbildung 4.10 ▶
Ist das Bild markiert, werden die Bildeigenschaften ange-zeigt.

Weitere Eigenschaften

Wie bei Text und Bildern werden entsprechend andere Eigen-schaften angezeigt, wenn Sie Tabellen, Flash-Filme, Ebenen usw. im Dokumentenfenster markieren. Für fast jedes Element gibt es einen eigenen Eigenschaftsinspektor, mit dem Sie das Verhalten oder Aussehen des Elements verändern können. Nach und nach werden wir in späteren Kapiteln die wichtigsten Eigenschaften der einzelnen Elemente behandeln.

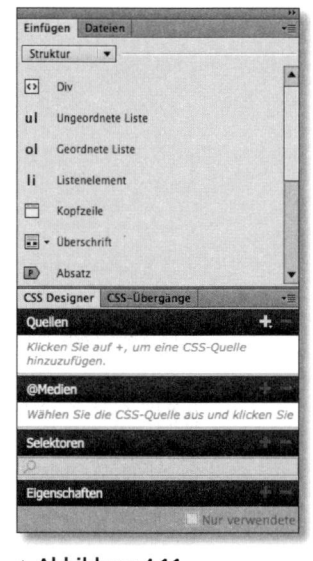

▲ Abbildung 4.11
Komfortables Arbeiten in Dreamweaver dank Bedien-feldern

4.3 Bedienfelder

Auf der rechten Seite der Arbeitsumgebung befinden sich zahlrei-che Bedienfelder, auch Paletten genannt.

Bedienfelder organisieren

Dreamweaver enthält zahlreiche Bedienfelder, von denen nur wenige eingeblendet sind. Sie können die Anzeige der einzelnen Bedienfelder über das Menü FENSTER ein- und ausschalten.

Aufgrund des Platzmangels sind die Bedienfelder über einen Pfeil in der Kopfleiste ❹ auf- und zuklappbar. In der verkleinerten Darstellung passen über zehn Bedienfelder gleichzeitig auf die Arbeitsfläche. Durch Klicken auf eines der Symbole klappt das Bedienfeld wieder auf.

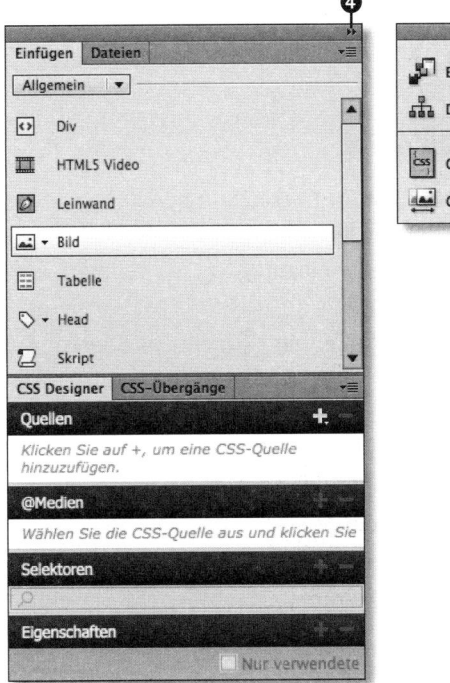

◄ **Abbildung 4.12**
Verkleinerte Darstellung der Bedienfelder

▲ **Abbildung 4.13**
Jedes Bedienfeld verfügt über ein eigenes Menü.

Jedes Bedienfeld besitzt ein eigenes Menü ❻, das sich ganz rechts in der Leiste befindet. Über dieses können Sie Befehle, die sich auf das Bedienfeld beziehen, aufrufen.

Bedienfelder gruppieren

Die meisten Bedienfelder sind mit anderen Bedienfeldern gruppiert. Das Bedienfeld EINFÜGEN zählt zum Beispiel zur selben Gruppe wie das Bedienfeld DATEIEN. Sie können die Anordnung der Bedienfelder individuell an Ihre Wünsche anpassen, indem Sie das Bedienfeld einfach mit der Maus aus der Bedienfeldgruppe herausziehen und die Maustaste über einem anderen Bedienfeld wieder loslassen. Auf diese Weise können Sie auch ein gruppiertes Bedienfeld als eigenständiges Fenster ablegen. Wollen Sie ein einzelnes Bedienfeld wieder mit anderen Bedienfeldern gruppieren, fassen Sie sie mit der Maus im linken Bereich neben ihrem Namen ❺ an. Achten Sie dabei immer auf die schwarzen Rahmen und Linien, die anzeigen, wo ein Fenster eingefügt wird bzw. wo Sie loslassen können.

Im Folgenden werden wir uns die wichtigsten Bedienfelder ansehen.

Das »Einfügen«-Bedienfeld

Einfügen über Menüs

Zum Einfügen von Objekten können Sie anstelle des EINFÜGEN-Fensters auch das EINFÜGEN-Menü benutzen. Das geht meist schneller.

Mit dem EINFÜGEN-Bedienfeld ist es möglich, neue Objekte – wie Bilder, Ebenen, Tabellen, Formulare, Flash-Filme oder Navigationselemente – in die Webseite einzufügen. Es befindet sich oberhalb des Dokumentenfensters.

Um beispielsweise eine Tabelle einzufügen, platzieren Sie zunächst den Mauszeiger an der gewünschten Stelle im Dokument und klicken dann im EINFÜGEN-Bedienfeld auf das Tabellensymbol.

Einige Schaltflächen sind mehrfach belegt, das heißt, hinter ihnen befinden sich dann weitere Schaltflächen. Ein Beispiel ist die Bildschaltfläche. Wenn Sie direkt daneben auf den Pfeil klicken, erscheint eine Liste mit weiteren Objekten, die Sie einfügen können.

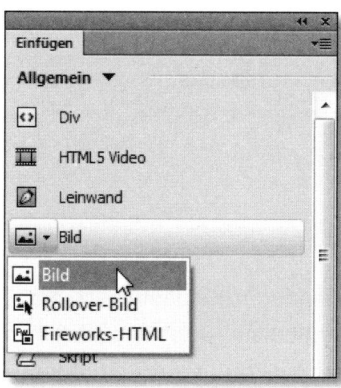

Abbildung 4.14 ▶
Das Bedienfeld zum Einfügen von Objekten. Hinter manchen Schaltflächen verbergen sich weitere Objekte, hier z. B. im Dropdown-Menü BILDER.

Da es viele verschiedene Bereiche gibt, in denen Sie arbeiten können (z. B. Formulare, Text, Daten), kann man im EINFÜGEN-Bedienfeld über das Dropdown-Menü unterschiedliche Rubriken wie ALLGEMEIN, LAYOUT, FORMULARE usw. aufrufen, was den Zugriff auf die einzufügenden Objekte erleichtert.

Das »Dateien«-Bedienfeld

Im DATEIEN-Bedienfeld werden alle Dateien Ihrer Website angezeigt. In diesem Bedienfeld können Sie Dateien auch umbenennen, löschen und in Ordner verschieben. Hier lassen sich die Dateien auch auf den Server hochladen (siehe Kapitel 10).

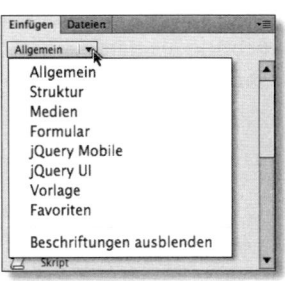

▲ **Abbildung 4.15**
Über das Dropdown-Menü im EINFÜGEN-Bedienfeld können Sie in eine andere Rubrik mit anderen Objekten wechseln.

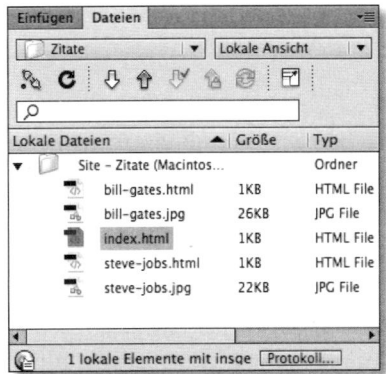

◄ **Abbildung 4.16**
Im DATEIEN-Bedienfeld werden alle Dateien Ihrer Website angezeigt.

Das »Verlauf«-Bedienfeld

Sehr hilfreich in der täglichen Arbeit mit Dreamweaver ist das VERLAUF-Bedienfeld. Hier sehen Sie die Historie aller Arbeitsschritte, die Sie an dem aktuellen Dokument vorgenommen haben. Vielleicht kennen Sie diese Funktion schon von Photoshop.

Sie können das Bedienfeld über FENSTER • VERLAUF einblenden. Beim ersten Aufruf wird das Bedienfeld normalerweise frei schwebend angezeigt. Sie können das Bedienfeld jedoch in die Seitenleiste verschieben.

Um Schritte rückgängig zu machen, ziehen Sie auf der linken Seite des Bedienfelds den Schieberegler ❶ nach oben. Wenn Sie die Dateien speichern und anschließend schließen, geht die Historie leider verloren.

Das VERLAUF-Bedienfeld kann Ihnen auch helfen, wiederkehrende Schritte zu automatisieren. Angenommen, Sie haben einen Bereich markiert und anschließend Formatierungen im EIGENSCHAFTEN-Bedienfeld vorgenommen. Um diesen Schritt auch auf

▲ **Abbildung 4.17**
Über das VERLAUF-Bedienfeld können Sie einfach Schritte rückgängig machen oder wiederholen.

Schritte als Befehl speichern

Sehr praktisch ist auch die Möglichkeit, die Schritte als neuen Befehl zu speichern. Klicken Sie dazu auf das Disketten-symbol am unteren Rand des Bedienfelds. Sie kön-nen dann einen Namen vergeben, der im Menü BEFEHLE angezeigt wird.

andere Bereiche anzuwenden, klicken Sie im VERLAUF-Bedienfeld auf den entsprechenden Schritt und anschließend auf WIEDER-GABE. Wenn Sie ⟨⇧⟩ drücken, können Sie auch mehrere Schritte gleichzeitig selektieren.

4.4 Anpassen der Arbeitsumgebung

Wie fast jede Software können Sie auch Dreamweaver manuell konfigurieren, um es an Ihre eigenen Wünsche anzupassen.

Arbeitsbereiche

Sie können sich Ihre Arbeitsbereiche nach Ihren Bedürfnissen ein-richten, indem Sie z. B. nur bestimmte Bedienfelder einblenden und diese nach Belieben positionieren. Dreamweaver merkt sich automatisch Ihre Einstellungen.

Dreamweaver enthält jedoch schon vorkonfigurierte Arbeits-bereiche, die Sie über das Menü FENSTER • ARBEITSBEREICHLAYOUT abrufen können. Der Standardarbeitsbereich ist KOMPAKT. Alter-nativ gibt es noch das Layout ERWEITERT, in dem u. a. die Bedien-felder fast doppelt so breit angezeigt werden.

Sie können auch einen neuen Arbeitsbereich anlegen, indem Sie im Menü FENSTER den Menüpunkt NEUER ARBEITSBEREICH wählen und dann einen Namen festlegen. Über den Menüpunkt ARBEITSBEREICHLAYOUT • ARBEITSBEREICHE VERWALTEN können Sie u. a. Einstellungen löschen.

Den Ursprungszustand wiederherstellen

Sehr praktisch ist die Funktion zum Zurückset-zen. Der Menüpunkt 'KOMPAKT' ZURÜCKSETZEN nimmt z. B. alle Ihre Änderungen für diesen Arbeitsbereich zurück.

Voreinstellungen

Um in die Voreinstellungen zu gelangen, wählen Sie unter MAC OS X DREAMWEAVER • VOREINSTELLUNGEN, unter Windows BEARBEITEN • VOREINSTELLUNGEN.

Sie können im Fenster VOREINSTELLUNGEN zahlreiche Einstel-lungen festlegen, darunter auch, ob das Startfenster angezeigt werden soll oder welche Farbe der HTML-Code haben soll.

Aufgrund der vielen Optionen ist das Fenster in verschie-dene Kategorien eingeteilt. Um also eine Einstellung vorzuneh-men, wählen Sie zunächst im linken Bereich ❶ eine KATEGORIE aus. Anschließend nehmen Sie im rechten Bereich ➋ die Konfiguration vor.

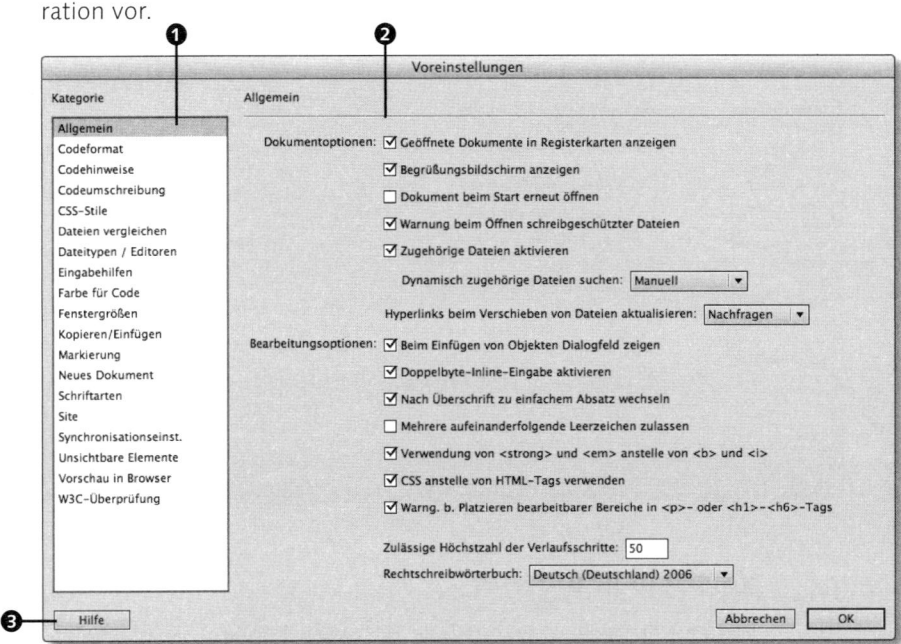

▲ **Abbildung 4.18**
Voreinstellungen von Dreamweaver, gruppiert nach Kategorien

Die meisten Menüs und Optionen sind selbsterklärend. Klicken Sie auf die Hilfe-Schaltfläche ➌, um die Programmdokumentation zu den Voreinstellungen zu öffnen.

In den nächsten Abschnitten stellen wir zwei wichtige Kategorien vor.

Synchronisationseinstellungen (neu in Dreamweaver CC)

Dreamweaver CC bietet die Möglichkeit, dass Voreinstellungen und Site-Einstellungen in der Adobe Cloud gespeichert werden. Das kann sehr praktisch sein, wenn Sie z.B. einen iMac im Büro und ein Macbook Air für unterwegs nutzen. In diesem Fall werden die Einstellungen automatisch synchronisiert. Setzen Sie dazu auf beiden Rechnern in der Kategorie Synchronisationseinst. einen Haken bei den Optionen Automatische Synchr. aktivieren, Anwendungsvoreinstellungen und Site-Einstellungen.

Die Webseiten selbst werden nicht in der Adobe Cloud gespeichert.

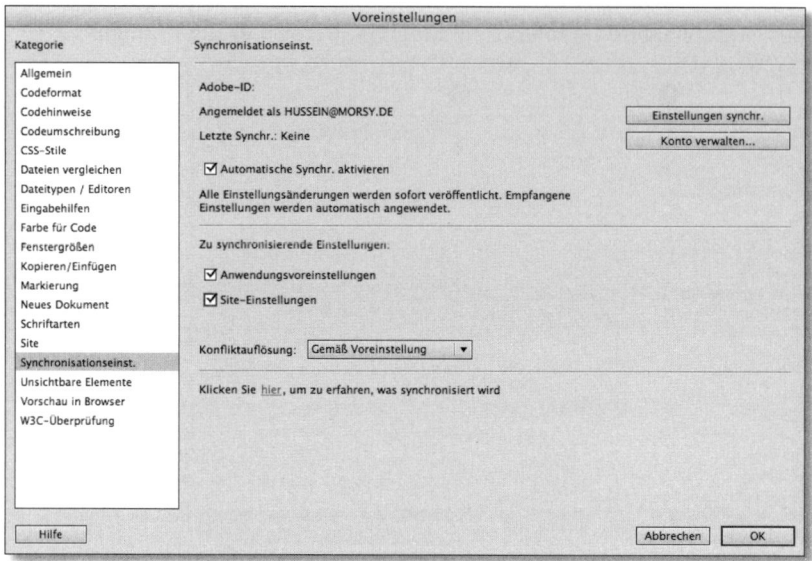

Abbildung 4.19 ▸
Synchronisations-
einstellungen für die
Adobe Cloud

Vorschau in Browser

In der Kategorie VORSCHAU IN BROWSER können Sie einstellen, welche Browser im Vorschaumenü des Dokumentenfensters zur Verfügung gestellt werden. Falls Sie z. B. einen neuen Webbrowser installiert haben, können Sie diesen hinzufügen. Klicken Sie dazu auf das Plussymbol ❶. Im Dialogfenster können Sie dann den Namen und die Anwendung auswählen.

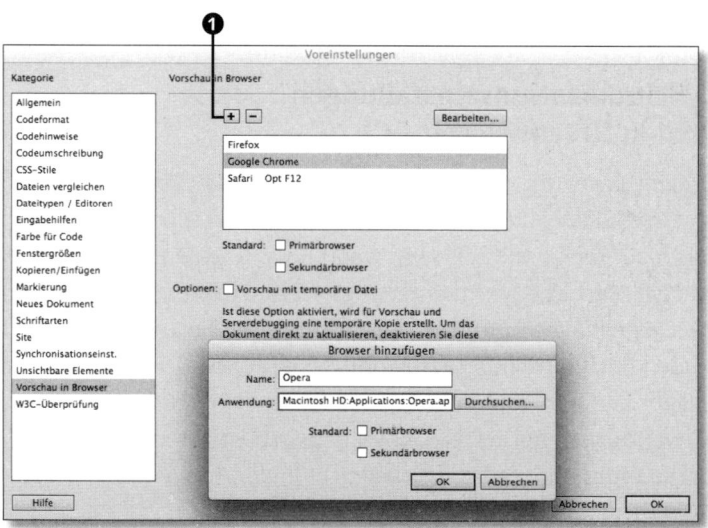

Abbildung 4.20 ▸
Voreinstellung für VORSCHAU
IN BROWSER

Teil II

Ein Websiteprojekt

Kapitel 5

Eine neue Website

So erstellen und konfigurieren
Sie eine neue Website

- ▶ Welches Beispielprojekt wird im Buch erstellt?
- ▶ Was ist der Unterschied zwischen einer Website und
  einer Webseite?
- ▶ Was ist der lokale Site-Ordner?
- ▶ Wie lege ich eine neue Site an?
- ▶ Wie importiere und bearbeite ich bestehende Websites?

5 Eine neue Website

Bevor Sie endlich mit der Erstellung der Webseiten loslegen können, müssen Sie eine neue Site anlegen. Dieses Kapitel zeigt
Ihnen, wie das geht.

5.1 Unser Beispielprojekt

In diesem Buch entwickeln wir von der Erstellung der Site bis zur
Realisierung der Inhalte durchgängig ein Beispielprojekt.

Abbildung 5.1 ▼
Homepage unserer Beispielwebsite

   Es handelt sich um eine Site über eine DJ-Software zum virtuellen Auflegen von Musik.

Das Beispielprojekt ist jedoch universell einsetzbar. Wenn Sie also
die Website nicht einfach stur kopieren, sondern z. B. die Farben
und Bilder anpassen, erhalten Sie ein individuelles Design – lassen
Sie sich auch von Ihren eigenen Ideen inspirieren.

Responsives Webdesign

Die Website, die wir in diesem Buch gemeinsam erstellen, sieht nicht nur auf großen Bildschirmen gut aus, sondern passt sich automatisch an praktisch jede Bildschirmgröße bis hin zum Smartphone an. Dies wird als responsives Webdesign bezeichnet.

Wir werden hier die neue Dreamweaver-Funktion FLEXIBLES RASTERLAYOUT einsetzen.

◄ **Abbildung 5.2**
Homepage unserer Beispielwebsite auf dem iPhone 5

> **Website**
>
> Das Beispielprojekt basiert auf einer realen Website *www.algoriddim. com*, die von mir mit entwickelt worden ist. Damit das Beispielprojekt auch als Basis für Ihre eigene Website dienen kann, weicht das Beispielprojekt von der realen Website ab.

Beispielwebsite herunterladen

Damit Sie das Beispielprojekt auch selbst auf Ihrem Rechner nachvollziehen können, können Sie sich sämtliche Dateien der Beispielsite von *http://www.dwbuch.de/uebungen* herunterladen.

Dort werden Ihnen unter anderem folgende zwei Downloads angeboten:

▸ »djay_bilder.zip«: enthält nur Bilder, um die Website als Übung zu erstellen
▸ »djay_fertig.zip«: enthält die fertige Website mit allen Dateien (HTML, Bilder usw.)

Zuerst werden wir eine neue Website erstellen (genannt *djay Übung*), die zunächst noch keine Dateien enthält. Die heruntergeladenen Dateien sollten separat und zunächst *nicht* im Ordner der Website abgelegt werden, da Bilder beim Einfügen in Dreamweaver automatisch in den Ordner der Website kopiert werden.

Des Weiteren werden wir eine neue Website anlegen (genannt *djay Fertig*), die bereits die fertige Website enthält. Damit können Sie leichter nachvollziehen, wie das Beispielprojekt erstellt wurde, und die Site mit Ihren eigenen Übungen vergleichen.

Lokaler Site-Ordner

In Dreamweaver wird der Ordner, in dem die Site gespeichert wird, als *lokaler Site-Ordner* bezeichnet. Dabei wird zwischen einem lokalen und einem entfernten Site-Ordner unterschieden. Der lokale Site-Ordner ist der Ordner, der auf Ihrer Festplatte gespeichert ist, wohingegen der *entfernte Site-Ordner* auf Ihrem Webserver liegt.

5.2 Neue Site anlegen und konfigurieren

Zur Vorbereitung sollten Sie einen Ordner anlegen, der alle (zukünftigen) Websites, die Sie erzeugen werden, enthält. Erstellen Sie dazu einen Ordner WEBSITES im Ordner EIGENE DATEIEN. Unter Mac OS X liegt dafür bereits ein Ordner namens WEB-SITES oder SITES in Ihrem HOME-Verzeichnis. Nun kann es endlich mit der Erstellung der Site losgehen.

Schritt für Schritt
Leere Site erstellen

1 Neue Site
Wählen Sie zuerst den Menüpunkt SITE • NEUE SITE. Alternativ können Sie auch den Menüpunkt SITE • SITES VERWALTEN aufrufen und anschließend auf NEUE SITE klicken.

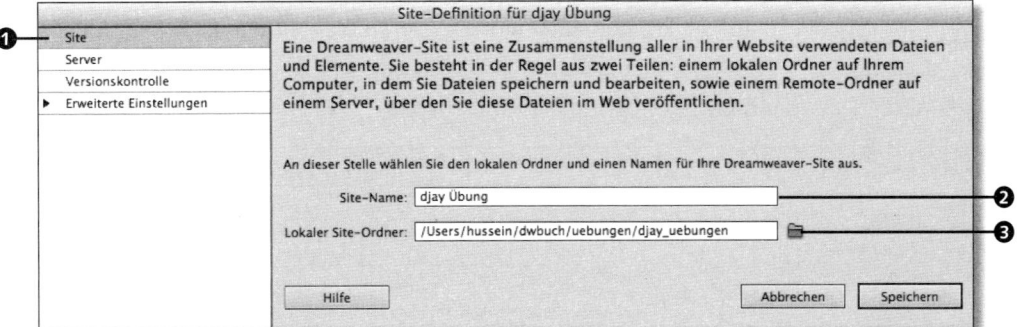

▲ **Abbildung 5.3**
Die Grundeinstellungen

2 Site-Definition

Aufgrund der vielfältigen Einstellmöglichkeiten für eine Site sind die Menüs in verschiedene Kategorien unterteilt. Sie finden diese auf der linken Seite. Die Kategorie SITE ❶ ist anfangs ausgewählt.

Geben Sie im Feld SITE-NAME ❷ einen passenden Namen für Ihre Website an (z. B. »djay Übung« für unser Beispielprojekt). Sie dürfen Leerzeichen und Umlaute verwenden. Der Name der Site ist für den Betrachter der Website nicht sichtbar.

Unter LOKALER SITE-ORDNER legen Sie den Ordner fest, in dem Ihre Site gespeichert wird. Klicken Sie dazu auf das Ordnersymbol ❸ rechts neben dem Textfeld. Es erscheint ein Dialogfenster, in dem Sie den Ordner festlegen können. Wählen Sie unter Windows den Ordner EIGENE DATEIEN/WEBSITES bzw. unter Mac OS X den Ordner SITES aus, und erstellen Sie darunter einen neuen Ordner, der ähnlich benannt ist wie Ihr Site-Name. Hier sollten Sie keine Leerzeichen und Umlaute verwenden, sondern nur Buchstaben, Zahlen, Unterstriche und Bindestriche. Für unser Beispielprojekt wählen wir beispielsweise »djay_uebung«. Gewöhnen Sie sich auch an, ausschließlich Kleinbuchstaben zu verwenden.

3 Bilderordner festlegen

Als Nächstes legen wir den STANDARD-BILDERORDNER fest. Das ist der Ordner, in dem importierte Bilder automatisch abgespeichert werden. Um den Ordner anzulegen, wählen Sie auf der linken Seite unter ERWEITERTE EINSTELLUNGEN die Kategorie LOKALE INFO aus und klicken auf das Ordnersymbol ❹ rechts neben dem Textfeld.

Es erscheint ein Dialogfenster, in dem Sie den Bilderordner festlegen können. Wählen Sie dazu den eben erstellten Site-Ordner aus, und legen Sie einen neuen Ordner mit dem Namen IMAGES

▼ **Abbildung 5.4**
Die erweiterten
Einstellungen

an. Sie können auch einen anderen Namen wie zum Beispiel BIL-
DER wählen. Für die Schreibweise des Bilderordners gelten die
gleichen Regeln wie für den lokalen Site-Ordner.

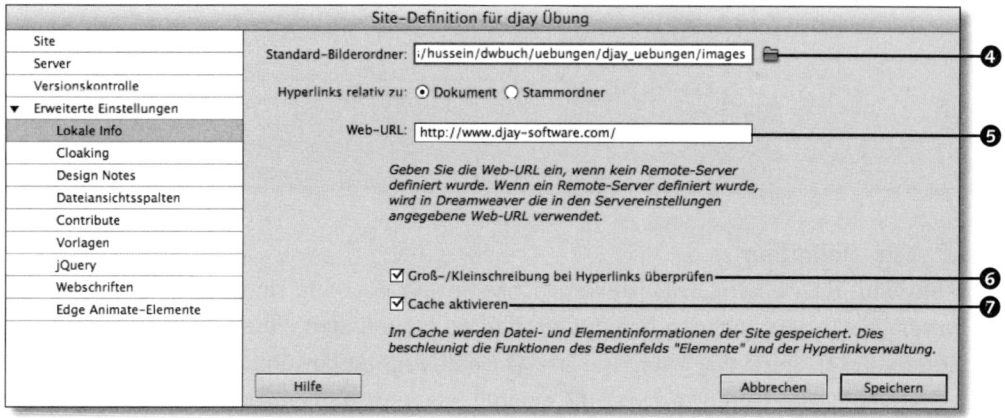

4 Weitere Einstellungen unter »Lokale Info«

Falls Sie bereits eine Webadresse (URL) für Ihre Site besitzen, können Sie sie unter WEB-URL ❺ eintragen. Dies ist aber nicht zwingend erforderlich. Eine mögliche Eingabe ist zum Beispiel »http://
www.djay-software.com«.

Die Option GROSS-/KLEINSCHREIBUNG BEI HYPERLINKS ÜBER-
PRÜFEN ❻ sollten Sie aktivieren, damit bei der Überprüfung
der Hyperlinks die Groß-/Kleinschreibung beachtet wird. Dies
gewährleistet, dass die Hyperlinks auf den Webservern (meist
UNIX/Linux-Serversysteme) korrekt funktionieren.

Außerdem sollte die Option CACHE AKTIVIEREN ❼ auf jeden Fall
aktiv sein, damit die Dateien der Website, an der Sie arbeiten,
immer schnell aus dem Zwischenspeicher dargestellt werden.

5.3 Site bearbeiten oder importieren

Möchten Sie eine fertige Website, z. B. unsere Beispielwebsite, in
Dreamweaver bearbeiten, müssen Sie eine neue Site erstellen.

Es klingt merkwürdig, dass man in Dreamweaver eine neue Site
auch dann erstellen muss, wenn man eine bereits vorhandene
Website bearbeiten will. Das Erstellen einer neuen Site bedeutet
in Dreamweaver lediglich, dass ein neues Projekt angelegt wird,

in dem unter anderem der Ordner gespeichert wird, in dem sich die Dateien befinden. Dieses Verzeichnis muss nicht leer sein und kann auch bereits eine komplette Website enthalten.

Dieser Schritt ist auch dann sinnvoll, wenn Sie eine bestehende Website als Musterlösung benutzen möchten bzw. wenn Sie eine in einem anderen Programm erstellte Website in Dreamweaver importieren möchten. Denn bevor Sie eine noch nicht in Dreamweaver angelegte Website bearbeiten, müssen Sie auch eine neue Site erstellen.

Schritt für Schritt
Eine neue Site aus einer fertigen Website erstellen

1 Fertige Website laden
Laden Sie zuerst von der Webseite *http://www.dwbuch.de/uebungen* die Datei »djay_fertig.zip« herunter. Entpacken Sie diese mit WinZip oder einem anderen ZIP-Tool, und kopieren Sie den Ordner DJAY _ FERTIG in einen neuen Ordner unterhalb von EIGENE DATEIEN/WEBSITES (Windows) bzw. unter Mac OS X in den Ordner WEB-SITES (oder SITES).

2 Eine neue Site anlegen
Legen Sie jetzt, wie bereits beschrieben, unter SITE • NEUE eine neue Site an. Geben Sie im Feld SITE-NAME einen passenden Namen für Ihre Website an (z. B. »djay Fertig« für unser bereits fertiges Beispielprojekt).

Klicken Sie auf das Ordnersymbol in der Zeile LOKALER SITE-ORDNER, und wählen Sie den Ordner aus, in den Sie die fertige Website verschoben haben. Weitere Einstellungen sind zunächst nicht notwendig. Klicken Sie auf OK, um die Site anzulegen.

Wechseln zwischen Sites

Sie haben jetzt zwei Sites erstellt: eine leere Site, in der Sie Ihre Übungen durchführen können, und eine weitere Site, in der sich das bereits fertige Projekt befindet. In Dreamweaver ist jedoch immer nur eine Site aktiv. Beim Erstellen neuer Webseiten wird automatisch der lokale Site-Ordner der aktiven Site zum Speichern gewählt. Beim Einfügen von Bildern werden auch die Bilddateien (ohne Abfrage) automatisch in den Ordner IMAGES des lokalen Site-Ordners der aktiven Site kopiert, falls Sie diesen beim Erstellen der Site dafür angegeben haben.

Wenn Sie später neue Vorlagen und Webseiten erstellen, ist es sehr wichtig zu wissen, welche Website jeweils aktiv ist, da sonst die Dateien unbeabsichtigt in der falschen Site landen können. Überprüfen Sie daher immer, in welcher Site Sie momentan arbeiten.

Im Bedienfeld DATEIEN (Menü FENSTER • DATEIEN) werden alle Dateien der aktiven Website angezeigt. Klicken Sie auf das Dreieck ❷ neben dem Ordnersymbol, um den Inhalt des Ordners anzeigen zu lassen. In der Liste ❶ erkennen Sie, welche Site momentan aktiv ist.

Um eine andere Site (z. B. *djay Übung*) zu bearbeiten, wählen Sie in der Liste ❸ die entsprechende Site aus.

Abbildung 5.5 ▶
Dateien der Site *djay Fertig*

Abbildung 5.6 ▶▶
Das Wechseln zu einer anderen Site erfolgt über das Listenfeld.

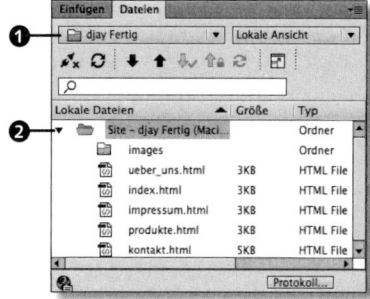
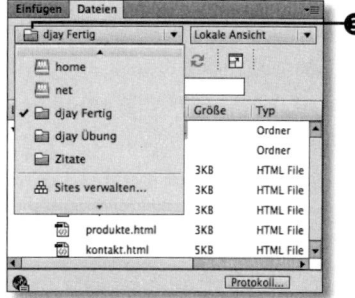

Da die Site *djay Übung* noch nicht über fertig erstellte Webseiten verfügt, wird darin nur der Ordner IMAGES angezeigt.

Abbildung 5.7 ▶
Ansicht der noch leeren Site *djay Übung*

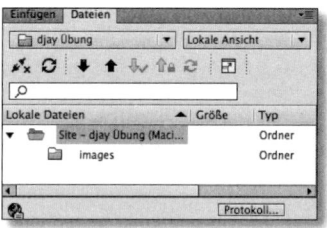

Details dazu, wie Sie Dateien umbenennen, löschen, kopieren und verschieben, erfahren Sie in Kapitel 10, »Websites testen, veröffentlichen und verwalten«.

Kapitel 6

Eine Vorlage anlegen
So erstellen Sie ein Muster für alle Seiten

- ▸ Was ist eine Vorlage in Dreamweaver?
- ▸ Wie plane ich Vorlagen?
- ▸ Wie lege ich ein CSS-Layout fest?
- ▸ Wie erstelle ich eine Vorlage für das Beispielprojekt?
- ▸ Was sind bearbeitbare Bereiche?

6 Eine Vorlage anlegen

Vorlagen, auch Templates genannt, gehören zu den wichtigsten Hilfsmitteln, um einheitliche und konsistente Webseiten zu erstellen. In diesem Kapitel erzeugen wir eine Vorlage und legen ein CSS-Layout fest, auf dem jede Seite unserer Website basiert.

6.1 Vorlage entwerfen

Eine Website kann aus einigen wenigen oder auch aus ein paar Tausend Seiten bestehen. Die Inhalte auf den Seiten sollten sich unterscheiden, der Aufbau und die Gestaltung sollten jedoch Gemeinsamkeiten haben, um den Surfer nicht zu verwirren.

Was ist eine Vorlage?

Mehrere Vorlagen möglich

In einigen Fällen, beispielsweise bei größeren Websites, ist es nicht sinnvoll, nur eine Vorlage zu erstellen, auf der dann alle Seiten der Website basieren. In Dreamweaver können Sie auch mehrere Vorlagen erzeugen. Wenn Sie dann eine neue Webseite anlegen, können Sie wählen, auf welcher Vorlage diese Seite basieren soll.

Gleichbleibende Navigationen, Layouts, Schriften und Farben auf einer Website erzeugen beim Surfer einen Wiedererkennungseffekt; außerdem sind die Webseiten dadurch leichter bedienbar. Auch für die Erstellung und Pflege einer Website ist es leichter, wenn sich Aufbau und Platzierung der Elemente auf den einzelnen Webseiten nicht stark voneinander unterscheiden. Dies wird durch die Arbeit mit Vorlagen ermöglicht.

Wie zum Beispiel auch in Microsoft Word bildet eine Vorlage den Rahmen einer Seite. Um eine solche Vorlage zu erstellen, sind zuerst die Gemeinsamkeiten der Seiten herauszuarbeiten, um sie in die Vorlage aufzunehmen. Für unsere Beispielwebsite *djay-software.com* sind das:

▸ das Logo bzw. das Banner
▸ die Navigation
▸ der Inhaltsbereich

Eine Vorlage in Dreamweaver ist ein eigenes HTML-Dokument, das aus einem Grundgerüst besteht, das Sie auf andere Seiten anwenden können. Wenn Sie nun eine neue Seite erstellen möchten, können Sie ein neues Dokument aus einer Vorlage heraus erzeugen. Das Grundgerüst wird übernommen, und Sie können mit dem Einfügen des individuellen Inhalts der Webseite beginnen.

Einige Leser mögen jetzt einwenden, dass sie Vorlagen nicht benötigen, da sie das Grundgerüst ja auch einfach per Kopieren und Einfügen des Quelltexts auf jede neue Seite übertragen können. Das ist tatsächlich auch eine wenig aufwendige Arbeitsweise, geht aber nur so lange gut, bis Änderungen am Grundgerüst notwendig werden. Diese müssen Sie dann per Hand auf jede einzelne Seite übertragen, wenn Sie ohne Vorlage arbeiten.

Wenn Sie Änderungen an einer Vorlage vornehmen, um zum Beispiel einen Menüpunkt zu ergänzen, übertragen sich diese Änderungen automatisch auch auf alle Webseiten, die Sie auf der Grundlage dieser Vorlage erstellt haben. Diese ungemein praktische Funktion, mit der Sie in kürzester Zeit globale Änderungen auf Ihrer Site durchführen können, wollen wir nutzen. Sie macht einen der größten Vorteile von Dreamweaver aus.

Beispiele im Web

Vor der Planung der Vorlage für Ihre Website sollten Sie sich verschiedene bekannte Websites im Internet anschauen. Versuchen Sie herauszufinden, welches jeweils die gemeinsamen Elemente der einzelnen Seiten sind, und skizzieren Sie sie. In den meisten Fällen lässt sich die Struktur der Websites in einem einfachen Schema darstellen.

Das folgende Beispiel besitzt einen Kopf- und einen Fußbereich. Im Kopfbereich ist neben dem Logo und dem Site-Namen oft auch ein Navigationsmenü platziert. Im Fußbereich werden häufig das Impressum und Copyright-Hinweise angezeigt. Der strukturelle Unterschied liegt bei vielen Websites meist im mittleren Inhaltsbereich.

Die Homepage des Verlags Galileo Press, *http://www.galileopress.de*, besteht im Inhaltsbereich aus drei Spalten. Die linke Spalte enthält die Menüs. Die mittlere Spalte fungiert als Hauptbereich, und im rechten Bereich sind Zusatzinformationen wie Buchtipps enthalten.

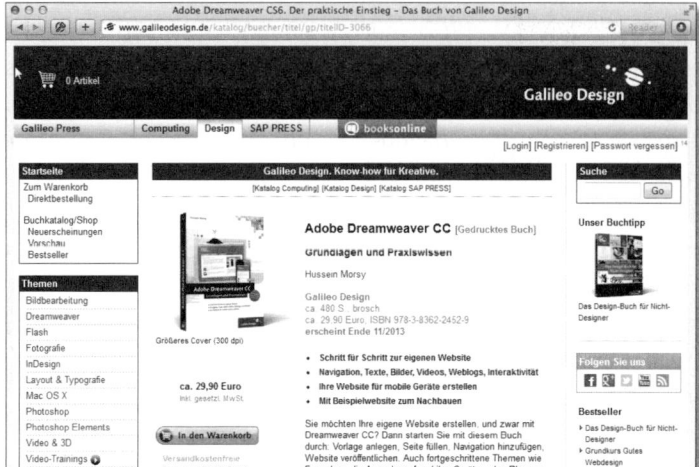

Abbildung 6.1 ▶
Die Webseite *http://www. galileodesign.de* besteht neben dem Kopfbereich aus drei Spalten.

Viele Websites haben einen so komplexen Aufbau, dass sie für Smartphone-Bildschirme nicht geeignet sind. Daher geht der Trend im Webdesign hin zu einfachen Layouts.

Vorlage planen

Wir werden nun eine Vorlage für unser Beispielprojekt planen. In einem Vorbereitungsschritt haben wir die festen Bestandteile aller Seiten zunächst in einem Bildbearbeitungsprogramm so zusammengestellt, wie sie hinterher auf der Website aussehen sollen.

Abbildung 6.2 ▶
Unser Beispielprojekt hat ein einfaches Layout.

Die Vorlage besteht aus den folgenden Elementen:
- ❶ Logo/Titel der Site
- ❷ Bannerbereich für Themenbilder (auch Jumbotron genannt)
- ❸ Navigationsmenü
- ❹ Hauptbereich, in den die individuellen Inhalte der jeweiligen Einzelseiten eingefügt werden
- ❺ Fußbereich, in dem gegebenenfalls Copyright-Informationen dargestellt werden

Der Hauptbereich ❹ und der zugehörige Bannerbereich ❷ werden auf jeder Webseite mit individuellen Inhalten gefüllt. Diese Bereiche werden in der Vorlage als sogenannte *bearbeitbare Bereiche* gekennzeichnet.

6.2 Ein Layout erstellen

Für die Realisierung der Vorlage benötigen Sie zunächst ein HTML-Dokument und eine CSS-Datei. In einem zweiten Schritt wird die HTML-Datei als Vorlagendatei gespeichert. Das HTML-Dokument definiert dabei das Layout, also den Aufbau der Seite. In der CSS-Datei wird festgelegt, wie die einzelnen Elemente auf der Seite aussehen sollen.

Die Erstellung eines Layouts ist relativ schwierig. Zum Glück verfügt Dreamweaver CC über die Funktion Fliessendes Rasterlayout, mit der relativ einfach Layouts erstellt werden, die sowohl auf großen Bildschirmen als auch auf Smartphones gut aussehen (responsive Websites).

Vorgefertigte Layouts

Dreamweaver CS6 verfügte über 18 vorgefertigte Layouts. In Dreamweaver CC sind nur noch zwei Layouts enthalten. Das ist aber nicht weiter schlimm, da man mit der neuen Funktion Fliessendes Rasterlayout selbst ein individuelles Layout kreieren kann.

Schritt für Schritt
Neue Seite mit fließendem Rasterlayout

1 **Neue Seite erstellen**

Rufen Sie zunächst Datei • Neu auf, um das Dialogfenster für neue Dateien zu öffnen. Wählen Sie dann Fld. Rasterlayout (Fließendes Rasterlayout) ❶ aus.

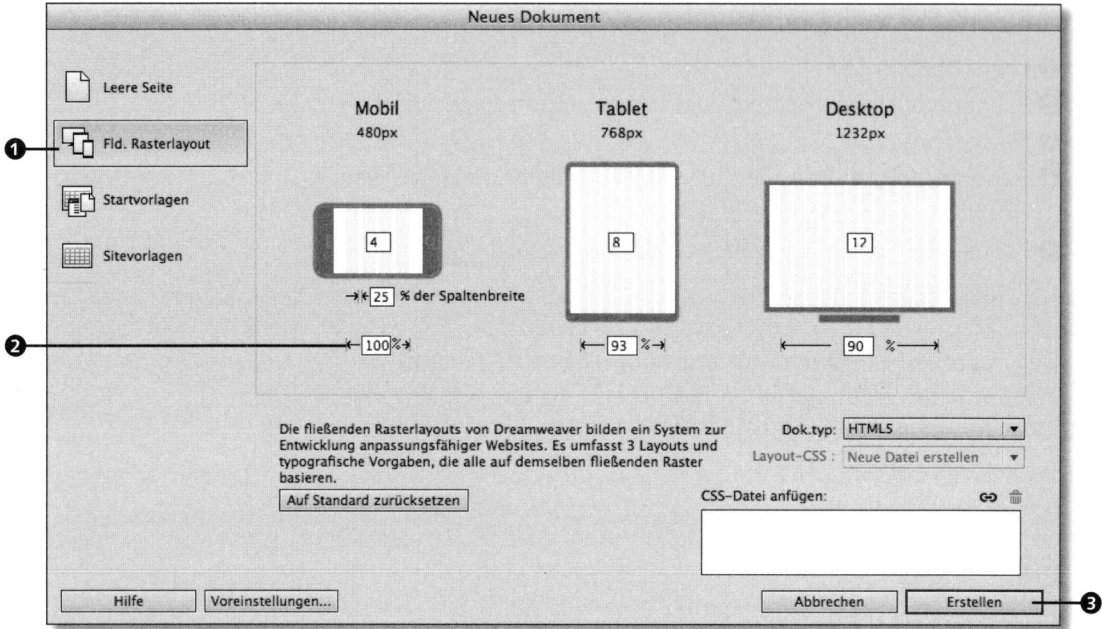

▲ **Abbildung 6.3**
Wählen Sie FLD. RASTER-
LAYOUT.

Damit das Layout für mobile Geräte möglichst keinen Rand lässt,
wählen Sie unter MOBIL 100 % aus ❷. Die anderen Werte können
Sie so belassen.

2   CSS-Datei speichern

Nachdem Sie auf ERSTELLEN ❸ geklickt haben, öffnet sich ein Dia-
logfenster, in dem Sie den Dateinamen und den Ordner der neuen
CSS-Datei festlegen. Geben Sie z. B. »layout.css« ein. In der CSS-
Datei wird das Design unserer Website festgelegt (siehe Kapitel 9,
»Das Design der Website mit CSS«).

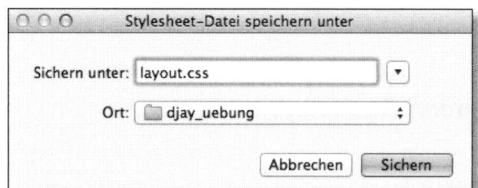

▲ **Abbildung 6.4**
Speichern der CSS-Datei

Nachdem Sie auf SICHERN geklickt haben, öffnet sich das neue
Dokument mit einem blauen Bereich.

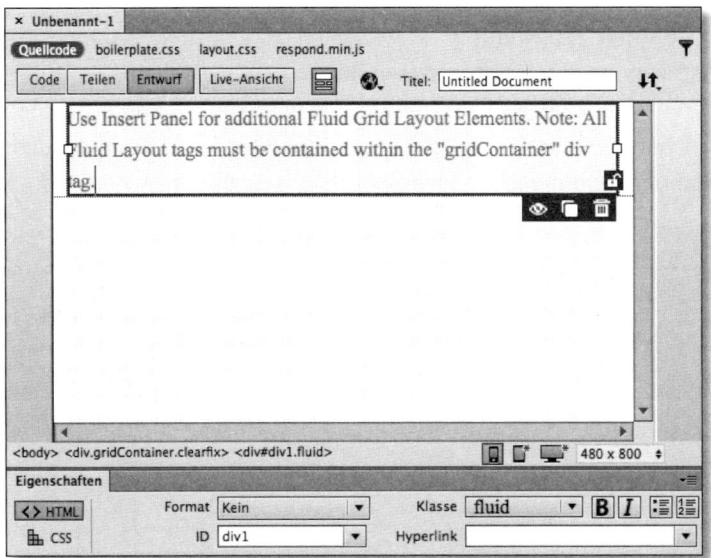

◀ **Abbildung 6.5**
So sieht das gewählte Layout
aus.

3 Kopfbereich anpassen

Ändern Sie den Text in »Kopfbereich«. Damit wir den Bereich später für das Design identifizieren können, muss noch eine eindeutige ID vergeben werden. Geben Sie dazu im Eigenschaftsfenster unter ID KOPF ❹ ein. Es ist empfehlenswert, nur Kleinbuchstaben und keine Sonderzeichen wie Umlaute zu verwenden. Eine Ausnahme bildet der Unterstrich und Bindestrich.

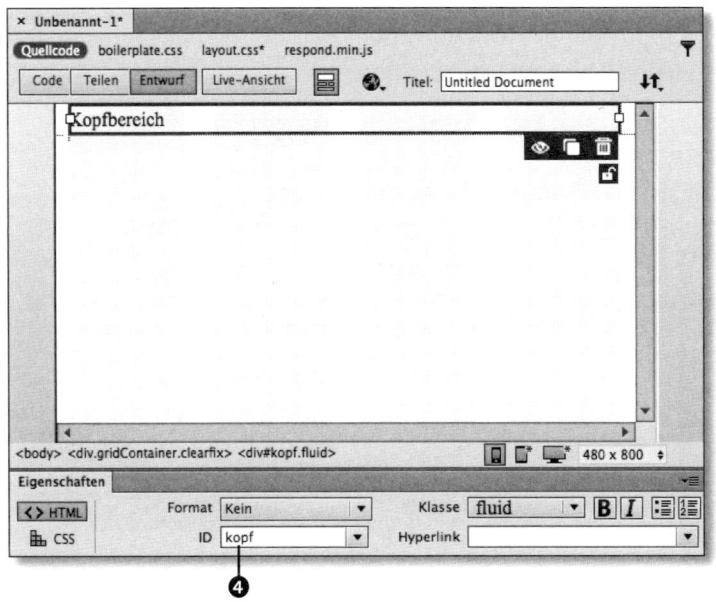

◀ **Abbildung 6.6**
Seite mit einem Kopfbereich

4 Banner erstellen

Erstellen Sie nun einen weiteren Bereich, indem Sie auf das Duplizieren-Symbol ❶ klicken. Der Bereich wird kopiert und erhält den gleichen Text und die gleiche ID. Tauschen Sie den Text durch »Banner« und die ID im Eigenschaftsfenster durch BANNER aus.

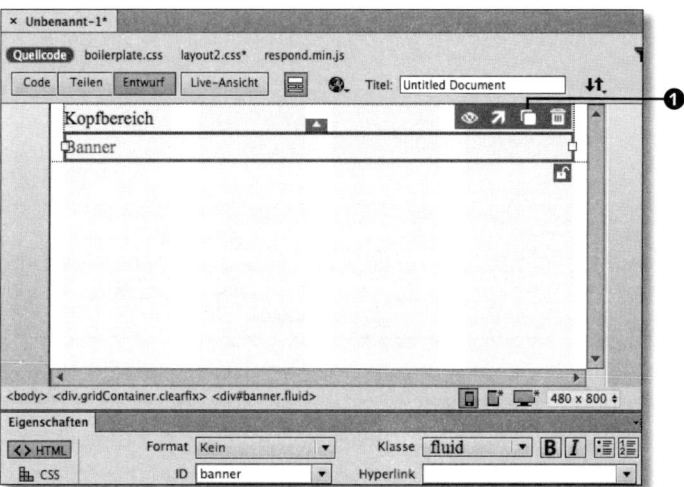

Abbildung 6.7 ▶
Seite mit einem Banner-element

5 Weitere Bereiche erstellen

Wir benötigen außerdem noch die folgenden Bereiche, die Sie auf die gleiche Art und Weise duplizieren:

- ▶ Navigation mit ID NAVIGATION
- ▶ Hauptinhalt mit ID HAUPTINHALT
- ▶ Fußbereich mit ID FUSSBEREICH

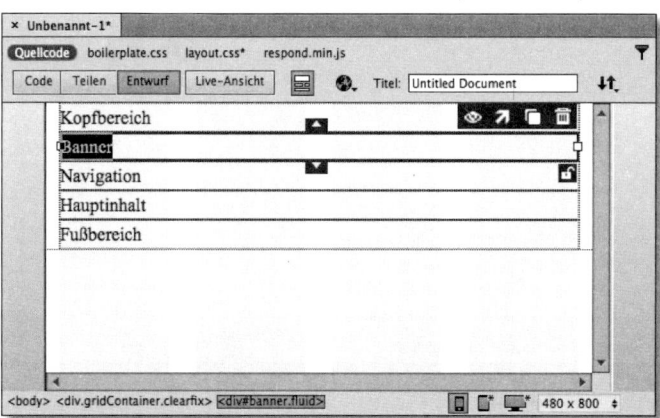

Abbildung 6.8 ▶
Seite mit fünf Bereichen

6.3 Eine Vorlage mit bearbeitbaren Bereichen erstellen

Wir werden nun unsere HTML-Seite als Vorlage speichern. Dazu werden wir sogenannte *bearbeitbare Bereiche* für den Hauptinhalt und das Banner erstellen, damit diese später auf den einzelnen Webseiten durch individuelle Inhalte ergänzt werden können.

Schritt für Schritt
Vorlage erstellen

1 Banner markieren

Markieren Sie zunächst den Bannertext im Dokumentenfenster.

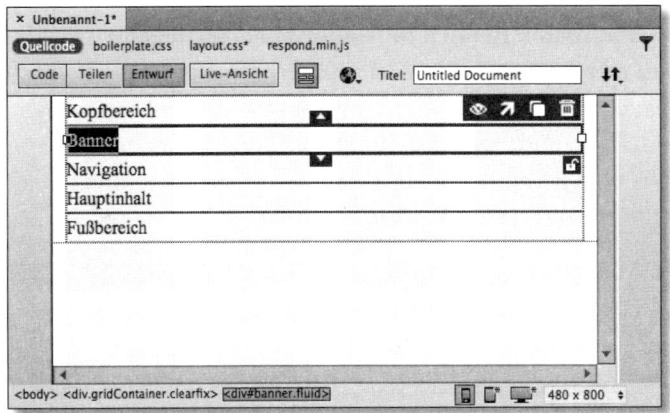

◄ **Abbildung 6.9**
Markieren des Bannertextes

2 Bearbeitbaren Bereich für Banner festlegen

Wählen Sie im Menü EINFÜGEN • VORLAGE • BEARBEITBARER BEREICH. Es öffnet sich ein Dialogfenster, das Sie darauf aufmerksam macht, dass das Dokument in eine Vorlage umgewandelt wird. Bestätigen Sie diese Meldung durch Klick auf OK.

◄ **Abbildung 6.10**
Bestätigen Sie die Frage mit OK.

Fenster erscheint nicht?

Falls das Fenster bei Ihnen nicht erscheint, haben Sie vermutlich vorher auf das Kontrollkästchen DIESE MELDUNG NICHT MEHR ANZEIGEN geklickt.

Es öffnet sich ein weiteres Fenster, in dem Sie den Namen des bearbeitbaren Bereichs festlegen müssen.

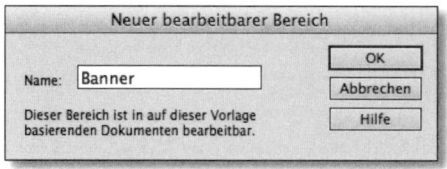

▲ **Abbildung 6.11**
Hier geben Sie dem Bereich einen Namen.

Ein passender Name wäre zum Beispiel »Banner«. Der Name dient später nur zur Unterscheidung zwischen mehreren bearbeitbaren Bereichen. Der Besucher der Webseite sieht diesen Namen nicht (es sei denn, er schaut im Quelltext nach).

3 Bearbeitbaren Bereich für Hauptinhalt festlegen
Wiederholen Sie die Schritte 1 und 2 für den Hauptinhalt. Legen Sie »Hauptinhalt« als Namen für den bearbeitbaren Bereich fest.

Sie haben nun zwei bearbeitbare Bereiche erstellt. Diese Bereiche sind jeweils von einem Rahmen umgeben und mit einer Beschriftung oben links ❶ gekennzeichnet.

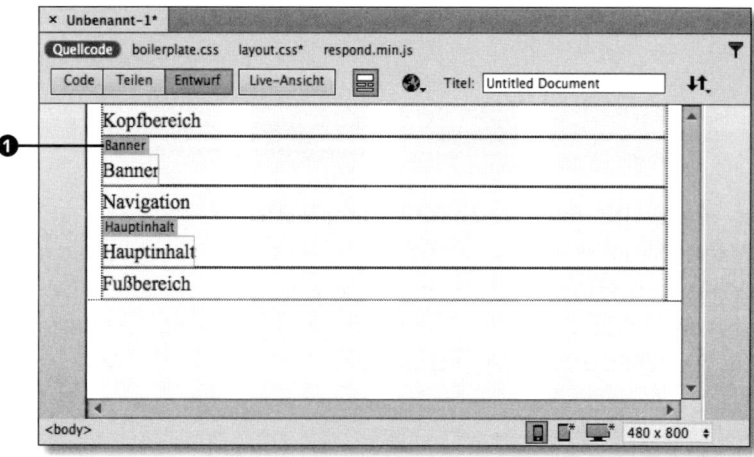

Abbildung 6.12 ▶
Vorlage mit zwei bearbeitbaren Bereichen

4 Vorlage speichern
Speichern Sie die Vorlage, indem Sie DATEI • SPEICHERN auswählen. Geben Sie unter SPEICHERN UNTER ❹ einen Namen für Ihre Vorlage ein; in unserem Beispiel wählen wir »standardvorlage«.

◄ **Abbildung 6.13**
Speichern als »standard-
vorlage«

Wenn Sie möchten, hinterlegen Sie unter BESCHREIBUNG ❸ einen
Text. Da wir jedoch nur eine Vorlage erstellen, benötigen wir keine
Zusatzinformationen. Achten Sie darauf, dass unter SITE ❷ unsere
Beispielwebsite ausgewählt ist.

Da unsere Vorlage mit der Funktion FLIESSENDES RASTERLAYOUT
erstellt wurde, öffnet sich ein Dialogfenster, das Sie darauf hinweist, dass noch weitere abhängige Dateien gespeichert werden.
Akzeptieren Sie einfach das Dialogfenster.

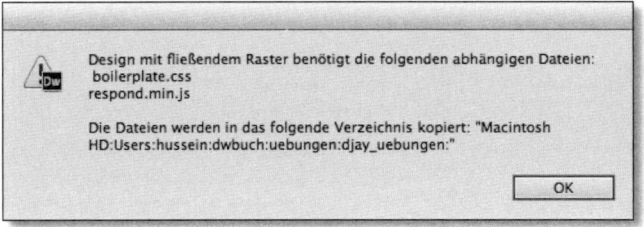

◄ **Abbildung 6.14**
Abhängige Dateien speichern

Speicherort für Vorlagen

Dreamweaver speichert alle Vorlagen einer bestimmten Site im
Ordner TEMPLATES auf Ihrer Festplatte. Dieser wird automatisch
im Verzeichnis der jeweiligen Site angelegt. Die Vorlage selbst
wird mit der Dateiendung »dwt« gespeichert. Im DATEIEN-Bedienfeld können Sie die erstellten Vorlagen betrachten und verwalten.
Falls das Fenster DATEIEN bei Ihnen nicht angezeigt wird, können
Sie es über das Menü FENSTER • DATEIEN einblenden. Wenn Sie auf
die Vorlagendatei doppelklicken, öffnet sich die Vorlage, und Sie
können die Bearbeitung fortsetzen.

**Abhängige Dateien
nicht löschen**

Die Dateien »boilerplate.
css« und »respond.min.
js« werden für das Ras-
terlayout benötigt.
Löschen Sie daher diese
Dateien nicht.

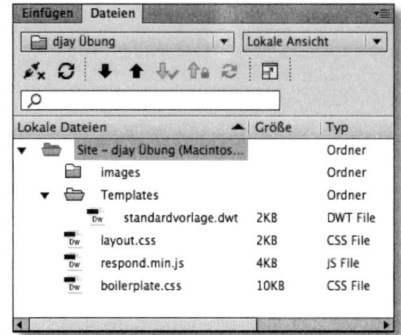

Vorlagendateien in Dreamweaver

Die Dateiendung »dwt« steht für »Dreamweaver-Template«, und Sie sollten sie nicht etwa in »html« ändern. Auch sollten Sie die Vorlagen nie aus dem automatisch angelegten Ordner TEMPLATES verschieben. Dreamweaver akzeptiert sie dann nicht mehr.

▲ **Abbildung 6.15**
Vorlagen werden im Ordner TEMPLATES gespeichert.

In den folgenden Kapiteln lernen Sie, wie Sie die Vorlage mit Inhalten füllen und diese mithilfe von CSS ansprechend gestalten.

Kapitel 7

Seiten mit Inhalten füllen
So statten Sie Webseiten mit Texten, Bildern und mehr aus

▸ Wie erstelle ich Webseiten aus einer Vorlage?

▸ Wie füge ich Texte und Listen ein und formatiere sie?

▸ Wie bestücke ich Seiten mit Bildern und Grafiken?

▸ Wann verwende ich Tabellen?

7 Seiten mit Inhalten füllen

In diesem Kapitel erstellen wir die Webseiten mit ihren Inhalten. Sie lernen, wie Sie eine Seite aus einer Vorlage erzeugen und mit Texten, Listen, Bildern und Tabellen füllen.

7.1 Neue Webseite erstellen

Im letzten Kapitel haben wir eine einfache Vorlage erstellt. Diese enthält bisher weder eine Navigation noch ein Design. Bevor Sie jedoch das Design erstellen, sollten Sie zunächst die Inhalte Ihrer Website zusammentragen und sich über die Struktur Gedanken machen. Wir benötigen für unsere Website die folgenden Seiten:

▶ **Home**: Dies ist die Startseite mit den wichtigsten bzw. neusten Informationen zu unseren Produkten.

▶ **Software**: Hier werden die DJ-Programme vorgestellt.

▶ **Hardware**: In diesem Bereich wird Hardware vorgestellt, die mit der Software zusammenarbeitet.

▶ **Company**: Auf dieser Seite wird die Firma vorgestellt. Viele Websites nennen diese Seite auch »Über uns«.

▶ **Kontakt**: Über ein Kontaktformular kann der Kunde einfach eine Nachricht hinterlassen, die per E-Mail an den Betreiber der Website geschickt wird.

▶ **Impressum**: Als Betreiber einer Website ist man verpflichtet, ein Impressum anzuzeigen.

Neue Dateien aus Vorlage erzeugen

Im Folgenden werden wir neue Webseiten erstellen, die auf unserer bereits angelegten Vorlage basieren. Es ist auch möglich, zunächst eine Webseite ohne Vorlage zu erstellen und die Vorlage erst später zuzuweisen. Das ist jedoch wesentlich komplizierter, wenn in der Webseite bereits Inhalte vorhanden sind.

Schritt für Schritt
Neue Webseite aus der Vorlage erstellen

1   Neues Dokument aus einer Vorlage erstellen

Wählen Sie DATEI • NEU. Daraufhin erscheint das Dialogfenster aus Abbildung 7.1. Wählen Sie darin die Rubrik SITEVORLAGEN ❶ aus, dann Ihre Site (DJAY ÜBUNG ❷) und anschließend die gewünschte Vorlage, auf der die Seite basieren soll. Da wir in unserer Beispielsite lediglich eine Vorlage erstellt haben, wird uns hier nur STANDARDVORLAGE angeboten. Wählen Sie diese aus, und achten Sie darauf, dass ein Häkchen bei SEITE BEI VORLAGENÄNDERUNG AKTUALISIEREN ❸ gesetzt ist. Damit ist gewährleistet, dass sich Änderungen, die Sie in der Vorlage vornehmen, auf diese Seite übertragen werden. Klicken Sie auf die Schaltfläche ERSTELLEN.

▼ **Abbildung 7.1**
Wählen Sie die Vorlage STANDARDVORLAGE aus DJAY ÜBUNG.

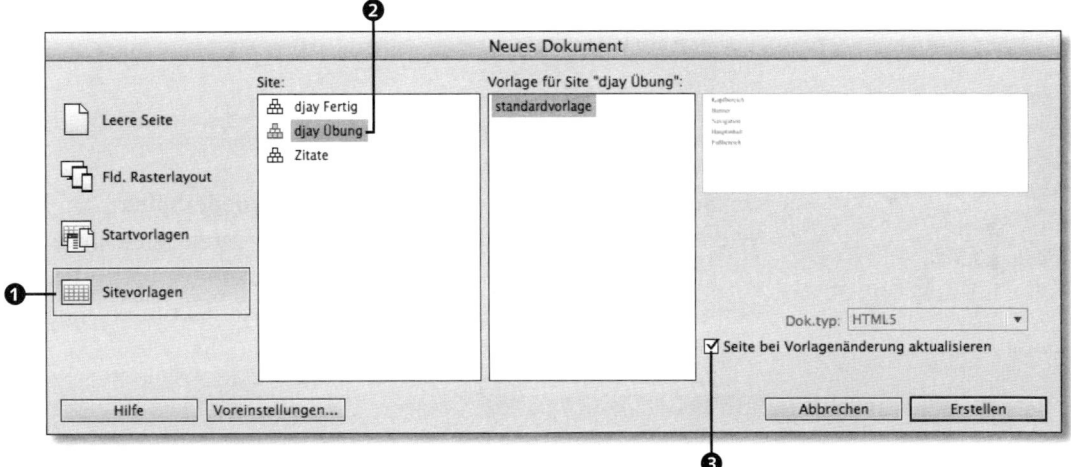

2   Seite speichern

Auch wenn Sie noch keine Inhalte auf der Seite eingefügt haben, ist es ratsam, diese jetzt schon zu speichern, damit ihr Speicherort auf der Festplatte festgelegt ist. Es gibt danach keine Probleme mit dem Einfügen von Bildern.

Zum Speichern wählen Sie DATEI • SPEICHERN. Es öffnet sich ein Dialogfenster, in dem Sie den Namen der Datei eingeben. Verwenden Sie für den Dateinamen nur Buchstaben, Zahlen, Unterstriche und Bindestriche. Benutzen Sie auf keinen Fall Leerzeichen, Sonderzeichen oder Umlaute. Die Datei sollte mit ».html« oder ».php« (für PHP-Dateien) enden.

Die Startseite bzw. Homepage sollte immer »index.html« bzw.
»index.php« für PHP-Dateien heißen.

Achten Sie unbedingt auch darauf, dass der richtige Ordner
ausgewählt ist. Für unser Übungsprojekt muss die Datei im Ordner DJAY _ UEBUNG gespeichert werden.

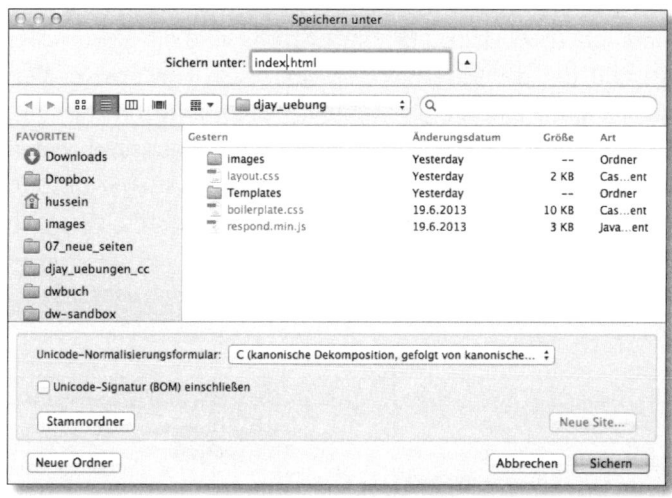

Abbildung 7.2 ▶
Sichern Sie die Datei.

Abbildung 7.3 ▼
Auf den Reitern ❶ oben werden alle geöffneten Dateien
angezeigt.

3 Schritte 1 und 2 für die anderen Seiten wiederholen

Wiederholen Sie die Schritte 1 und 2 für die anderen Seiten unserer Website. Verwenden Sie folgende Dateinamen: »software.
html«, »hardware.html«, »company.html«, »kontakt.html« und
»impressum.html«.

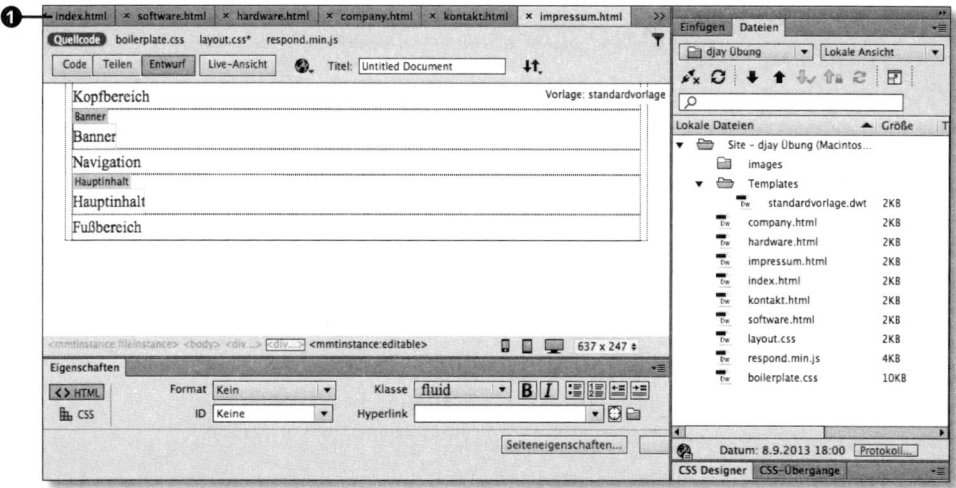

Nach dem Speichern wird die Seite im Dokumentenfenster angezeigt. Sie enthält bereits das Grundgerüst aus unserer Vorlage. Jetzt fehlt nur noch ihr eigentlicher Inhalt. Da wir mehrere HTML-Dateien erstellt haben, werden diese als Reiter ❶ im Dokumentenfenster angezeigt. So können Sie leicht zwischen den geöffneten Dokumenten wechseln.

Die neu erstellte Seite sieht zunächst noch genauso aus wie die Vorlage, aus der sie erstellt wurde. Im Gegensatz zur Vorlage können Sie in der Webseite aber nicht mehr alles bearbeiten. Die folgende Liste gibt eine Übersicht darüber, welche Bereiche innerhalb einer Webseite, die auf einer Vorlage basiert, modifizierbar sind:

- **Seitentitel**: Jede Seite sollte einen individuellen Titel haben. Diesen sehen Sie in der Statuszeile des Browsers.
- **Bearbeitbare Bereiche**: In der Vorlage werden Bereiche definiert, in die man auf der Webseite beliebig Inhalte einfügen kann.
- **Verhalten**: Jeder Seite können Sie mit JavaScript ein individuelles Verhalten zuweisen (siehe auch Kapitel 16, »Interaktivität mit JavaScript und jQuery UI«).
- **Meta-Tags**: Dies sind zusätzliche Informationen für Suchmaschinen (siehe auch Abschnitt 21.1.2, »Meta-Tags«).
- **Cascading Stylesheets**: Für jede Seite kann man individuelle Stylesheets definieren, um spezielle Elemente zu formatieren (siehe auch Kapitel 12, »Arbeiten mit CSS«).

Seitentitel vergeben

Im nächsten Schritt sollten Sie den Seitentitel festlegen. Dieser wird jeweils im oberen Balken des Browserfensters angezeigt. Auch wenn ein Besucher Ihrer Webseite ein Lesezeichen bzw. Favoriten anlegt, wird der Seitentitel für die Benennung dieses Bookmarks verwendet. Der wichtigste Grund für die richtige Wahl des Seitentitels ist jedoch die Arbeitsweise von Suchmaschinen. Gibt ein User einen Suchbegriff ein, der im Seitentitel Ihrer Webseite vorkommt, wird diese in der Trefferliste meist höher angezeigt und dementsprechend besser gefunden.

Um einer Seite einen Titel zu geben, tragen Sie diesen in das Eingabefeld ❶ im oberen Bereich des Dokumentenfensters ein.

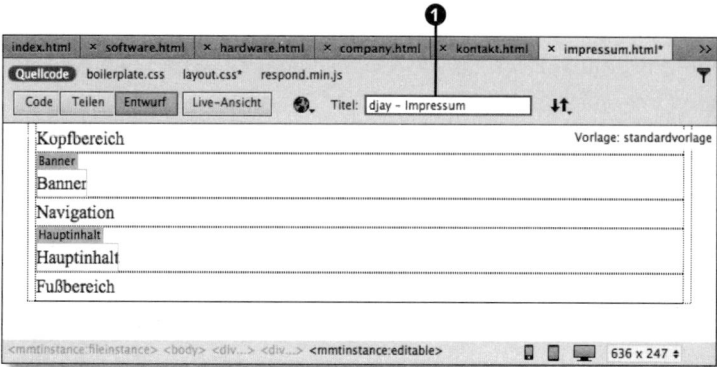

Abbildung 7.4 ▶
Eingabe des Seitentitels

Den Titel für eine Webseite sollten Sie mit großer Sorgfalt bestimmen. Eine Kontaktseite sollte zum Beispiel nicht einfach nur *Kontakt* heißen, da man sonst nicht weiß, zu welcher Website diese Seite gehört. Deshalb sollten Sie vor dem Namen der jeweiligen Seite auch immer den Titel der ganzen Website erwähnen. Beispiele für unsere Website könnten so aussehen:

- ▶ djay – Home
- ▶ djay – Software
- ▶ djay – Hardware
- ▶ djay – Company
- ▶ djay – Kontakt
- ▶ djay – Impressum

7.2 Seiteninhalte einfügen

Jetzt kommen wir endlich zum wichtigsten Teil einer Webseite – dem Inhalt. Die Inhalte bestehen in der Regel aus Texten, einigen Grafiken, Tabellen und vielleicht auch aus Multimedia-Elementen wie Video- und Audiodateien.

Damit Sie mit dem Erstellen der Inhalte gleich loslegen können, beschreiben wir die wichtigsten Funktionen hier kurz. Detailliertere Beschreibungen dazu finden Sie in separaten Kapiteln dieses Buches, zum Beispiel zu Tabellen (Kapitel 14, »Tabellen erstellen«) und zu Grafiken und Multimedia (Kapitel 13, »Bilder einfügen«).

Sie können in einer Vorlage Inhalte immer nur innerhalb eines bearbeitbaren Bereichs einbinden. In unserem Übungsbeispiel liegen zwei bearbeitbare Bereiche vor, die durch Umrandungen ❷ gekennzeichnet sind. Klicken Sie mit der Maus in den Bereich ❸, um die Einfügemarke zu platzieren, und löschen Sie dann den Beispieltext. Anschließend können Sie beginnen, Text hineinzuschreiben oder Bilder einzufügen.

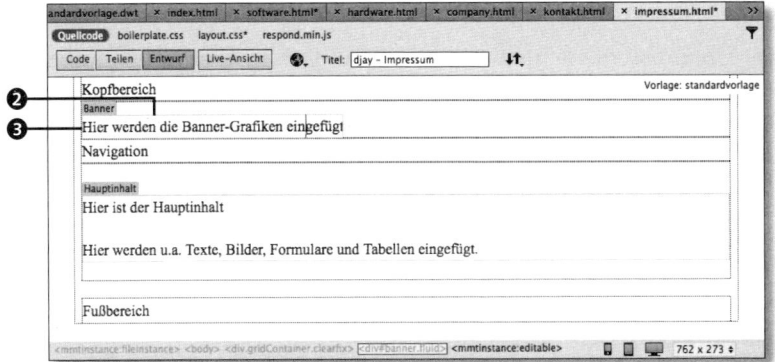

◄ **Abbildung 7.5**
Elemente können nur in bearbeitbaren Bereichen ❷ eingefügt werden.

Außerhalb der bearbeitbaren Bereiche, z. B. im Kopfbereich (Header), kann die Einfügemarke nicht platziert werden.

Texte erstellen

Das Erstellen von Texten ist recht einfach und hat große Ähnlichkeit mit dem Arbeiten in gängigen Textverarbeitungen. Der große Unterschied liegt jedoch in der Formatierung. Um z. B. die Schriftart, -farbe und -größe auf einer Webseite festzulegen, müssen sogenannte *CSS-Regeln* erstellt werden (siehe Kapitel 9, »Das Design der Website mit CSS«).

Texte können linksbündig, zentriert oder rechtsbündig ausgerichtet werden.

In Dreamweaver werden grundlegende Einstellungen im EIGENSCHAFTEN-Bedienfeld im Modus HTML ❶ vorgenommen. Dieses befindet sich unterhalb des Dokumentenfensters. Falls es nicht sichtbar ist, klicken Sie ins Menü FENSTER • EIGENSCHAFTEN.

▶ Unter ❷ legen Sie das FORMAT fest, indem Sie in der Liste einen Absatz oder eine Überschrift auswählen.

▶ In Feld ❸ bestimmen Sie eine CSS-Klasse (siehe Kapitel 12, »Arbeiten mit CSS«).

▶ Mit den Schaltflächen B (Bold) und I (Italic) ❹ setzen Sie den Text fett oder kursiv.

Absatz und Leerzeile

Wenn Sie im Dokumentenfenster ⏎ betätigen, wird immer ein neuer Absatz erstellt. Absätze werden automatisch durch eine Leerzeile voneinander getrennt. Möchten Sie nur einen Zeilenwechsel erzeugen, drücken Sie ⇧+⏎.

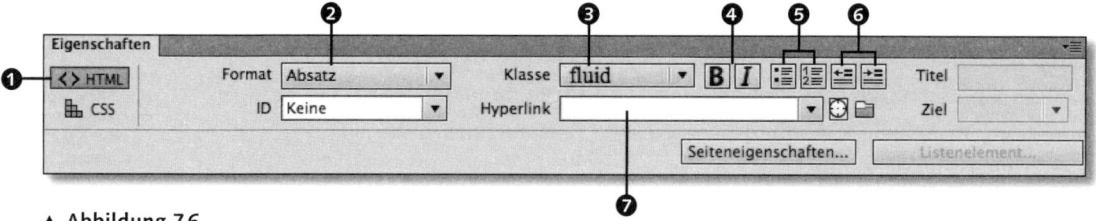

▲ **Abbildung 7.6**
EIGENSCHAFTEN-Bedienfeld für
die Einstellung der Schriftformatierungen etc.

▸ Unnummerierte und nummerierte Listen können mit den
Schaltflächen unter ❺ erstellt werden.

▸ Zum Einrücken von Texten können die Schaltflächen unter ❻
verwendet werden.

▸ Links zu anderen Seiten lassen sich unter ❼ einstellen (siehe
Kapitel 15, »Hyperlinks einsetzen«).

Überschriften

Abbildung 7.7 ▼
Für alle Überschriften des
Hauptbereichs wählen wir das
Format ÜBERSCHRIFT 1 aus.

Um einen Text als Überschrift zu formatieren, markieren Sie
zunächst den Bereich und wählen im EIGENSCHAFTEN-Bedienfeld
unter FORMAT den Eintrag ÜBERSCHRIFT 1 aus.

Über Stylesheets können wir anschließend das Aussehen, wie
Textgröße, Textfarbe usw., für alle Überschriften einheitlich verändern (siehe dazu Kapitel 12, »Arbeiten mit CSS«).

Listen erstellen

Auf unserer Beispielwebsite sollen auf der Seite »software.html«
die wichtigsten Funktionen der djay-Software aufgelistet werden.
Dazu erstellen wir eine Liste.

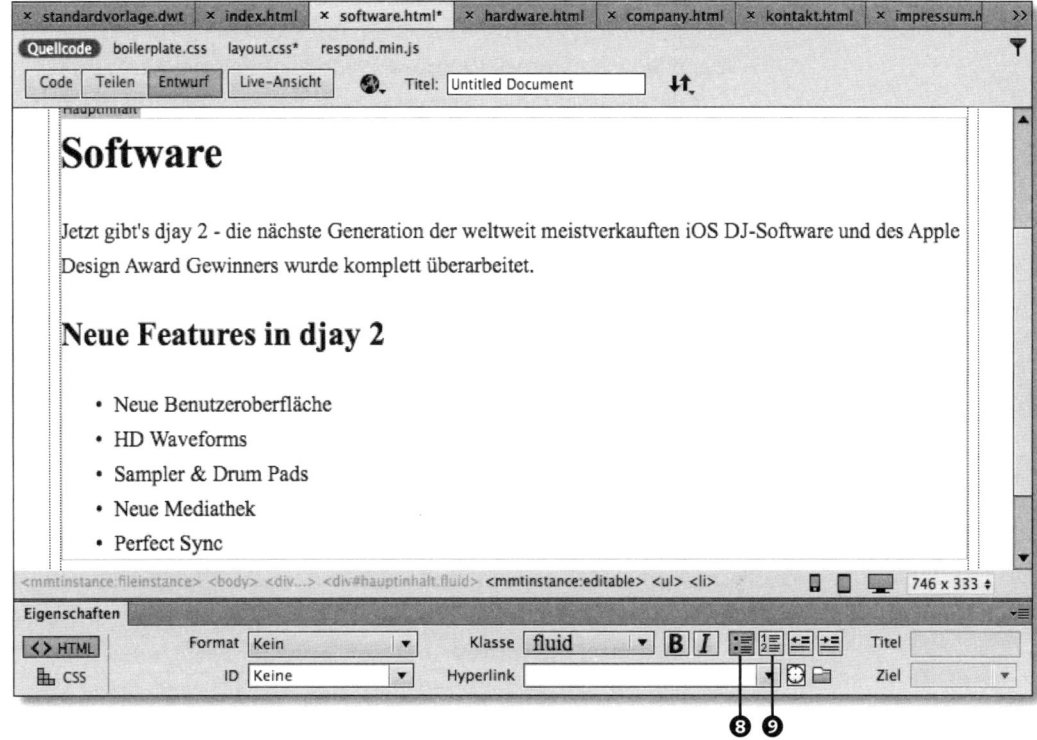

▲ **Abbildung 7.8**
Das EIGENSCHAFTEN-Bedien-
feld dient bei Textelementen
auch zur Einstellung der Lis-
tenart.

Die Erstellung von Listen ist ähnlich einfach wie in einem Textver-
arbeitungsprogramm wie Microsoft Word. Die Einstellungsmöglichkeiten sind jedoch etwas eingeschränkt. Zum Einstellen der
Listen muss sich das EIGENSCHAFTEN-Bedienfeld im HTML-Modus
befinden. Es gibt zwei verschiedene Arten von Listen:

▸ ungeordnete Liste mit Gliederungspunkten ❽
▸ geordnete Liste mit Aufzählungspunkten ❾

Haben Sie im EIGENSCHAFTEN-Bedienfeld eine der beiden Listen-
arten ausgewählt, können Sie anschließend direkt im Dokumentenfenster ein Listenelement einfügen. Wenn Sie ⏎ betätigen,
können Sie weitere Listeneinträge eingeben. Um innerhalb eines

Listeneintrags in die nächste Zeile zu wechseln, ohne einen neuen Listeneintrag zu erstellen, drücken Sie ⌂+↵.

Bilder einfügen

Bilder können in Dreamweaver nicht erstellt werden. Dazu benötigen Sie ein externes Programm, wie zum Beispiel Photoshop.

Die Bilder für die Übungswebsite liegen Ihnen bereits fertig bearbeitet vor. Wir werden nun ein Bild auf der Seite »index.html« einsetzen.

Schritt für Schritt
Bilder einfügen

1 Einfügemarke platzieren

Klicken Sie mit der Maus auf die Stelle, an der Sie die Grafik einfügen möchten (z. B. im Hauptbereich der Datei »index.html«). Entfernen Sie den kompletten Text bis auf die Überschrift, indem Sie ihn mit der Maus markieren und Entf drücken. Wählen Sie im Menü EINFÜGEN • BILD.

2 Bilddatei auswählen

Suchen Sie die gewünschte Bilddatei aus. Es spielt dabei keine Rolle, in welchem Verzeichnis sie sich befindet. Dreamweaver kopiert die Bilddatei automatisch in das Verzeichnis IMAGES innerhalb Ihres Site-Ordners (lokaler Site-Ordner). In unserem Übungsbeispiel wählen wir die Datei »hardware-wego.png« aus.

Klicken Sie auf AUSWÄHLEN, um das Bild in die Webseite einzufügen.

3 Alternativtext für das Bild eingeben

Für Suchmaschinen ist es sehr hilfreich, wenn den Grafiken ein Text zugeordnet wird, der das Bild kurz beschreibt. Geben Sie bei ausgewähltem Bild im EIGENSCHAFTEN-Bedienfeld unter ALT. ❶ den Text ein. »Alt.« steht für »Alternative« und wird unter anderem von Vorleseprogrammen für sehbeeinträchtigte Nutzer verwendet.

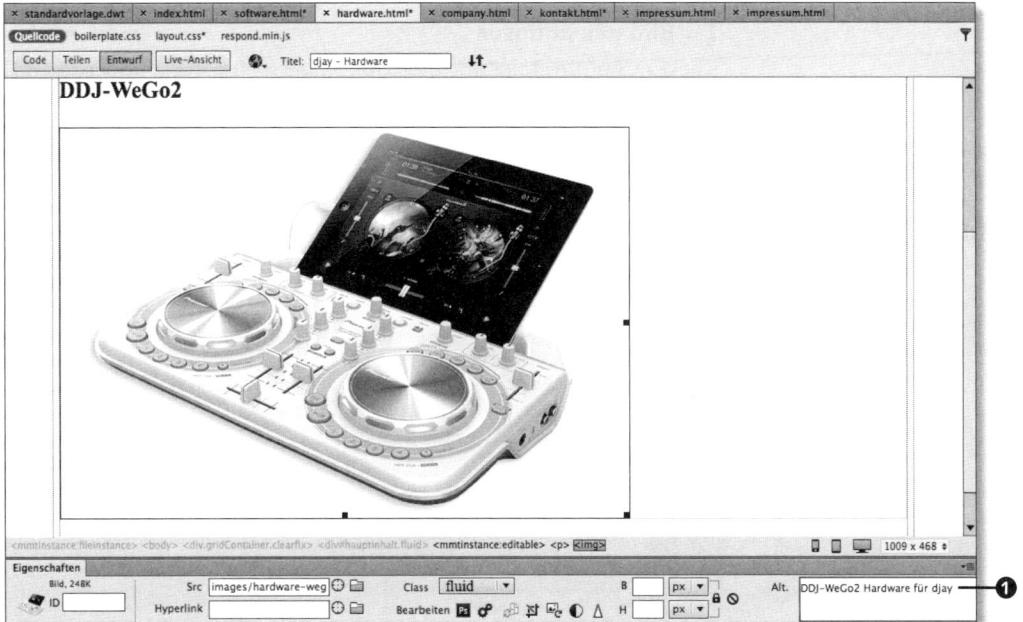

4 Bild verkleinern

Mithilfe des Anfassers rechts unten ❷ am Bild können Sie das Bild verkleinern oder auch vergrößern. Wenn Sie zusätzlich die Taste ⬆ drücken, werden die Proportionen des Bildes beibehalten.

▼ **Abbildung 7.10**
So ändern Sie die Größe des Bildes.

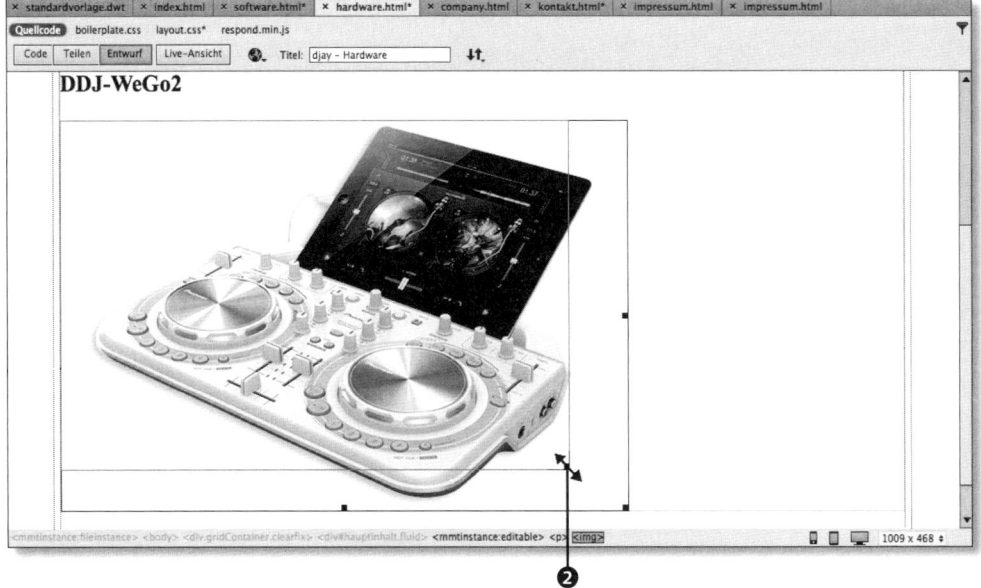

5 Bild neu auflösen

Klicken Sie anschließend auf die Schaltfläche NEU AUFLÖSEN ❸, damit die Bilddatei mit der neuen Größe gespeichert wird.

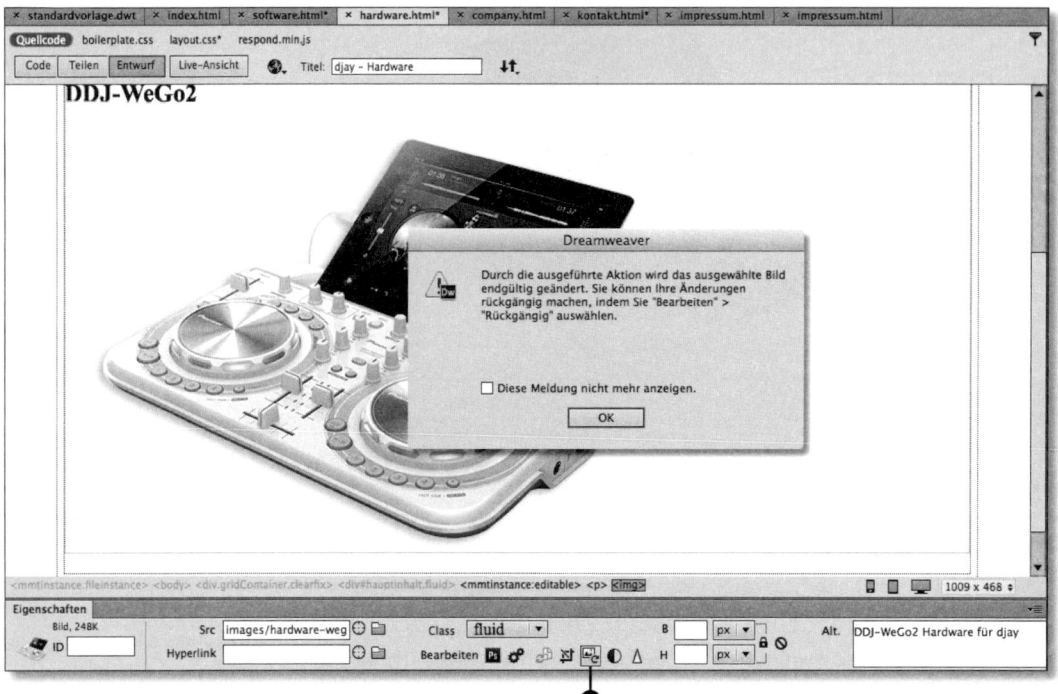

▲ **Abbildung 7.11**
Wichtig ist, dass Sie die Auflösung neu erstellen lassen.

Da Sie das Bild neu auflösen, weist Sie Dreamweaver darauf hin, dass das Bild geändert wird. Akzeptieren Sie das Dialogfenster durch einen Klick auf OK.

6 Weitere Bilder einfügen

Zur Übung können Sie nun für die Seiten index.html, software. html, hardware.html und company.html jeweils im Bannerbereich die Bannerbilder einfügen. Auf der Hardware-Seite wird z. B. die Grafik »banner-hardware.png« eingefügt. Das Ergebnis könnte wie in Abbildung 7.12 aussehen.

▲ **Abbildung 7.12**
Grafik im Bannerbereich eingefügt

Sie können Bilder in Dreamweaver auch nachbearbeiten. Mehr darüber erfahren Sie in Kapitel 13, »Bilder einfügen«.

Tabellen erstellen

Die Tabellenerstellung gehört zu den komplexeren Funktionen von Dreamweaver. Wir werden hier nur eine ganz einfache Tabelle anlegen. Mehr zu diesem Thema lesen Sie in Kapitel 14, »Tabellen erstellen«.

In unserem Übungsprojekt können wir eine Tabelle z. B. auf der Seite »software.html« einfügen.

Schritt für Schritt
Tabelle erstellen

1 Einfügemarke platzieren

Klicken Sie mit der Maus an die Stelle, an der Sie die Tabelle einfügen möchten. Beachten Sie, dass Sie sich dabei innerhalb des bearbeitbaren Bereichs befinden müssen. Ersetzen Sie den Platzhaltertext durch die Überschrift »Kaufen«.

2 Tabelle einfügen

Wählen Sie EINFÜGEN • TABELLE. Es öffnet sich ein Dialogfenster, in dem Sie die Eigenschaften der neuen Tabelle einstellen können.

Geben Sie die Anzahl der ZEILEN und SPALTEN ❶ wie in der Abbildung gezeigt an. Sie können später noch weitere Zeilen und Spalten hinzufügen oder sie wieder löschen.

Die TABELLENBREITE ❷ können Sie sowohl in Pixeln als auch in Prozent angeben. Wenn Sie eine exakte Tabellenbreite benötigen, wählen Sie PIXEL. Falls sich die Tabelle an die Größe ihrer Umgebung anpassen soll, wählen Sie PROZENT. Bei 100 % füllt die Tabelle die maximal mögliche Breite aus, in unserem Beispiel also 100 % des Hauptinhalts. Falls Sie unsicher sind, welche Größe Sie einstellen sollen, wählen Sie einfach 100 %. Sie können das später auch noch im EIGENSCHAFTEN-Bedienfeld ändern.

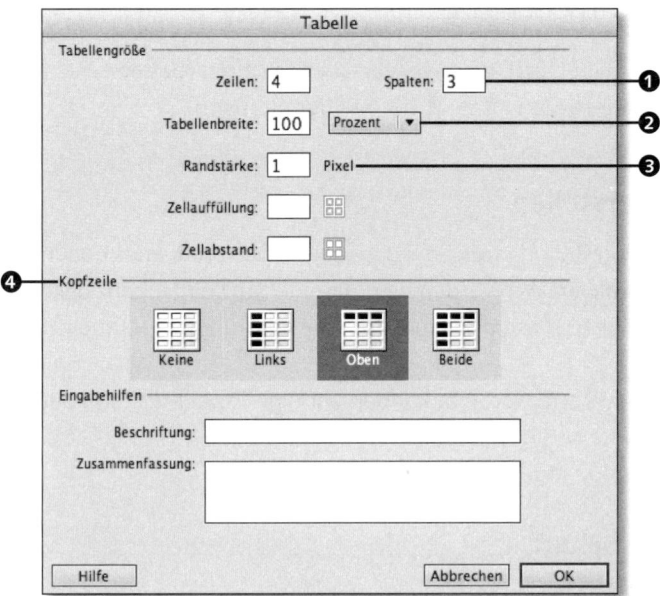

Abbildung 7.13 ▶
Der Dialog TABELLE

Unter RANDSTÄRKE ❸ geben Sie die Liniendicke der Ränder an. Diese Einstellung bezieht sich nicht nur auf den äußeren Rand der Tabelle, sondern auch auf alle inneren Ränder. Wählen Sie unter KOPFZEILE ❹ aus, an welcher Stelle die Überschriften positioniert werden sollen. Klicken Sie auf die Schaltfläche Oben, wenn die Überschriften in der obersten Zeile der Tabelle stehen sollen. Wenn Sie dann einen Text in der obersten Zeile einfügen, wird dieser automatisch fett und zentriert formatiert.

Weitere Einstellungen sind für einfache Tabellen nicht unbedingt notwendig. Die Tabelle wird mit einem Klick auf OK erstellt und im Dokumentenfenster angezeigt.

3   Inhalte einfügen

Schreiben Sie den Text in die Kopf- und normalen Tabellenzellen. Dazu klicken Sie einfach mit der Maus in die gewünschte Tabellenzelle. Dreamweaver passt die Breite automatisch an den Inhalt an. Sie können auch Grafik- und andere Multimedia-Elemente einfügen. Sogar verschachtelte Tabellen finden in einer solchen Tabellenzelle Platz. Wenden Sie diese Methode aber nur für komplexe Layouts an.

▼ **Abbildung 7.14**
Befüllen Sie die Tabelle.

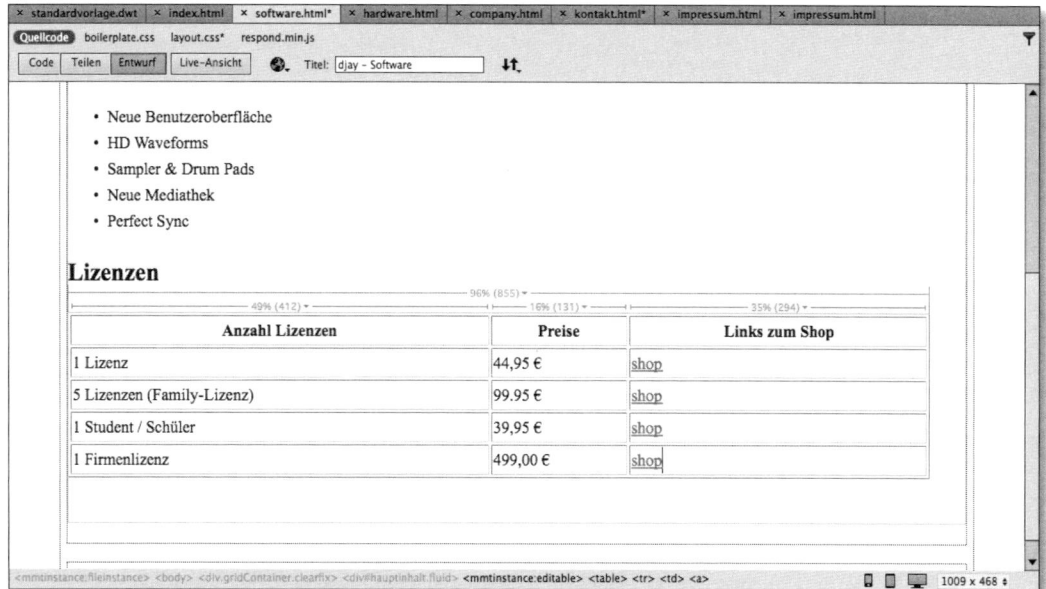

4   Spaltenbreiten verändern

Sie können die Spaltenbreiten verändern, indem Sie auf eine vertikale Linie der Tabelle klicken und diese entweder nach links oder nach rechts verschieben. Wie Sie die Tabelle weiter gestalten und zum Beispiel mit einer Hintergrundfarbe versehen, erfahren Sie in Kapitel 14, »Tabellen erstellen«.

5 Tabelle ergänzen

Um eine neue Zeile am Ende der Tabelle einzufügen, platzieren Sie die Einfügemarke in der letzten Tabellenzelle unten rechts und drücken ⇥ .

Um eine Zeile oder Spalte an einer beliebigen Stelle einzufügen, setzen Sie die Einfügemarke an die entsprechende Stelle und wählen mit der rechten Maustaste bzw. beim Mac mit der Maustaste und Strg im Kontextmenü TABELLE und ZELLE EINFÜGEN oder SPALTE EINFÜGEN aus.

Wir haben in diesem Kapitel mehrere Webseiten aus unserer Vorlage erstellt und darin Texte, Bilder und eine einfache Tabelle untergebracht. Im nächsten Kapitel werden wir eine Navigation für unsere Website erstellen.

Kapitel 8

Erstellen einer Navigation
So bekommt Ihre Webseite ein interaktives Menü

- ▸ Wie erstelle ich eine Navigation?
- ▸ Wie erstelle ich eine Fußzeilennavigation?
- ▸ Wie verlinke ich die Navigation?
- ▸ Wie verlinke ich das Logo?
- ▸ Wie passe ich ein Logo für Retina-Displays an?
- ▸ Wie speichere und übertrage ich eine Vorlage?

8   Erstellen einer Navigation

In den vorherigen Kapiteln haben wir bereits eine Vorlage und basierend auf dieser Vorlage mehrere Seiten erstellt. Wir werden nun der Vorlage eine Navigation hinzufügen.

Damit sich die Besucher auf einer Website zurechtfinden, ist eine leicht bedienbare Navigation besonders wichtig. In diesem Kapitel zeigen wir, wie Sie Menüs erstellen und die einzelnen Menüpunkte mit anderen Seiten verlinken.

Navigationen, auch Menüs genannt, werden meist horizontal oder vertikal angeordnet. Hauptnavigationen werden meist horizontal angeordnet.

Wir werden eine Navigation im Kopfbereich ❶ der Website platzieren. Dort werden wir die wichtigsten Menüpunkte hinzufügen. Außerdem werden wir in der Fußzeile ❷ eine kleine Navigation mit einfachen Textlinks erstellen, in der wir zum Beispiel einen Link zum Impressum unterbringen. Das Impressum muss nämlich auf einer Website immer angegeben werden, jedoch nicht unbedingt in der Hauptnavigation erscheinen. Das gilt zum Beispiel auch für die AGB.

Lokale Navigationen

Im rechten oder im linken Bereich der Website können Sie auch lokale Navigationen hinzufügen, die nur in bestimmten Situationen eingeblendet werden. Wenn zum Beispiel der Kunde in der Hauptnavigation den Menüpunkt PRODUKTE gewählt hat, könnten in der lokalen Navigation Produktkategorien angezeigt werden.

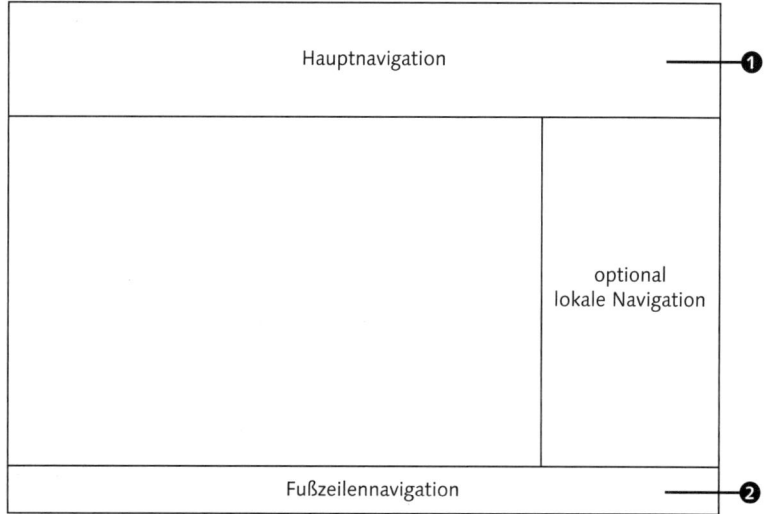

Abbildung 8.1 ▶
Verschiedene Bereiche für Navigationen

8.1 Hauptnavigation mit Listen erstellen

Unabhängig davon, ob man eine horizontale oder vertikale Navigation erstellen möchte, wird für die Erstellung einer Navigation einfach eine Liste verwendet, wie wir sie bereits im letzten Kapitel eingesetzt haben.

Einige Leser werden sich sicherlich fragen, wie man denn mit einer Liste eine horizontale Navigation erstellen soll.

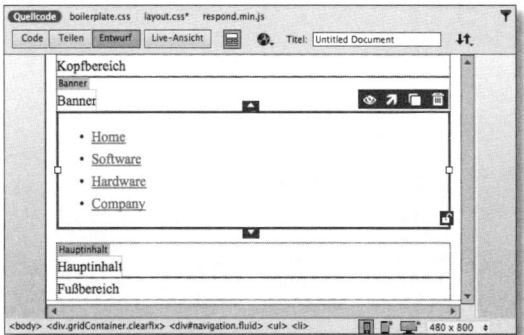

◀ **Abbildung 8.2**
Navigationen werden mit Listen erstellt.

Die Liste fungiert jedoch nur zum Strukturieren der Menüelemente. Über CSS-Regeln wird dann das Aussehen der Navigation festgelegt (siehe nächstes Kapitel). Es ist fantastisch zu sehen, wie aus einer Liste mit Punkten mithilfe von CSS eine gestylte Navigation entsteht.

◀ **Abbildung 8.3**
Navigation über eine Liste mit CSS

Keine Spry-Menüleiste

In den vorherigen Ausgaben des Buches haben wir die Funktion SPRY-MENÜLEISTE für die Navigation verwendet. Adobe hat diese Funktion aus Dreamweaver CC entfernt, da diese Funktion sich u. a. weniger gut für mobile Webbrowser eignet.

Wir werden uns zunächst um die Erstellung der Liste und um die Verlinkung kümmern. Das Design folgt später.

Schritt für Schritt
Navigation mit Liste einfügen

1 Vorlage öffnen

Öffnen Sie zunächst die einzige Vorlage unserer Beispielwebsite, indem Sie im Fenster DATEIEN auf die Datei STANDARDVORLAGE. DWT im Ordner TEMPLATES doppelklicken.

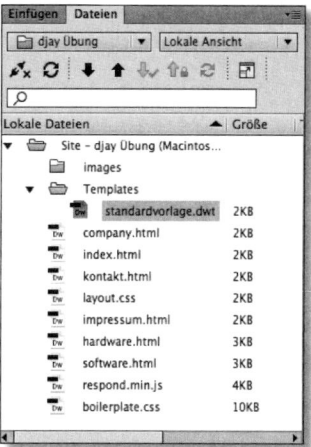

Abbildung 8.4 ▶
Diese Datei enthält unsere
Standardvorlage.

2 Liste einfügen

Löschen Sie den Text »Navigation«, und wählen Sie das Symbol UNGEORDNETE LISTE ❶ aus dem EIGENSCHAFTEN-Bedienfeld aus. Es wird nun der erste Punkt der Liste angezeigt. Geben Sie für den ersten Menüpunkt »Home« ein.

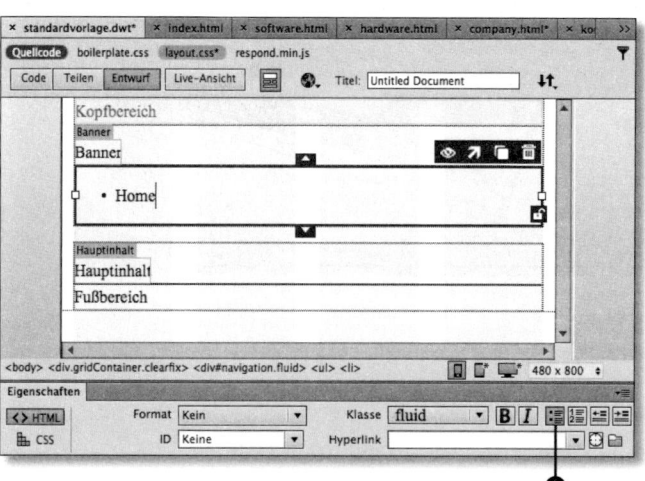

Abbildung 8.5 ▶
Eine Liste erstellen

3   Menüpunkt verlinken

Markieren Sie zunächst den Menüpunkt »Home«. Um nun den Menüpunkt zu verlinken, gibt es mehrere Möglichkeiten. Entweder Sie klicken auf das Ordnersymbol ❸ und wählen die Datei »index.html« aus. Alternativ kann man auch das Fadenkreuz ❷ auf die Datei »index.html« im DATEIEN-Bedienfeld ziehen.

◀ **Abbildung 8.6**
Verlinken eines Menüpunkts

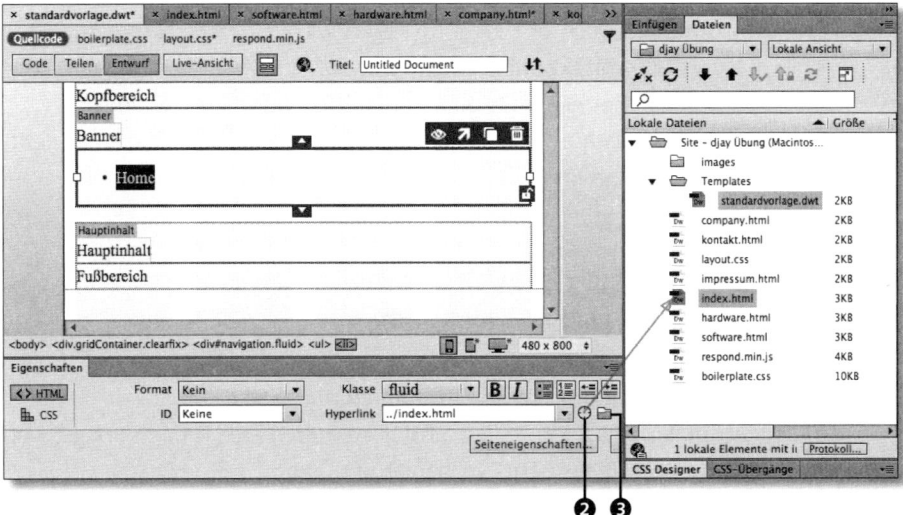

4   Weitere Menüpunkte anlegen

Um einen weiteren Menüpunkt einzufügen, setzen Sie die Einfügemarke an das Ende des Textes »Home« und drücken die Eingabetaste.

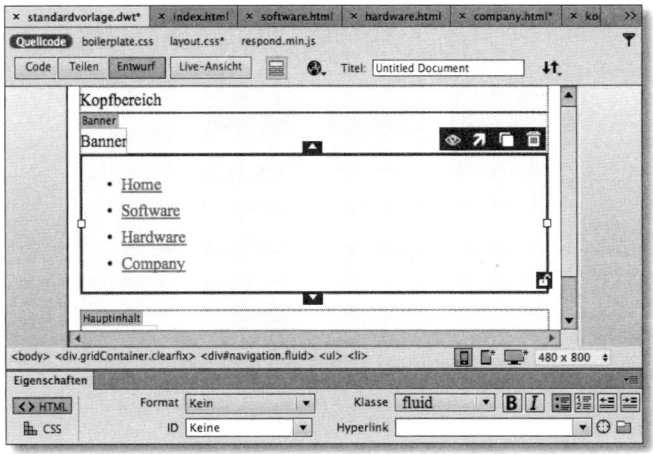

◀ **Abbildung 8.7**
Menüpunkte der Hauptnavigation

Fügen Sie die Menüpunkte SOFTWARE, HARDWARE und COMPANY wie in den letzten Schritten beschrieben hinzu. Vergessen Sie auch nicht, diese mit den entsprechenden Seiten zu verlinken.

8.2 Fußzeilennavigation

Im Fußbereich der Website fügen wir Links zum Impressum und zu den Kontaktdaten hinzu. Falls Sie eine AGB-Seite haben, können Sie hier ebenfalls einen entsprechenden Link setzen.

Zusätzlich zu den Links wird in der Regel auch die Copyright-Information im Fußbereich der Website platziert.

Schritt für Schritt
Links im Fußbereich hinzufügen

1 Einfügemarke im Fußbereich platzieren
Setzen Sie die Einfügemarke in den Fußbereich der Vorlage, und löschen Sie den dort vorhandenen Text.

2 Copyright-Information
Ergänzen Sie die Fußzeile wie folgt: »© 2013 by Algoriddim GmbH • Impressum • Kontakt«. Das Copyright-Symbol © können Sie in Dreamweaver einfach einfügen, indem Sie EINFÜGEN • ZEICHEN • COPYRIGHT im Menü auswählen. Um den Punkt hinzuzufügen, wählen Sie EINFÜGEN • ZEICHEN • WEITERE und klicken dann auf das gewünschte Zeichen.

Abbildung 8.8 ▶
Die Fußzeile

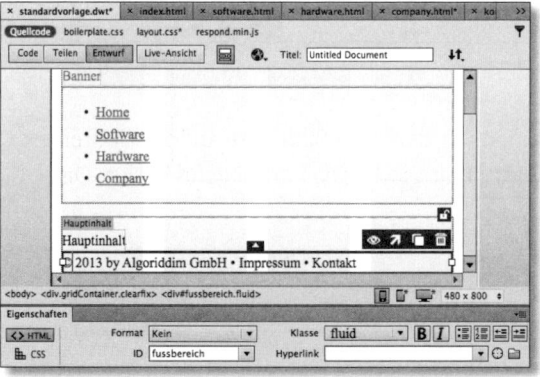

3 Links hinzufügen

Um das Impressum und den Kontakt mit den entsprechenden Seiten zu verknüpfen, markieren Sie zunächst das Wort IMPRESSUM ❶. Klicken Sie anschließend im EIGENSCHAFTEN-Bedienfeld auf das Ordnersymbol ❷ hinter dem Feld HYPERLINK.

Es öffnet sich ein Dialogfenster, in dem Sie die Datei auswählen, zu der Sie verlinken möchten. Wählen Sie in diesem Beispiel die Datei »impressum.html« aus. Verfahren Sie auf die gleiche Weise mit dem Kontakt.

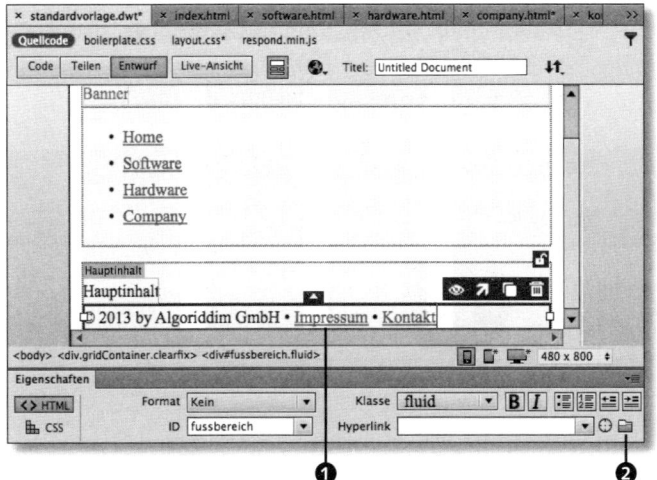

◀ **Abbildung 8.9**
Vorlage mit Haupt- und Fußzeilennavigation

8.3 Logo einfügen und verlinken

Es ist üblich, das Logo mit der »index.html« zu verlinken, auch wenn bereits in der Hauptnavigation der Menüpunkt »Home« enthalten ist.

Zunächst müssen wir jedoch ein Logo einfügen. Damit das Logo auch auf Retina-Displays noch sehr scharf aussieht, ist es empfehlenswert, zunächst ein doppelt so großes Bild einzufügen. In Dreamweaver können wir dann die Bildmaße auf die Hälfte reduzieren. Das Bild wird dann auf Retina- und Nicht-Retina-Displays gleich groß dargestellt.

Die Technik hat jedoch den Nachteil, dass die Bilddatei größer ist und damit das Laden der Datei länger dauert. Da wir diese Technik nur für das Logo verwenden, fällt der Nachteil aber kaum ins Gewicht.

Retina-Displays

Smartphones und Tablet-PCs haben Displays mit einer hohen Pixeldichte. Diese Displays haben meist doppelt so viele Pixel (Bildpunkte) wie herkömmliche Displays. Apple bezeichnet diese Displays als Retina-Displays.

Schritt für Schritt
Retina-Logo einfügen und verlinken

1 Logo einfügen
Löschen Sie zunächst den Text »Kopfbereich«, und fügen Sie über das Menü EINFÜGEN • BILD das Logo ein. Wählen Sie den Dateinamen »logo@2x.png« aus.

2 Größe anpassen

▼ **Abbildung 8.10**
Größe des Logos anzeigen lassen

Wir stellen nun das Logo auf die halbe Größe ein. Klicken Sie im EIGENSCHAFTEN-Bedienfeld zunächst auf das Symbol ❶, damit die Größenangaben des Originalbildes angezeigt werden. In unserem Beispiel wird für die Breite 300 und die Höhe 94 angezeigt.

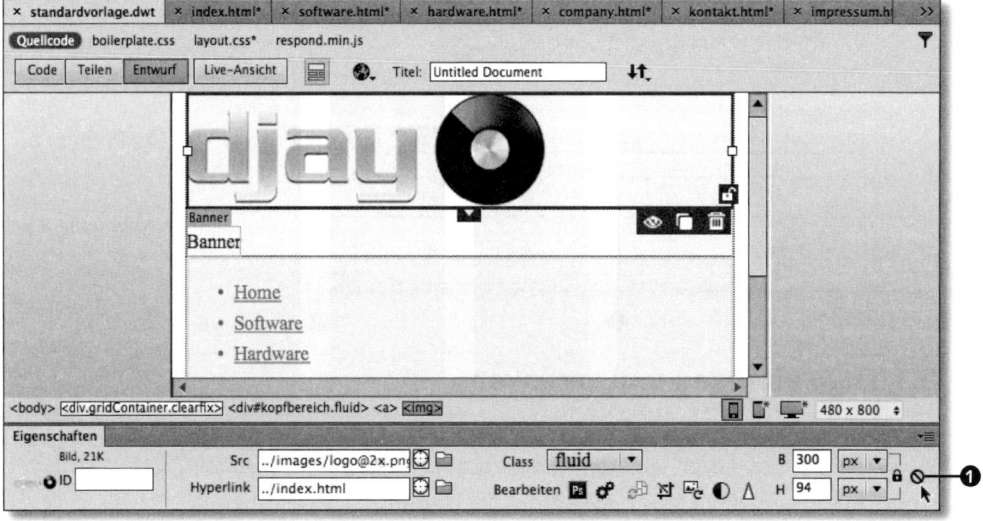

Teilen Sie nun die Werte durch die Hälfte, und tragen Sie die Werte ein, in unserem Beispiel 150 und 47. Das Bild wir nun verkleinert angezeigt. Damit Dreamweaver aber nicht die Bilddatei selbst verkleinert, ist es wichtig, dass Sie **nicht** das Symbol NEU AUFLÖSEN ❷ oder BILDGRÖSSE ANWENDEN ❸ anklicken.

3 Logo verlinken
Verlinken Sie anschließend das Bild mit der Datei »index.html« über das EIGENSCHAFTEN-Bedienfeld.

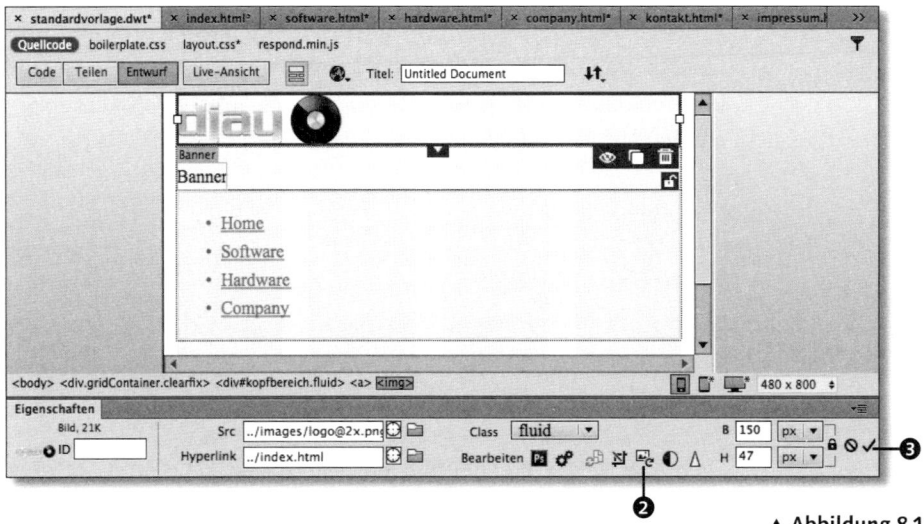

▲ **Abbildung 8.11**
Um die Hälfte verkleinertes
Logo

8.4 Vorlage speichern und auf Seiten anwenden

Nachdem wir nun unsere Menüelemente angelegt haben, können
wir die Vorlage speichern. Dabei werden die Änderungen auf jede
bereits erstellte Webseite übertragen. Und genau hier liegt der
Vorteil von Vorlagen: Sie brauchen gemeinsame Elemente, wie
zum Beispiel die Navigation, nur in der Vorlage einzufügen oder
anzupassen, und den Rest erledigt Dreamweaver für Sie.

Schritt für Schritt
Vorlage speichern

1 Vorlage speichern

Speichern Sie die Vorlage durch Klicken auf DATEI • SPEICHERN.
Daraufhin öffnet sich ein Dialogfenster mit einer Liste der Web-
seiten, die auf der Vorlage basieren. Durch einen Klick auf AKTUA-
LISIEREN werden die Änderungen auf alle Seiten übertragen.

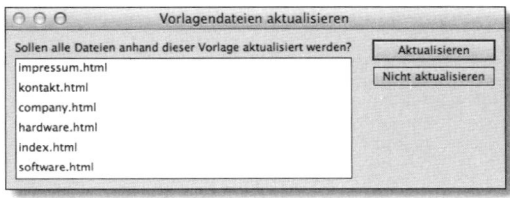

◄ **Abbildung 8.12**
Vorlagendateien aktualisieren

129

Anschließend öffnet sich ein drittes Dialogfenster, das den Status der Aktualisierung anzeigt. Wenn diese abgeschlossen ist (bei unserer kleinen Site dauert das nur wenige Sekunden), klicken Sie einfach auf SCHLIESSEN.

Abbildung 8.13 ▶
Seiten aktualisieren

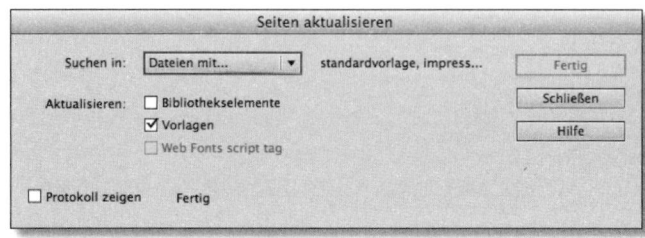

Abbildung 8.14 ▼
Die Hardware-Seite hat die Änderungen der Vorlage übernommen.

Wenn Sie jetzt zum Beispiel die Datei HARDWARE.HTML öffnen, werden Sie feststellen, dass die Seite die Änderungen der Vorlage übernommen hat.

Im nächsten Kapitel werden wir die Website mit einem Design versehen, indem wir CSS-Regeln erstellen.

Kapitel 9

Das Design der Website mit CSS

Schrift, Farbe und Navigation gestalten

▸ Wie erstelle ich ein Layout für die gesamte Website?

▸ Was ist eine CSS-Regel?

▸ Wie gestalte ich eine Navigation?

9 Das Design der Website mit CSS

Bisher haben wir uns nur um die Inhalte unserer Website gekümmert. Es wird Zeit, unsere Website ansprechend zu gestalten. Das wird in Dreamweaver mit Cascading Style Sheets erledigt (siehe auch Kapitel 2.3 für einen ersten Überblick und Kapitel 12 für eine ausführliche Einführung). Hier wollen wir uns die generellen Techniken einmal näher ansehen. Grundlegende Kenntnisse in CSS benötigen Sie dafür zuerst einmal nicht, Sie können die Workshops mit mir durchgehen und erhalten so ein erstes Gespür für die Arbeit. Leider müssen wir uns kurz einmal das Konzept von CSS ansehen.

9.1 Designen mit CSS

Das Thema CSS ist gerade für Einsteiger sehr komplex. Aber auch erfahrene Webdesigner müssen ständig dazulernen, um sich die neuen Webtechnologien, wie z. B. CSS3, anzueignen.

Die CSS-Datei »layout.css«

Da wir unsere Website auf Basis des fließenden Rasterlayouts erstellt haben, wurden die beiden CSS-Dateien »layout.css« und »boilerplate.css« bereits automatisch von Dreamweaver angelegt (siehe Kapitel 6). In der Datei »layout.css« wird das Aussehen der Website festgelegt, in der Datei »boilerplate.css« befinden sich sinnvolle Grundeinstellungen. Wir werden nun die Datei »layout.css« bearbeiten und die Datei »boilerplate.css« unverändert behalten.

Die CSS-Dateien gelten in der Regel für alle HTML-Dateien der Website. Das heißt, das Design wird an zentraler Stelle festgelegt und kann von dort auch zentral verwaltet und angepasst werden. Das Diagramm in Abbildung 9.1 zeigt diesen Zusammenhang schematisch.

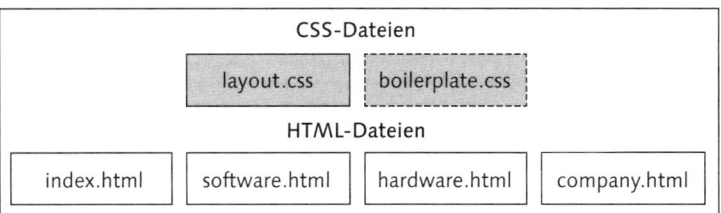

◄ **Abbildung 9.1**
Alle HTML-Dateien verwenden die beiden CSS-Dateien.

CSS-Regeln

Eine CSS-Datei besteht aus vielen CSS-Regeln, die auch *CSS-Stile* genannt werden. Eine CSS-Regel besteht dabei immer aus zwei Teilen:

▸ einem **Selektor**, der angibt, auf welchen Bereich sich die CSS-Regel bezieht (z. B. #fussbereich)

▸ **Eigenschaften**, die Abstände, Farben, Textgrößen etc. festlegen, und deren Werte, wie z. B. 16 px für die Schriftgröße oder #FF0033 für die Textfarbe

Vereinfacht gesagt geben **Selektoren** an, **was** gestaltet werden soll, und **Eigenschaften** geben an, **wie** etwas gestaltet werden soll.

In Dreamweaver CC ist die Erstellung von CSS-Regeln mit dem neuen Bedienfeld CSS-DESIGNER sehr komfortabel. Jedoch ist zunächst ein wenig Theoriewissen notwendig, insbesondere was Selektoren angeht.

Selektoren (Was soll gestaltet werden?)

Die Bereiche unserer Webseite haben Namen (IDs), wie z. B. *kopfbereich*, *banner* und *fusszeile*, die wir mit der Funktion des fließenden Rasterlayouts erstellt haben.

Mit dem Selektor #fussbereich können wir z. B. gezielt nur im Fußbereich die Schrift einstellen. Das Rautezeichen gibt an, dass es sich um eine ID handelt, die pro Seite eindeutig ist. Neben Selektoren mit einer Raute (IDs) gibt es auch Selektoren, die einen Punkt am Anfang haben. Der Selektor .gridContainer z. B. bezieht sich auf alle Elemente (vom Kopfbereich bis zum Fußbereich).

Abbildung 9.2 ►
ID-Selektoren unserer Bei-spielwebsite

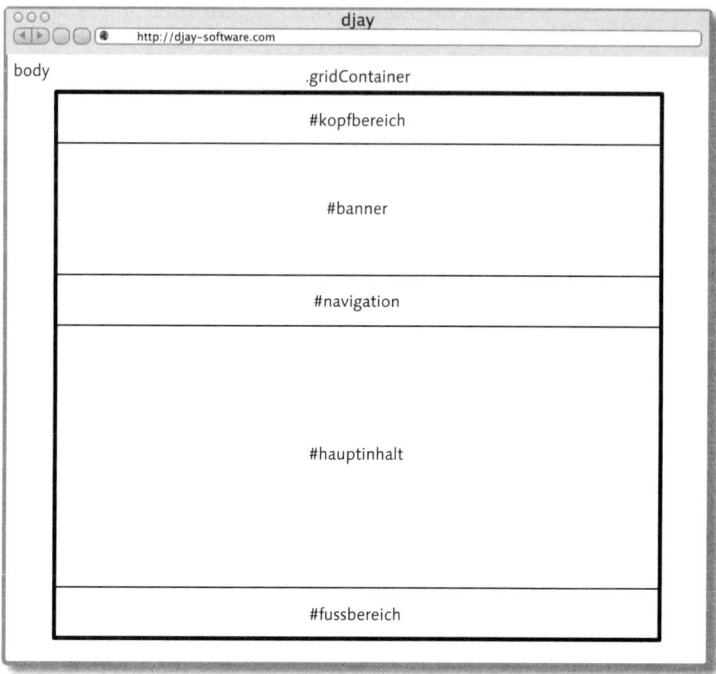

CSS-Regeln sind Kochrezepte

Man kann CSS-Regeln mit einem Kochrezept vergleichen: Der Kochan-fänger ist froh, wenn er ein Rezept richtig umset-zen kann. Ein Kochrezept selbst zu erstellen erfor-dert jedoch Erfahrung. Daher schlage ich vor, dass Sie die »CSS-Rezep-te«, wie sie in diesem Kapitel beschrieben sind, zunächst möglichst Schritt für Schritt exakt gleich ausführen. Wieder-holen Sie dann das Kapi-tel, und machen Sie ein paar Anpassungen, die für Ihre Website passend sind. In Kapitel 12, »Arbeiten mit CSS«, erfahren Sie weitere Details zu CSS.

Mit Selektoren können auch Tags wie z. B. Überschriften (<h1>-Tags) oder Absätze selektiert werden. Der Selektor p selektiert z. B. nur Absätze. Es ist auch möglich, Selektoren zu verschach-teln. Um z. B. nur Absätze (<p>-Tag) im Hauptbereich zu verän-dern, verwenden wir den Selektor #hauptinhalt h1. Hyperlinks (<a>-Tag) in Absätzen im Hauptbereich werden z. B. mit dem Selektor #hauptbereich p a selektiert.

Eigenschaften und Werte (Wie soll etwas gestaltet werden?)

Es gibt hunderte von Eigenschaften, mit denen man die selektier-ten Elemente gestalten kann. Man kann z. B. die Textfarbe, Breite, Schatten und Rahmen ändern. Dank des neuen CSS-DESIGNER-Bedienfelds von Dreamweaver CC ist es relativ einfach, Eigen-schaften festzulegen (mehr dazu in Abschnitt 12.3).

Jetzt aber genug von der Theorie. Schritt für Schritt werden wir nun gemeinsam CSS-Regeln definieren, um aus der recht schlich-ten und grauen Vorlage ein ansprechendes Design zu erstellen.

9.2 Gesamtseite gestalten

Wir kümmern uns als Erstes um Einstellungen, die die Gesamtseite betreffen.

Schritt für Schritt
Hintergrundfarbe und Schrift für die Website festlegen

Zuerst wollen wir die Standardschrift und die Hintergrundfarbe für das gesamte Dokument festlegen.

1 Live-Ansicht aktivieren
Damit die Website in Dreamweaver genau wie im Webbrowser aussieht, wechseln Sie in die Live-Ansicht, indem Sie auf die Schaltfläche LIVE-ANSICHT klicken. Im aktivierten Zustand wird die Schaltfläche dunkelgrau angezeigt. In dieser Ansicht können jedoch keine Anpassungen am Dokument vorgenommen werden.

2 Hilfslinien für fließendes Rasterlayout ausblenden
Deaktivieren Sie anschließend die Hilfslinien für das fließende Rasterlayout, indem Sie auf die Schaltfläche ❶ klicken. Diese Schaltfläche sollte im deaktivierten Zustand hellgrau sein.

◀ **Abbildung 9.3**
Aktivieren Sie die Live-Ansicht, und deaktivieren Sie die Hilfslinien für das Rasterlayout.

3 Quelle »layout.css« wählen

Als Nächstes öffnen Sie den CSS-Designer (Menü FENSTER • CSS DESIGNER) und wählen als Quelle »layout.css« ❷ aus, da wir in dieser Datei die neue CSS-Regel anlegen möchten.

4 Selektor »html« erstellen

Erstellen Sie nun einen neuen CSS-Selektor, indem Sie unter SELEKTOREN auf das Plussymbol ❸ klicken und dann im Textfeld »html« eingeben.

Abbildung 9.4 ▶
Erstellen Sie den Selektor »html«.

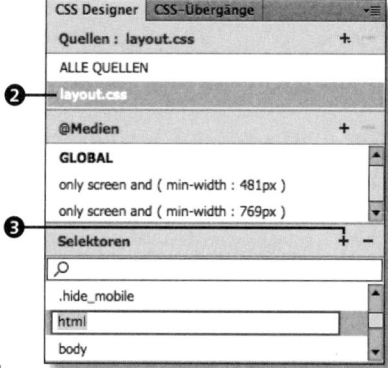

5 »min-height« auf 100 % setzen

Damit der Hintergrundverlauf, den wir gleich erstellen werden, auf der ganzen Webseite angezeigt wird, muss die Eigenschaft min-height auf »100%« gesetzt werden. Die Eigenschaften min-height und max-height dienen der Beschreibung der minimalen bzw. maximalen Höhe eines Elementes.

CSS-Eigenschaften auf Englisch?

Seit Dreamweaver CS5 werden die CSS-Bezeichnungen in den Fenstern, wie z. B. font-size (Schriftgröße), nicht mehr ins Deutsche übersetzt, da es sich um Fachbegriffe handelt. Die englischen Bezeichnungen werden auch meist in deutschen Fachbüchern zum Thema CSS verwendet.

Abbildung 9.5 ▶
Setzen Sie wegen des Hintergrundverlaufs min-height auf »100%«.

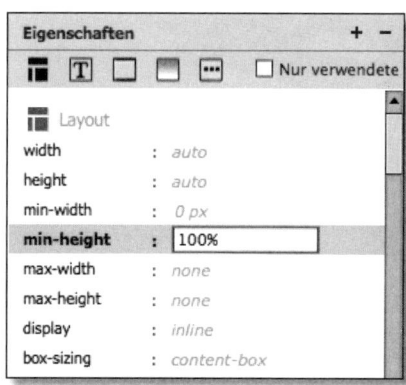

6 Selektor »body« erstellen

Als Nächstes erstellen Sie den Selektor »body«, indem Sie wieder auf das Plussymbol neben SELEKTOREN klicken. Im Selektor »body« wird dann die Standardschriftart und die Hintergrundfarbe für das gesamte Dokument festgelegt.

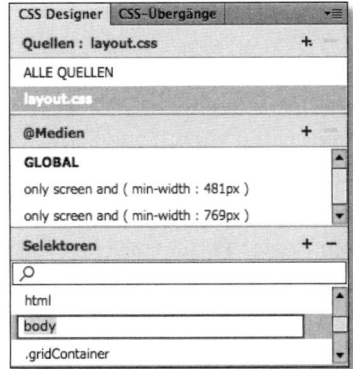

◄ **Abbildung 9.6**
Erstellen Sie den Selektor »body«

7 Schriftart festlegen

Unter EIGENSCHAFTEN im CSS-Designer klicken Sie auf das Textsymbol ❹, um die Texteigenschaften anzuzeigen. Alternativ können Sie das Bedienfeld auch scrollen. Klicken Sie rechts neben font-family auf den grauen Text DEFAULT FONT, und wählen Sie eine Schrift aus. Wenn Sie auf SCHRIFTEN VERWALTEN... klicken, können Sie auch noch weitere Schriften auswählen.

▼ **Abbildung 9.7**
Stellen Sie unter font-family die Schriftart ein.

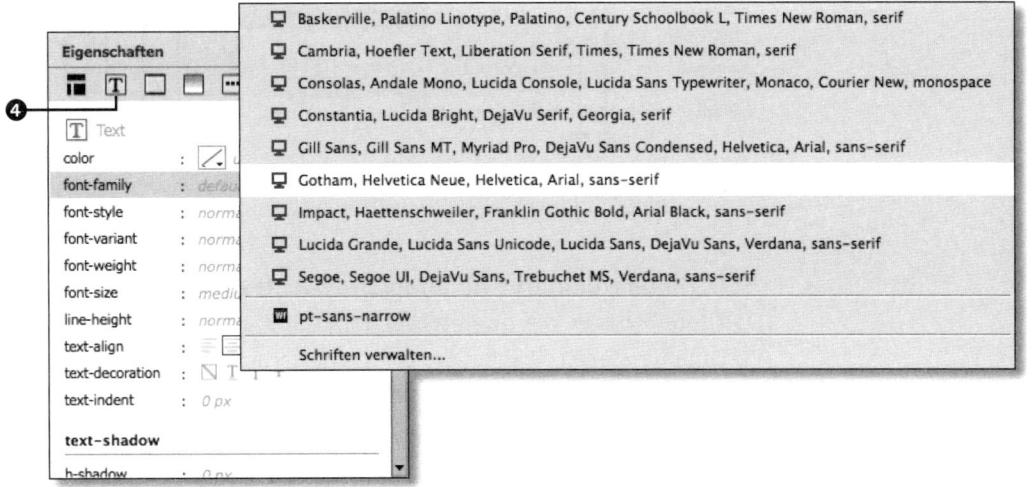

▲ **Abbildung 9.8**
Geben Sie »100« ein.

8 Schriftgröße auf 100 % stellen

Wir stellen die Schrift im body-Selektor auf 100 % ein. Klicken Sie dazu unter font-size den gegrauten Text MEDIUM an, und wählen Sie zunächst die Einheit »%« aus. Anschließend setzen Sie den Wert auf »100«.

9 Hintergrundverlauf einstellen

Als Nächstes wählen Sie im Eigenschaftenbereich die Kategorie HINTERGRUND ❶ aus und klicken auf das Quadrat neben GRADIENT ❷. Für unsere Website wählen wir einen Verlauf von Schwarz nach Weiß. Klicken Sie auf das Quadrat ❸, um die obere Farbe des Verlaufs einzustellen, und auf ❹ für die untere Farbe. Mit dem Regler ❺ wird der Farbton, mit dem Regler ❻ die Helligkeit und mit dem Regler ❼ die Transparenz (auch Alpha genannt) eingestellt.

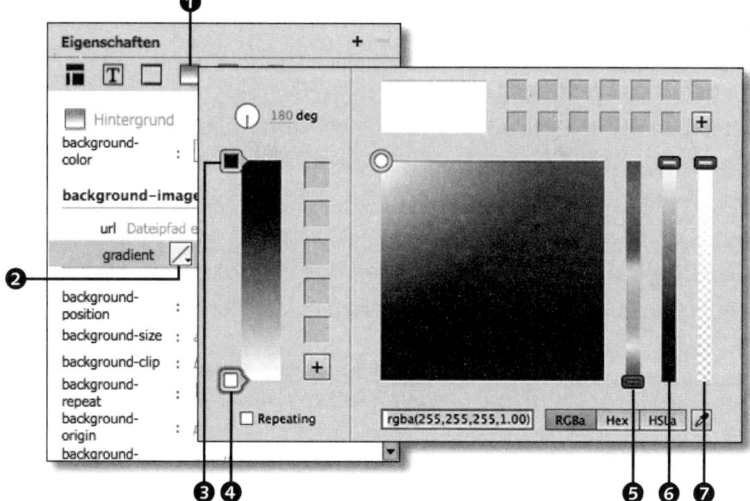

▲ **Abbildung 9.9**
Verlauf von Schwarz nach Weiß

10 Hintergrundfarbe für ältere Browser festlegen

Da ältere Browser wie der Internet Explorer 9 und darunter keine Verläufe darstellen, wählen Sie eine Hintergrundfarbe, indem Sie auf das Farbfeld neben BACKGROUND-COLOR klicken. Für unsere Beispielwebsite ist Schwarz passend. Die modernen Browser ignorieren die Hintergrundfarbe, da wir im letzten Schritt den Verlauf festgelegt haben.

◄ **Abbildung 9.10**
Festlegen der Hintergrundfarbe
für ältere Browser

11 Fertig

In der Live-Ansicht sollte Ihre Seite nun einen Verlauf enthalten.

◄ **Abbildung 9.11**
Unsere Beispielwebsite mit
Hintergrundverlauf

Schritt für Schritt
Gesamtbreite festlegen

Da wir das Layout mit dem fließenden Rasterlayout erstellt haben,
passt sich die Webseite automatisch an die Breite des Browserfensters an. Die Maximalbreite ist auf 1232 px voreingestellt. Das
ist relativ breit und führt bei unserem Beispiel dazu, dass die Zei-

len zu lang sind. In den folgenden Schritten ändern wir die Größe
auf 960 px.

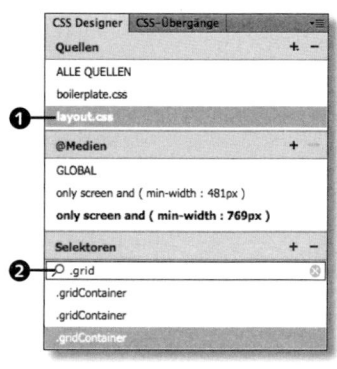

▲ **Abbildung 9.12**
Suchen Sie nach »grid«, und
wählen Sie den dritten Eintrag
aus.

1 Selektor ».gridContainer« auswählen

Wählen Sie im CSS-Designer zunächst »layout.css« ❶ aus und
geben im Suchfeld unter Selektoren ❷ »grid« ein. Es werden
dann drei Selektoren mit dem Namen ».gridContainer« gefunden.
Wählen Sie den letzten in der Liste aus, da dieser sich auf die
Desktop-Bildschirme bezieht. Unter @Medien wird only screen
and (min-width: 769px) angezeigt.

2 Maximalbreite anpassen

Suchen Sie zunächst unter Eigenschaften im CSS-Designer nach
der Eigenschaft max-width. Ändern Sie den Wert von »1232 px«
auf »960 px«.

▲ **Abbildung 9.13**
Ändern Sie die maximale Breite in 960 px.

3 Fertig

In der Live-Ansicht sehen Sie zunächst keine Veränderung. Erst
wenn Sie mit dem Design in diesem Kapitel fertig sind, können Sie
das Browserfenster groß ziehen und sehen dann, dass die Webseite nur bis zu einer bestimmten Größe anwächst und bei 960 px
stehen bleibt.

9.3 Kopfbereich gestalten

Als Nächstes möchten wir ein wenig Platz für das Logo schaffen, indem wir einen oberen und einen unteren Abstand im Kopfbereich einstellen.

Schritt für Schritt
Obere und untere Abstände für Kopfbereich

1 Selektor »#kopfbereich« wählen

Für den Kopfbereich existiert schon ein Selektor. Um diesen zu finden, geben wir im Suchfeld unter SELEKTOREN »Kop« ein. Sie erhalten dreimal »#kopfbereich«. Der erste Selektor bezieht sich global auf alle Bildschirmgrößen (inklusive Smartphones), der zweite auf Bildschirmgrößen mit mindestens 481 px Breite, und der dritte Selektor definiert Bildschirmgrößen von mindestens 769 px. Wir wählen den ersten Selektor aus.

▲ **Abbildung 9.14**
Wählen Sie den ersten Selektor »#kopfbereich« aus.

2 Oberen und unteren Abstand setzen

Die Abstände werden im Eigenschaftenbereich des CSS-Designers unter Margin festgelegt. Setzen Sie den oberen und unteren Margin auf »5 px«.

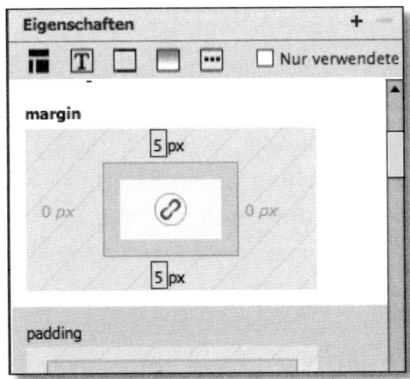

▲ **Abbildung 9.15**
Oberen und unteren Abstand auf »5 px« setzen

3 Fertig

Das Logo im Kopfbereich hat nun ausreichend Platz.

▲ **Abbildung 9.16**
Im Ergebnis hat das Logo nun
einen größeren Abstand.

9.4 Navigation designen

Als Nächstes widmen wir uns der Navigation. Um aus einer einfachen Liste eine horizontale Navigation mit Schaltflächen zu erstellen, sind relativ viele komplexe Schritte erforderlich, die auch für Profis nicht leicht sind. Betrachten Sie die Schritte als ein Kochrezept, und führen Sie die Schritte sorgsam aus. Wir werden folgende Selektoren anlegen und dazu die passenden CSS-Eigenschaften einstellen:

▶ **Selektor »#navigation ul«**

Hier stellen wir die Abstände ein.

▶ **Selektor »#navigation ul li«**

Hier stellen wir die Navigation horizontal ein.

▶ **Selektor »#navigation ul li a«**

Die Navigationspunkte werden als Schaltflächen mit jeweils einer Trennlinie angezeigt.

- ► **Selektor »#navigation ul li:first-child a«**

  Die erste Trennlinie wird entfernt.
- ► **Selektor »#navigation ul li a:hover«**

  Hier wird der Hover-Effekt für die Navigationspunkte eingestellt.

Horizontale Navigation erstellen

Unsere Liste wird im Moment noch untereinander angezeigt. Als
Erstes kümmern wir uns darum, die Listenpunkte horizontal anzuordnen.

Schritt für Schritt
Navigation gestalten

1 Selektor »#navigation ul« erstellen

Wählen Sie zunächst wieder »layout.css« aus, und erstellen Sie
einen neuen Selektor »#navigation ul«, indem Sie auf das Plussymbol unter SELEKTOREN im CSS-Designer klicken.

2 Breite auf 100 % einstellen

Setzen Sie die Breite (width) unter EIGENSCHAFTEN auf »100%«.

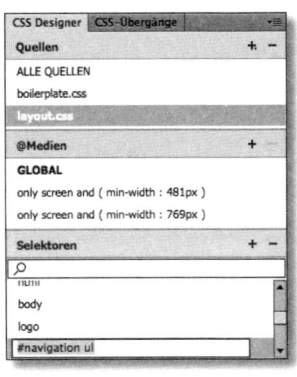

▲ **Abbildung 9.17**
Erstellen Sie den Selektor
»#navigation ul«.

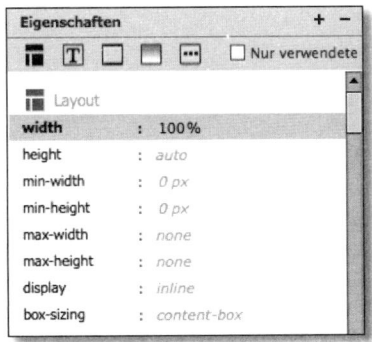

▲ **Abbildung 9.18**
Breite einstellen

3 Display auf »table« setzen

Da wir die Navigation horizontal anordnen wollen, setzen wir als
Vorbereitung die Eigenschaft display auf table. Die Navigations-

punkte werden zunächst noch nicht horizontal angezeigt. Das erfolgt erst in der nächsten Schritt-für-Schritt-Anleitung.

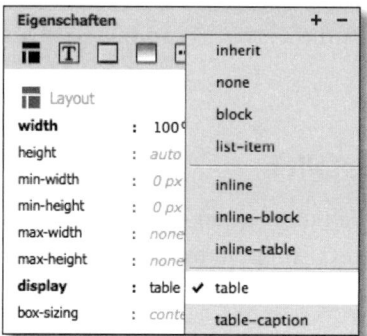

Abbildung 9.19 ▶
Setzen Sie die Eigenschaft display auf table.

4 Abstand setzen

Setzen Sie als Nächstes alle Abstände unter margin auf »0px«. Damit alle Abstände (oben, unten, rechts, links) gleich sind, klicken Sie in die Mitte auf das Kettensymbol.

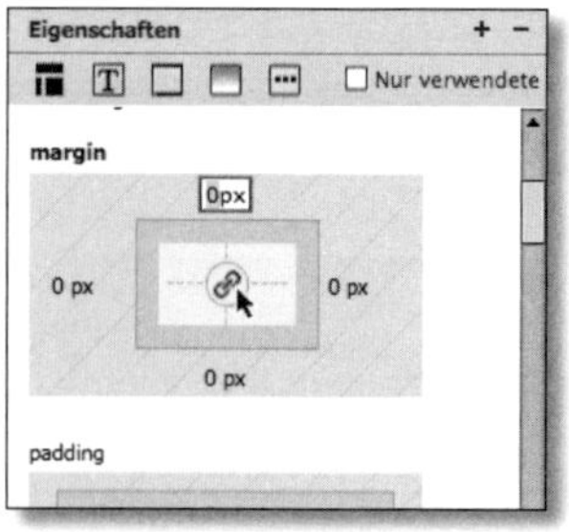

5 Innenabstand setzen

Für die Innenabstände (padding) verwenden wir »0px«. Aktivieren Sie auch hier das Kettensymbol, damit wieder alle Werte gleich sind.

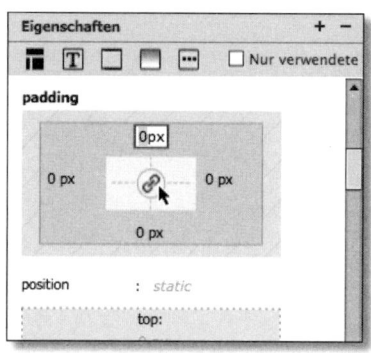

▲ **Abbildung 9.20**
Setzen Sie margin auf »0px«.

Abbildung 9.21 ▶
Setzen Sie »padding« auf »0px«.

6 Zwischenstand

Um sich einen Überblick zu verschaffen, was Sie eingestellt haben, klicken Sie auf NUR VERWENDETE. Es werden dann nur die Eigenschaften angezeigt, die Sie eingestellt haben.

◀ **Abbildung 9.22**
Die Einstellung NUR VERWENDETE
zeigt nur Ihre Einstellungen.

Deaktivieren Sie anschließend NUR VERWENDETE wieder, damit
erneut alle Eigenschaften angezeigt werden. Das Ergebnis Ihrer
Einstellung sieht nun wie folgt aus:

◀ **Abbildung 9.23**
Die Navigation hat nun
andere Abstände.

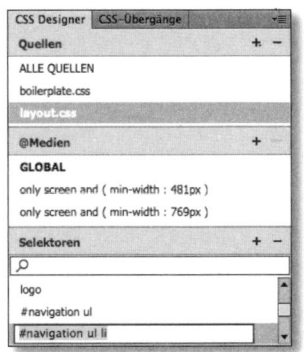

▲ **Abbildung 9.24**
Erstellen Sie den Selektor
»#navigation ul li«

7 Selektor »#navigation ul li« erstellen

Erstellen Sie als Nächstes den Selektor »#navigation ul li«. Dieser wählt jedes einzelne Listenelement aus.

8 Breite der Listenelemente festlegen

Legen Sie nun die Breite eines einzelnen Listenelements fest. Damit alle Menüelemente gleich groß sind, teilen wir einfach 100 % durch die Anzahl der Listenelemente. Da wir vier Listenelemente haben, setzen wir die Breite (width) auf »25 %«.

9 Darstellung auf »table-cell« setzen

Damit die Navigation horizontal dargestellt wird, setzen Sie die Eigenschaft display auf table-cell.

Abbildung 9.25 ▶
Stellen Sie »width« und »display« ein.

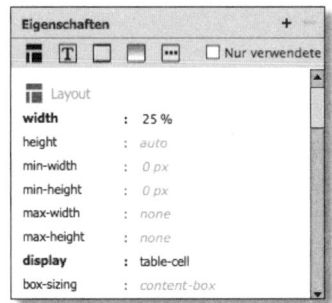

10 Fertig

Das Ergebnis sieht nun wie folgt aus:

Abbildung 9.26 ▶
Horizontale Navigation

Menüelemente als Schaltflächen darstellen

Die Links in der Navigation werden nun schon horizontal angezeigt. Jetzt haben wir aber noch vor, die Links als Schaltflächen darzustellen.

▲ **Abbildung 9.27**
Links sollen als Schaltflächen dargestellt werden.

Schritt für Schritt
Links als Schaltflächen darstellen

1 Selektor »#navigation ul li a« erstellen
Erstellen Sie als Nächstes den Selektor »#navigation ul li a«, um die Links (a-Tag) innerhalb eines Listenelements (li-Tag) in der Navigation (div-Tag mit navigation-ID) zu gestalten.

2 Layouteinstellung
Damit der Link die gesamte Fläche einnimmt, muss die Eigenschaft display auf block eingestellt werden.

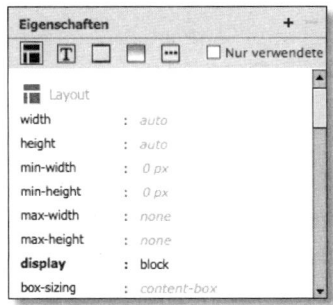

▲ **Abbildung 9.29**
Setzen Sie die Eigenschaft »display« auf »block«.

3 Schrifteinstellung
Setzen Sie als Nächstes die Schriftfarbe color auf einen hellgrauen Farbton. Damit der Menütext um 10 % größer ist als der restliche Text, setzen wir font-size auf »1.1em«. Für 50 % größeren Text könnten wir z. B. »1.5em« und für eine doppelte Größe z. B. »2.0em« eintragen.

CSS statt Bilder

Früher wurden für die Gestaltung von Navigationselementen und Schaltflächen oft Grafiken verwendet. Dank moderner CSS-Techniken kann man z. B. mit Verläufen oder auch runden Ecken sehr ansprechende Schaltflächen ohne Grafiken erstellen.

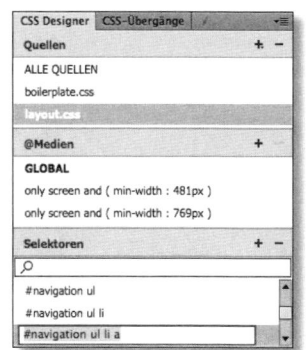

▲ **Abbildung 9.28**
Erstellen Sie einen Selektor für Links.

Die Zeilenhöhe `line-height` bestimmt die Höhe unserer Navigation. Wir verwenden in unserem Beispiel »300%«. Damit die Menütexte jeweils in der Mitte stehen, setzen wir `text-align` auf zentriert ❶.

Damit die Links in der Navigation nicht unterstrichen werden, klicken Sie auf das durchgestrichene Kästchen ❷ neben `text-decoration`.

Abbildung 9.30 ▶
Schrifteinstellungen

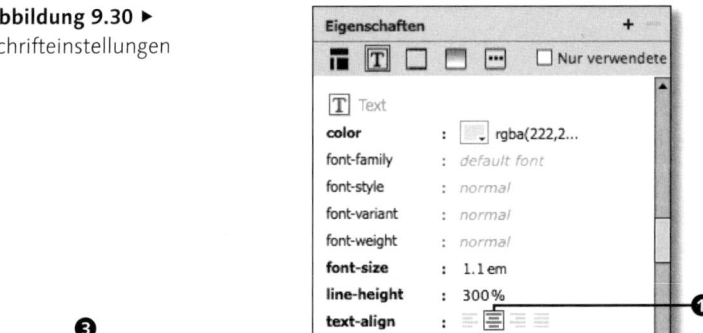

▲ Abbildung 9.31
Setzen Sie den linken Rand auf Schwarz.

4   Randeinstellung

Damit die Menüelemente voneinander abgesetzt sind, wünschen wir uns eine schwarze Linie auf der rechten Seite jedes Menüelements. Dazu müssen Sie unter RAHMEN ❸ die Einstellungen aus Abbildung 9.31 vornehmen.

5   Hintergrundfarbe einstellen

Wählen Sie nun unter HINTERGRUND ❹ eine Hintergrundfarbe (z. B. Grau, #808080) für ältere Browser (IE <9) und einen Verlauf für neuere Browser.

Abbildung 9.32 ▶
Wählen Sie die Hintergrundfarbe und den Verlauf.

6 Zwischenstand

Wenn wir auf NUR VERWENDET klicken, erhalten wir eine Zusammenfassung der Eigenschaften zu unserem Selektor.

▲ **Abbildung 9.33**
Navigation als Schaltflächen mit visuellem Trenner

▲ **Abbildung 9.34**
Zusammenfassung der Eigenschaften

Was noch an der Navigation stört, ist die linke Linie des ersten Navigationselements ❺. Diese entfernen wir nun.

7 Selektor »#navigation ul li:first-child a« erstellen

Erstellen Sie den Selektor »#navigation ul li:first-child a«, der sich auf den Link des ersten Listenelements bezieht. Vergessen Sie aber nicht, vorher auf »layout.css« zu klicken.

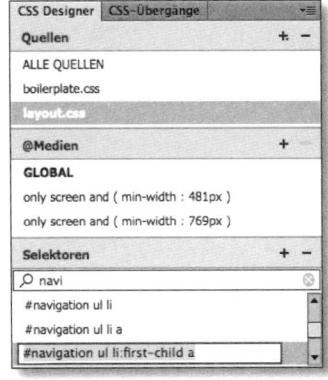

◄ **Abbildung 9.35**
Erstellen Sie den Selektor.

8 Linken Rand deaktivieren

Stellen Sie nun unter `border-left-style` unter RAHMEN den Wert NONE ein, damit der linke Rahmen des ersten Listenelements verschwindet.

9 Fertig

Im Dokumentenfenster können Sie nun das Ergebnis bewundern.

▲ **Abbildung 9.36**
Linken Rand deaktivieren

▲ **Abbildung 9.37**
Der linke Rahmen beim ersten Menü ist nun entfernt.

Hover-Effekt

Wir verfeinern nun unsere Navigation noch etwas. Wenn wir mit der Maus über einen Menüpunkt fahren, soll dieser hervorgehoben werden, indem sich z. B. die Hintergrund- oder Textfarbe des Menüpunkts verändert. Dieser Effekt wird *Hover* genannt.

> **Kein Hover-Effekt auf Touch-Displays**
>
> Auf Touch-Displays gibt es den Hover-Effekt nicht, da das Berühren des Bildschirms ein Klick ist.

Schritt für Schritt
Hover-Effekt für Menüpunkt erstellen

1 Selektor »#navigation ul li a:hover« erstellen

Erstellen Sie als Erstes den Selektor »#navigation ul li a:hover«, der sich auf Links bezieht, über die mit der Maus gefahren (»hover«)

wird. »hover« ist ein sogenannter Pseudoselektor. Es gibt auch noch weitere, wie z. B. »visited« für besuchte Links (siehe Kapitel 12, »Arbeiten mit CSS«).

2   Hintergrundfarbe einstellen

Sie können nun für den Hover-Effekt z. B. die Hintergrundfarbe ändern. In unserem Beispiel stellen wir einen Verlauf (GRADIENT) und eine Hintergrundfarbe für die älteren Browser ein.

▲ Abbildung 9.38
Erstellen Sie den Selektor »#navigation ul li a:hover«.

◄ Abbildung 9.39
Einstellung der Hintergrundfarbe und des Verlaufs

3   Fertig

Wenn Sie mit der Maus darüberfahren, können Sie den Hover-Effekt sehen.

◄ Abbildung 9.40
Unsere Beispielwebsite mit Hover-Effekt

Wir haben unsere Arbeit an der Navigation abgeschlossen und widmen uns nun dem Hauptbereich.

9.5 Hauptbereich designen

Im Hauptbereich befinden sich die Überschriften, Texte und Bilder unserer Website. Als Erstes setzen wir die Hintergrundfarbe auf Weiß. Außerdem setzen wir einen Innenabstand, damit die Inhalte des Hauptbereichs etwas Luft haben und nicht direkt am Rand stehen.

Schritt für Schritt
Hintergrundfarbe und Innenabstände für den Hauptbereich

1 **Selektor »#hauptinhalt« auswählen**

Klicken Sie zunächst auf »layout.css« im CSS-Designer. Diesmal erstellen wir keinen neuen Selektor, sondern suchen nach dem vorhandenen Selektor »#hauptinhalt«. Wenn Sie im Suchfeld unter SELEKTOREN z. B. »haupt« eingeben, erhalten Sie drei Treffer. Klicken Sie auf den ersten Selektor. Im Bereich @MEDIEN sollte GLOBAL ❶ fett hervorgehoben sein, um zu signalisieren, dass dieser Selektor sich global auf alle Bildschirmgrößen bezieht.

Abbildung 9.41 ▶
Wählen Sie den ersten
»#hauptinhalt«-Selektor aus.

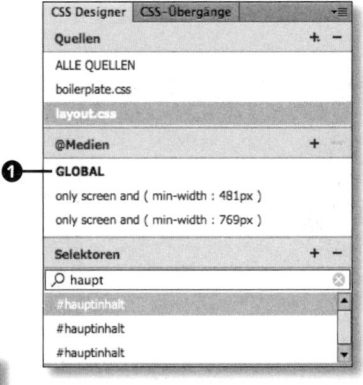

▲ **Abbildung 9.42**
Setzen Sie die Hintergrundfarbe auf Weiß.

2 **Hintergrundfarbe einstellen**

Stellen Sie nun im Eigenschaftenbereich des CSS-Designers die Hintergrundfarbe auf Weiß ein.

3 **Innenabstände erhöhen**

Damit der Text nicht direkt am Rand steht, legen wir einen Innenabstand fest. Setzen Sie dazu in den EIGENSCHAFTEN VON RAHMEN unter padding den rechten, linken und unteren Wert auf »1em«. Das bedeutet, dass ein Buchstabe Platz gelassen wird. Bei einem Wert von z. B. »2.5em« wird ein Abstand von zweieinhalb Zeichen gesetzt.

Das Problem ist nun, dass der weiße Hauptinhalt rechts herausragt. Das liegt am sogenannten Box-Modell, bei dem die Abstände zur ursprünglichen Breite hinzuaddiert werden.

Damit sich die Gesamtbreite des Hauptinhalts auch bei einer Änderung der Abstände nicht ändert, setzen wir die Eigenschaft box-sizing unter RAHMEN auf den Wert border-box.

▲ **Abbildung 9.43**
Setzen Sie die Innenabstände unter padding.

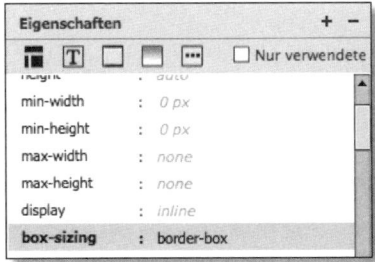

▲ **Abbildung 9.45**
Setzen Sie box-sizing auf den Wert border-box.

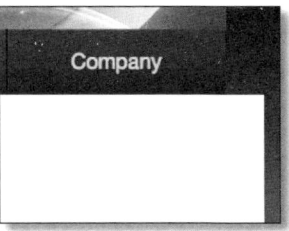

▲ **Abbildung 9.44**
Der Hauptinhalt ist wegen der Erhöhung der Innenabstände zu breit.

4 Fertig

Mit dem weißen Hintergrund und den gesetzten Innenabständen sieht unser Design schon recht gut aus.

◀ **Abbildung 9.46**
Hauptbereich mit weißem Hintergrund und Innenabstände für die Inhalte

5 Überschriftengröße anpassen

Falls Sie z. B. die Überschriftgröße anpassen möchten, erstellen Sie den Selektor »#hauptinhalt h1« und passen die Schriftgröße an. »h1« entspricht der ersten Überschriftebene (Hauptüberschrift).

6 Absatzschrift anpassen

Um die Schrift in den Absätzen anzupassen, legen Sie den Selektor »#hauptinhalt p« an. »p« steht hierbei für Absätze.

9.6 Fußbereich stylen

Wir widmen uns als Letztes dem Fußbereich und haben vor, den Abstand zum Hauptinhalt zu erhöhen und die Farbe der Links von Blau auf Schwarz zu ändern.

© 2013 by Algoriddim GmbH • Impressum • Kontakt

▲ **Abbildung 9.47**
Der Fußbereich ist zu dicht am Hauptinhalt.

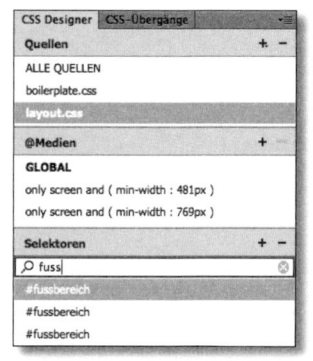

▲ **Abbildung 9.48**
Wählen Sie den ersten »#fussbereich«-Selektor aus.

Schritt für Schritt
Abstände vergrößern

1 Selektor »#fussbereich« auswählen

Klicken Sie im CSS-Designer zunächst auf »layout.css«, und geben Sie im Suchfeld »fuss« ein. Es werden dann drei Selektoren »#fussbereich« angezeigt. Wählen Sie den ersten aus, da dieser global für alle Bildschirmgrößen gilt.

2 Außenabstand festlegen

Wir setzen nun den oberen Abstand auf »1em«, was der Größe eines Buchstabens entspricht.

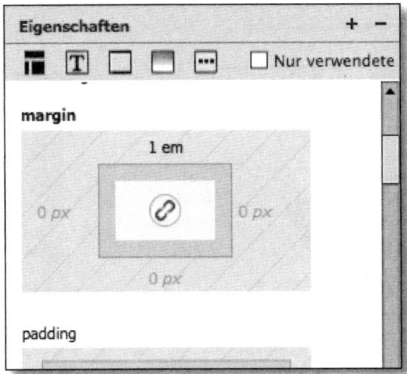

◄ **Abbildung 9.49**
Setzen Sie den oberen Wert
unter margin auf »1em«.

3 Selektor »#fussbereich a« erstellen

Um die Farbe der Links im Fußbereich zu ändern, erstellen wir den
Selektor »#fussbereich a«.

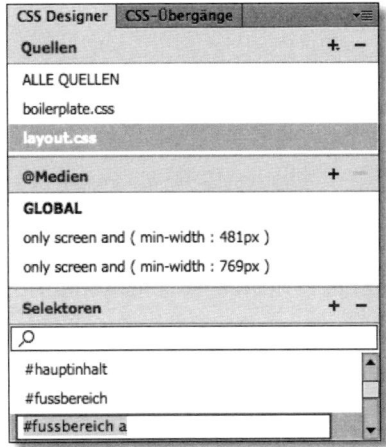

▲ **Abbildung 9.50**
Erstellen Sie einen neuen Selektor für Links im Fußbereich.

4 Farbe festlegen

Sie können nun über die Eigenschaft COLOR die Farbe einstellen. In
unserem Beispiel wählen wir Schwarz aus.

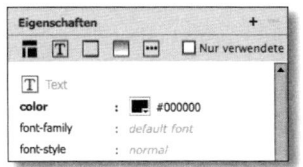

▲ **Abbildung 9.51**
Einstellung der Schriftfarbe
unter »color«

5 Fertig

Wir sind nun mit der Bearbeitung des Fußbereichs fertig.

155

© 2013 by Algoriddim GmbH • Impressum • Kontakt

▲ **Abbildung 9.52**
Der Fußbereich hat nun einen Abstand zum Hauptinhalt, und die Links haben eine schwarze Farbe.

Das Schwierigste ist nun geschafft. Im nächsten Kapitel werden wir die Website auf einen Webserver hochladen und somit der Öffentlichkeit präsentieren.

Kapitel 10

Websites testen, veröffentlichen und verwalten

So bringen Sie Ihre Website online

▸ Wie teste ich meine Website?

▸ Was ist FTP und wie konfiguriere ich die FTP-Übertragung?

▸ Wie übertrage ich Dateien?

▸ Wie verwalte ich meine Website?

10 Websites testen, veröffentlichen und verwalten

Eine Website, die nur auf Ihrer lokalen Festplatte liegt, kann sich noch kein Surfer anschauen. In diesem Kapitel lernen Sie, Ihre Site auf einen Webserver zu übertragen, sie zu testen und in Dreamweaver zu verwalten.

10.1 Website im Browser testen

Bevor Sie eine fertige Website veröffentlichen, sollten Sie sie zuerst ausgiebig testen. Nehmen Sie sich dafür genügend Zeit. Vernachlässigt man die Testphase, treten schnell die folgenden Fehler auf:

▸ Die Website funktioniert nicht auf allen bekannten Webbrowsern.

▸ Die Website sieht auf einem Smartphone nicht gut aus.

▸ Bilder werden nicht angezeigt, weil die Verweise in der Webseite falsch angelegt sind.

▸ Links führen ins Leere oder zu Webseiten, die nicht mehr existieren.

Browservielfalt

Der wichtigste Arbeitsschritt ist der Test sämtlicher Webseiten in diversen Browsern. Webseiten, die nur in einem bestimmten Browser funktionieren, sind unprofessionell.

Besonders wichtig für die Testphase sind die Webbrowser *Google Chrome* und *Safari* von Apple. Diese laufen auf allen üblichen Betriebssystemen, halten sich an die Webstandards und weisen fast keine Sicherheitslücken auf. Inzwischen verwenden immer mehr Benutzer diese Browser. Beide Browser basieren intern auf der gleichen Rendering-Engine namens WebKit, die für die Darstellung der Webseiten verantwortlich ist (siehe Abschnitt 2.7, »Webbrowser und Rendering-Engines«). WebKit wird u.a.

von den mobilen Browsern auf iOS- (iPhone, iPad) und Android-Systemen verwendet.

Erst wenn Ihre Webseiten in Chrome und Safari funktionieren, sollten Sie Tests in den anderen Browsern vornehmen. So ist gewährleistet, dass Sie zum Beispiel nicht irgendeine Fehlfunktion des Internet Explorers nutzen, die nicht den Webstandards entspricht und nicht in anderen Browsern funktioniert.

Der *Internet Explorer* ist unter Windows-Betriebssystemen bereits vorinstalliert und hat dadurch einen hohen Marktanteil. Sie sollten Ihre Websites also unbedingt für die aktuellste Version (Internet Explorer 10) testen, die auch weitgehend Webstandards unterstützt. Da auch die Vorgängerversionen 8 und 9 noch sehr weit verbreitet sind, sollten Sie Ihre Website auch in diesen Versionen des Browsers testen. Einige große Websites (u. a. Google) stellen die Kompatibilität mit dem alten Internet Explorer 6 ein, obwohl dieser noch verbreitet ist.

Da es inzwischen keinen aktuellen Internet Explorer für Mac OS X mehr gibt, sollten Mac-Anwender ihre Webseiten auch unter Windows testen.

Der lange Zeit unter »Profis« beliebte *Firefox* hat einige Nutzer an den schnelleren Browser *Chrome* verloren. Er ist aber immer noch der am häufigsten verwendete Browser in Deutschland. Sie sollten Ihre Website also auch mit Firefox testen.

Der Webbrowser *Opera* (*http://www.opera.com*) wird gerne von sogenannten Power-Usern verwendet, die vor allem die Schnelligkeit und die besonderen Features dieses Browsers schätzen. Er ist jedoch nicht sehr weit verbreitet.

Mehrere Internet Explorer

Mit dem Programm Multiple IE können Sie mehrere Internet-Explorer-Versionen gleichzeitig installieren. In der Praxis funktioniert diese Lösung aber nicht zuverlässig.

Browser	Verbreitung in Prozent
Firefox	22,8
Internet Explorer	20,8
Safari	20,0
Chrome	16,9
Iron	6,4
Opera	2,1

◄ **Tabelle 10.1**
Verbreitung der Browser in Deutschland, Stand September 2013, nach *www.browser-statistik.de*

Es ist wichtig, die Webseiten nicht nur auf verschiedenen Webbrowsern zu testen, sondern auch unter verschiedenen Betriebssystemen, da z. B. die Schriften teilweise unterschiedlich dargestellt werden.

Außerdem sollten Sie Ihre Website auf Smartphones und Tablet-Geräten testen.

Browsershots

▼ Abbildung 10.1
Mit dem Webdienst *http:// browsershots.org* können Sie von Ihrer Website Bildschirmfotos von über 100 Webbrowsern anfertigen lassen.

Unter der Adresse *http://browsershots.org* wird ein sehr praktischer Dienst angeboten, um eine Website in über 100 verschiedenen Browserversionen zu testen. Geben Sie einfach die Adresse Ihrer Website an, und klicken Sie die gewünschten Browserversionen an. Der Dienst erstellt daraufhin automatisch von jedem der ausgewählten Browser ein Bildschirmfoto.

Archiv

Auf der Website *http:// browsers.evolt.org* finden Sie das größte Archiv aller Browser, die es jemals gab.

Allerdings dauert es meist über eine Stunde, bis alle Bildschirmfotos angefertigt wurden. Auch können Sie mit diesem Dienst nicht die Interaktivität (JavaScript) der eigenen Website testen. Es reicht jedoch aus, um zu sehen, ob das Layout der Website in den verschiedenen Browsern korrekt dargestellt wird.

Browserstack

Es gibt auch zahlreiche kostenpflichtige Webdienste wie z. B. *Browserstack.com*, mit denen Sie Ihre Website auf verschiedenen

Betriebssystemen und Browsern live testen können. Sie können die Webseite sogar auf Android- und iOS-Geräten testen.

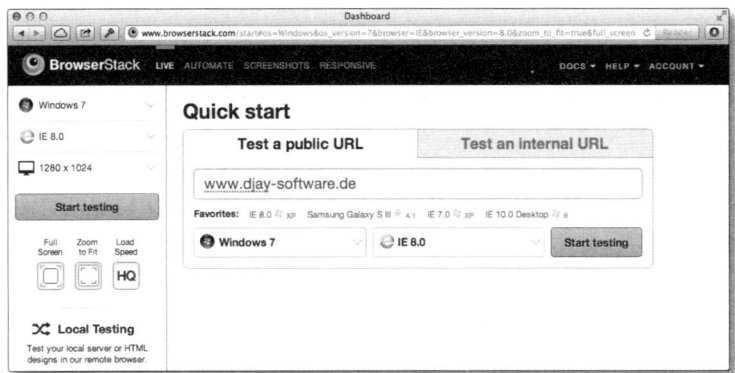

▲ **Abbildung 10.2**
Mit dem Webdienst *http://www.browserstack.com* können Sie Ihre Website live auf verschiedenen Betriebssystemen testen.

Browservorschau einstellen

Dreamweaver bietet für den Browsertest eine Vorschaufunktion. Diese läuft zunächst nur mit bestimmten Browsern. Sie können die Voransicht aber auf weitere Browser ausdehnen. Diese müssen dann jedoch auf Ihrem System installiert sein.

Beachten Sie, dass für die Vorschaufunktion in Dreamweaver unter Mac OS X nicht etwa der Internet Explorer als Standard eingestellt ist, sondern der Browser Safari von Apple.

Schritt für Schritt
Weitere Browser in die Vorschaufunktion einbinden

1 Browserliste bearbeiten

Wählen Sie zunächst den Menüpunkt DATEI • VORSCHAU IN BROWSER • BROWSERLISTE BEARBEITEN aus. Es öffnet sich ein Dialogfenster, in dem alle Browser angezeigt werden, die Dreamweaver kennt. Klicken Sie dann auf das Pluszeichen ❶, um weitere Programme hinzuzufügen.

Adobe BrowserLab eingestellt

Adobe hat seinen Kunden bis vor kurzem kostenlos den Webdienst BrowserLab zur Verfügung stellt, der ähnlich wie BrowserStack funktionierte. Dieser Dienst wurde leider im März 2013 eingestellt.

Internet Explorer für Mac

Mac-User (mit Intel-basierten Rechnern) können den Internet Explorer mit den Virtualisierungs-Programmen VMware, Parallels oder VirtualBox (kostenlos) verwenden. Alternativ booten Mac-Rechner direkt Windows 7 oder 8 mit der eingebauten Software Boot-camp.

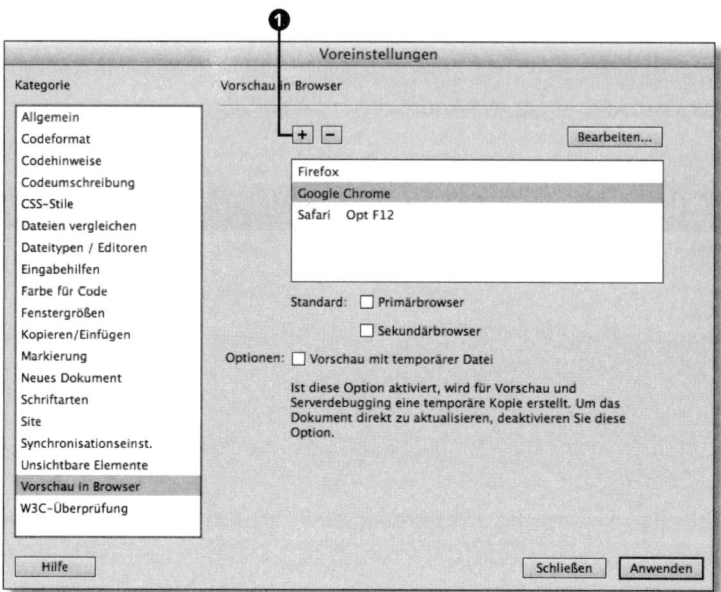

Abbildung 10.3 ▶
Hier fügen Sie weitere Browser hinzu.

2 Browser auswählen

Die Dialogbox aus Abbildung 10.4 erscheint. Klicken Sie hier auf DURCHSUCHEN, und wählen Sie auf Ihrer Festplatte die ausführbare Datei (unter Windows die ».exe«-Datei) des gewünschten Browsers aus.

Abbildung 10.4 ▶
Name und ausführbare Datei auswählen

3 Primär- oder Sekundärbrowser einstellen

Wenn Sie PRIMÄRBROWSER wählen, können Sie die Vorschau einer Webseite mit diesem Browser einfach über die Taste F12 (bzw. Alt + F12 am Mac) aufrufen. Firefox sollte als Primärbrowser eingestellt sein, da er die Standards sehr gut unterstützt.

Wenn Sie SEKUNDÄRBROWSER wählen, können Sie den Browser über die Tastenkombination Strg/Cmd + F12 aufrufen. Häufig wird der Internet Explorer oder Safari als Sekundärbrowser gewählt.

Wenn Sie weder Primär- noch Sekundärbrowser wählen, können Sie einen Browser zwar nicht über eine Tastenkombination aufrufen, jedoch über das Menü DATEI • VORSCHAU IN BROWSER. Klicken Sie auf OK, um einen Browser hinzuzufügen.

Website im Browser testen

Nachdem Sie die Einstellungen für die Browservorschau vorgenommen haben, drücken Sie zuerst die Taste F12 bzw. die Kombination Alt + F12 für den Primärbrowser und dann Strg / Cmd + F12 für den Sekundärbrowser, um Ihre Website darin zu testen.

Sie können die Vorschau im Browser auch über ein Menü im Dokumentenfenster ausführen, indem Sie auf das Erdkugelsymbol ❷ klicken und dann den gewünschten Browser aus der Liste auswählen.

◄ **Abbildung 10.5**
Wählen eines Browsers für die Vorschau

Damit Sie für den Test der gesamten Website nicht jede Seite einzeln aufrufen müssen, ist es ratsam, die Homepage mit dem Namen »index.html« oder »index.htm« in der Vorschaufunktion zu öffnen. Ausgehend von dieser Seite gelangen Sie über die Links in der Navigation auf alle Folgeseiten, wenn Ihre Website richtig aufgebaut ist.

Alle Hyperlinks testen

Nehmen wir an, Sie haben einen Link von Webseite A zu Webseite X und von Webseite B zu Webseite X erstellt. Später stellen Sie fest, dass Sie Webseite X nicht mehr benötigen, und löschen sie. Mit den Seiten A und B gibt es nun jedoch zwei Seiten, die einen Link zur nicht mehr existierenden Webseite X enthalten. Dreamweaver kann Sie mit einer Hilfsfunktion dabei unterstützen, solche Fehler zu identifizieren und zu reparieren.

Schritt für Schritt
Links überprüfen

1 Website auswählen

Wählen Sie im Fenster DATEIEN (Menü FENSTER • DATEIEN) die Website aus, die Sie testen möchten (z. B. *djay Übung*).

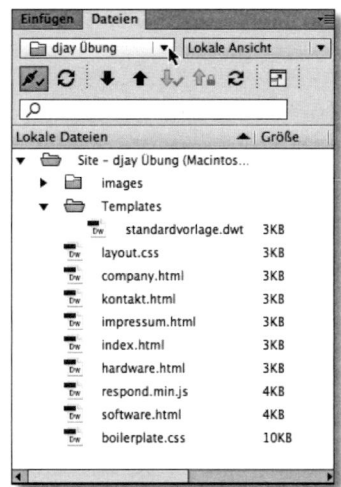

Abbildung 10.6 ▶
Welche Seite wollen Sie überprüfen?

2 Alle Links der Site prüfen

Wählen Sie SITE • HYPERLINKS AUF DER GANZEN SITE PRÜFEN, um alle Seiten Ihrer Website zu testen.

Falls im Fenster keine Dateien angezeigt werden, sind alle lokalen Links intakt, und der Test ist für Sie beendet. Externe Links, die auf fremde Websites zeigen, werden hier nicht überprüft.

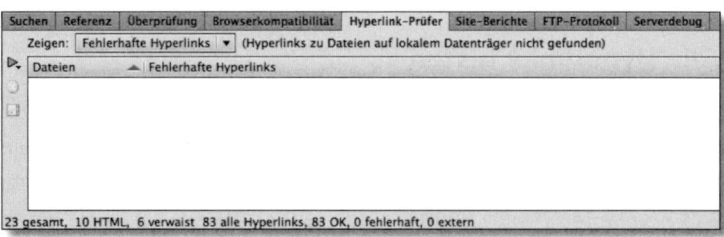

Abbildung 10.7 ▶
Hier erscheinen die getesteten Links.

3 Fehler korrigieren

Wird in der Liste der fehlerhaften Hyperlinks eine Datei angezeigt, klicken Sie diese doppelt an, um sie direkt in Dreamweaver zu öffnen. Korrigieren Sie den Fehler, indem Sie zum Beispiel die Verknüpfung entfernen oder zur korrekten Seite verlinken.

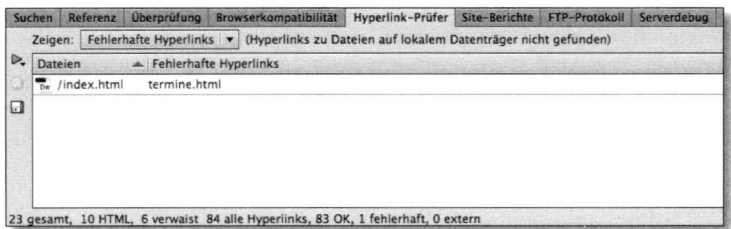

◄ **Abbildung 10.8**
Die fehlerhaften Links

Browserkompatibilität und Zugänglichkeit prüfen

Dreamweaver bietet neben der Hyperlink-Überprüfung auch eine Funktion zur Überprüfung des HTML-Dokuments an. Hierbei sendet Dreamweaver Ihre Webseite zum W3C-Validator (*http:// validator.w3.org*), der dann Ihr HTML-Dokument auf Fehler hin überprüft.

Um die Überprüfung der Browserkompatibilität durchzuführen, wählen Sie DATEI • ÜBERPRÜFEN • AKTUELLES DOKUMENT ÜBERPRÜFEN (W3C) aus.

Im Überprüfen-Bedienfeld wird dann das Ergebnis der Überprüfung angezeigt.

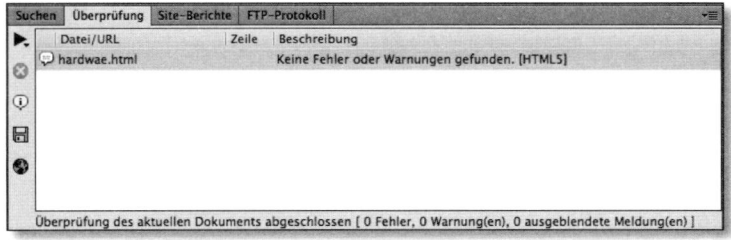

◄ **Abbildung 10.9**
Browserkompatibilität prüfen

10.2 FTP-Übertragung konfigurieren

Als Nächstes wollen wir die fertig erstellte und getestete Website auf den Webserver Ihres Providers übertragen, um sie im WWW zu veröffentlichen. Eine Möglichkeit, Daten im Internet zu übertragen, bietet das *File Transfer Protocol (FTP)*. Ihr Provider hält dafür einen eigenen FTP-Server bereit. Um diesen zu kontaktieren und Daten dorthin zu übertragen, benötigen Sie besondere Zugangsdaten. Erfragen Sie diese bei Ihrem Provider.

Die Zugangsdaten für einen FTP-Server bestehen in der Regel aus:

▸ der Adresse des FTP-Servers (z. B. *ftp.provider.de*)
▸ einem Benutzernamen (in Dreamweaver auch *Anmeldung* genannt)
▸ einem persönlichen Kennwort
▸ einem Stammordner, auch *Root-Ordner* genannt, in dem Sie Dateien auf dem Server ablegen können

Um Dreamweaver dafür vorzubereiten, mit dem FTP-Server Ihres Providers Kontakt aufzunehmen und Daten dorthin zu übertragen, gehen Sie wie nachfolgend beschrieben vor.

SFTP

Die sicherere Variante **Secure FTP** (**SFTP**) wird auch von Dreamweaver unterstützt. Dieses Protokoll bietet u. a. den Vorteil, dass die Daten und damit auch das Passwort nur verschlüsselt übertragen werden.

Schritt für Schritt
FTP-Server in Dreamweaver einrichten

1 Zu übertragende Site auswählen
Wählen Sie SITE • SITES VERWALTEN aus, um eine Übersicht über die Sites zu erhalten.

Klicken Sie zuerst die Site an, für die Sie die FTP-Einstellungen vornehmen möchten (in unserem Beispiel *djay Übung*) ❶, und wählen Sie dann BEARBEITEN ❷.

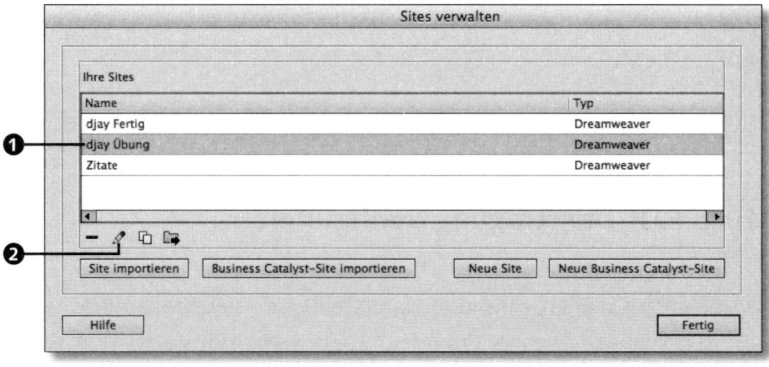

Abbildung 10.10 ▸
djay Übung bearbeiten

2   Erweiterte Einstellungen auswählen

Im folgenden Menü sehen Sie in der linken Spalte alle Einstellungskategorien für Ihre Site. Wählen Sie SERVER ❸ aus, und klicken Sie anschließend auf das Plussymbol ❹, um die FTP-Einstellungen für die Site vorzunehmen.

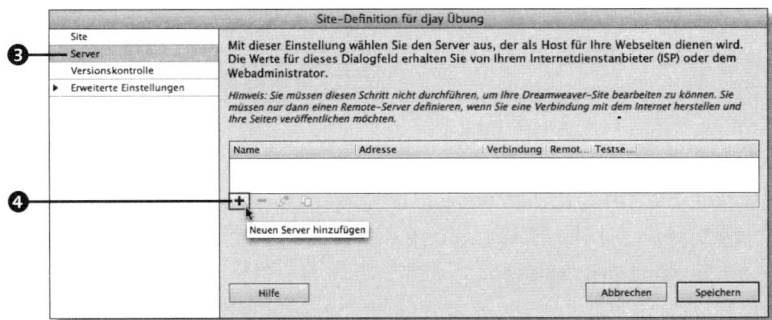

◄ **Abbildung 10.11**
Neuen Server hinzufügen

3   FTP-Benutzerdaten eingeben

Tragen Sie zunächst einen Servernamen ❺ ein. Diesen Namen können Sie beliebig wählen.

Es gibt mehrere Techniken, Dateien auf einen Webserver zu übertragen. Im Normalfall wählen Sie FTP oder SFTP ❻. Wenn sich Ihr Webserver allerdings im lokalen Netzwerk befindet, wählen Sie LOKAL/NETZWERK aus.

Tragen Sie dann noch die Benutzerdaten ein, die Sie von Ihrem Provider erhalten haben. Damit Sie das Passwort nicht bei jeder Übertragung erneut eingeben müssen, klicken Sie in das Kontrollfeld SPEICHERN ❼.

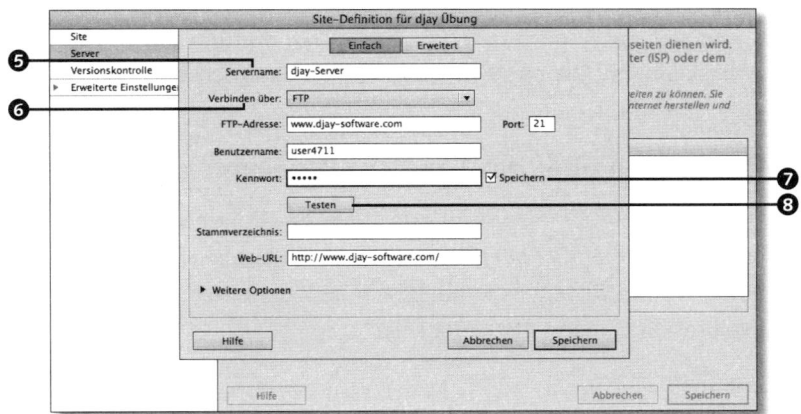

◄ **Abbildung 10.12**
Wählen Sie die Einstellungen Ihres FTP-Zugangs.

4 Einstellungen testen

Klicken Sie auf die Schaltfläche TESTEN ❽, um Ihre Einstellungen zu überprüfen. Dreamweaver stellt dann probeweise eine Verbindung zu dem angegebenen FTP-Server her.

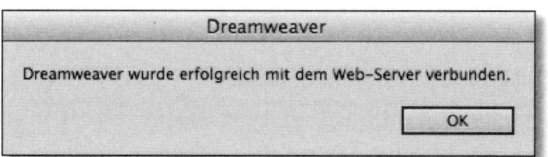

Abbildung 10.13 ▶
Ein erfolgreicher Connect

5 Fertig

Klicken Sie auf OK, um die Einstellungen zu speichern. Die Vorbereitungen für die Übertragung der Website auf den Webserver sind damit abgeschlossen.

10.3 Übertragen der Site auf den Server

Die Verbindung zum Webserver ist nun vorbereitet und kann jederzeit hergestellt werden. Nun übertragen wir die Dateien auf den Server. Dreamweaver bietet dafür grundsätzlich drei verschiedene Methoden an:

▶ Übertragen einer gesamten Site oder einzelner Dateien über das Fenster DATEIEN: So übertragen Sie mehrere Dateien oder sogar die ganze Site auf einmal.

▶ Übertragung direkt aus dem Dokumentenfenster heraus: Hiermit übertragen Sie das Dokument, das Sie gerade bearbeiten, direkt auf den Server.

▶ Mit der Funktion SITE SYNCHRONISIEREN werden die Dateien Ihrer Site mit denen des Webservers automatisch abgeglichen.

Übertragen über das Fenster »Dateien«

Das Bedienfeld DATEIEN zeigt den Website-Ordner und alle enthaltenen Dateien der Website an, wie zum Beispiel HTML-Seiten, Vorlagen und Bilder. Es handelt sich also um einen integrierten Explorer für Dateien Ihrer Website.

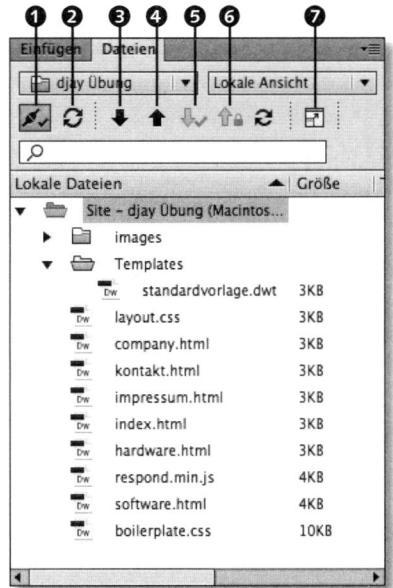

Mit dem Icon VERBINDUNG ZU REMOTE-SERVER HERSTELLEN ❶ stellen Sie eine Verbindung zum FTP-Server her.

Mit der Schaltfläche ❷ aktualisieren Sie die Ansicht im Bedienfeld DATEIEN. Dies ist zum Beispiel notwendig, wenn Sie ohne Dreamweaver – etwa mit dem Windows Explorer oder dem Finder – eine Datei zum Site-Ordner hinzugefügt haben.

Um die ausgewählten Dateien und Ordner vom Server auf den lokalen Rechner zu übertragen, wählen Sie den nach unten weisenden Pfeil ❸. Um die Dateien und Ordner auf den Webserver zu übertragen, klicken Sie auf den nach oben weisenden Pfeil ❹.

Mit den Schaltflächen ❺ und ❻ checken Sie die Dateien ein bzw. aus. Ist eine Datei ausgecheckt, kann sie erst dann von jemand anders ausgecheckt und bearbeitet werden, wenn sie wieder eingecheckt worden ist. Mit diesen Funktionen wird sichergestellt, dass immer nur eine Person an einer Webseite arbeitet.

Das Fenster DATEIEN zeigt normalerweise nur die Dateien auf Ihrem eigenen Rechner an. Um jedoch gleichzeitig die Dateien auf dem FTP-Server einzublenden, klicken Sie auf das Icon ❼ ganz rechts im Fenster. Das Fenster wird dann in der vergrößerten Ansicht geöffnet, in der im linken Bereich zusätzlich die Dateien auf dem FTP-Server angezeigt werden. Klicken Sie erneut auf das Icon, um in die normale Ansicht zurückzuwechseln.

**Ein- und Auschecken
aktivieren**

Um die Ein- und Auschecken-Funktion zu aktivieren, setzen Sie in dem Fenster, in dem Sie bereits die FTP-Einstellungen für die Website vorgenommen haben, ein Häkchen bei EIN- UND AUSCHECKEN VON DATEIEN AKTIVIEREN.

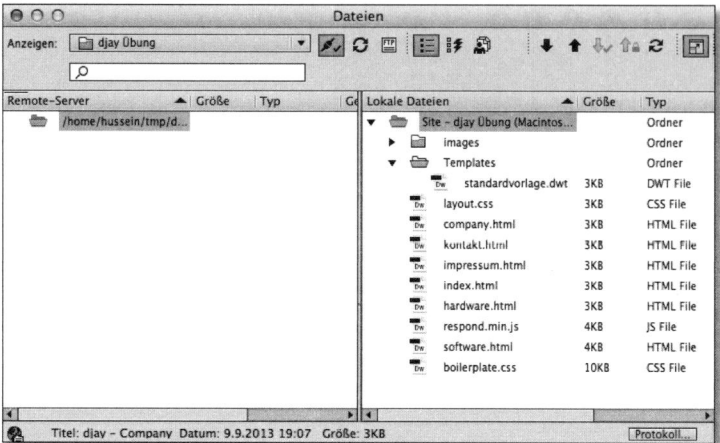

Abbildung 10.15 ▶
Anzeige der lokalen und entfernten Dateien

Im Folgenden werden wir unsere gesamte Website aus dem Bedienfeld DATEIEN auf den FTP-Server übertragen. Dafür sind nur wenige Schritte erforderlich.

Schritt für Schritt
Gesamte Website übertragen

1 **Site auswählen**

Öffnen Sie das Bedienfeld DATEIEN. Wenn es nicht sichtbar ist, blenden Sie es über FENSTER • DATEIEN ein.

Wählen Sie aus der Liste ❶ die Site aus, die Sie übertragen möchten. In unserem Übungsbeispiel ist dies *djay Übung*.

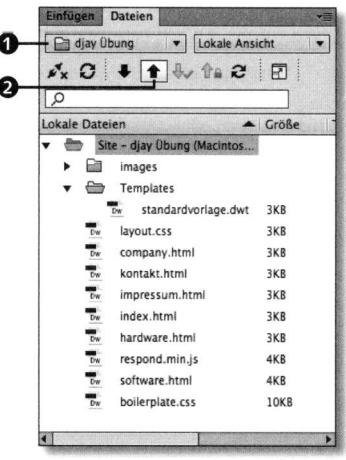

◀ **Abbildung 10.16**
Die ausgewählten Dateien werden übertragen.

2   Daten auf den Server übertragen

Markieren Sie den obersten Ordner im Bedienfeld, und klicken Sie auf den nach oben weisenden blauen Pfeil ➋.

Es erscheint eine Dialogbox. Bestätigen Sie die Anfrage, indem Sie auf OK klicken. Diese Rückversicherung soll vermeiden, dass Sie aus Versehen die gesamte Website auf den Server übertragen.

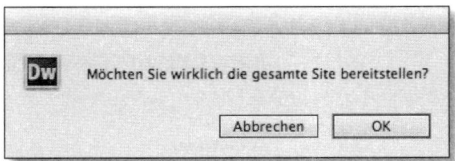

◀ **Abbildung 10.17**
Sicherheitshalber fragt Dreamweaver noch einmal nach.

3   Übertragung prüfen

Die Übertragung der gesamten Website kann – abhängig von Ihrer Internetverbindung und der Größe der Site – einige Minuten dauern. Öffnen Sie danach einfach einen Browser, und geben Sie die Internetadresse ein. Wird Ihre Site hier auf dem neuesten Stand angezeigt, ist die Übertragung reibungslos verlaufen. Wird noch die alte Version angezeigt, leeren Sie zunächst den Cache Ihres Browsers und klicken dann auf AKTUALISIEREN. Wird die soeben übertragene Version Ihrer Site noch immer nicht angezeigt, überprüfen Sie alle Schritte der Übertragung und fragen zur Not bei Ihrem Provider nach.

Übertragung im Dokumentenfenster

Wenn Sie die gesamte Website bereits übertragen haben, kommt es sehr häufig vor, dass Sie noch Änderungen an der einen oder anderen Datei vornehmen möchten.

Schritt für Schritt
Einzelne Webseite übertragen

1   Webseite herunterladen und bearbeiten

Wenn auf dem Webserver eine neuere Version der Seite vorliegt als lokal auf Ihrem Rechner, müssen Sie die aktuellen Daten zunächst herunterladen. Klicken Sie dazu auf das Icon DATEIVERWALTUNG

❶, und wählen Sie aus dem Dropdown-Menü den Eintrag ABRUFEN aus. Sie erhalten dann die neueste Version der Webseite.

Nehmen Sie dann mit den Dreamweaver-Werkzeugen die gewünschten Änderungen an der Seite vor.

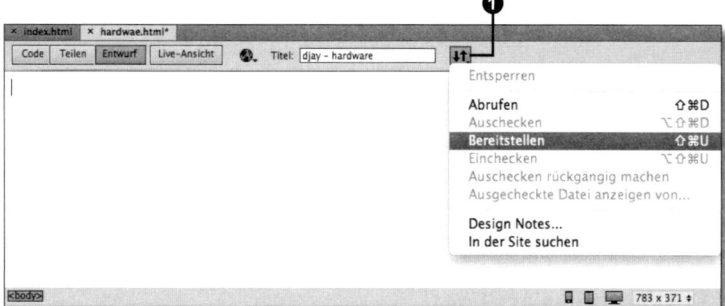

Abbildung 10.18 ▶
Nach der Änderung wählen
Sie dieses Menü.

2 Übertragen der einzelnen Webseite

Wenn Sie mit den Änderungen fertig sind und die Seite auf Ihrer Festplatte abgespeichert haben, können Sie sie direkt aus dem Dokumentenfenster heraus wieder auf den Server übertragen. Klicken Sie dafür einfach erneut auf die Schaltfläche DATEIVERWALTUNG ❶, und wählen Sie dann BEREITSTELLEN.

3 Abhängige Dateien mit übertragen

In der folgenden Dialogbox werden Sie gefragt, ob auch die von der Webseite abhängigen Dateien mit übertragen werden sollen. Damit sind die im Dokument verwendeten Bilder, Flash-Filme oder externen Stylesheets (falls vorhanden) gemeint.

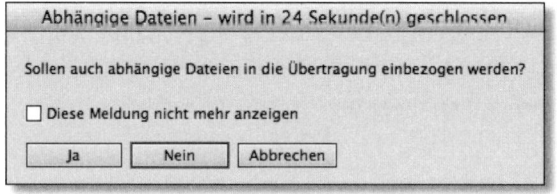

Abbildung 10.19 ▶
Sollen auch abhängige
Dateien übertragen werden?

Wenn Sie nur den Text einer Seite geändert haben, können Sie auf NEIN klicken. Wenn Sie ein neues Bild in das Dokument eingefügt oder ein Bild bearbeitet haben, klicken Sie auf JA.

Wenn Sie unsicher sind, klicken Sie am besten auf JA. Das kann zwar etwas länger dauern, aber Sie können dann sicher sein, dass die aktuellsten Dateien auf dem Server sind.

4 Fertig

Die einzelne Webseite ist jetzt auf den Server übertragen und eingecheckt.

Website synchronisieren

Bei den zwei bisher beschriebenen Methoden, eine komplette
Website bzw. nur Teile davon auf den Server zu übertragen,
müssen Sie darauf achten, dass auch immer wirklich alle Dateien
erfasst werden. Es kommt nicht selten vor, dass man kleine Änderungen an ein paar Seiten vorgenommen hat und dann unsicher
ist, ob man auch wirklich alle wieder eingecheckt hat. Eine erneute
Übertragung der gesamten Website über das Bedienfeld DATEIEN
kann jedoch sehr lange dauern.

In einem solchen Fall hilft die Funktion SITE SYNCHRONISIEREN.
Dreamweaver überprüft anhand des letzten Änderungsdatums
und anhand der Größe jeder einzelnen Datei der Website, ob sie
auf dem Webserver auch auf dem aktuellsten Stand ist. Falls nicht,
wird sie automatisch mit übertragen. Um die Funktion zu nutzen,
gehen Sie wie folgt vor.

> **Abhängige Daten immer mit übertragen**
>
> Damit Sie nicht andau-
> ernd gefragt werden, ob
> Sie abhängige Dateien
> einschließen möchten,
> klicken Sie auf das Kon-
> trollfeld DIESE MELDUNG
> NICHT MEHR ANZEIGEN
> und anschließend auf JA.
> Die Übertragung dauert
> mit dieser Einstellung
> aber in jedem Fall länger,
> vor allem, wenn Sie nur
> eine analoge oder ISDN-
> Verbindung zum Internet
> benutzen. Sie können
> diese Einstellung später
> auch wieder rückgängig
> machen.

Schritt für Schritt
Website synchronisieren

1 Ganze Site synchronisieren

Wählen Sie SITE • GANZE SITE SYNCHRONISIEREN. Es erscheint die
Dialogbox DATEIEN SYNCHRONISIEREN. Um die gesamte Site abzu-
gleichen, wählen Sie hier GESAMTE ›SITENAME‹-SITE aus. Aktivieren
Sie diese Option nicht, werden nur ausgewählte Dateien einzeln
synchronisiert.

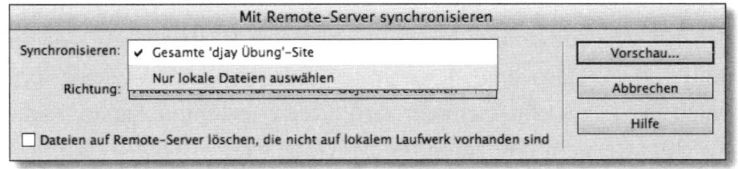

◄ **Abbildung 10.20**
Die ganze Website soll übertragen werden.

2 Richtung für Synchronisation festlegen

Geben Sie jetzt die RICHTUNG an, in der die Dateien übertragen werden sollen. Wählen Sie hier AKTUELLERE DATEIEN FÜR ENTFERNTES OBJEKT BEREITSTELLEN aus, um die Dateien von Ihrem lokalen Rechner auf den Webserver zu übertragen. Klicken Sie dann auf VORSCHAU.

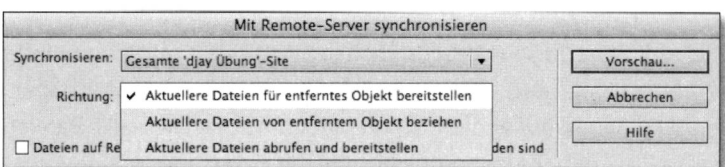

Abbildung 10.21 ▶
Legen Sie die Richtung fest.

3 Vorschau der Synchronisation

Dreamweaver überprüft nun, welche Dateien auf dem Webserver nicht mehr auf dem aktuellen Stand sind. Die Liste der Dateien wird im Vorschaufenster angezeigt. Sie können das Häkchen einzelner Dateien entfernen, um diese von der Übertragung auszuschließen. Klicken Sie auf OK, um die angezeigten Dateien zu übertragen.

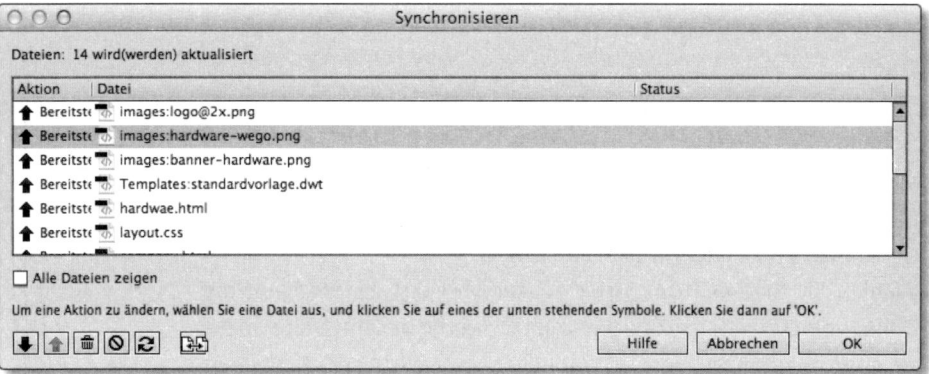

▲ **Abbildung 10.22**
Das SYNCHRONISIEREN-Fenster

Ist Ihre Website online, ist es sicherlich von Vorteil, wenn sie von anderen Nutzern einfach gefunden werden kann. Wie Sie Ihre Website für Suchmaschinen optimieren, erfahren Sie in Kapitel 20, »Gesucht und gefunden bei Google«.

10.4 Website verwalten

Dreamweaver bietet die Möglichkeit, die Dateien Ihrer Site komfortabel zu verwalten. Im Bedienfeld DATEIEN (oder Menü FENSTER • DATEIEN) können Sie Dateien umbenennen, verschieben, kopieren, löschen und mehr, ähnlich wie im Windows Explorer oder im Finder beim Mac.

Sie sollten aber niemals Dateien direkt im Windows Explorer oder im Finder umbenennen, verschieben usw., da dann die Links auf verschobene Seiten, Bilder und andere Objekte nicht mehr funktionieren. Wenn Sie zum Beispiel einen Link von der Seite »index.html« zur Seite »kontakt.html« erstellt haben und später die Datei »kontakt.html« in »kontakte.html« umbenennen, so führt der Link auf der Seite »index.html« ins Leere. Sie müssen dann den Link manuell korrigieren. Wenn Sie jedoch die Dateien im DATEIEN-Fenster von Dreamweaver umbenennen oder verschieben, korrigiert Dreamweaver alle Links automatisch.

Über die rechte Maustaste bzw. über `Ctrl` + Mausklick stehen Ihnen einige Funktionen für die Verwaltung der Dateien und Ordner zur Verfügung. Die wichtigsten sind:

▶ BEARBEITEN • UMBENENNEN
Ein Cursor blinkt im markierten Dateinamen. Geben Sie jetzt einen neuen Namen ein. Vergessen Sie dabei die Dateiendung nicht. Verwenden Sie für den Namen keine Umlaute, Leerzeichen oder sonstigen Sonderzeichen (außer Unterstrichen und Bindestrichen).

▶ BEARBEITEN • LÖSCHEN
Die Datei ist dann verschwunden und kann nicht wiederhergestellt werden.

▶ NEUER ORDNER
Klicken Sie mit der rechten Maustaste den obersten Ordner an, und wählen Sie NEUER ORDNER. Geben Sie anschließend den Namen für den neuen Ordner ein.

Sie können auch Dateien verschieben: Ziehen Sie dafür eine Datei mit der Maus einfach in ein anderes Verzeichnis.

Wenn Sie eine Datei verändert haben (z. B. durch Umbenennen), fragt Dreamweaver in einem Dialogfenster nach, ob die

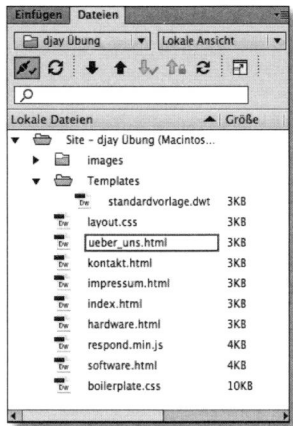

▲ **Abbildung 10.23**
Hier verändern Sie den Dateinamen.

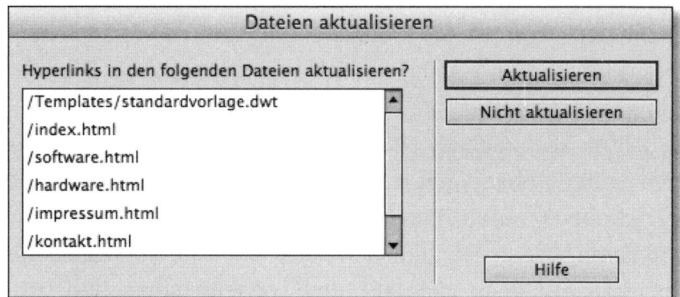

▲ **Abbildung 10.24**
Dieses Dialogfenster erscheint, wenn Sie zum Beispiel den Dateinamen verändert haben.

Links in der betreffenden Datei und in den verlinkten Dateien automatisch korrigiert werden sollen. Klicken Sie auf AKTUALISIE-REN, damit Dreamweaver die Hyperlinks automatisch korrigiert.

Stets mit Webserver synchronisieren

Beachten Sie, dass diese Änderungen nur an den Dateien auf Ihrer Festplatte durchgeführt wurden. Um die Änderungen auch auf dem Webserver vorzunehmen, übertragen Sie am besten die gesamte Site erneut. Somit ist sichergestellt, dass alle Änderungen auf dem Webserver übernommen wurden. Sie können dazu auch die oben beschriebene Funktion SYNCHRONISIEREN verwenden.

Unsere Website befindet sich nun auf dem Webserver und kann von Surfern auf der ganzen Welt besucht werden. Sie können die Website immer wieder verändern und auf dem Server aktualisieren.

Sie sind also am Ziel angekommen und können jetzt selbst mit eigenen Projekten loslegen. In den folgenden Kapiteln lernen Sie, wie Sie bessere Seiten als bisher entwickeln, welche Möglichkeiten Dreamweaver CC dafür bietet und wie Sie diese effizient einsetzen.

Teil III

Dreamweaver im Detail

Kapitel 11

Texte eingeben und strukturieren

So erstellen Sie Überschriften, Absätze und Listen

► Wie füge ich Text in die Seite ein?

► Wie sollte ich meine Inhalte strukturieren?

► Wann verwende ich Überschriften, Absätze, Listen und Hervorhebungen?

► Wie importiere ich Texte aus Word?

11 Texte eingeben und strukturieren

Im Folgenden lernen Sie, wie Sie mit Dreamweaver Textinhalte für Ihre Webseiten erstellen, ordnen und mit HTML-Tags strukturieren. In Kapitel 12, »Arbeiten mit CSS«, wird der Text dann mit CSS formatiert und gestaltet.

11.1 Textinhalte erstellen

In den folgenden Abschnitten erfahren Sie, wie Sie Texte und Sonderzeichen einfügen.

Text eingeben

Bevor Sie einen Text im Dokumentenfenster eingeben, sollten Sie darauf achten, dass die Ansicht ENTWURF ❶ aktiviert ist.

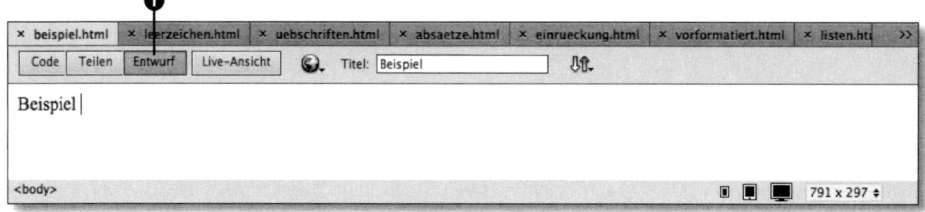

Abbildung 11.1 ▲
Das Dokumentenfenster in der Ansicht ENTWURF zeigt die Seite so, wie sie in etwa auch im Browser aussieht.

Alternativ können Sie auch in die Ansicht TEILEN wechseln. In dieser Ansicht wird, wie Sie ja schon wissen, im linken Teil der HTML-Code und im rechten Teil der Entwurf angezeigt. Achten Sie unbedingt darauf, dass sich die Einfügemarke im Entwurfsbereich befindet, da wir hier nicht im Quelltext arbeiten möchten.

Die Teilen-Ansicht hat einen großen Vorteil: Geben Sie im rechten Bereich Inhalte ein oder bearbeiten diese, können Sie gleichzeitig im linken Bereich verfolgen, wie Dreamweaver Ihre Eingaben automatisch in HTML umsetzt.

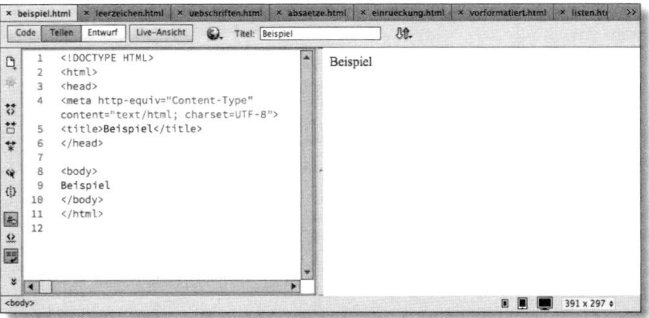

▲ **Abbildung 11.2**
Das Dokumentenfenster in der Teilen-Ansicht – links der HTML-Bereich und rechts der Entwurfsbereich

Sie können nun mit der Eingabe eines Textes im Entwurfsbereich beginnen. Die einzelnen Elemente des Textes schauen wir uns jetzt an.

Sonderzeichen eingeben

In älteren Dreamweaver-Versionen wurden Sonderzeichen, wie zum Beispiel die deutschen Buchstaben ä, ü, ö und ß oder auch das Euro-Zeichen, bei der Eingabe automatisch in HTML-Entities umgewandelt. So schrieb man zum Beispiel »Müller« in HTML als `M&uuml;ller`.

Dies ist jetzt nicht mehr notwendig, da Dreamweaver die HTML-Dokumente im sogenannten **Unicode-Zeichensatz** erstellt. Im Unicode-Format können fast alle Zeichen aller bekannten Schriftkulturen und Zeichensysteme eingegeben werden. Es können also nicht nur deutsche Umlaute, sondern zum Beispiel auch arabische Schriftzeichen direkt eingegeben werden (vorausgesetzt, Ihre Tastatur ist entsprechend eingestellt).

Sonderzeichen, die nicht über die Tastatur erreichbar sind, können Sie über EINFÜGEN • ZEICHEN eingeben. Alternativ rufen Sie den Reiter ALLGEMEIN ❷ des EINFÜGEN-Bedienfelds auf. Ein Klick auf das Dreieck des letzten Symbols ❸ öffnet ein Menü mit einer Auswahl an Sonderzeichen.

Falls das gesuchte Sonderzeichen hier nicht eingetragen ist, können Sie über den Menüpunkt ANDERE ZEICHEN ❹ oder über das Menü EINFÜGEN • ZEICHEN • WEITERE das gewünschte Sonderzeichen in einem Fenster auswählen und einfügen.

HTML-Entities

Eine HTML-Entity stellt in HTML ein Sonderzeichen dar. HTML-Entities beginnen immer mit einem &-Symbol und enden mit einem Semikolon, wie zum Beispiel `&euro;`. Auf diese Weise lassen sich viele internationale Symbole und Sonderzeichen auf Webseiten anzeigen.

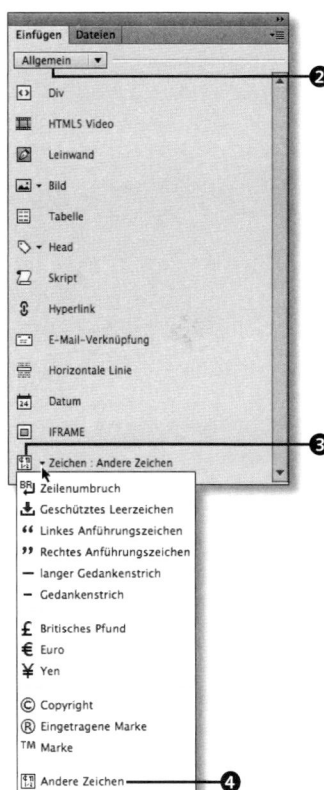

▲ **Abbildung 11.3**
Über die Schaltfläche ZEICHEN wählen Sie die Sonderzeichen aus.

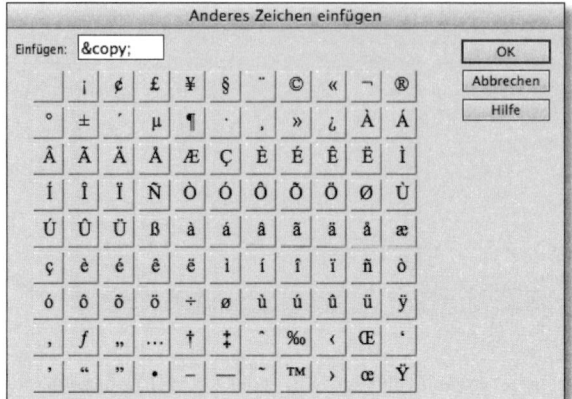

Abbildung 11.4 ▶
Über den Menüpunkt Andere Zeichen können Sie ein Sonderzeichen im Dialogfenster auswählen und einfügen.

Leerzeichen eingeben

Die Eingabe eines normalen Leerzeichens geschieht wie in jedem Programm über die Leertaste. Die Eingabe von zwei Leerzeichen hintereinander lässt Dreamweaver allerdings nicht zu. Dies ist aber keine Beschränkung von Dreamweaver, sondern von HTML. Mehrere Leerzeichen oder mehrere Zeilenumbrüche interpretiert ein Browser immer nur als ein Leerzeichen bzw. als einen Zeilenumbruch.

Für die Eingabe von mehreren Leerzeichen können Sie ein **geschütztes Leerzeichen** verwenden. Dazu dient in HTML die Entity . Im Webbrowser wird das Sonderzeichen einfach als Leerzeichen angezeigt. Damit können Sie beliebig viele Leerzeichen hintereinander eingeben.

Wählen Sie dazu im Menü Einfügen • Zeichen • Geschütztes Leerzeichen aus.

Abbildung 11.5 ▶
Anzeige mehrerer Leerzeichen hintereinander mit der HTML-Entity

11.2 Inhalte strukturieren

Die Verwendung von HTML zur Gestaltung von Texten wird nach
wie vor von den Browsern unterstützt, ist jedoch veraltet und
nach dem letzten HTML-Standard nicht mehr gültig. Insbesondere
die Verwendung des <font>-Tags ist nicht mehr zu empfehlen.

HTML wird nur zum Strukturieren von Inhalten benutzt. Es
wird also damit beschrieben, ob ein Text eine Überschrift, einen
Absatz, eine Liste oder eine Tabelle darstellt. Mit Cascading Stylesheets (siehe Kapitel 12, »Arbeiten mit CSS«) legen Sie dann fest,
wie die Überschriften, Absätze usw. aussehen sollen.

Im folgenden Abschnitt wollen wir uns den wichtigsten HTML-
Befehlen zur Strukturierung von Texten widmen.

Überschriften

In HTML gibt es nicht nur ein Überschriften-Tag, sondern sechs
verschiedene: <h1>, <h2>, <h3>, <h4>, <h5> und <h6>. Für die
oberste Ebene, also die Überschrift erster Ordnung, sollten Sie in
Ihrem Dokument <h1> verwenden. Für eine Überschrift, die der
Hauptüberschrift direkt untergeordnet (also zweiter Ordnung) ist,
wählen Sie <h2> usw.

Um einen Text in Dreamweaver als Hauptüberschrift zu strukturieren, klicken Sie auf ÜBERSCHRIFT im Reiter STRUKTUR des EIN-
FÜGEN-Bedienfelds oder wählen im EIGENSCHAFTEN-Bedienfeld
unter FORMAT ❶ die Option ÜBERSCHRIFT 1.

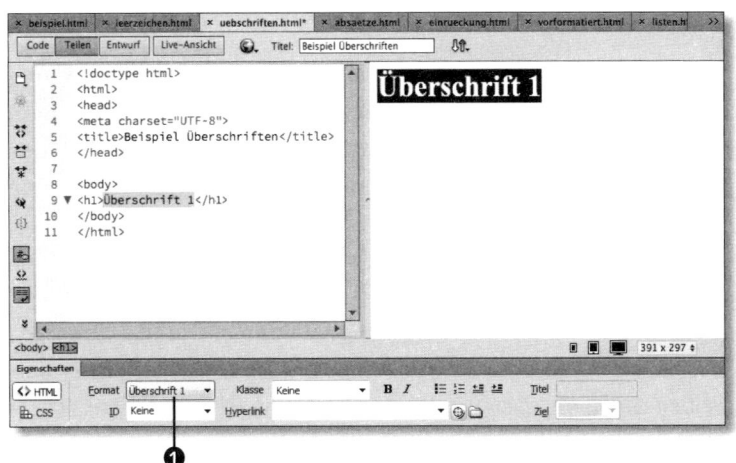

◀ **Abbildung 11.6**
Wahl des Überschriften-For-
mats im EIGENSCHAFTEN-
Bedienfeld – ÜBERSCHRIFT 1
entspricht dem HTML-Tag
<h1>.

Grafiken als Überschriften

Grafiken als Überschriften

Auf vielen Webseiten werden Grafiken als Überschriften verwendet. So können Sie zum Beispiel besondere Schriftarten oder Effekte (wie Schlagschatten usw.) einsetzen, was sich mit HTML entweder gar nicht oder nur schwer bewerkstelligen lässt. Dennoch können Sie beispielsweise für den Text eines Untertitels, der unterhalb der Überschriften-Grafik steht, das ⟨h2⟩-Tag verwenden. Es muss dafür keine ⟨h1⟩-Überschrift im Dokument existieren.

Ohne Verwendung von Cascading Stylesheets werden die Überschriften 1 bis 6 vom Browser eigenständig formatiert. Später können Sie dann in der Stylesheet-Datei zum Beispiel ihre Größe und Schriftart ändern. Abbildung 11.7 zeigt Ihnen alle Überschriftenklassen an.

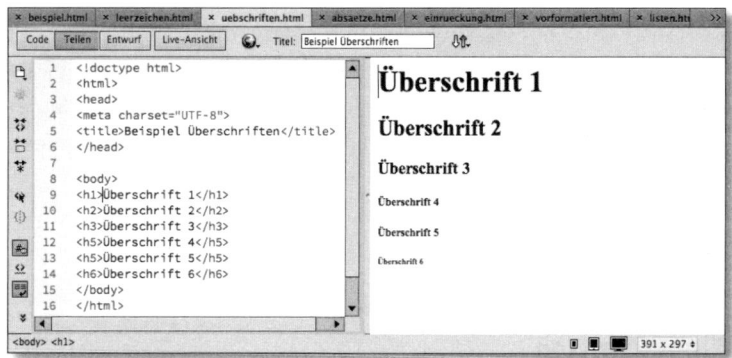

▲ **Abbildung 11.7**
Alle Überschriftenformate in der Übersicht

Absätze

Wenn Sie ⏎ betätigen, legt Dreamweaver automatisch einen Absatz mit doppeltem Zeilenumbruch an. In HTML wird ein Absatz vom HTML-Tag ⟨p⟩ umgeben. Ein Absatz kann einen oder mehrere Sätze oder beliebig viele HTML-Elemente und -Objekte enthalten.

Die Abstände der Absätze kann über Cascading Stylesheets eingestellt werden.

Im Webbrowser wird Text innerhalb eines Absatzes automatisch umbrochen, wenn das Fenster des Browsers nicht breit genug ist. Wird das Browserfenster wieder vergrößert, werden die Umbrüche flexibel neu gesetzt. Man nennt diese anpassbaren Umbrüche auch *weiche Umbrüche* ❶.

Um an einer bestimmten Stelle innerhalb eines Absatzes einen Umbruch zu erzwingen, betätigen Sie die Tasten ⇧ und ⏎ gleichzeitig. Hierdurch wird das HTML-Tag ⟨br⟩ in den Quelltext eingefügt. Ein solcher Umbruch wird auf jeden Fall immer an derselben Stelle angezeigt, egal, wie groß das Browserfenster ist; er wird *harter Umbruch* genannt ❷.

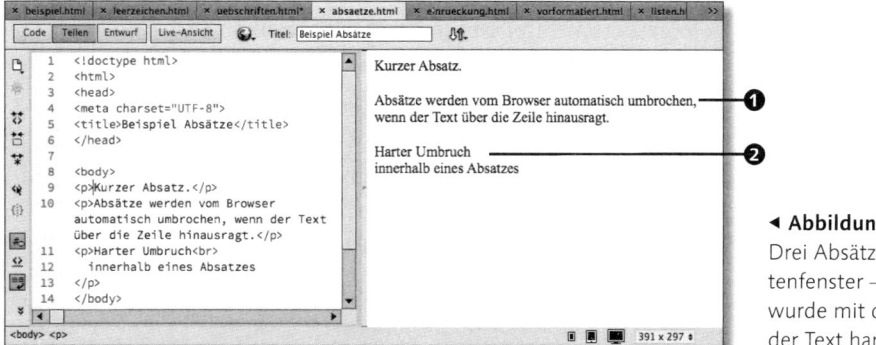

◀ **Abbildung 11.8**
Drei Absätze im Dokumentenfenster – im letzten Absatz wurde mit dem `<br />`-Tag der Text hart umbrochen.

Einrückungen

Absätze können mit dem `<blockquote>`-Tag eingerückt werden. Dieses Tag wird üblicherweise für Zitate verwendet. Markieren Sie dazu den Absatz, und klicken Sie im EIGENSCHAFTEN-Bedienfeld auf die Schaltfläche **❹**. Um die Einrückung wieder rückgängig zu machen, klicken Sie auf die Schaltfläche **❸** für die Ergänzung eines negativen Einzugs. Im Browser wird der Absatz dann um ca. 40 Pixel eingerückt. Über Cascading Stylesheets können Sie den Abstand später nach Ihren Wünschen einstellen.

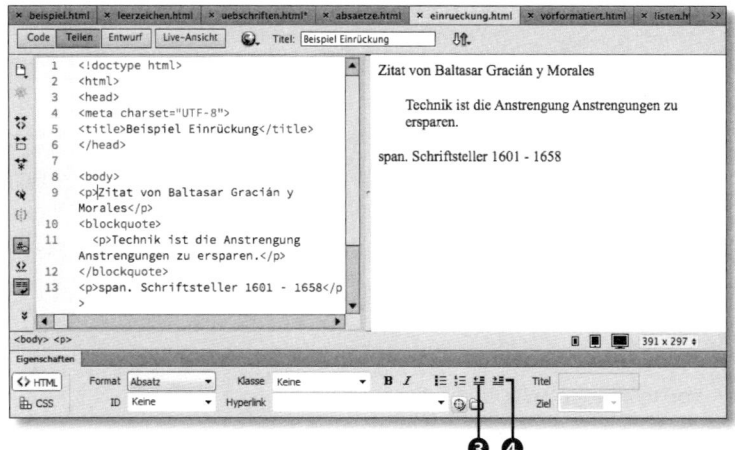

◀ **Abbildung 11.9**
Das HTML-Tag `<blockquote>` rückt einen oder mehrere Absätze ein.

Vorformatierte Absätze

Diese Art des Absatzes eignet sich besonders, um HTML- oder Programmiercode anzuzeigen oder Texte, die mit Leerzeichen angeordnet werden sollen, wie zum Beispiel einfache Texttabellen.

Alle gesetzten Tabulatoren, Leerzeichen und Leerzeilen in vorformatierten Absätzen werden von HTML exakt übernommen. Im Browser wird die Schriftart Courier für die Anzeige vorformatierter Absätze verwendet. Der Font hat eine feste Breite und entspricht somit der Quelltextanzeige in Entwicklungsumgebungen.

Um einen vorformatierten Absatz zu erstellen, wählen Sie im EIGENSCHAFTEN-Bedienfeld unter FORMAT ❶ die Option VORFORMATIERT aus.

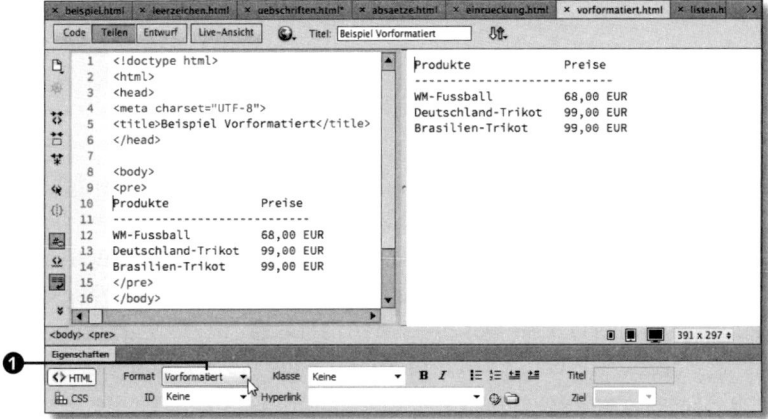

▲ **Abbildung 11.10**
Ein Beispiel für vorformatierte Absätze

Listen

In HTML gibt es zwei Arten von Auflistungen:

▶ ungeordnete Listen, bei denen die Listenelemente nicht durch Zahlen, sondern durch Punkte gegliedert werden
▶ geordnete Listen, bei denen die Listenelemente durchnummeriert werden

Schritt für Schritt
Erstellung einer Liste

1 **Einfügemarke setzen**
Positionieren Sie die Einfügemarke im Entwurfsbereich des Dokumentenfensters an einer beliebigen Stelle.

2 Listentyp bestimmen

Um eine Liste zu erstellen, klicken Sie im EIGENSCHAFTEN-Bedienfeld entweder auf die Schaltfläche ❷ zur Erstellung einer ungeordneten Liste oder auf die Schaltfläche ❸ zur Erstellung einer geordneten Liste.

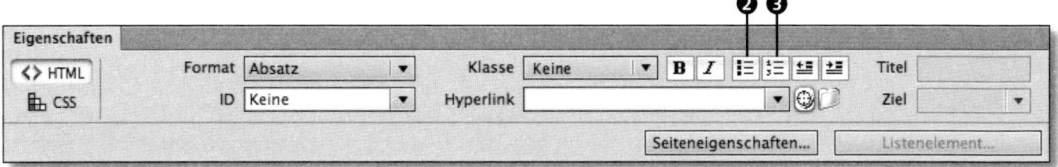

▲ Abbildung 11.11
Hier erstellen Sie Listen.

3 Elemente eingeben

Geben Sie nun den Text für das erste Listenelement ein. Wenn Sie ⏎ drücken, wird ein neues Listenelement angefügt. Um in die nächste Zeile zu wechseln, ohne ein neues Listenelement zu erstellen, drücken Sie gleichzeitig ⇧ + ⏎.

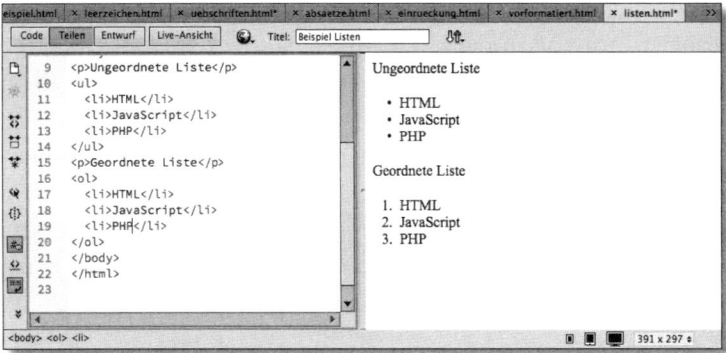

▲ Abbildung 11.12
Per Eingabe wird ein neues Listenelement eingefügt.

4 Verschachtelte Liste einfügen

Um eine verschachtelte Liste anzulegen, rücken Sie den Text nach rechts ein, indem Sie im EIGENSCHAFTEN-Bedienfeld auf die Schaltfläche ❹ klicken (siehe Abbildung 11.13).

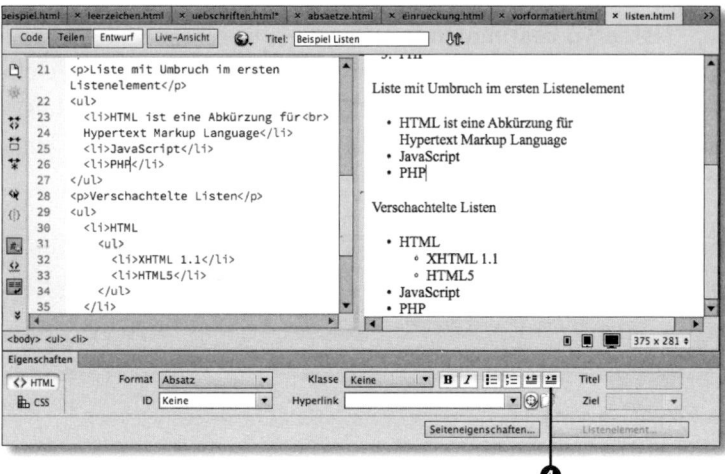

Abbildung 11.13 ▶
Verschachtelte Listen

5 **Fertig**
Wenn Sie zweimal ⏎ drücken, wird die Liste beendet und automatisch eine neue Absatzmarke erstellt.

Hervorhebungen

HTML stellt zum Hervorheben von Textstellen gleich zwei Mög-
lichkeiten zur Verfügung. Markieren Sie den gewünschten Teil
Ihres Textes, und klicken Sie auf die Schaltfläche B ❶ oder I ❷ im
Eigenschaften-Bedienfeld.

Mit dem `<strong>`-Tag wird der Textbereich stark hervorgehoben. Im Browser wird der Textbereich **fett** dargestellt, falls dem
`<strong>`-Tag kein Cascading Stylesheet zugeordnet wurde, das
die HTML-Formatierung überschreibt. Daher stammt auch die
Bezeichnung der Schaltfläche: B steht für »bold« (englisch für
»fett«).

Mit dem `<em>`-Tag wird der Textbereich hervorgehoben. Wenn
Sie zu diesem Tag kein Stylesheet definieren, wird der Textbereich
kursiv dargestellt. Auch hier spiegelt die Bezeichnung der Schaltfläche im Eigenschaften-Bedienfeld die Darstellung im Browser
wider: I steht für »italic« (englisch für »kursiv«).

▼ **Abbildung 11.14**
Mit der Schaltfläche B wird
der markierte Bereich fett, mit
der Schaltfläche I kursiv hervorgehoben.

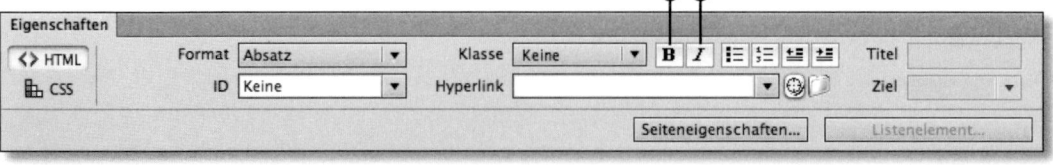

Nachdem wir nun verschiedene Arten von Textinhalten in unseren Webseiten angelegt haben, werden wir uns im nächsten Kapitel anschauen, wie wir sie mit Cascading Stylesheets gestalten.

11.3 Importieren aus Word

Sehr häufig liegen Texte, die auf einer Webseite veröffentlicht werden sollen, bereits in Word vor. Es gibt mehrere Möglichkeiten, Word-Dokumente in Dreamweaver zu importieren.

Word-HTML optimieren

Word selbst bietet die Möglichkeit, Word-Dokumente ins HTML-Format zu exportieren. Sie können dann die exportierte HTML-Datei einfach in Dreamweaver über den Menüpunkt DATEI • ÖFF-NEN aufrufen.

Auf den ersten Blick mag diese Funktion sehr praktisch sein. Beim näheren Hinsehen erkennen Sie jedoch schnell, dass der HTML-Code sehr viele unnötige Tags enthält. Dreamweaver bietet für einen solchen Fall eine sehr nützliche Funktion, die den HTML-Code aus Word optimiert: Wählen Sie BEFEHLE • WORD-HTML OPTIMIEREN aus, nachdem Sie die aus Word exportierte HTML-Datei geöffnet haben.

Da Sie in der Regel sämtliche Aspekte des Dokuments optimieren möchten, aktivieren Sie alle Optionen und klicken auf OK, um die Optimierung zu starten.

Tags \<b\> und \<i\>

Statt \<strong\> und \<em\> kann auch \<b\> für Fett- und \<i\> für Kursivschreibung verwendet werden. Der Unterschied zu den Tags \<strong\> und \<em\> besteht darin, dass diese nicht die Formatierung im Namen festlegen. Das \<b\>-Tag ist eine Abkürzung für »bold« und muss deshalb fett dargestellt werden. Das \<strong\>-Tag heißt einfach nur »stark«. Wie das interpretiert wird, ist den Browsern überlassen. Bildschirmleseprogramme für Blinde lesen diese Textstellen zum Beispiel etwas lauter vor.

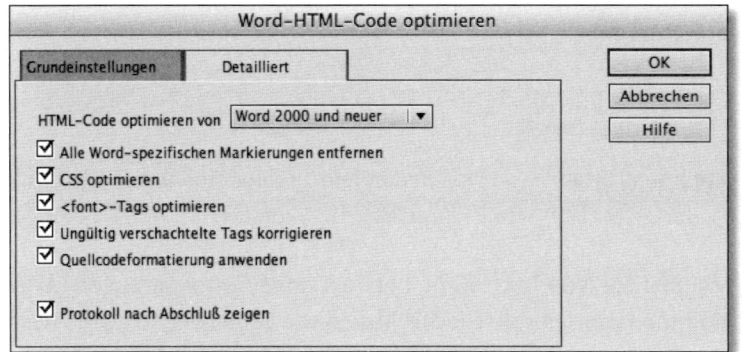

◄ **Abbildung 11.15**
Mit der Word-HTML-Optimierungsfunktion wird unnötiger Ballast aus dem HTML-Code entfernt.

Texte aus der Zwischenablage einfügen

Wenn Sie statt eines gesamten Dokuments nur Textbereiche aus Word oder einem anderen Programm importieren möchten, können Sie dafür die Zwischenablage verwenden.

Im Gegensatz zu den meisten anderen Programmen bietet Dreamweaver die Möglichkeit, zu entscheiden, inwiefern die Formatierungen des Textes aus der Zwischenablage übernommen werden sollen. Wenn Sie BEARBEITEN • INHALTE EINFÜGEN wählen, stehen Ihnen dafür vier Optionen zur Verfügung.

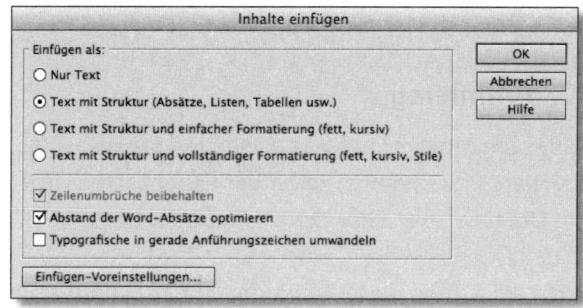

Abbildung 11.16 ▶
Wie sollen Formatierungen eines Textes aus der Zwischenablage in Dreamweaver eingefügt werden?

Die Einstellungsmöglichkeiten möchte ich einmal an dem folgenden Beispiel demonstrieren. Angenommen, wir haben eine Tabelle mit einer Überschrift aus Word in die Zwischenablage kopiert.

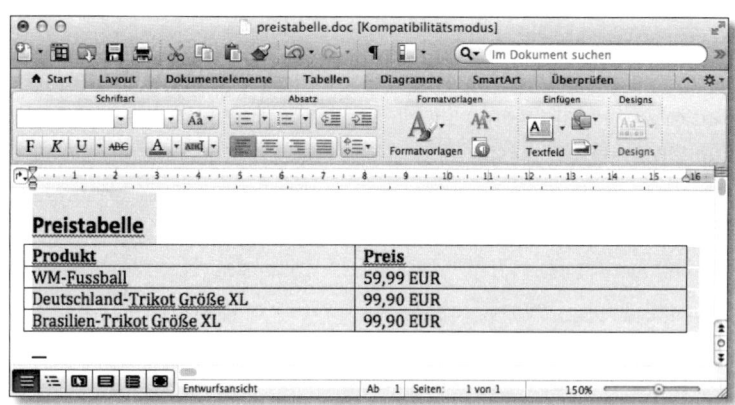

Abbildung 11.17 ▶
Eine Tabelle mit Überschrift wird in Word über die Zwischenablage kopiert.

Wählen Sie NUR TEXT, wenn der Text ohne Formatierungen übernommen werden soll. Die Strukturen wie Tabellen und Listen werden in diesem Fall nicht übernommen.

◀ **Abbildung 11.18**
Die Word-Tabelle wurde mit
der Option NUR TEXT eingefügt.

Um Strukturen wie Listen, Tabellen und Überschriften, nicht aber
Formatierungen wie fett oder kursiv zu übernehmen, wählen Sie
die Option TEXT MIT STRUKTUR. Wenn Sie das Beispiel betrachten,
so erscheint es etwas widersprüchlich, dass die Überschrift fett
dargestellt wird. Dies liegt jedoch daran, dass sie im Browser bzw.
in Dreamweaver einfach standardmäßig größer und fett angezeigt
wird.

◀ **Abbildung 11.19**
Die Word-Tabelle wurde mit
der Option TEXT MIT STRUKTUR
eingefügt.

Wenn Sie die Option TEXT MIT STRUKTUR UND EINFACHER FORMA-
TIERUNG wählen, werden beim Einfügen aus der Zwischenablage
zusätzlich Formatierungen wie fett und kursiv übernommen.

◀ **Abbildung 11.20**
Die Word-Tabelle wurde mit
der Option TEXT MIT STRUKTUR
UND EINFACHER FORMATIE-
RUNG übernommen.

Um auch Formatierungen wie Schriftart und Schriftgröße aus Word zu übernehmen, wählen Sie die Option TEXT MIT STRUKTUR UND VOLLSTÄNDIGER FORMATIERUNG aus.

Abbildung 11.21 ▶
Die Word-Tabelle wurde mit der Option TEXT MIT STRUKTUR UND VOLLSTÄNDIGER FORMATIERUNG eingefügt.

Stylesheets und Word

Dreamweaver versucht, die Formate von Word mit Cascading Stylesheets zu übernehmen, wenn Sie die Option TEXT MIT STRUKTUR UND VOLLSTÄNDIGER FORMATIERUNG wählen. Diese Stile werden jedoch nicht in einer getrennten Stylesheet-Datei gespeichert, sondern direkt im eingefügten Text mit dem `<style>`-Attribut. Dies sollten Sie aber nach Möglichkeit unterlassen, da interne Stylesheets schnell zu fehlerhaften Formatierungen führen. Die beste Methode für das Einfügen ist daher die Option TEXT MIT STRUKTUR UND EINFACHER FORMATIERUNG.

Kapitel 12

Arbeiten mit CSS
So gestalten Sie Seiten mit Cascading Stylesheets

- ▶ Wie erstelle ich CSS?
- ▶ Wie gehe ich mit CSS-Stilen um?
- ▶ Wie verschiebe ich CSS-Stile?
- ▶ Welche fortgeschrittenen Techniken gibt es?

12 Arbeiten mit CSS

CSS Zen Garden

Schon seit über zehn Jahren kann man die hohe Kunst des CSS-Designs auf der Website *http://www.csszengarden.com* von Dave Shea bewundern (siehe Abbildung 12.1). Der Autor zeigt dort, wie man nur durch Austausch der Stylesheets das Design völlig verändern kann. Die HTML-Datei, die nur die Struktur (wie Überschriften und Absätze) und den Inhalt der Seiten enthält, bleibt dabei unverändert.

In Kapitel 9, »Das Design der Website mit CSS«, haben Sie bereits intensiv mit CSS gearbeitet, um das Design für die Beispielwebsite zu erstellen. In diesem Kapitel werden wir noch tiefer in die Welt von CSS eindringen.

12.1 Was sind Cascading Stylesheets?

Zur Formatierung von Seitenelementen wurde früher HTML eingesetzt. Heute benutzt man dafür CSS (Cascading Stylesheets). Mit dieser Sprache können Sie sogenannte *CSS-Stile* oder *CSS-Regeln* anlegen, die die Formatierung einzelner Elemente oder auch Tags übernehmen.

Sie können CSS entweder nur für die Formatierung der Schrift oder auch für das gesamte Layout einer Website einsetzen. Vieles ist damit möglich.

Abbildung 12.1 ▶
Alle drei Webseiten von *www.csszengarden.com* verwenden die gleiche HTML-Datei (oberes Bild) und unterscheiden sich nur durch den Einsatz unterschiedlicher CSS-Dateien. Hier können Sie sehen, was alles mit CSS möglich ist.

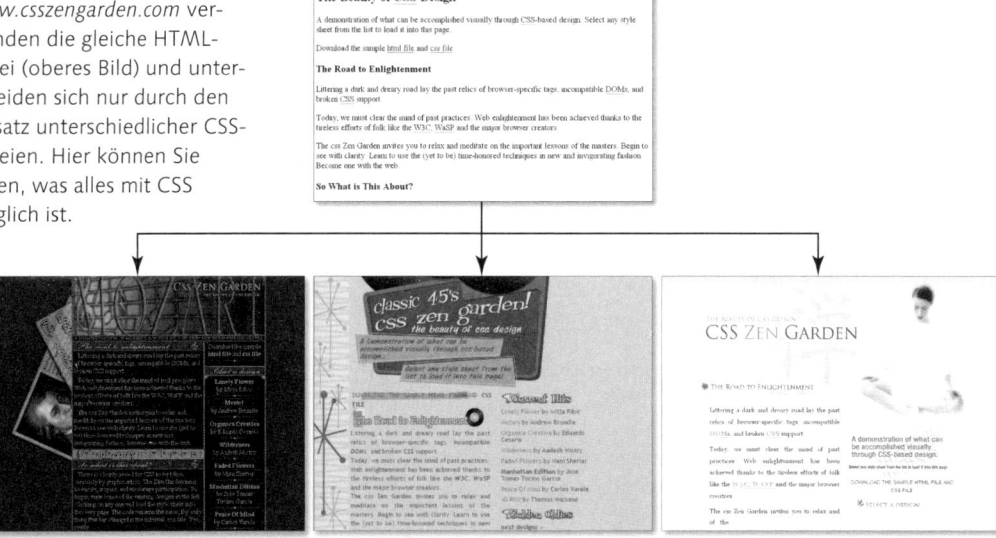

Mit den CSS-Techniken aus diesem Kapitel können Sie Ihre Inhalte nicht nur optisch strukturieren, sondern auch ansprechend gestalten. CSS gibt Ihnen dafür viele Möglichkeiten an die Hand, die schon fast denen in richtigen Textverarbeitungen und Desktop-Publishing-Programmen entsprechen. Probieren Sie über die beschriebenen Wege alles aus, was Ihnen Dreamweaver anbietet.

Vorteile von CSS

Bei CSS-Websites ist die Verwendung von Tabellen zum Erstellen des Layouts absolut tabu. Das Layout wird allein durch die CSS-Datei definiert. Das hat folgende Vorteile:

▸ Erfüllung der aktuellen Webstandards zu 100 % (siehe *http:// w3c.org*)
▸ Redesign allein durch Austausch der CSS-Datei möglich
▸ HTML-Datei erheblich kleiner, dadurch schnellerer Seitenaufbau
▸ Druckversion kann ein ganz anderes Aussehen haben
▸ Suchmaschinen können die Inhalte der Webseite besser erfassen
▸ Site ist barrierefrei (und z. B. für Vorlesesysteme geeignet)

Externe und interne CSS

Stile können sowohl innerhalb (intern) einer Webseite definiert werden als auch außerhalb (extern) in einer extra dafür angelegten Stylesheet-Datei. *Interne Stile* sind nur innerhalb der Webseite gültig, in der sie angelegt wurden. Ihr Einsatz ist zum Beispiel sinnvoll, wenn eine Überschrift nur auf einer Webseite blau dargestellt werden soll. *Externe Stile*, die für mehrere Webseiten gelten sollen, werden in einer separaten Stylesheet-Datei definiert.

Literaturhinweise

Da CSS ein komplexes Thema ist, sollten Sie weiterführende Literatur zu Rate ziehen. Folgende weiterführende Bücher zum Thema CSS kann ich Ihnen empfehlen:

▸ »Einstieg in CSS« von Peter Müller, Galileo Computing
▸ »Modernes Webdesign mit CSS« von Heiko Stiegert, Galileo Design
▸ »CSS – Das umfassende Handbuch« von Kai Laborenz, Galileo Computing
▸ »Fortgeschrittene CSS-Techniken« von Ingo Chao und Corina Rudel, Galileo Computing

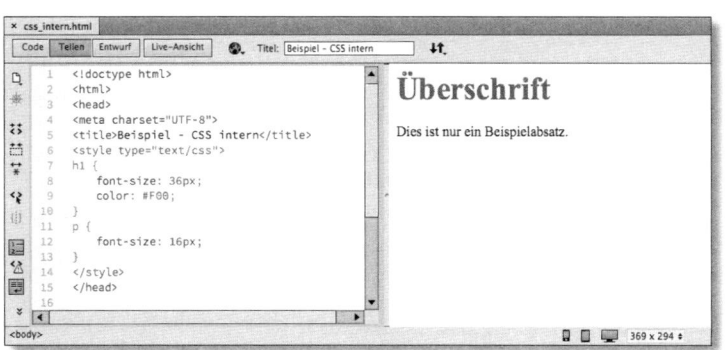

◂ **Abbildung 12.2**
Der interne Stil für <h1> gilt nur für Überschriften auf der Webseite, in die er eingebunden wird.

Interne und externe CSS kombinieren

Es ist auch möglich, interne und externe Stylesheets zusammen zu verwenden. Wenn ein Stil sowohl im internen als auch im externen Stylesheet definiert wird, hat immer der interne Stil Vorrang. Wenn zum Beispiel das <h1>-Tag in der externen Stylesheet-Datei als grau und intern als blau definiert wird, so wird die Überschrift in blauer Schrift angezeigt.

Die Erstellung von internen Stilen ist in Dreamweaver CC sehr einfach. Wie alle anderen Einstellungen für HTML-Elemente können auch sie über das EIGENSCHAFTEN-Bedienfeld vorgenommen werden (siehe Seite 201).

Externe Stylesheets werden in einer separaten Datei formuliert und auf dem Webserver abgelegt. Der Vorteil daran ist, dass sie ganz einfach in mehreren Webseiten eingesetzt werden können. Gleichzeitig wirken sich Änderungen in der CSS-Datei automatisch auf alle betroffenen Webseiten aus. Angenommen, Sie möchten die Farbe aller Überschriften Ihrer Website von Grün in Grau ändern, so müssen Sie nur den CSS-Stil in der Stylesheet-Datei anpassen.

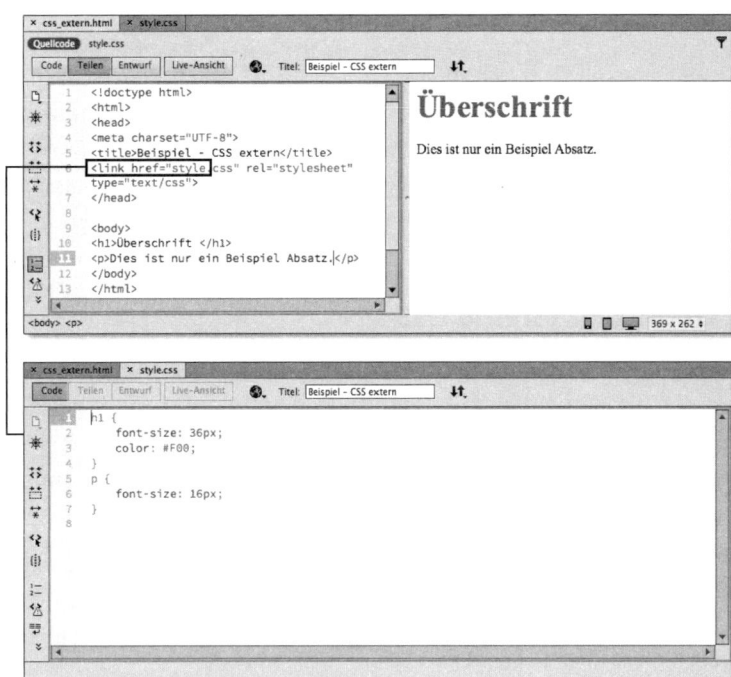

Abbildung 12.3 ▶
Oben sehen Sie den Link zu einer separaten CSS-Datei, in der die Stile für das HTML-Dokument extern gespeichert werden.

CSS in Vorlagen einsetzen

Interne Stile beziehen sich normalerweise immer nur auf ein Dokument. Wenn Sie sie jedoch in eine Vorlage integrieren, werden sie auf alle Webseiten übertragen, die auf der Vorlage basieren.

12.2 Methoden zur CSS-Erstellung

In Dreamweaver gibt es verschiedene Möglichkeiten zur Erstellung von Cascading Stylesheets:

1. **In den Seiteneigenschaften**: Über das Menü MODIFIZIEREN • SEITENEIGENSCHAFTEN können Sie komfortabel Hintergrundfarbe, Standardschriftart und Hyperlink-Stile einstellen. Bei dieser Methode werden die Stile nur intern angelegt.

2. **Im Eigenschaften-Bedienfeld**: Über das Fenster EIGENSCHAFTEN können Sie neue Stile sehr einfach durch die Definition von Schriftfarben und Schriftgrößen erstellen. Auch bei dieser Methode werden die Stile nur intern angelegt.

3. **Im Bedienfeld CSS-Designer**: Im Fenster CSS DESIGNER können Sie sowohl interne als auch externe Stile anzeigen und verwalten. Diese Methode ist die komplexeste Methode, um CSS-Regeln in Dreamweaver zu erstellen und zu bearbeiten.

4. **Im Bedienfeld CSS-Übergänge**: Im CSS-ÜBERGÄNGE-Bedienfeld können Effekte und Animationen im neuen CSS3-Standard erstellt werden.

Am einfachsten ist es, CSS-Regeln zunächst nur über das EIGENSCHAFTEN-Bedienfeld und die Seiteneigenschaften zu erstellen, da hierfür HTML- oder CSS-Kenntnisse nicht erforderlich sind. Die Stile werden mit dieser Methode jedoch nur intern abgespeichert. Die Methode eignet sich daher nur, um schnell für eine einfache Website die Stile festzulegen. Wenn Sie mit der Zeit etwas mehr Erfahrung mit CSS gesammelt haben, können Sie die Stile über das Bedienfeld CSS-DESIGNER verwalten.

CSS-Regeln über Seiteneigenschaften einstellen

Die wichtigsten Stile werden in Dreamweaver über die Seiteneigenschaften (Menü MODIFIZIEREN • SEITENEIGENSCHAFTEN) definiert. Folgende Eigenschaften können Sie dort einstellen:

▶ Schriftart, Schriftfarbe und Schriftgröße

▶ Hintergrundfarbe und Hintergrundbild sowie Einstellungen des Seitenrands

▶ Hyperlink-Stile und Rollover-Effekte

Wenn Sie die Seiteneigenschaften in einer Vorlage (Template) konfigurieren, werden alle daraus erstellten Seiten automatisch damit formatiert. Wenn Sie die Seiteneigenschaften einer Webseite einrichten, gelten die Einstellungen nur für diese Seite.

Schritt für Schritt
Seiteneigenschaften festlegen

1 Neue Seite erstellen

Erstellen Sie für die Übungen in diesem Kapitel eine neue HTML-Datei, indem Sie DATEI • NEU wählen und anschließend die Kategorie LEERE SEITE, den SEITENTYP HTML und unter LAYOUT den Eintrag KEIN. Speichern Sie die Datei zum Beispiel unter dem Dateinamen »css_uebung.html« ab.

Abbildung 12.4 ▶
Eine leere HTML-Seite erzeugen

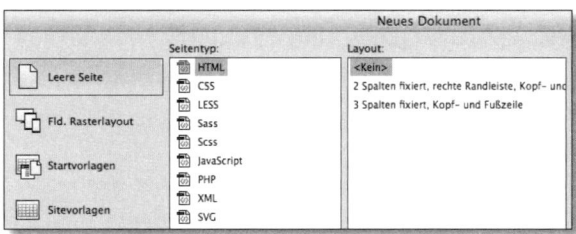

Blindtextgenerator

Grafiker und Webdesigner setzen gerne sogenannten Blindtext ein, wenn die endgültigen Texte noch nicht vorliegen. Somit können sie bereits beim Layouten mit einem Beispieltext arbeiten. Auf der Website *http://www.blindtextgenerator.de* können Sie Blindtexte sehr komfortabel generieren lassen.

2 Text eingeben

Um die Auswirkungen der Stile zu sehen, muss Ihre Seite erst einmal Text enthalten. Erstellen Sie eine Überschrift mit dem Format ÜBERSCHRIFT 2, und fügen Sie darunter einen kurzen Absatz ein. Da wir gleich auch noch einen Stil für Datumsangaben anlegen, benötigen wir noch eine solche Datumsangabe. Erstellen Sie außerdem einen leeren Hyperlink (siehe Kapitel 15, »Hyperlinks einsetzen«).

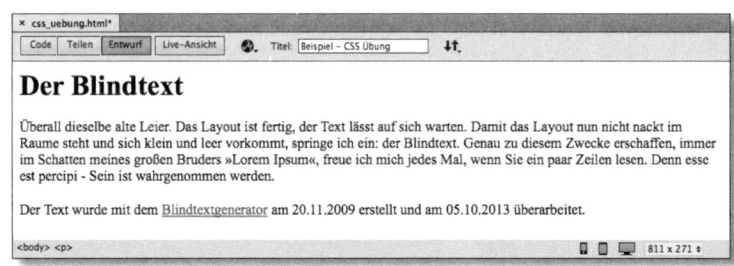

Abbildung 12.5 ▶
Datei »css_uebung.html«

3   Menü »Seiteneigenschaften« öffnen

Wählen Sie MENÜ • MODIFIZIEREN • SEITENEIGENSCHAFTEN, oder klicken Sie im EIGENSCHAFTEN-Bedienfeld auf die Schaltfläche SEITENEIGENSCHAFTEN.

▼ Abbildung 12.6
Klicken Sie auf SEITENEIGEN-
SCHAFTEN.

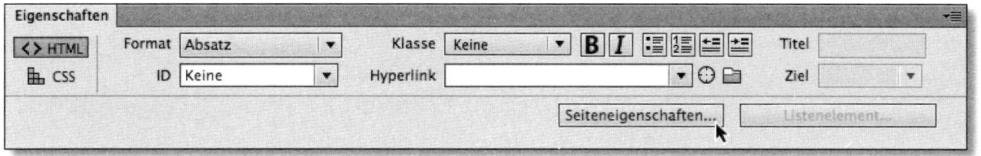

4   Kategorie »Erscheinungsbild (CSS)«

Es öffnet sich ein Einstellungsfenster, das in mehrere Kategorien unterteilt ist. In der ersten Kategorie, ERSCHEINUNGSBILD (CSS), legen Sie die Eigenschaften der Schrift fest. Auch der Seitenrand lässt sich hier einstellen.

◀ Abbildung 12.7
Hier legen Sie die Schrift-
eigenschaften fest.

Die Kategorie ERSCHEINUNGSBILD (HTML) sollten Sie möglichst nicht verwenden, da hiermit die Formatierungseigenschaften ohne CSS definiert werden.

5   Kategorie »Hyperlinks (CSS)«

In der Kategorie HYPERLINKS (CSS) bestimmen Sie die Darstellung der Hyperlinks. Falls gewünscht, können Sie hier abweichend von der Standardschrift auch eine andere Schriftart und Schriftgröße einstellen.

Bei den Farbeinstellungen ist zu beachten, dass ein Hyperlink insgesamt vier Zustände aufweisen kann. Für jeden Zustand können Sie eine eigene Farbe definieren ❶:

▶ FARBE FÜR HYPERLINK bestimmt die Farbe für Links, die noch nicht besucht worden sind.

▶ BESUCHTE HYPERLINKS legt die Farbe für Hyperlinks fest, die der Besucher zuvor schon einmal angeklickt hat.

▶ ROLLOVER-HYPERLINKS definiert die Farbe, die angezeigt wird, wenn sich der Mauszeiger über dem Link befindet.

▶ AKTIVE HYPERLINKS legt die Farbe fest, die in dem Moment angezeigt wird, wenn der Besucher mit der Maustaste auf den Hyperlink klickt.

In der Liste UNTERSTREICHUNGSSTIL ❷ können Sie festlegen, ob überhaupt und, wenn ja, in welchen Fällen die Hyperlinks unterstrichen werden sollen.

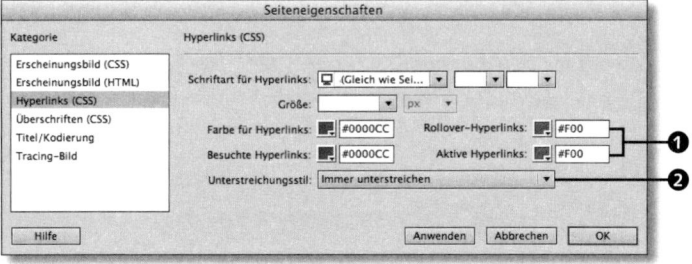

Abbildung 12.8 ▶
Sollen Links unterstrichen werden?

6 Kategorie »Überschriften (CSS)«

Neben der Schriftart können Sie für jedes Überschriftenformat eine individuelle Größe und Farbe definieren.

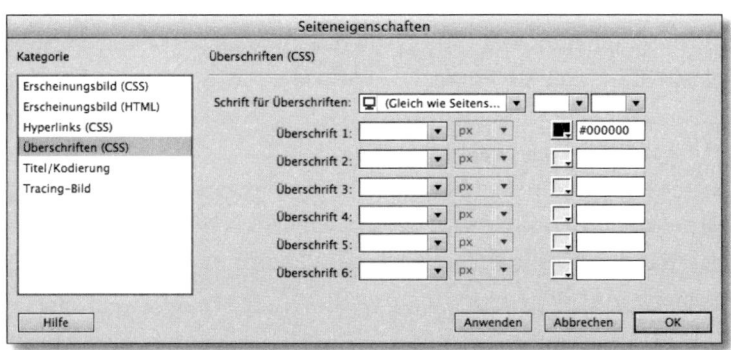

Abbildung 12.9 ▶
Eigenschaften für Überschriften

7 Änderungen überprüfen

Die weiteren Kategorien beziehen sich nicht auf die CSS-Stile. Klicken Sie auf OK, um die vorgenommenen Einstellungen wirksam zu machen.

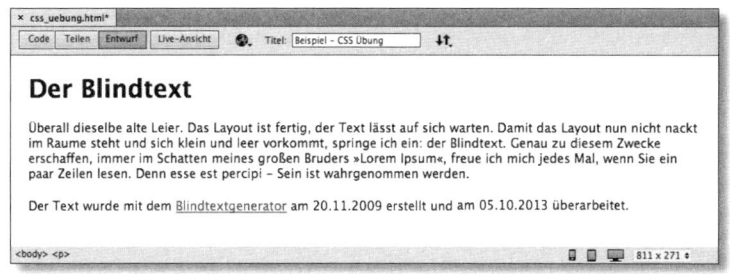

◄ **Abbildung 12.10**
Die Änderungen sind jetzt wirksam.

CSS-Regeln über Eigenschaften-Bedienfeld einstellen

Über die Seiteneigenschaften haben wir gelernt, wie wir Einstellungen vornehmen, die die gesamte Seite betreffen. Was ist jedoch, wenn wir einzelne Textstellen individuell formatieren möchten? In unserem Beispieltext möchten wir z. B. die Datumsangaben in Rot und fett formatieren.

Inline-Stile | Eine einfache Möglichkeit, einzelne Textbereiche zu formatieren, sind *Inline-Stile.* Das EIGENSCHAFTEN-Bedienfeld besitzt zwei Modi.

▶ Im HTML-Modus nehmen Sie Einstellungen vor, die den HTML-Code betreffen. Dazu gehört etwa die Einstellung der Formate (wie z. B. ÜBERSCHRIFT 1 oder ABSATZ).

▼ **Abbildung 12.11**
HTML-Modus des EIGEN-SCHAFTEN-Bedienfelds

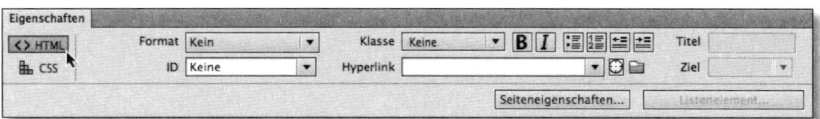

▶ Im CSS-Modus bestimmen Sie die wichtigsten Stileigenschaften, wie z. B. Schriftart, Schriftgröße und Schriftfarbe.

▼ **Abbildung 12.12**
CSS-Modus des EIGEN-SCHAFTEN-Bedienfelds

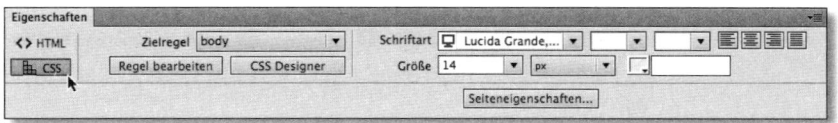

Diese Angaben beziehen sich immer auf die im Feld ZIELREGEL ❷ angegebenen Elemente. In unserem Beispiel beziehen sich die Stileigenschaften auf body. Im letzten Abschnitt wurde durch Einstellen der Seiteneigenschaften u.a. diese Regel automatisch angelegt.

Mit dem EIGENSCHAFTEN-Bedienfeld können Sie einen Textbereich markieren und ihm anschließend Schriftart, Schriftgröße, Schriftfarbe und andere Attribute zuweisen. Daraufhin erstellt Dreamweaver einen neuen Inline-CSS-Stil. Bei einem Inline-CSS-Stil werden die CSS-Eigenschaften, wie z.B. die Schriftgröße, nur für den markierten Bereich festgelegt.

Schritt für Schritt
Inline-Stil im Eigenschaften-Bedienfeld erstellen

1 Datei öffnen
Öffnen Sie die Datei »css_uebung.html« aus der vorherigen Schritt-für-Schritt-Anleitung, oder erstellen Sie eine neue HTML-Datei, indem Sie DATEI • NEU wählen und anschließend die Kategorie LEERE SEITE, den SEITENTYP HTML und unter LAYOUT den Eintrag KEIN wählen.

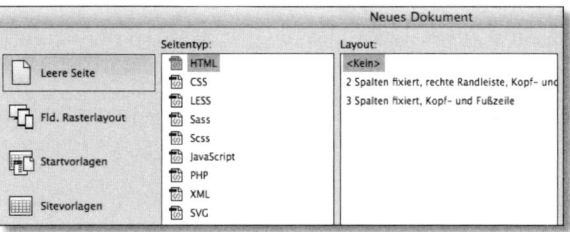

Abbildung 12.13 ▶
Eine leere HTML-Seite erzeugen

2 Textstelle markieren
Markieren Sie eine Textstelle, die Sie formatieren möchten. Im folgenden Beispiel soll das Datum im Fließtext umgestaltet werden.

3 Schriftart, Schriftfarbe usw. einstellen
Im EIGENSCHAFTEN-Bedienfeld können Sie im Modus CSS ❶ u.a. die SCHRIFTART ❸, GRÖSSE ❹, FARBE ❺ und SCHRIFTSTÄRKE ❻ (Bold) einstellen. Achten Sie darauf, dass unter ZIELREGEL • INLINE-STIL ❷ ausgewählt ist.

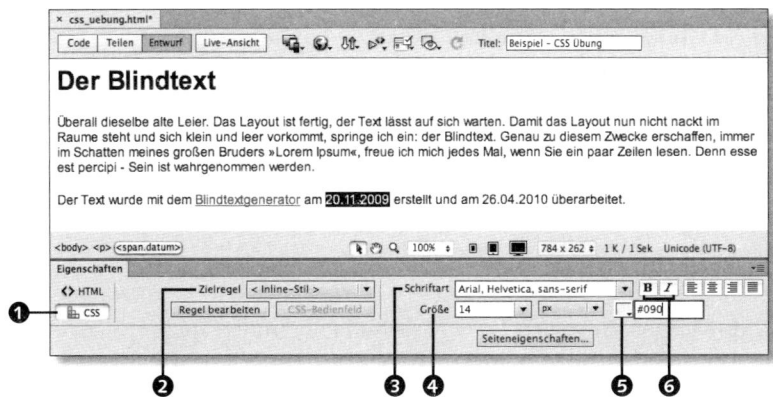

◄ **Abbildung 12.14**
Das Datum soll gestaltet
werden.

4 Programmierung überprüfen

Auch wenn Dreamweaver Ihnen die Arbeit abnimmt, den HTML-
und CSS-Code manuell einzugeben, ist es ratsam, ab und zu im
Code nachzusehen, was Dreamweaver für uns »programmiert«
hat. Wenn Sie in die Teilen- oder Code-Ansicht wechseln, können
Sie sehen, welche Wirkung Ihre Einstellung im HTML-Code hat.
Bei einem Inline-CSS-Stil wird der markierte Bereich mit einem
span-Tag umgeben, und die CSS-Eigenschaften werden im Style-
Attribut zum span-Tag gespeichert. In unserem Beispiel wird die
Farbe (color) eingestellt und die Schrift auf Fett (bold) gesetzt.

◄ **Abbildung 12.15**
Code-Ansicht

5 Inline-Stil entfernen

Um einen Inline-Stil zu entfernen, löschen Sie einfach die vorgenommenen Einstellungen im EIGENSCHAFTEN-Bedienfeld. In unserem Beispiel brauchen Sie dazu nur den Farbwert »#f0000« und
»bold« zu löschen.

Das Erstellen eines Inline-Stils wie oben beschrieben hat zwar den Vorteil, dass man sehr einfach Texteigenschaften ändern kann. Wenn man jedoch die gleichen Eigenschaften auch auf andere Textstellen anwenden will, muss man für jede Textstelle erneut die Eigenschaften zuweisen. In den nachfolgenden Abschnitten werden Sie lernen, wie mit CSS-Klassen die Arbeit mit CSS vereinfacht wird.

CSS-Klassen zuweisen | Mit CSS-Klassen können mehrere Textstellen einheitlich formatiert werden. Im CSS-DESIGNER-Bedienfeld (siehe nächsten Abschnitt) erstellt man dazu eine CSS-Klasse (z. B. mit dem Namen .datum). Der Punkt am Anfang des Namens signalisiert, dass es sich um eine CSS-Klasse handelt. Im Dokumentenfenster wird dann die Textstelle markiert und unter Zielregel im EIGENSCHAFTEN-Bedienfeld die Zielregel .datum ausgewählt. Sie können die CSS-Klasse auch bei weiteren Textstellen übernehmen.

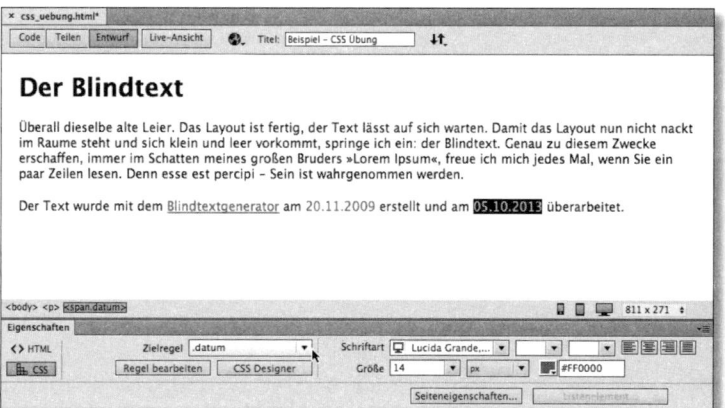

Abbildung 12.16 ▶
CSS-Klasse .datum im Fenster
EIGENSCHAFTEN zuweisen

12.3 CSS-Regeln mit dem CSS-Designer verwalten

Das mächtigste Werkzeug zum Erstellen und Verwalten von CSS-Stilen ist das Bedienfeld CSS-DESIGNER.

Für die Erstellung von Stylesheets auf diese Weise sind grundlegende HTML-Kenntnisse hilfreich. Werfen Sie dazu einen Blick in Kapitel 2, »Die Sprachen des Web«. In Kapitel 9, »Das Design der Website mit CSS«, wird gezeigt, wie Sie Schritt für Schritt das CSS-DESIGNER-Bedienfeld einsetzen können.

Die vier Bereiche des Bedienfelds »CSS-Designer«

Das CSS-DESIGNER-Bedienfeld besteht aus den vier Bereichen QUELLEN, @MEDIEN, SELEKTOREN und EIGENSCHAFTEN. Für die Erstellung einer neuen CSS-Regel müssen in jedem Bereich Einstellungen vorgenommen werden.

Beim Anlegen einer CSS-Regel entscheidet man sich zunächst unter QUELLE, in welcher CSS-Datei die Regel gespeichert werden soll. Anschließend legt man unter @MEDIEN fest, für welche Ausgabegeräte die Regel gelten soll. Unter SELEKTOREN wird bestimmt, auf welche Elemente der Seite sich die CSS-Regel beziehen soll. Und zuletzt stellen Sie unter EIGENSCHAFTEN die Formatierung wie Schriftgröße, Farbe etc. ein.

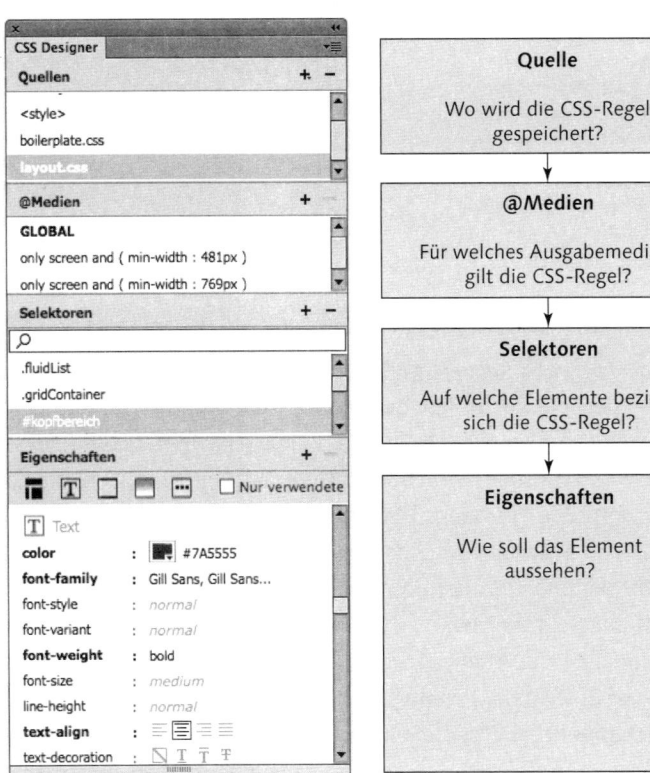

◀ **Abbildung 12.17**
Das CSS-Bedienfeld besteht aus vier Teilen.

Die einzelnen Bereiche sehen wir uns im Folgenden genauer an.

Bereich Quelle | Hier werden alle CSS-Dateien gelistet, die mit der aktuellen Webseite verknüpft sind. Durch den Klick auf das Plussymbol können neue CSS-Dateien angefügt werden. Ein Klick auf das Minussymbol entfernt die selektierte CSS-Datei vom Dokument. Die CSS-Datei selbst wird dabei nicht gelöscht, sondern lediglich die Verknüpfung. Inline-CSS-Stile werden als `<style>` gelistet.

Abbildung 12.18 ►
Der Bereich QUELLEN im CSS-DESIGNER-Bedienfeld

Bereich Medien | Im Bereich @MEDIEN werden die Medienabfragen (engl. Media Queries) gelistet.

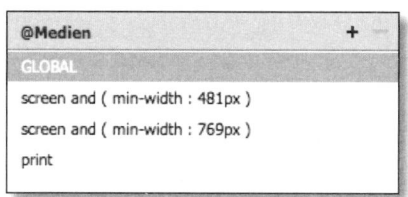

Abbildung 12.19 ►
Der Bereich @MEDIEN im CSS-DESIGNER-Bedienfeld

Mit Medienabfragen können Sie festlegen, für welche Ausgabegeräte die CSS-Regeln gelten sollen: Mit der Medienabfrage PRINT gelten die nachfolgenden Regeln nur, wenn das Dokument gedruckt wird. Die Medienabfrage SCREEN bezieht sich hingegen nur auf Bildschirme. Es sind auch Medienabfragen möglich, die die Bildschirmgröße abfragen. Die Medienabfrage `max-width: 480px` bezieht sich z. B. nur auf Bildschirme mit einer maximalen Größe von 480 px (Smartphone). Medienabfragen können über das Plussymbol angelegt werden.

In der Liste der Medienabfragen im CSS-Bedienfeld steht ganz oben immer GLOBAL. Wenn GLOBAL selektiert ist, beziehen sich die nachfolgenden CSS-Regel auf keine spezielle Medienabfrage, sondern gelten global.

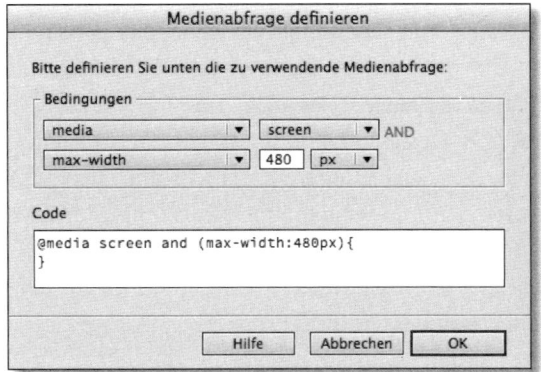

◀ **Abbildung 12.20**
Die Medienabfrage gilt für
Bildschirme mit einer Breite
von maximal 480 px.

Wenn Sie die Funktion FLIESSENDE RASTERLAYOUTS verwenden,
sind automatisch die Medienabfragen SCREEN AND (MIN-WIDTH:
481 PX) und SCREEN AND (MIN-WIDTH: 769 PX) angelegt.

Bereich Selektoren | Die Selektoren geben an, auf welche Ele-
mente sich die CSS-Regel beziehen soll.

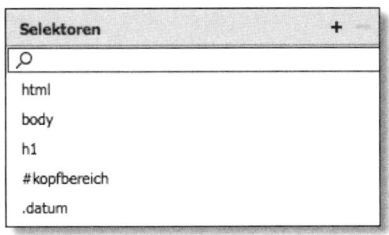

◀ **Abbildung 12.21**
Der Bereich SELEKTOREN im
CSS-DESIGNER-Bedienfeld

Durch Klick auf das Plussymbol wird ein neuer Selektor erstellt.
Die CSS-Regel mit dem Selektor »h1« legt das Design für das
HTML-Tag <h1> fest, das der Beschreibung von Überschriften vom
Format ÜBERSCHRIFT 1 dient. Solche Selektoren werden *Tag-Selek-
toren* genannt.

Die Selektoren, die mit einem Rautenzeichen (#) beginnen,
beziehen sich auf die Bereiche im HTML-Dokument, die ein ID-
Attribut besitzen, wie z. B. <div id="kopfbereich">. Die Selek-
toren, die mit einem Punkt beginnen, wie z. B. ».datum«, heißen
Klassen-Selektoren. Klassen-Stile können Sie im Gegensatz zu Tag-
Stilen auf beliebige Textstellen anwenden (siehe Abschnitt »CSS-
Klassen zuweisen« auf Seite 204).

Fehlende Übersetzung?

Bei näherem Hinsehen mag sich der eine oder andere Leser fragen, warum sich Adobe nicht die Mühe gemacht hat, die Namen der Eigenschaften (wie zum Beispiel FONT-SIZE) zu übersetzen. Der Grund ist ganz einfach: Die Namen der hier angezeigten CSS-Eigenschaften sind die Original-CSS-Attributnamen, wie sie auch im Quelltext stehen. Dies ist insbesondere für fortgeschrittene Anwender sehr sinnvoll.

Bereich Eigenschaften | Die Eigenschaften legen das Aussehen der Elemente fest, auf die sich der Selektor bezieht. Es können über 70 Eigenschaften eingestellt werden. Sie sind im Bereich EIGENSCHAFTEN des CSS-Designers in fünf Kategorien unterteilt:

- **Layout**: Eigenschaften wie Breite (width), Höhe (height), Außenabstände (margin), Innenabstände (padding) und Sichtbarkeit (visible)
- **Text**: Eigenschaften wie Textfarbe (color), Schriftart (font-family) und Schriftgröße (font-size)
- **Rahmen**: Eigenschaften wie Rahmenfarbe (border-color), Rahmendicke (border-width) und Rahmenstil (border-style)
- **Hintergrund**: Eigenschaften wie Hintergrundfarbe (background-color) und Hintergrundbild (background-image)
- **Andere**: Eigenschaften wie Listenstil-Position (list-style-position) und Listenstil-Typ (list-style-type)

In Kapitel 9, »Das Design der Website mit CSS«, werden viele Eigenschaften praktisch eingesetzt.

12.4 Effekte mit CSS-Übergängen

Im neuen CSS3-Standard können Sie Animationseffekte mithilfe sogenannter *CSS-Transitions* kreieren, ohne dass Sie JavaScript oder Flash verwenden müssen. In Dreamweaver CC wird die Funktion *CSS-Übergänge* genannt.

Mit CSS-Übergängen transformieren Sie einzelne CSS-Attribute, wie z. B. die Hintergrundfarbe (background-color), von einer Farbe zu einer anderen. Dabei können Sie u. a. die Zeit, die für diesen Vorgang benötigt wird, einstellen. Es ist beispielsweise auch möglich, Elemente zu vergrößern, indem Sie etwa das CSS-Attribut width verändern.

Im folgenden Beispiel werden wir mit CSS-Übergängen einen sogenannten Rollover- bzw. Hover-Effekt erstellen. Wenn der Webseitenbesucher mit der Maus über einen Link fährt, soll die Hintergrundfarbe von Gelb langsam nach Rot transformiert werden.

▲ **Abbildung 12.22**
Hover-Effekt mit CSS-Übergang realisiert, oben gelb, unten rot

Browserkompatibilität
Leider unterstützt der
Internet Explorer erst ab
Version 10 die CSS-Über-
gänge. Das ist jedoch
kein Argument, ganz auf
die CSS-Übergänge zu
verzichten. Im Internet
Explorer vor Version 10
wird die Funktion einfach
ignoriert – es kommt also
zu keinem Fehler in der
Darstellung.
Andere moderne Web-
browser wie z. B. Safari,
Chrome oder Firefox,
führen die CSS-Übergän-
ge ohne Probleme aus.

Schritt für Schritt
CSS-Übergang erstellen

1 Webseite vorbereiten
Erstellen Sie zunächst eine Seite mit einem Link.

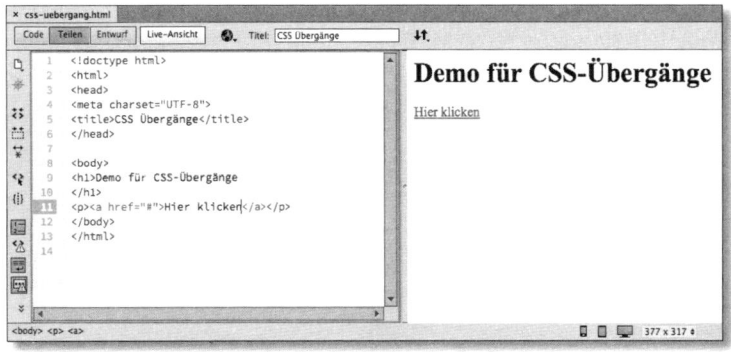

◀ **Abbildung 12.23**
Beispielseite mit einem Link

2 Quelle auswählen
Wählen Sie im CSS-Designer zunächst eine Quelle aus. Falls keine
Quelle zur Auswahl steht, können Sie auch auf das Plussymbol klicken und AUF DER SEITE DEFINIEREN wählen, damit die CSS-Regel
im HTML-Dokument (Inline-CSS) gespeichert wird.

Abbildung 12.24 ►
Quelle wählen

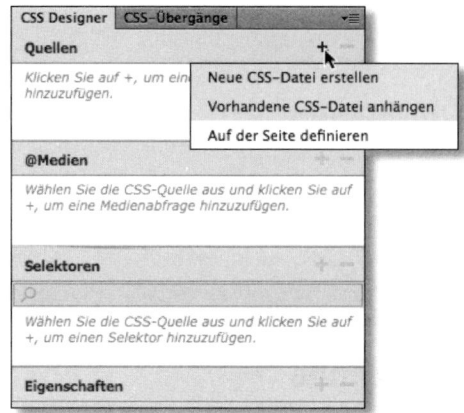

3 Selektor ».spezial« erstellen

Erstellen Sie anschließend den Selektor ».spezial«.

4 CSS-Attribute festlegen

Stellen Sie in der Kategorie HINTERGRUND ❶ das CSS-Attribut Background-Color z. B. auf eine gelbe Farbe. In der Kategorie RAHMEN legen Sie unter border-style den Wert solid (durchgezogene Linie) fest, stellen die Linienstärke (border-width) auf 2 px ein und wählen als Linienfarbe (border-color) Schwarz aus.

5 CSS-Übergang erstellen

Wählen Sie FENSTER • CSS-ÜBERGÄNGE, um das Bedienfeld CSS-ÜBERGÄNGE zu öffnen. Klicken Sie auf das Plussymbol, um einen neuen CSS-Übergang zu erstellen.

❶

▲ Abbildung 12.25
Rahmenattribute einstellen

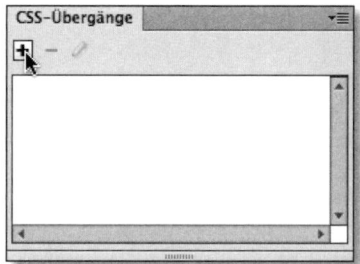

▲ Abbildung 12.26
Bedienfeld CSS-ÜBERGÄNGE

6   Übergang einstellen

Um einen Übergang der Hintergrundfarbe nach Rot zu erstellen, nehmen Sie folgende Einstellungen vor: Wählen Sie unter ZIELREGEL die von uns eben erstellte CSS-Regel `.spezial` aus. Da wir einen Effekt erzielen möchten, der beim Überfahren mit der Maus entsteht, wählen wir unter ÜBERGANG BEI den Wert HOVER aus. Unter DAUER stellen Sie den Wert auf 1. Damit der Effekt sofort beginnt, legen Sie eine VERZÖGERUNG von 0 fest. Als ZEITFUNKTION wählen Sie LINEAR.

Da wir die Hintergrundfarbe verändern wollen, klicken Sie auf das Plussymbol und stellen die Eigenschaft BACKGROUND-COLOR ein. Als Farbe weisen Sie dann unter ENDWERT z. B. Rot zu. Klicken Sie anschließend auf die Schaltfläche ÜBERGANG ERSTELLEN.

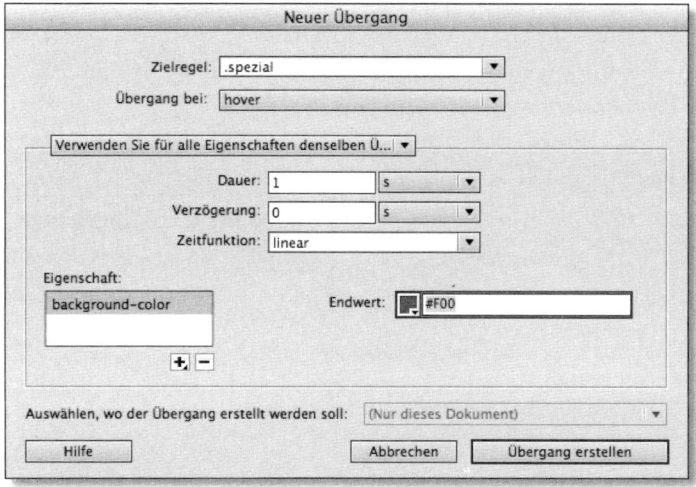

▲ **Abbildung 12.27**
CSS-Übergang einstellen

7   CSS-Regel zuweisen

Als Letztes weisen Sie die CSS-Regel `.spezial` noch dem Link zu, indem Sie den Link markieren, dann im EIGENSCHAFTEN-Bedienfeld auf den CSS-Modus ❷ wechseln und unter ZIELREGEL ❸ die Option SPEZIAL auswählen (siehe Abbildung 12.28).

Abbildung 12.28 ▸
CSS-Regel zuweisen

8 Fertig

In der Code-Ansicht können Sie sehen, wie Dreamweaver für Sie den CSS-Code generiert hat. Den Effekt können Sie nun z. B. in der Live-Ansicht testen.

Abbildung 12.29 ▸
Fertiger CSS-Übergang

In den nächsten Kapiteln werden wir nun noch einmal einen gründlichen Blick auf die Seitenelemente werfen, die Sie in Ihre Webseiten und Vorlagen einfügen können. Den Anfang machen Grafiken und Bilder.

Kapitel 13

Bilder einfügen
So bringen Sie Farbe auf
Ihre Webseiten

▸ Welches Bildformat nutze ich für welchen Zweck?

▸ Wie bestimme ich die Bildgröße?

▸ Wie schneide ich Bilder zu, schärfe sie oder richte sie aus?

▸ Wie importiere und bearbeite ich Photoshop-Dateien?

13   Bilder einfügen

Text allein ist langweilig, und Bilder sagen mehr als tausend Worte. In diesem Kapitel lernen Sie, wie Sie grafische Elemente in Ihre Webseiten einfügen und sie in Dreamweaver nachbearbeiten.

13.1   Bilder bearbeiten

Bilder für Texte

In der Vergangenheit war es üblich, Bilder auch für Überschriften und Menüs zu verwenden, wenn diese Schriften enthalten, die nicht bei jedem Benutzer installiert sind.

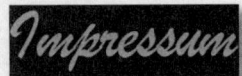

▲ **Abbildung 13.1**
GIF-Bilder werden gern als Überschriften in einer Webseite verwendet, wenn der Text typografisch gestaltet werden soll.

Diese Technik hat u. a. den Nachteil, dass die Texte insbesondere bei Vergrößerung der Seite oder bei Betrachtung auf Retina-Displays (wie z. B. beim iPad oder Macbook Pro) pixelig aussehen. Heute können ohne Probleme Schriften in die Webseite mit eingebunden werden.

Wenn Sie zum Beispiel Fotos mit Ihrer Digitalkamera machen, eignen sich die Bilder in der Regel noch nicht, um auf eine Webseite gestellt zu werden. Sie sollten sie zuerst in einem Bildbearbeitungsprogramm, wie z. B. Photoshop, nachbessern, um etwa die Bildgröße anzupassen und ein wenig mehr Helligkeit und Schärfe in die Bilder zu bringen. Dreamweaver arbeitet hervorragend mit Photoshop zusammen (siehe letzten Abschnitt dieses Kapitels, 13.5).

Möchten Sie aber nur einige grundsätzliche Anpassungen vornehmen, so können Sie auch in Dreamweaver Ihre Bilder direkt nachbearbeiten, ohne dass Sie dafür ein anderes Programm einsetzen müssen. Sie können zum Beispiel ein Foto aus Ihrer Digitalkamera direkt mit Dreamweaver in eine Webseite einfügen und dort das Bild verkleinern, Ausschnitte daraus freistellen und Helligkeitskorrekturen durchführen. Mehr dazu erfahren Sie in Abschnitt 13.4, »Bildeinstellungen«.

13.2   Bildformate für das Web

Bevor Sie Bilder in eine Webseite einfügen können, müssen Sie sie zunächst erstellen, bearbeiten und in einem Format abspeichern, das ein Webbrowser lesen kann. Die Wahl des richtigen Formats entscheidet über die Qualität des Bildes. Für das Web ist jedoch auch die Dateigröße relevant. Je kleiner die Datenmengen der Bilder, desto geringer sind die Wartezeiten für den Internetnutzer beim Laden der Seiten.

Jedes Grafikformat hat seine Vor- und Nachteile. Die drei wichtigsten und gebräuchlichsten Formate für Webseiten stelle ich hier kurz vor.

GIF

Das *GIF-Format (Graphics Interchange Format)* ist ideal für Bilder, die höchstens 256 Farben enthalten. Gezeichnete Grafiken fallen häufig darunter, insbesondere Illustrationen ohne Farbverläufe, die in einem Grafikprogramm wie beispielsweise Adobe Illustrator erstellt wurden.

Für Fotos ist das GIF-Format wegen der wenigen Farben in der Regel ungeeignet. Auch Fotos, die scheinbar nur wenige Farben enthalten, kommen für dieses Format meist nicht in Frage, da zumindest einige Stellen darin – besonders Farbverläufe – in schlechter Qualität dargestellt werden.

In Abbildung 13.2 sehen Sie ein Beispiel dazu: Auf der linken Seite befindet sich das Originalbild und auf der rechten das Foto als GIF-Datei mit 64 der verfügbaren 256 Farben. Selbst im Schwarzweiß-Druck ist die schlechte Qualität erkennbar.

Pixel- und Vektorgrafiken

Im Gegensatz zu Pixelgrafiken bestehen Vektorgrafiken nicht aus einzelnen Pixeln, sondern basieren auf elementaren Formen wie Linien, Kurven, Kreisen, Rechtecken usw. Das Besondere an Vektorgrafiken ist, dass sie auflösungsunabhängig immer neu skaliert werden können.

▼ **Abbildung 13.2**
Originalbild und GIF-Datei

1-Bit-Transparenz

GIF bietet nur eine sogenannte **1-Bit-Transparenz**. Das heißt, die Bildpunkte sind entweder transparent (durchsichtig) oder nicht. Genau das sind die beiden Zustände eines Bits. Das PNG-Format unterstützt sogar 8-Bit-Transparenz. Damit können Bildpunkte auch halbtransparent eingestellt werden. Insgesamt gibt es 256 (2 hoch 8) Abstufungen zwischen vollständig sichtbar und unsichtbar. Mit GIF und PNG lassen sich dadurch unsichtbare Stellen in einem Bild festlegen, was etwa freigestellte Bilder auf Webseiten ermöglicht.

Grafikprogramme wie Photoshop bieten Funktionen an, mit denen Sie die Qualität der GIF-Bilder optimieren können. Allerdings steigt dann meist auch die Dateigröße.

GIF-Bilder können transparente Bereiche enthalten, die den Hintergrund durchscheinen lassen. Die Ergebnisse sind aber meist nicht sehr hochwertig, da die Ränder der transparenten Bereiche oft pixelig aussehen.

Sie können sogar mehrere Einzelbilder innerhalb eines GIF-Bildes speichern und hintereinander in einer Animation abspielen. GIF-Animationen eignen sich allerdings nur für kleinere Bilder (bis zu einer Größe von etwa 150 × 150 Pixeln), da sonst die Datenmenge zu groß wird. Für aufwendigere Animationen sollten Sie besser das Flash-Format verwenden oder noch besser HTML/CSS-Animationen wählen (siehe Abschnitt 22.3, »Adobe Flash CC« und »Edge Animate CC«). Daher wird das GIF-Format heutzutage nur noch in wenigen Ausnahmen eingesetzt.

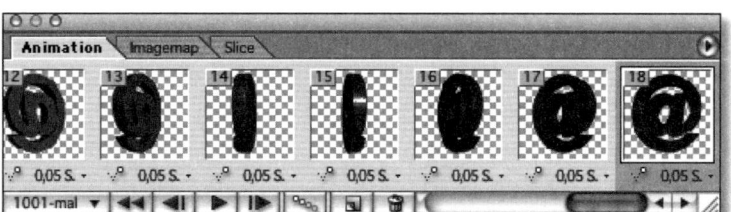

▲ **Abbildung 13.3**
Eine GIF-Animation mit ihren Einzelbildern

JPEG

Das *JPEG-Format (Joint Photographic Experts Group)* ist das meistverwendete Grafikformat im Web. Die Bilder können damit naturgetreu mit 16,7 Millionen Farben als JPEG-Datei gespeichert werden. Damit die Dateien nicht zu groß werden, werden die Bilder komprimiert. Die Kompression ist immer mit Verlust von Bildinformationen verbunden. Den Grad der Kompression stellen Sie im Grafikprogramm ein. Je stärker die Kompression, desto schlechter ist die Qualität des Fotos.

Das Originalfoto (oben links) in Abbildung 13.4 hat oben rechts eine Qualität von 80%, unten links von 10% und unten rechts von 50%. Das Bild unten links hat zwar eine kleine Dateigröße

(6,28 KByte), ist aber aufgrund der schlechten Qualität nicht zu gebrauchen.

Viele Digitalkameras speichern die Fotos bereits im JPEG-Format ab. Somit müssen Sie die Bilder nicht einmal mehr umwandeln, um sie auf einer Webseite einzusetzen. Transparente Bereiche und Animationen werden vom JPEG-Format nicht unterstützt.

Die übliche Dateiendung von JPEG-Bildern ist nicht etwa »jpeg«, sondern »jpg«.

▼ **Abbildung 13.4**
Originalfoto (oben links) und JPEG-Version in unterschiedlichen Kompressionsstufen

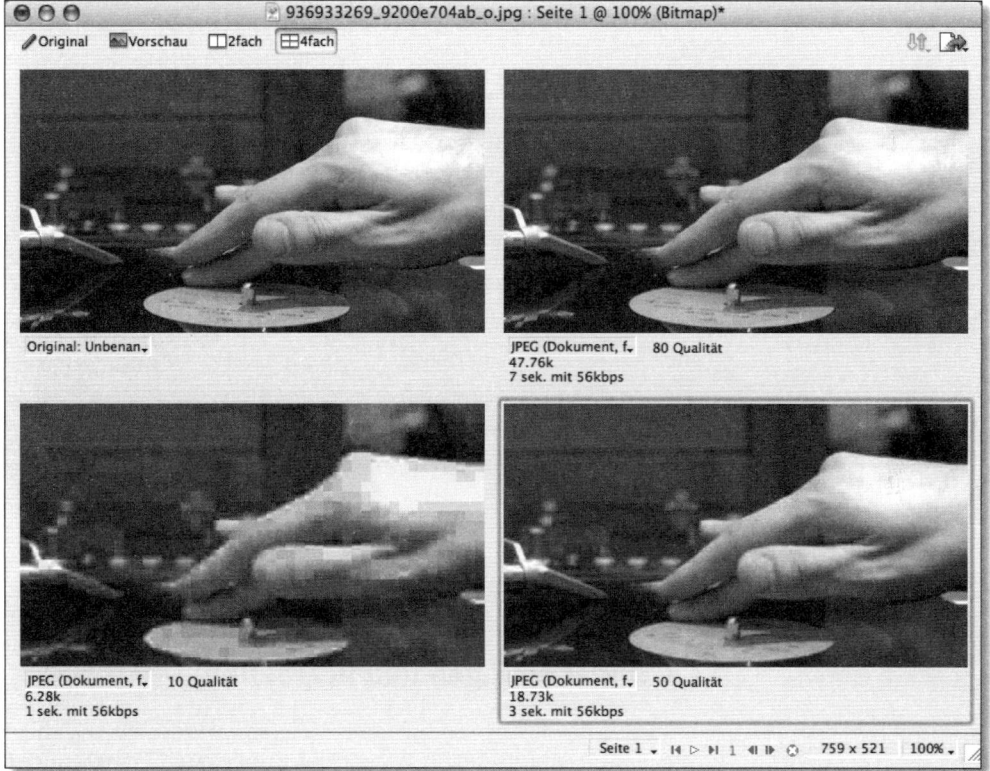

PNG

Das *PNG-Format (Portable Network Graphics)* vereint die Vorteile von JPEG und GIF. Es speichert die Bilder verlustfrei mit mehreren Millionen Farben. Im Gegensatz zu GIF und JPEG unterstützt PNG sogar 256 Transparenzstufen (8-Bit-Transparenz). Diese Transparenz erlaubt es zum Beispiel, Bilder mit weichen Schlagschatten unabhängig vom Hintergrund zu erstellen.

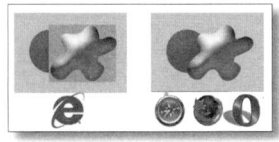

▲ Abbildung 13.5
Der Internet Explorer (links) stellt Transparenzen von PNG-Bildern bis einschließlich Version 6 nicht korrekt dar.

Beachten Sie dabei, dass der Internet Explorer bis einschließlich Version 6 keine Transparenzen anzeigen kann. Microsoft hat dieses Problem erst mit dem Internet Explorer 7 in den Griff bekommen. Andere Browserhersteller wie Apple, Mozilla und Opera sind da vorbildlicher und unterstützen Transparenzen schon lange.

Die Größe von PNG-Dateien ist in der Regel höher als bei GIF- und JPEG-Bildern. Daher wird das PNG-Format hauptsächlich eingesetzt, wenn Transparenzen notwendig sind.

SVG

Die bisher vorgestellten Grafikformate gehören zur Gruppe der Rastergrafiken, die aus einzelnen Bildpunkten (Pixeln) bestehen.

SVG (Scalable Vector Graphics) ist ein Vektorformat. SVG-Bilder bestehen aus Grundobjekten, die sich aus Linien, Kreisen, Vielecken (Polygone) und Texten zusammensetzen. Im Gegensatz zu Rastergrafiken lassen sich Vektorformate verlustfrei skalieren. Außerdem haben SVG-Grafiken meist eine viel kleinere Dateigröße.

SVG-Grafiken eignen sich z. B. für Logos oder Diagramme. SVG-Formate können z. B. mit Adobe Illustrator erstellt werden. Sie werden von aktuellen Webbrowsern unterstützt. Da ältere Browser wie der Internet Explorer 8 (oder kleiner) keine SVG-Grafiken anzeigen können, setzen viele Webdesigner lieber das PNG- oder JPEG-Format ein.

13.3 Bilder einfügen und bearbeiten

Bild-Platzhalter

Die Funktion Bild-Platzhalter wurde in Dreamweaver CC entfernt. Hiermit konnte man statt einer Grafik ein Rechteck einfügen. Später konnte dann das Rechteck durch eine Grafik nachträglich ersetzt werden.

In der ersten Übung fügen wir ein Bild über das DATEIEN- oder ELEMENTE-Bedienfeld in eine Webseite ein.

Schritt für Schritt
Bild einfügen

1 Einfügemarke setzen
Setzen Sie die Einfügemarke im Entwurfsbereich an die Stelle, an der das Bild eingefügt werden soll.

2 Bild auswählen

Wählen Sie EINFÜGEN • BILD • BILD. Es erscheint ein Dialogfenster, in dem Sie die einzufügende Grafik voranzeigen und auswählen können. Im Vorschaufenster finden Sie auch alle wichtigen Informationen zu dem Bild.

Alternativ können Sie ein Bild auch aus dem DATEIEN-Bedienfeld mit der Maus direkt in das Dokumentenfenster ziehen.

▼ **Abbildung 13.6**
Das DATEIEN-Bedienfeld

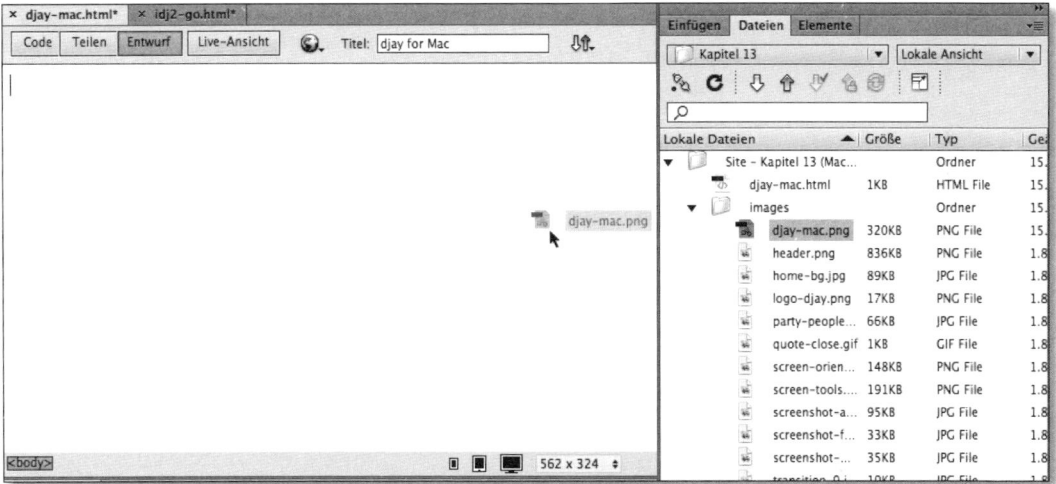

Noch übersichtlicher ist das ELEMENTE-Bedienfeld (Menü FENSTER • ELEMENTE). Hier werden die Dateien mit einer Vorschau und die Bildgrößen angezeigt.

▼ **Abbildung 13.7**
Das ELEMENTE-Bedienfeld

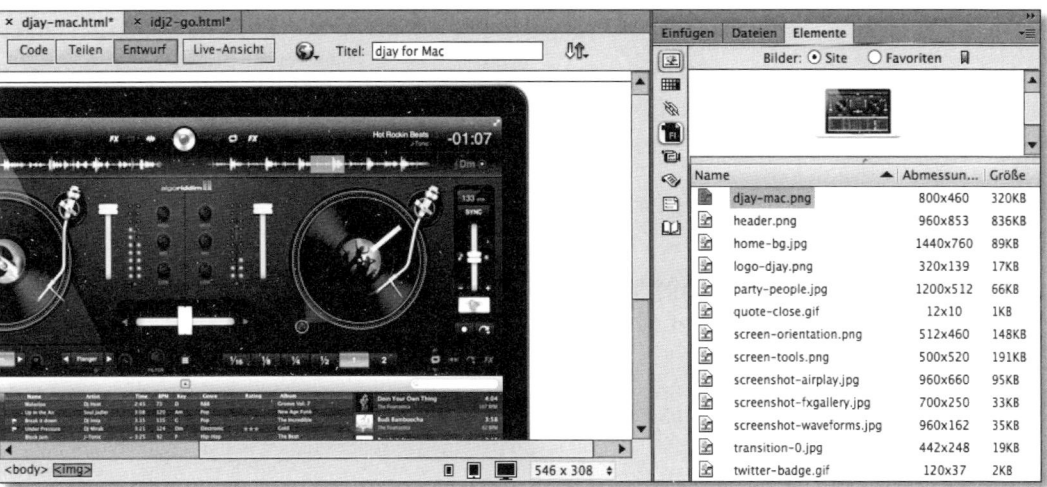

Bilder in CSS

Bilder können auch in einem Cascading Stylesheet als Hintergrundgrafiken verwendet werden. Je nach Einstellungen können sie dort dann auch wiederholt aneinandergelegt (gekachelt) werden.

3 Änderungen überprüfen

Nachdem Sie das Bild eingefügt haben, sehen Sie in der Teilen-Ansicht von Dreamweaver, wie es im Quelltext mit Pfad und Größenangaben angelegt worden ist. Im EIGENSCHAFTEN-Bedienfeld können Sie nun weitere Einstellungen vornehmen. Dazu kommen wir noch weiter unten in diesem Kapitel.

Bilder austauschen

Um ein bereits eingebautes Bild durch ein anderes Bild zu ersetzen, löschen Sie entweder das alte Bild und fügen das neue Bild ein, oder Sie markieren das Bild im Dokumentenfenster und klicken im EIGENSCHAFTEN-Bedienfeld auf das Ordnersymbol rechts neben QUELLE ❶ (siehe Abbildung 13.9). Wählen Sie dann einfach eine neue Bilddatei aus.

Rollover-Bilder einsetzen

Rollover-Bilder können Sie über die Funktion EINFÜGEN • BILD • ROLLOVER-BILD einsetzen.

Ein Rollover-Bild besteht immer aus zwei Bildern. Je nachdem, ob sich der Mauszeiger über dem Rollover-Bild befindet oder nicht, wird entweder das eine oder das andere Bild angezeigt. Rollover-Bilder werden gern in Navigationen eingesetzt.

Für die Funktion ROLLOVER-BILD benötigen Sie zwei Bilder, die jewells die gleiche Höhe und Breite aufweisen· Die Ausgangsgrafik soll angezeigt werden, wenn sich der Mauszeiger nicht über dem Menüpunkt befindet. Die Rollover-Grafik wird angezeigt, wenn sich der Mauszeiger über dem Menüpunkt befindet.

▲ **Abbildung 13.8**
Mauszeiger außerhalb des Rollover-Bildes (links) und auf dem Bild (rechts)

In Abbildung 13.8 befindet sich links der Mauszeiger außerhalb des Rollover-Bildes, und der Button wird normal angezeigt. Rechts ist der Mauszeiger direkt über dem Rollover-Bild, und das Bild wechselt die Darstellung.

Die genauen Einstellungen in der Dialogbox ROLLOVER-BILD EIN-FÜGEN erkläre ich in Abschnitt 16.3, »Rollover-Bild mit JavaScript«.

Rollover-Effekte lassen sich in Dreamweaver CC auch mit CSS-Übergängen realisieren (siehe Kapitel 12, »Arbeiten mit CSS«).

13.4 Bildeinstellungen

Auch wenn man sich bereits Mühe gegeben hat, ein Bild für eine Webseite vorzubereiten, möchte man oft noch Kleinigkeiten daran verändern, nachdem man es tatsächlich in das Layout eingefügt hat. In Dreamweaver können Sie die wichtigsten Arbeitsschritte direkt durchführen, ohne dafür das Programm wechseln zu müssen.

Klicken Sie einfach das Bild im Dokumentenfenster an – und Sie finden alle Werkzeuge für Bildbearbeitungen im EIGENSCHAFTEN-Bedienfeld.

▲ **Abbildung 13.9**
EIGENSCHAFTEN-Bedienfeld bei ausgewähltem Bild

Alternativtext eingeben

Geben Sie unter ALT. ❷ einen passenden Namen für den Alternativtext ein, der das Bild aussagekräftig beschreibt. Eine Suchmaschine wie zum Beispiel Google kann den Alternativtext dann seinem Index hinzufügen. Der Eintrag ist auch für Browser wichtig, die keine Bilder anzeigen können, beispielsweise in Vorleseprogrammen für sehbeeinträchtigte Benutzer.

Wenn Sie eine Überschrift als Grafik in eine Webseite integrieren, sollten Sie unbedingt den Text der Überschrift als Alternativtext eintragen. Dasselbe gilt für Fotos, Schaltflächen, Menüs usw.

Bildgröße einstellen

Es gibt zwei Möglichkeiten, die Größe eines Bildes zu verändern:

▶ Ziehen Sie entweder den Rahmen des Bildes mit der Maus auf das gewünschte Format, oder

▶ geben Sie die Breiten- und Höhenwerte im EIGENSCHAFTEN-Bedienfeld ein.

Anschließend muss die Grafik neu aufgelöst werden, das Bild wird damit an die neue Größe angepasst und erneut gespeichert. Die alte Bilddatei wird dabei überschrieben. Es wird empfohlen, Bilder nicht zu vergrößern und immer nur zu verkleinern, um die Bildqualität nicht zu beeinträchtigen. Die besten Ergebnisse erzielen Sie jedoch, wenn Sie die Bilder in einem Grafikprogramm wie Fireworks oder Photoshop bearbeiten.

Schritt für Schritt
Größe eines Bildes in Dreamweaver verändern

1 Bild auswählen

Klicken Sie auf das gewünschte Bild. Es wird dann ein dünner Rand um die Grafik herum angezeigt und das EIGENSCHAFTEN-Bedienfeld mit den Bildeinstellungen eingeblendet.

2 Größe verändern

Halten Sie ⟨⇧⟩ gedrückt, klicken Sie mit der Maus auf die untere rechte Ecke des Bildes, und ziehen Sie dann den Rahmen nach links oben bzw. rechts unten, um es zu verkleinern bzw. zu vergrößern. Durch das Gedrückthalten der ⟨⇧⟩-Taste während des Ziehens bleiben die Proportionen des Bildes erhalten, so dass es nicht gequetscht oder gestaucht wird.

▲ **Abbildung 13.10**
Verändern der Bildgröße

3 Neue Einstellungen vornehmen

Sie können die Größe auch durch Eingabe der Breite (B) und Höhe
(H) ❷ im EIGENSCHAFTEN-Bedienfeld direkt bestimmen. Falls
Ihnen die Größe nicht gefällt, können Sie das Bild auch wieder
auf die Originalgröße zurücksetzen, indem Sie auf das Icon AUF
ORIGINALGRÖSSE ZURÜCKSETZEN ❸ klicken.

4 Bild neu auflösen

Klicken Sie anschließend auf die Schaltfläche NEU AUFLÖSEN ❶,
damit das Bild in die neue Größe konvertiert und gespeichert wird.

Bilder zuschneiden

Sie können in Dreamweaver nicht nur die Bildgröße verändern,
sondern auch einen Ausschnitt freistellen, um zum Beispiel über-
flüssige Randbereiche zu entfernen.

Schritt für Schritt
Bild zuschneiden

1 Bild auswählen

Klicken Sie wieder auf das gewünschte Bild, um es auszuwählen und das EIGENSCHAFTEN-Bedienfeld für dieses Bild anzuzeigen. Wählen Sie hier das ZUSCHNEIDEN-Werkzeug ❶ aus.

2 Rechteck anpassen

Innerhalb des Bildes im Dokumentenfenster finden Sie nun ein Rechteck, mit dem Sie bestimmen können, wie Sie das Bild beschneiden. Durch Ziehen an einer der Ecken verändern Sie die Größe des Bereichs, durch einen Klick und Ziehen mit gedrückter Maustaste verschieben Sie das Auswahlrechteck.

▼ **Abbildung 13.11**
Bildausschnitt frei-
stellen

Wenn Sie den richtigen Ausschnitt mit dem Rechteck eingestellt haben, klicken Sie doppelt in das Rechteck hinein. Das ausgeschnittene Bild wird neu erstellt und in der Bilddatei gespeichert. Vorsicht: Das Originalbild wird dabei überschrieben.

Helligkeit und Kontrast anpassen

Um Helligkeit und Kontrast eines Bildes zu verändern, klicken Sie im EIGENSCHAFTEN-Bedienfeld auf die Schaltfläche ❸. Im aufklappenden Dialogfenster können Sie dann mit den Schiebereglern die Einstellungen vornehmen. Wenn Sie die VORSCHAU ❷ aktiviert haben, können Sie die Veränderung direkt im Dokumentenfenster mitverfolgen.

▲ **Abbildung 13.12**
Klicken Sie am Ende doppelt in das Rechteck.

▼ **Abbildung 13.13**
Verändern von Helligkeit und Kontrast eines Bildes

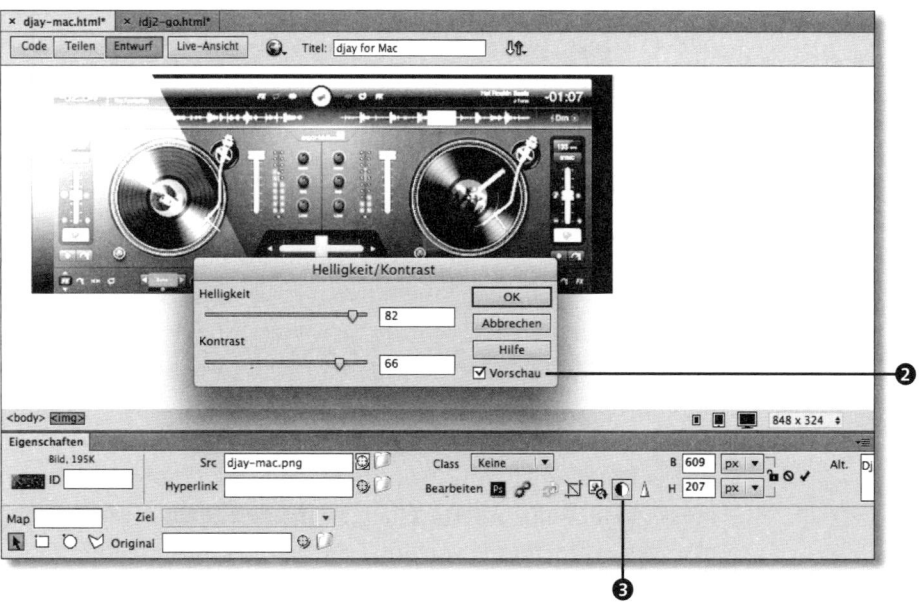

Bild scharf stellen

Die Schärfe des Bildes passen Sie mit der Schaltfläche ❶ an. Je weiter Sie den Regler nach rechts bewegen, desto schärfer wird das Bild.

Abbildung 13.14 ▶
Der Regler SCHARF
STELLEN

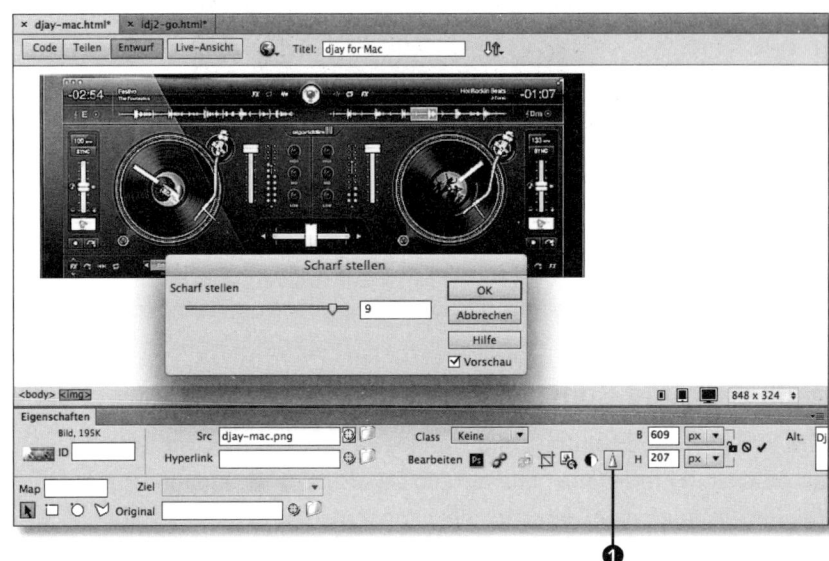

Fireworks eingestellt

Eine Alternative zu Adobe Photoshop ist Adobe Fireworks. Das Grafikprogramm ist speziell für die Bearbeitung und Erstellung von Webgrafiken konzipiert. Leider hat Adobe die Entwicklung an Fireworks eingestellt. Die letzte aktuelle Version CS6 kann aber noch von Adobe bezogen werden.

Vermeiden Sie es, einen zu hohen Wert für den Regler SCHARF STELLEN zu wählen. Es kommt sonst zur Bildung von störenden Rändern, genannt Artefakte. Für aufwendigere Bearbeitungen ist natürlich ein Programm wie Photoshop notwendig.

13.5 Zusammenarbeit mit Photoshop CC

Neben Dreamweaver benötigen Sie für die Erstellung von Websites immer auch ein Programm für die Bildbearbeitung. Der Rolls-Royce unter den Grafikprogrammen ist Adobe Photoshop. Es ist das am häufigsten eingesetzte Bildbearbeitungsprogramm im Grafikdesign-Bereich und ist dort absoluter Standard. Es bietet die besten Funktionen zum Bearbeiten von Bildern.

Das Dateiformat von Photoshop heißt *PSD* (Photoshop Document). In diesem Format bleiben sämtliche Ebenen, Texteingaben usw. verlustfrei für die nachträgliche Bearbeitung erhalten.

Für Webseiten benötigen Sie jedoch das GIF-, JPEG- oder PNG-Format, in dem die Bildinformation in komprimierter Form gespeichert wird. Daher muss man PSD-Dateien vorher in die entsprechenden Formate umwandeln.

In Dreamweaver können Sie Photoshop-Dateien direkt importieren und dabei in eines der gewünschten Bildformate konvertieren.

Schritt für Schritt
Photoshop-Datei in Dreamweaver importieren

1 Photoshop-Datei einfügen

Fügen Sie die Photoshop-Datei mit der Endung ».psd« entweder über den Menüpunkt EINFÜGEN • BILD ein, oder ziehen Sie sie einfach aus dem Fenster DATEIEN in das Dokumentenfenster.

Es öffnet sich ein Fenster zur Bildoptimierung, in dem Sie einige Einstellungen vornehmen können, bevor Sie das Bild endgültig in Dreamweaver importieren.

◄ **Abbildung 13.15**
Einstellungen für die Bildoptimierung

Es muss nicht immer Photoshop sein

Adobe Photoshop ist die führende Software zum Bearbeiten von Fotos und Bildern aller Art. Es gibt jedoch auch kostengünstige Alternativen, die die wichtigsten Funktionen zur Bildbearbeitung bieten. Auf dem Mac ist Pixelmatur und Acorn zu empfehlen. Für Windows ist z. B. Paint.net und Paintshop Pro zu empfehlen. Das Grafikprogramm Gimp ist auf allen gängigen Betriebssystemen verfügbar und ist kostenlos. Am besten arbeitet Dreamweaver jedoch mit Photoshop zusammen.

2 Format einstellen

Wählen Sie im Listenfeld FORMAT das gewünschte Dateiformat aus. Für Fotos eignet sich am besten das JPEG-Format. Im Feld QUALITÄT können Sie einstellen, wie stark das Bild komprimiert werden soll. Hohe Werte führen zwar zu einer besseren Bildqualität, dadurch steigt jedoch die Dateigröße an. Die Wirkung der Einstellungen auf das Bild wird unmittelbar angezeigt.

3 Bild importieren

Klicken Sie auf OK, um das Bild zu konvertieren und den Import abzuschließen. Es öffnet sich ein Dialogfenster, in dem Sie den Namen der neuen Datei und ihren Speicherort festlegen.

4 Bildeinstellungen bearbeiten

Wenn Sie im EIGENSCHAFTEN-Bedienfeld auf das Zahnradsymbol ❶ klicken, können Sie Einstellungen für die Bildoptimierung wieder anpassen.

Abbildung 13.16 ▶
Bildoptimierung ändern über
das Zahnradsymbol

Bilder aus der Zwischenablage einfügen

Anstatt eine ganze Photoshop-Datei in Dreamweaver zu importieren, ist es auch möglich, in Photoshop einfach einen Bereich in einem Bild zu markieren und diesen per Copy & Paste in Dreamweaver einzufügen. Dazu kopieren Sie den markierten Bereich in Photoshop über BEARBEITEN • KOPIEREN in die Zwischenablage und fügen ihn anschließend in Dreamweaver über BEARBEITEN • EINFÜGEN ein.

Es öffnet sich dann das Fenster BILDOPTIMIERUNG, mit dem Sie, wie in der vorherigen Schritt-für-Schritt-Anleitung beschrieben, das Bild in das gewünschte Format konvertieren.

Bilder in Photoshop bearbeiten

Auch Bilder, die bereits in die Webseite eingefügt wurden, können Sie nachträglich in Photoshop bearbeiten. Dazu markieren Sie zunächst das Bild und klicken anschließend im EIGENSCHAF-TEN-Bedienfeld auf das Photoshop-Symbol ❷. Daraufhin wird die Datei in Photoshop geöffnet.

Das Besondere ist hier, dass nicht die konvertierte JPEG-Datei in Photoshop geöffnet wird, sondern die Original-PSD-Datei, denn beim Importieren der Photoshop-Datei hat sich Dreamweaver die Datei gemerkt. Nach der Bearbeitung in Photoshop können Sie die Datei einfach speichern und schließen.

▲ **Abbildung 13.17**
Bilder können durch einen Klick auf das Photoshop-Symbol ❷ direkt in Photoshop geöffnet werden.

Nachdem Sie in Photoshop das Bild gespeichert haben und wieder zu Dreamweaver zurückgekehrt sind, werden Sie zunächst keine Veränderung an dem Bild feststellen. In der oberen linken Ecke des Bildes ❸ wird ein Indikatorsymbol eingeblendet, das Ihnen anzeigt, ob die Grafik mit der Original-Photoshop-Datei synchron ist. Zwei grüne Pfeile signalisieren, dass die Bilddatei mit der Originaldatei übereinstimmt. Ist der untere Pfeil rot, so muss die Datei synchronisiert werden.

Klicken Sie im EIGENSCHAFTEN-Bedienfeld auf die Schaltfläche VON ORIGINAL AKTUALISIEREN ❷, um die Bilddatei zu aktualisieren. Dabei werden die Einstellungen für die Größe und die Bildqualität, die Sie beim Einfügen der Grafik gewählt haben, automatisch angewendet.

▲ **Abbildung 13.18**
Über die Schaltfläche ❷ übertragen Sie die Änderungen von der Original-Photoshop-Datei auf das Bild in Dreamweaver.

Voreinstellungen

Falls bei Ihnen statt des Photoshop-Symbols ❶ im EIGENSCHAFTEN-Bedienfeld ein anderes Symbol angezeigt wird, müssen Sie folgende Einstellung vornehmen, damit Dreamweaver stattdessen mit Photoshop zusammenarbeitet:

Öffnen Sie in den VOREINSTELLUNGEN die Kategorie DATEI-
TYPEN/EDITOREN. Klicken Sie anschließend auf die Erweiterungen
.JPG .JPE .JPEG. Im Bereich EDITOREN stellen Sie nun Photoshop
als PRIMÄR ein. Klicken Sie dazu auf ADOBE PHOTOSHOP CC und
anschließend auf die Schaltfläche ZU PRIMÄREM EDITOR MACHEN.
Wiederholen Sie dies auch für die Dateierweiterungen .GIF und
.PNG.

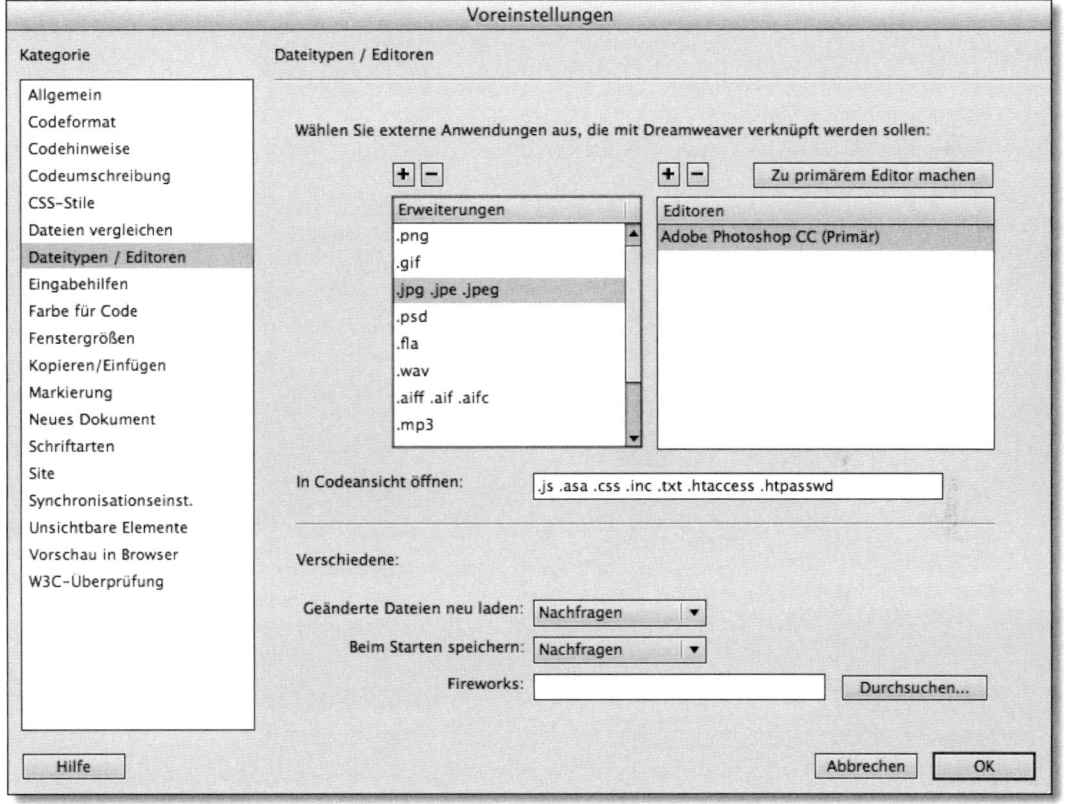

▲ **Abbildung 13.19**
In den VOREINSTELLUNGEN können Sie Photoshop als bevorzugten Editor
einrichten.

Kapitel 14

Tabellen erstellen
So bekommen Sie Tabellen in den Griff

▸ Wann sollte ich Tabellen nutzen?

▸ Wie füge ich Tabellen ein, baue sie auf und bearbeite sie?

▸ Wie ändere ich Eigenschaften von Spalten, Zeilen und Zellen?

▸ Wie gestalte ich Tabellen mit CSS?

14 Tabellen erstellen

In diesem Kapitel lernen Sie, wie Sie in Dreamweaver fixierte und sich flexibel an das Browserfenster anpassende Tabellen erstellen. Sie erfahren, wie Sie Tabellen am geschicktesten markieren und welche Bearbeitungsmöglichkeiten Ihnen zur Verfügung stehen.

14.1 Sonderfall Webtabellen

Tabellen sind aus vielen Office-Programmen wohlbekannt. Sie haben damit sicherlich auch schon in Word oder Excel gearbeitet. In Excel besteht sogar das gesamte Dokument aus einer einzigen großen Tabelle. In Word können Sie an jeder beliebigen Stelle Tabellen in allen Variationen einfügen.

In einer Textverarbeitung oder Kalkulation werden Tabellen normalerweise zur geordneten Darstellung von Daten – etwa bei der Zuordnung von Preisen oder Terminen – verwendet. Sie können dabei innerhalb von Tabellen nicht nur Texte, sondern auch Bilder benutzen, z. B. bei der Erklärung von Symbolen oder bei Kartenlegenden.

Abbildung 14.1 ▶
Eine herkömmliche Tabelle mit Preisangaben

Auch im Web werden Tabellen zum Strukturieren von Daten eingesetzt. In der Vergangenheit wurden Tabellen allerdings auch oft dazu benutzt, das Layout einer Website zu erstellen, um also Texte, Bilder oder auch ganze Bereiche einer Website anzuordnen. Die Tabellen selbst sind dann für den Betrachter der Webseite nicht erkennbar. Ihre Linien und Ränder werden einfach mit Breitenangaben von 0 Pixel als unsichtbar definiert.

Am besten ist es jedoch, für das Layout vollständig auf Tabellen zu verzichten und stattdessen Cascading Stylesheets (CSS) zu nutzen. Der Vorteil liegt unter anderem darin, dass weniger HTML-Text produziert wird und das Layout der gesamten Website durch Änderungen in der CSS-Datei ganz leicht neu gestaltet werden kann (siehe Kapitel 6, »Eine Vorlage anlegen«, und Kapitel 12, »Arbeiten mit CSS«).

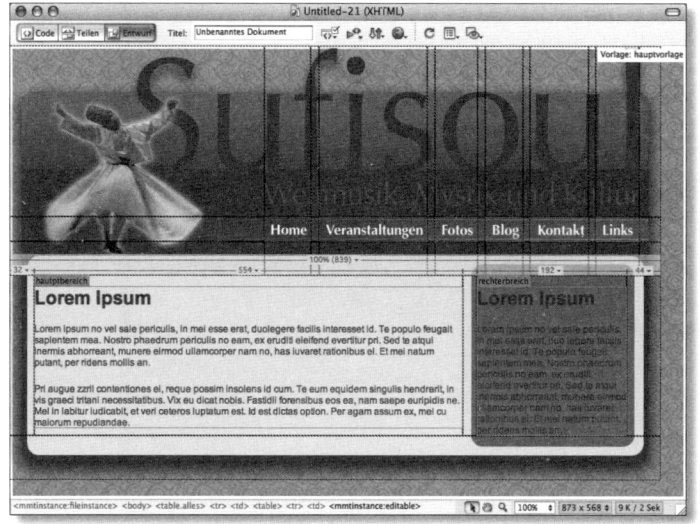

◄ **Abbildung 14.2**
Das Beispielprojekt zur Vorauflage dieses Buches zu Dream-weaver 8 verwendete noch Tabellen für das Layout.

14.2 Erstellen einer Tabelle

Wir werden nun systematisch vorgehen und zunächst eine Tabelle erstellen.

Schritt für Schritt
Neue Tabelle erstellen

1 Einfügemarke setzen
Positionieren Sie die Einfügemarke an der Stelle im Entwurfsbereich, an der Sie die Tabelle in die Seite einfügen möchten. Sie

können auch Tabellen in Tabellen erstellen. Die Vorgehensweise ist dieselbe.

2 »Einfügen«-Dialog für Tabellen starten

Wählen Sie im Menü EINFÜGEN • TABELLE. Es erscheint daraufhin ein Fenster, in dem Sie die Eigenschaften der neuen Tabelle bestimmen. Diese Einstellungen können Sie später auch noch ergänzen oder verändern.

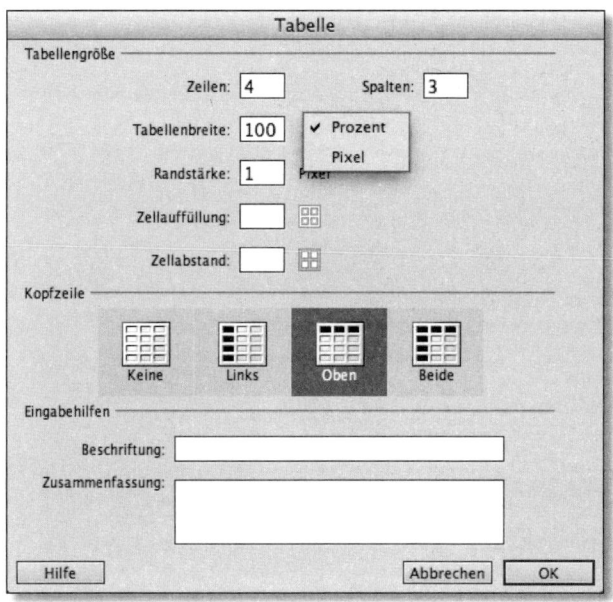

Abbildung 14.3 ▶
Das Dialogfenster TABELLE

3 Zeilen und Spalten festlegen

Geben Sie die Anzahl der ZEILEN und SPALTEN an. Sie können auch im Nachhinein weitere Spalten und Zeilen hinzufügen bzw. entfernen.

4 Tabellengröße definieren

Wenn sich die Tabelle automatisch an die Größe des Browserfensters anpassen soll, wählen Sie PROZENT und geben einen Prozentwert im Textfeld TABELLENBREITE ein. Wenn Sie zum Beispiel den Wert 50 eingeben, wird die Tabelle immer halb so breit wie das aktuelle Browserfenster dargestellt.

Für eine feste Tabellengröße wählen Sie PIXEL (Bildpunkte) aus. Geben Sie hier einen Wert von höchstens 950 ein. Nur so können

Sie gewährleisten, dass die Tabelle bei der am häufigsten eingesetzten Bildschirmauflösung von 1.024 × 768 vollständig sichtbar ist.

5 Randstärke und Zellabstände einstellen

Die RANDSTÄRKE bestimmt die Stärke der Tabellenlinien. Meistens wird der Wert entweder auf 0 oder 1 gesetzt, da breitere Ränder einen unschönen 3D-Effekt aufweisen.

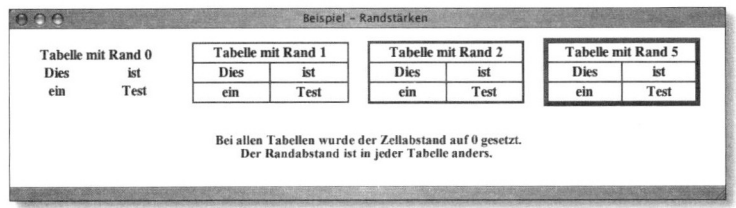

◀ **Abbildung 14.4**
Breite Ränder sehen meist unschön aus.

Die ZELLAUFFÜLLUNG legt den Abstand zwischen Tabelleninhalt und Tabellenrand fest.

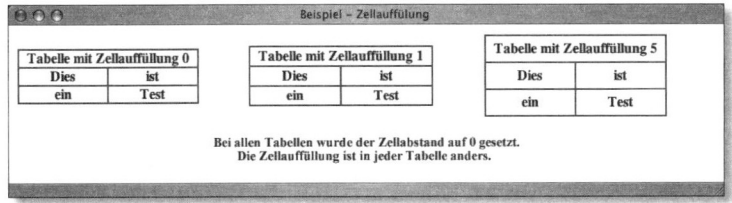

◀ **Abbildung 14.5**
Beispiele für die ZELL-AUFFÜLLUNG

Der ZELLABSTAND bestimmt den Abstand der Tabellenzellen untereinander. In der Praxis wird meistens der Wert 0 gewählt, da Layoutabstände besser über die ZELLAUFFÜLLUNG eingestellt werden.

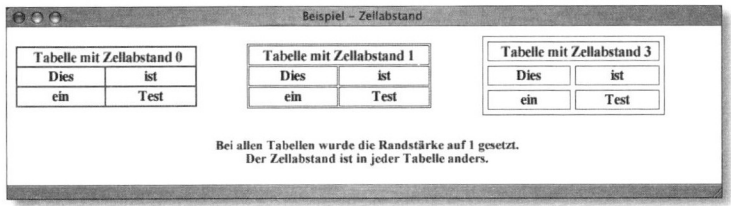

◀ **Abbildung 14.6**
Beispiele für den ZELLABSTAND

6 Kopfzeile einfügen

Unter KOPFZEILE legen Sie fest, in welchem Bereich der Tabelle die Tabellenüberschrift (genannt Kopfzeile) eingefügt werden soll. Texte, die in der Kopfzeile stehen, werden automatisch fett und zentriert dargestellt. Mit Cascading Stylesheets können Sie diese Formatierung nachträglich an Ihre Wünsche anpassen.

7 Eingabehilfen (Barrierefreiheit)

Die Einstellungen zu EINGABEHILFEN betreffen besonders Browser für sehbehinderte Benutzer, die zum Beispiel Vorlesegeräte einsetzen. Für diese ist die visuelle Darstellung nicht erkennbar. Daher sollten Sie auch eine Beschriftung und eine Zusammenfassung für die Tabelle festlegen. In einem Standardbrowser sind diese Einstellungen nicht sichtbar.

8 Fertige Tabelle anzeigen

Die Tabelle ist fertiggestellt. Klicken Sie auf OK, und sie wird mit sämtlichen Eigenschaften im Dokumentenfenster angezeigt. Sie können nun die Tabellenzellen mit Inhalten füllen.

14.3 Eigenschaften von Tabellen

Nachdem Sie eine Tabelle erstellt haben, können Sie noch einige weitere Einstellungen vornehmen. Neben Breiten- und Höhenangaben sind etwa auch Hintergrundfarben und Hintergrundbilder in die Zellen einzufügen. Bevor Sie solche Einstellungen im EIGENSCHAFTEN-Bedienfeld vornehmen können, müssen Sie immer die entsprechenden Tabellenbereiche mit der Maus ausgewählt haben.

Je nachdem, ob Sie die gesamte Tabelle oder nur einzelne Bereiche markieren, bietet Ihnen das EIGENSCHAFTEN-Bedienfeld unterschiedliche Einstellmöglichkeiten. Für die Gesamttabelle können Sie zum Beispiel die Randstärke oder die Zellabstände einstellen. Für einzelne Tabellenbereiche oder auch nur einzelne Zellen können Sie die Inhalte formatieren, die Ausrichtung festlegen und Tabellenzellen miteinander verbinden.

Visuelle Hilfsmittel deaktivieren

Sie können die Tabellenlinien, die Bemaßungen etc. mit dem Menübefehl ANSICHT • VISUELLE HILFSMITTEL • ALLES AUSBLENDEN unsichtbar machen.

Tabellen markieren

Um Eigenschaften für eine ganze Tabelle zu definieren, markieren Sie diese zunächst. Es stehen Ihnen dazu die folgenden Möglichkeiten zur Verfügung:

▶ **Auf die linke obere Ecke der Tabelle klicken ❶**

Diese Methode geht am schnellsten, ist jedoch bei verschachtelten Tabellen manchmal schwierig umzusetzen.

◀ **Abbildung 14.7**
Um die gesamte Tabelle auszuwählen, klicken Sie in die linke obere Ecke.

▶ **Über das Tabellenmenü**

Klicken Sie im Dropdown-Menü neben der Breitenanzeige auf den kleinen schwarzen Pfeil ❷, und wählen Sie den Eintrag TABELLE AUSWÄHLEN. Dies ist die einfachste Technik in Dreamweaver – Sie müssen damit nicht auf einen bestimmten Punkt im Dokumentenfenster zielen.

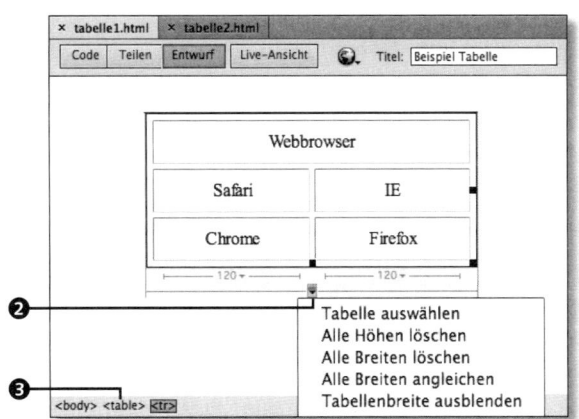

◀ **Abbildung 14.8**
Unterhalb der Tabelle können Sie diese über ein Menü vollständig markieren. In der Statuszeile können Sie auch einzelne Tags oder mit `<table>` die Tabelle auswählen.

▶ **Das Tag <table> anklicken**

Klicken Sie in irgendeine Zelle der Tabelle und dann in der Statuszeile im unteren Fensterrahmen ❸ auf `<table>`. Diese Technik wird gerne von Anwendern mit HTML-Kenntnissen eingesetzt, ist aber eigentlich sehr einfach anzuwenden.

Einstellungen für komplette Tabellen vornehmen

Wenn die Tabelle ausgewählt ist, können Sie im EIGENSCHAFTEN-Bedienfeld die Einstellungen für die Tabelle vornehmen.

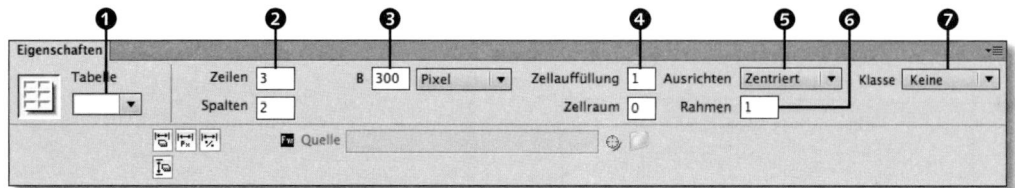

▲ **Abbildung 14.9**
Anzeige des EIGENSCHAFTEN-Bedienfelds, wenn die Gesamttabelle markiert ist

Für Gesamttabellen können Sie die folgenden Einstellungen im EIGENSCHAFTEN-Bedienfeld vornehmen:

▸ TABELLEN-ID ❶ und KLASSE ❼
Diese Einstellungen betreffen den Einsatz von Cascading Stylesheets. Über die ID oder die Klasse weisen Sie einer Tabelle CSS-Stile zu.

▸ ZEILEN und SPALTEN ❷
Wenn Sie die Anzahl der Zeilen oder Spalten erhöhen, werden diese entweder unten oder rechts hinzugefügt.

▸ B (Breite) ❸
Hiermit können Sie die Breite der gesamten Tabelle festlegen. Die Höhe können Sie nicht vorgeben, damit sie sich immer automatisch an den Inhalt der Tabelle anpassen kann. Es ist jedoch möglich, sowohl Breite als auch Höhe zu ändern, indem Sie mit der Maus die Tabellenränder anfassen und verschieben.

▸ ZELLAUFFÜLLUNG und ZELLRAUM ❹
Mit ZELLAUFFÜLLUNG legen Sie den Abstand zwischen Tabellenzellen und ihren Inhalten fest, mit ZELLRAUM stellen Sie den Abstand zwischen den Tabellenzellen ein. Der Zellraum wird auch als Zellabstand bezeichnet.

▸ AUSRICHTEN ❺
Wählen Sie hier, ob die Inhalte in der Tabelle linksbündig, zentriert oder rechtsbündig ausgerichtet werden sollen.

▸ RAHMEN ❻
Hier legen Sie die Rahmenstärke bzw. Dicke der Tabellenlinien fest.

Höhe und Breite anpassen und zurücksetzen

Durch Ziehen mit der Maus können Sie Spalten- und Zeilenbreiten direkt im Dokumentenfenster anpassen.

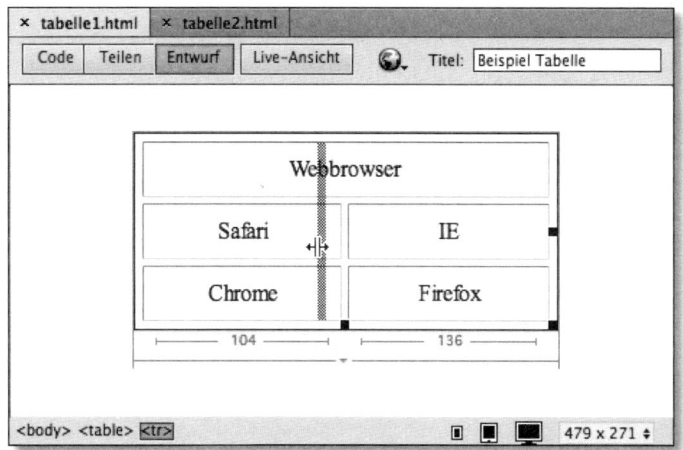

◄ **Abbildung 14.10**
Anpassen der Spaltenbreite mit der Maus im Dokumentenfenster

Wenn Sie mehrere Größenänderungen durchgeführt haben und mit dem Ergebnis nicht zufrieden sind, können Sie die Tabelle ganz einfach wieder zurücksetzen. Markieren Sie dafür zunächst die Gesamttabelle. Wenn Sie im EIGENSCHAFTEN-Bedienfeld dann auf das Symbol ❽ klicken, werden alle Breitenänderungen rückgängig gemacht. Analog setzen Sie mit dem Symbol ⓫ die Höhenänderungen zurück.

Wenn die Breiten in Prozent angegeben sind, passen sich Spalten und Zeilen immer automatisch der Größe des Browserfensters an. Um die automatische Anpassung abzustellen, klicken Sie auf das Symbol ❾, womit Sie die Breitenangaben von Prozent auf Pixel umstellen. Mit der Schaltfläche ❿ ändern Sie die Breitenangabe wieder von Pixel in Prozent.

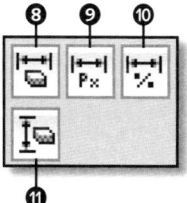

14.4 Eigenschaften von Tabellenbereichen

Auch um Einstellungen für bestimmte Bereiche in einer Tabelle vorzunehmen, müssen Sie die Tabelle zunächst auswählen. Erst dann können Sie die Einstellungen im EIGENSCHAFTEN-Bedienfeld vornehmen.

Spalten, Zeilen und Zellen auswählen

Für das Auswählen von Spalten und Zeilen stehen Ihnen mehrere Möglichkeiten zur Verfügung:

▶ **Im Dokumentenfenster**

Klicken Sie links neben die Zeile ❶, um sie zu markieren, oder über eine Spalte, um entsprechend eine Spalte zu markieren.

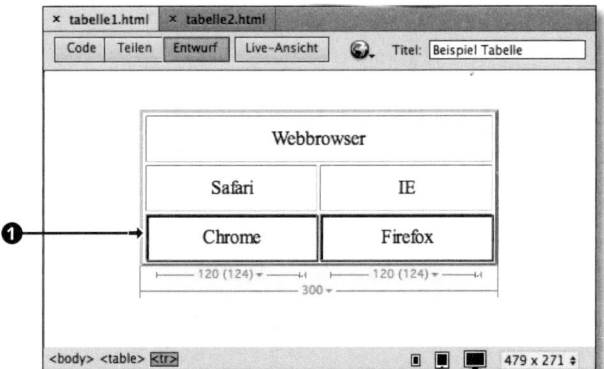

Abbildung 14.11 ▶
Klicken Sie links neben einer Zeile, um sie zu markieren.

▶ **Im Spaltenmenü**

Öffnen Sie das Dropdown-Menü unter einer Spalte, und wählen Sie SPALTE AUSWÄHLEN ❷. Das Auswählen einer Zeile ist mit dieser Methode nicht möglich.

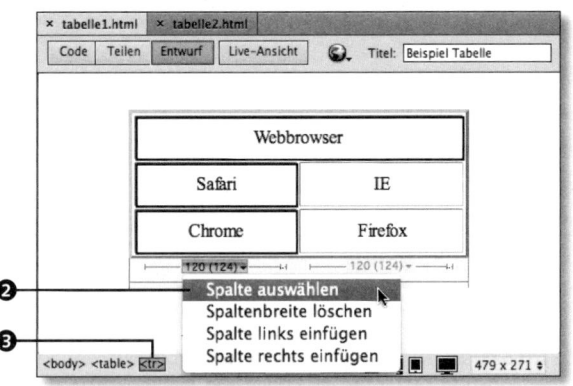

Abbildung 14.12 ▶
Auswahl einer Spalte über das Spaltenmenü

▶ **In der Tag-Leiste**

Klicken Sie in die Zeile, die Sie markieren möchten, und anschließend im unteren Fensterrahmen in der Statusleiste auf `<TR>` ❸. Diese Technik wird gerne von Anwendern mit HTML-Kenntnissen verwendet.

Das Markieren von einzelnen oder mehreren Tabellenzellen funktioniert ähnlich wie in Excel. Um nur eine einzige Zelle auszuwählen, klicken Sie einfach in sie hinein. Die Auswahl wird dann zwar nicht visuell durch einen fetten Rahmen angezeigt, Sie können aber trotzdem die Einstellungen für die Zelle im EIGENSCHAFTEN-Bedienfeld definieren.

Für das Auswählen zusammenhängender Tabellenzellen ziehen Sie die Maus einfach über die gewünschten Zellen ❹.

Mehrere einzelne Zellen markieren

Sie können auch mehrere vereinzelte Tabellenzellen markieren, indem Sie [Strg]/[cmd] drücken und dabei mit der Maus nacheinander auf die gewünschten Tabellenzellen klicken.

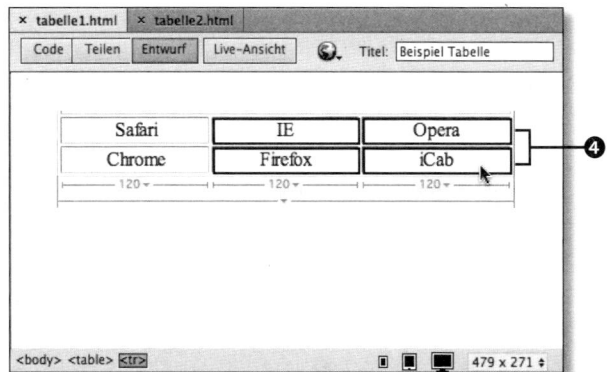

◄ **Abbildung 14.13**
Markieren von mehreren Tabellenzellen

Einstellungen für Tabellenbereiche

Unabhängig davon, ob Sie ganze Zeilen oder nur eine einzelne Zelle ausgewählt haben, wird immer das gleiche EIGENSCHAFTEN-Bedienfeld angezeigt. Dieses ist in zwei Bereiche aufgeteilt. Über den oberen Bereich können Sie die Inhalte formatieren und verlinken. Auf diese Einstellungsmöglichkeiten sind wir bereits in Kapitel 11, »Texte eingeben und strukturieren«, eingegangen.

▼ **Abbildung 14.14**
Obere Hälfte des EIGENSCHAFTEN-Bedienfelds, wenn Tabellenbereiche markiert sind

Im unteren Bereich können Sie Tabelleneinstellungen wie Ausrichtung und Hintergrundfarbe auswählen (siehe Abbildung 14.15).

▲ **Abbildung 14.15**
Unterer Bereich des EIGENSCHAFTEN-Bedienfelds bei ausgewählten Tabellen-
bereichen

Unterer Bereich nicht sichtbar?

Falls der untere Bereich des EIGENSCHAFTEN-Bedienfelds nicht sichtbar ist, klicken Sie auf das kleine Dreieck rechts unten in der oberen Hälfte des Fensters, um den unteren Bereich einzublenden.

Breitenwerte für Spalten festlegen

Unterhalb der Tabelle und unterhalb der einzelnen Spalten werden die Breitenwerte angezeigt. Falls Sie unter einer Spalte noch keinen Wert sehen, so haben Sie für diese noch keine Breite festgelegt.

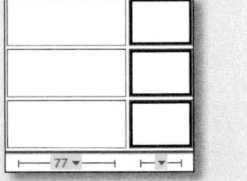

Folgende Einstellungen können Sie im unteren Bereich des EIGEN-
SCHAFTEN-Bedienfelds vornehmen:

▸ Sie können den Inhalt (Text, Grafik usw.) von Tabellenzellen sowohl horizontal als auch vertikal ❶ ausrichten. Horizontal können Sie für den Inhalt LINKSBÜNDIG, MITTIG oder RECHTS-BÜNDIG festlegen. Vertikal stehen Ihnen OBEN, MITTE, UNTEN und GRUNDLINIE zur Verfügung. Die Einstellung VERTIKAL sollten Sie jedoch nicht einsetzen, da sie nicht in allen Browsern funktioniert.

▸ Unter B (Breite) und H (Höhe) ❷ können Sie die Breite und Höhe der Tabellenbereiche verändern. Einfacher ist es jedoch, wenn Sie die Breiten und Höhen mit der Maus anpassen.

▸ Das Kontrollfeld KEIN UMBRUCH ❸ verhindert, dass der Inhalt automatisch umbrochen wird. Dies funktioniert jedoch nur, wenn in der Tabellenzelle keine Breite angegeben wurde. In der Praxis wird diese Einstellung so gut wie nie eingesetzt.

▸ Tabellenbereiche, die als Überschriften dienen, sollten als KOPFZEILE ❹ markiert werden. Wie sie dann formatiert werden, können Sie mit Cascading Stylesheets festlegen. Ohne spezielle Formatierung werden Kopfzeilen zentriert und in fetter Schrift dargestellt.

▸ Die Hintergrundfarbe der markierten Tabellenbereiche stellen Sie mit HGF (**H**inter**g**rund**f**arbe) ❺ ein.

Tabellenzellen gruppieren

In komplexeren Tabellen werden oft mehrere Zellen zu einer Zelle zusammengefasst. Dies ist notwendig, wenn zum Beispiel eine Beschriftung über mehrere Spalten hinweg verlaufen soll. Um Zellen zu gruppieren, gehen Sie wie folgt vor:

Schritt für Schritt
Tabellenzellen gruppieren

1 Tabellenzellen für Gruppierung auswählen

Markieren Sie zunächst die Tabellenzellen, die Sie zusammen-
fassen möchten.

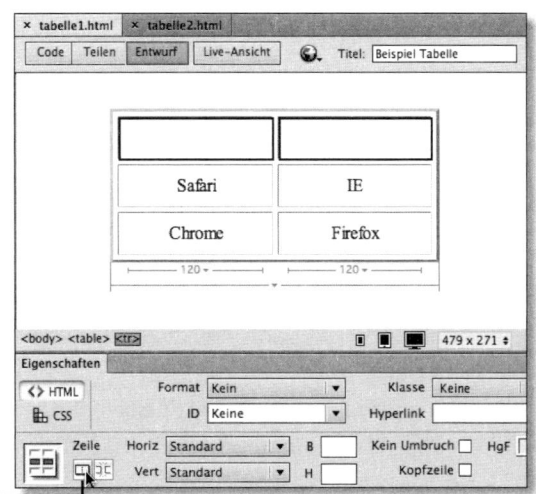

◄ **Abbildung 14.16**
Tabellenzellen markieren

2 Tabellenzellen zusammenfassen

Klicken Sie auf das Symbol ❷, um die markierten Zellen zu verbinden. Sie können nun in der zusammengefassten Zelle Inhalte
eingeben.

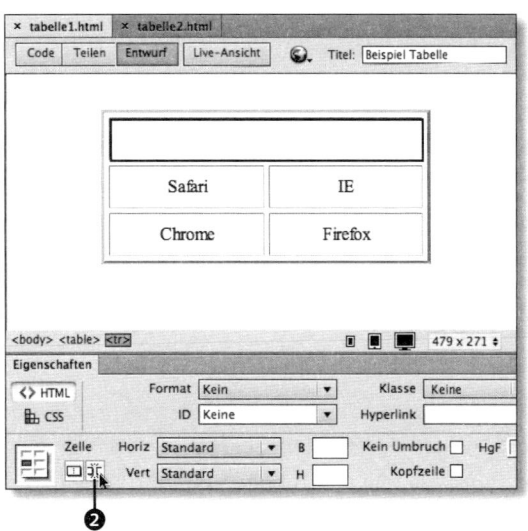

◄ **Abbildung 14.17**
Tabellenzellen zusammen-
fassen

3 Tabellenzellen trennen

Um eine Tabellenzelle wieder in ihre Ausgangszellen zu zerlegen, wählen Sie einfach die entsprechende gruppierte Zelle aus und klicken auf das Symbol ❷.

Spalten und Zeilen hinzufügen und löschen

Um eine Spalte oder Zeile hinzuzufügen, gibt es in Dreamweaver mehrere Möglichkeiten:

▶ Über die rechte Maustaste (Windows) oder [ctrl] + Maustaste (Mac): Positionieren Sie die Maus auf der Tabelle, und wählen Sie über das Kontextmenü der Maus den Menüpunkt TABELLE aus.

▶ Über die [⇥]-Taste: Wenn Sie die Einfügemarke in der untersten rechten Zelle positionieren und dann die Taste [⇥] drücken, wird automatisch eine neue Zeile hinzugefügt.

▶ Über das Spaltenmenü: Unterhalb einer jeden Spalte befindet sich ein Spaltenmenü, über das Sie neue Spalten hinzufügen können.

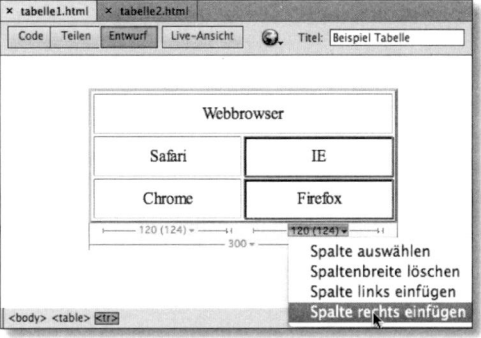

Abbildung 14.18 ▶
Eine Spalte kann über den kleinen Pfeil eingefügt werden.

Um eine Spalte oder Zeile zu löschen, markieren Sie einfach die Spalte oder die Zeile und drücken die Taste [Entf].

14.5 Tabellen sortieren

Mit Dreamweaver können Sie Tabellen auch ganz einfach sortieren. Wählen Sie zuerst die Gesamttabelle aus, und klicken Sie dann auf BEFEHLE • TABELLEN SORTIEREN. Im sich öffnenden Dialogfenster legen Sie anschließend fest, nach welcher Spalte die Tabelle sortiert werden soll.

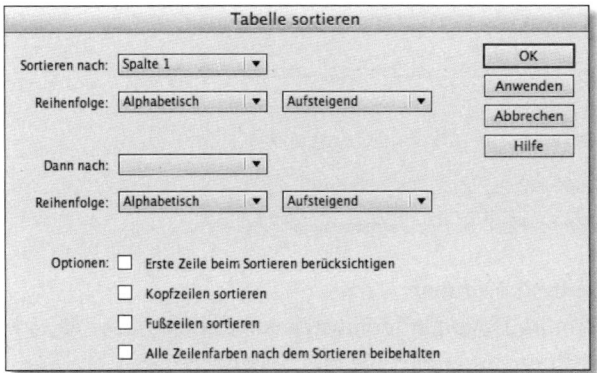

◄ **Abbildung 14.19**
Sortieren von Daten über die Funktion TABELLE SORTIEREN

14.6 Tabellen mit CSS gestalten

Tabellen sehen ohne CSS wenig ansprechend aus. Im folgenden Beispiel werden Sie erfahren, wie Sie in wenigen Schritten eine professionell aussehende Tabelle erstellen.

Schritt für Schritt
CSS zu einer Tabelle hinzufügen

1 Neue CSS-Datei erstellen
Wir werden zunächst eine neue leere CSS-Datei erstellen. Wechseln Sie zunächst in die Code-Ansicht. Öffnen Sie dann das Bedienfeld CSS-DESIGNER (Menü FENSTER), klicken Sie auf das Plussymbol ❶, und wählen Sie NEUE CSS-DATEI ERSTELLEN aus.

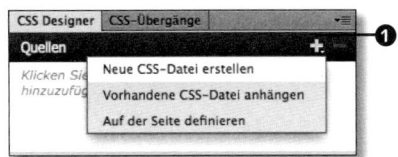

◄ **Abbildung 14.20**
Neue CSS-Datei erstellen

Geben Sie als Dateinamen z. B. »tabellen.css« an. Es ist wichtig, dass Sie die Option VERKNÜPFUNG ❷ (siehe Abbildung 14.21)

aktiviert haben. Eventuell müssen Sie noch unter Durchs. einen
Dateiordner angeben. Bestätigen Sie mit OK.

Abbildung 14.21 ▸
Dateinamen angeben, z. B.
»tabellen.css«

2 CSS-Quelltext einfügen

Klicken Sie nun im Dokumentenfenster auf »tabellen.css« ❸, um
die Datei zu öffnen, und fügen Sie nun folgenden CSS-Code ein.

```
table { border-collapse: collapse; width: 600px;}
th, td { border: 1 px solid #FFF; }

th { background-color: #000; color: #fff;
}

tr:nth-of-type(even){ background-color: #F3F3F3;
}

tr:nth-of-type(odd) { background-color:#ddd;
}
```

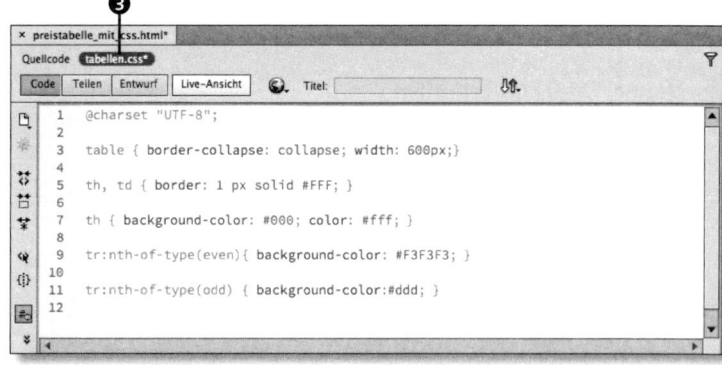

Abbildung 14.22 ▸
Code-Ansicht der CSS-Datei
»tabellen.css«

Der CSS-Code definiert u. a. die Breite der Tabelle, die Linienstärke
und die Hintergrundfarben der Zeilen.

3 Live-Ansicht

Wechseln Sie nun wieder in die Entwurfsansicht ❹. Erst wenn Sie in die. Live-Ansicht ❺ wechseln, sehen Sie den gesamten Effekt, den unsere neue CSS-Datei erzielt hat.

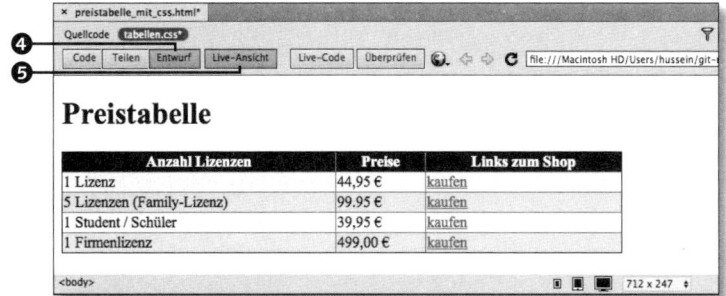

◄ **Abbildung 14.23**
Tabelle in der Live-Ansicht

4 CSS mit CSS-Designer bearbeiten

Falls Ihnen das Design nicht zusagt, können Sie noch Anpassungen an der CSS-Datei vornehmen. Am einfachsten öffnen Sie dazu das Bedienfeld CSS-DESIGNER. Um z. B. die Hintergrundfarbe der ersten Zeile der Tabelle zu ändern, klicken Sie auf TH unter SELEKTOREN und wählen unter BACKGROUND-COLOR unter EIGENSCHAFTEN eine passende Farbe aus.

Analog kann auch die Hintergrundfarbe der geraden Zeilen über den Selektor TR:NTH-OF-TYPE(EVEN) und der ungeraden Zeilen über den Selektor TR:NTH-OF-TYPE(ODD) geändert werden.

In Kapitel 9 erfahren Sie mehr zu den Einstellmöglichkeiten des CSS-DESIGNERS.

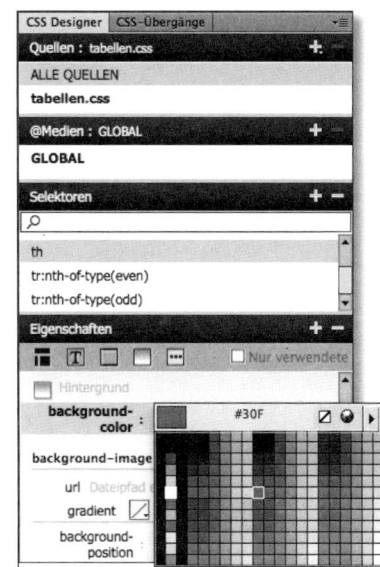

◄ **Abbildung 14.24**
Ändern der Hintergrundfarbe im CSS-Designer

Kapitel 15

Hyperlinks einsetzen
So halten Sie Ihre Website mit Verknüpfungen zusammen

- ▸ Wie funktionieren Hyperlinks überhaupt?
- ▸ Was sind interne und externe Links?
- ▸ Wie ermögliche ich eine Navigation mit Ankerpunkten?
- ▸ Wie richte ich E-Mail- und Download-Links ein?
- ▸ Wie funktionieren Imagemaps?

15 Hyperlinks einsetzen

Ohne Hyperlinks würde das Web nicht funktionieren, denn dass man Seiten miteinander verknüpft, ist das Besondere am WWW. In diesem Kapitel lernen Sie verschiedene Arten von Hyperlinks kennen: angefangen bei einfachen Links zwischen den Seiten einer Site über Hyperlinks zwischen verschiedenen Sites bis hin zu automatischen Weiterleitungen.

15.1 Navigieren mit Hyperlinks

Jeder, der schon einmal im Internet gesurft hat, kennt Hyperlinks. Sie fallen in unterschiedlichen Formen ins Auge, wenn Sie auf eine Seite kommen: Es gibt zum Beispiel die ganz normalen, blau unterstrichenen Hyperlink-Texte oder verlinkte Bilder, wie bei Navigations-Schaltflächen. Hyperlinks sind jedoch nicht immer als solche erkennbar. Mit Cascading Stylesheets kann man ihr Aussehen leicht verändern und die Unterstreichung abstellen sowie ihre typische blaue Farbe verändern. Manchmal wird ein solcher Hyperlink erst sichtbar, wenn Sie mit der Maus über ihn fahren und sich die Buttongrafik per Rollover-Effekt oder der Mauspfeil verändert.

Hyperlinks und JavaScript

Es gibt Hyperlinks, die nur in Zusammenarbeit mit der Skriptsprache JavaScript funktionieren. Dazu gehören zum Beispiel der Zurück-Link, der zur vorher besuchten Seite führt, und das Öffnen einer neuen Webseite in einem neuen Fenster mit festlegbarer Größe. Hyperlinks mit JavaScript behandeln wir in Kapitel 16, »Interaktivität mit JavaScript und jQuery UI«.

Funktionsweise von Hyperlinks

Hyperlinks werden nicht nur eingesetzt, um einzelne Webseiten miteinander zu verknüpfen. Eine andere Anwendungsmöglichkeit sind E-Mail-Links, bei denen sich automatisch das E-Mail-Programm des Benutzers öffnet, wenn er auf den Link klickt. Auch Download-Links, über die man Dateien herunterladen kann, kommen häufig zum Einsatz.

Hyperlinks benötigen nicht immer einen Klick durch den Benutzer, sie können auch automatisch ausgelöst werden. So besteht sogar die Möglichkeit, eine Weiterleitung in die Webseite zu integrieren, bei der der Benutzer ohne eigenes Zutun automatisch nach einer voreingestellten Zeit auf eine andere Seite geleitet wird.

Das Wichtigste: die URL

Das Ziel, auf das ein Hyperlink verweist, wird durch eine sogenannte *URL* (Uniform Resource Locator) angegeben. Die URL ist das, was Sie bei einer Seite in der Adressleiste des Webbrowsers sehen. Wenn Sie zum Beispiel dort nur »google.de« tippen, wird Ihre Eingabe automatisch in die vollständige URL *http://www. google.de* umgewandelt.

Wenn Sie auf einen Link klicken, gelangen Sie zu einer neuen Webseite, die in der Adressleiste als URL angezeigt wird. Anhand des Google-Beispiels *http://www.google.de/intl/de/help.html* wollen wir uns den Aufbau einer URL genau anschauen:

▸ **http**

Der erste Teil der URL gibt das Protokoll an, über das der Webbrowser mit dem Webserver kommuniziert. **http** (Hypertext Transfer Protocol) ist das Standardprotokoll im Web. **https** (Hypertext Transfer Protocol Secure) ist das Protokoll für verschlüsselte Datenübertragungen (zum Beispiel für Bestellformulare mit Kreditkarteninformationen). **ftp** (File Transfer Protocol) ist für die Übertragung von ganzen Dateien zuständig.

▸ **www.google.de**

Dieser Teil gibt die Adresse des Webservers an. Er entspricht der Domain mit Subdomain und Top-Level-Domain. Statt des Domainnamens kann auch die IP-Adresse des Servers angegeben werden (zum Beispiel 66.102.11.99 bei Google).

▸ **/intl/de/**

Dieser Teil gibt das Verzeichnis an, in dem sich die Datei der Webseite auf dem Webserver befindet. In diesem Fall liegt die Datei »help.html« im Verzeichnis DE, das sich wiederum in einem Ordner namens INTL befindet.

▸ **help.html**

Dies ist der Name der im Browser angezeigten Datei. Es handelt sich hier um eine HTML-Seite – zu erkennen an der Dateiendung. Es sind auch andere Dateitypen möglich, wie zum Beispiel PHP, JSP, ASP und viele weitere.

15.2 Hyperlinks anlegen in Dreamweaver

Wir werden in diesem Kapitel verschiedene Arten von Hyperlinks in Dreamweaver anlegen. Öffnen Sie dafür entweder eine vorhandene Webseite aus unserer Site *djay Übungen*, oder erstellen Sie eine neue Seite.

Sowohl Text- als auch Bildelemente können mit Hyperlinks hinterlegt werden. Wenn Sie in Dreamweaver im Dokumentenfenster einen Text oder ein Bild auswählen, können Sie im EIGEN-SCHAFTEN-Bedienfeld das Ziel der Verknüpfung einstellen. Das EIGENSCHAFTEN-Bedienfeld bietet unterschiedliche Funktionen an, je nachdem, ob Sie Text (Abbildung 15.1) oder ein Bild (Abbildung 15.2) selektieren. Die Funktion HYPERLINK bleibt jedoch immer dieselbe.

Abbildung 15.1 ▶
Das EIGENSCHAFTEN-Bedienfeld, nachdem ein Text markiert wurde – unter HYPERLINK ❶ definieren Sie die Verknüpfung.

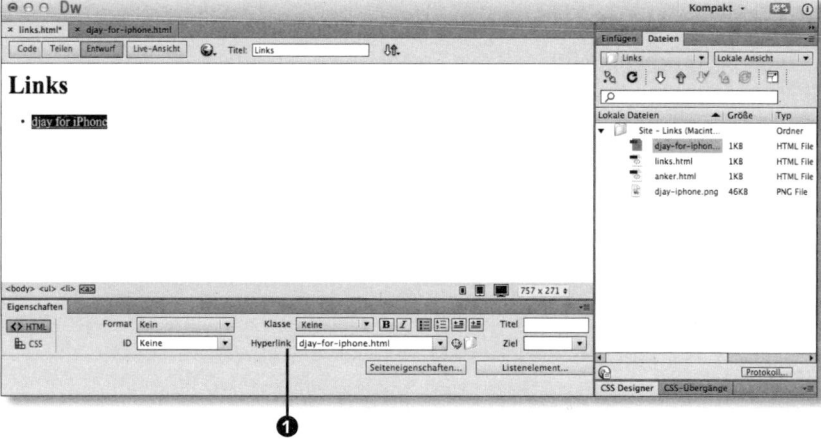

Abbildung 15.2 ▶
Das EIGENSCHAFTEN-Bedienfeld, nachdem ein Bild markiert wurde – die Funktion HYPERLINK ❷ bleibt dieselbe.

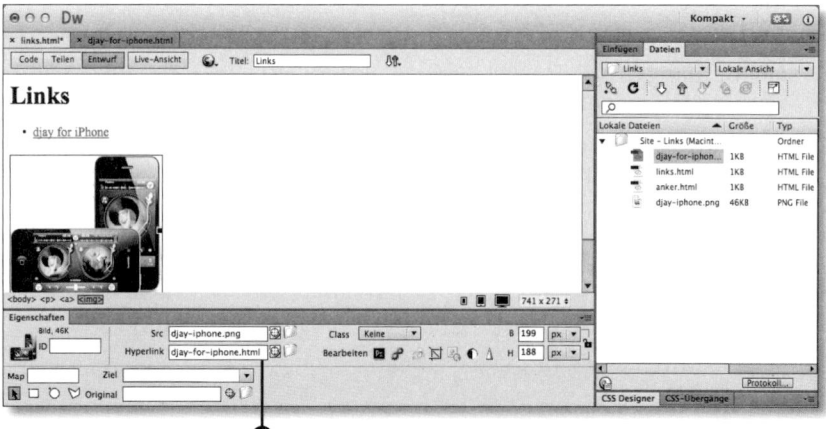

Externe und interne Hyperlinks

Wenn Sie einen Link zu einer externen Website anlegen möchten, geben Sie einfach deren vollständige URL in das Textfeld ❶ bzw. ❷ ein (zum Beispiel *http://www.dwbuch.de*). Achten Sie hierbei unbedingt darauf, dass Sie am Anfang »http://« eingeben. Solche Links werden als *absolute Links* bezeichnet.

Sie können auch Links auf lokale Webseiten, also zu Seiten innerhalb derselben Website, in das Textfeld eingeben. Solche internen Hyperlinks werden *relative Links* genannt – nicht der absolute Pfad der Zielseite wird darin angegeben, sondern nur der relative Pfad.

Um einen internen Link zu einer anderen Webseite der Site zu erstellen, gibt es in Dreamweaver zwei praktische Methoden. Wählen Sie für beide immer zuerst das Bild oder das Textelement aus, das Sie verlinken wollen.

▶ Methode 1: Klicken Sie dann auf das Ordnersymbol ❹, um die Zielseite im Dateibrowser auszuwählen. Dreamweaver legt dann einen entsprechenden relativen Pfad in Ihrem HTML-Dokument an.

▶ Methode 2: Das Fadenkreuz ❸. Ziehen Sie dieses einfach in das Bedienfeld DATEIEN und auf das Dokument, das die Zieldatei für den Hyperlink sein soll. Wenn Sie die Maus loslassen, erstellt Dreamweaver den Link automatisch. Eine sehr praktische Methode.

Absolute und relative Pfadangaben

Absolute Pfadangaben zeigen den ganzen Weg zu einer Datei an und beginnen mit dem Rechnernamen oder der Domain einer Seite. *Relative Pfadangaben* geben nur den Weg von der Ausgangsdatei an, von der aus verlinkt wird. Über »..« springen Sie ein Verzeichnis zurück. In ein Schwesterverzeichnis gelangen Sie also so: *../Mutter/ Schwester/Zieldatei.html*.

▼ **Abbildung 15.3**
Text für den Hyperlink auswählen und Hyperlink-Fadenkreuz auf die Zieldatei ziehen

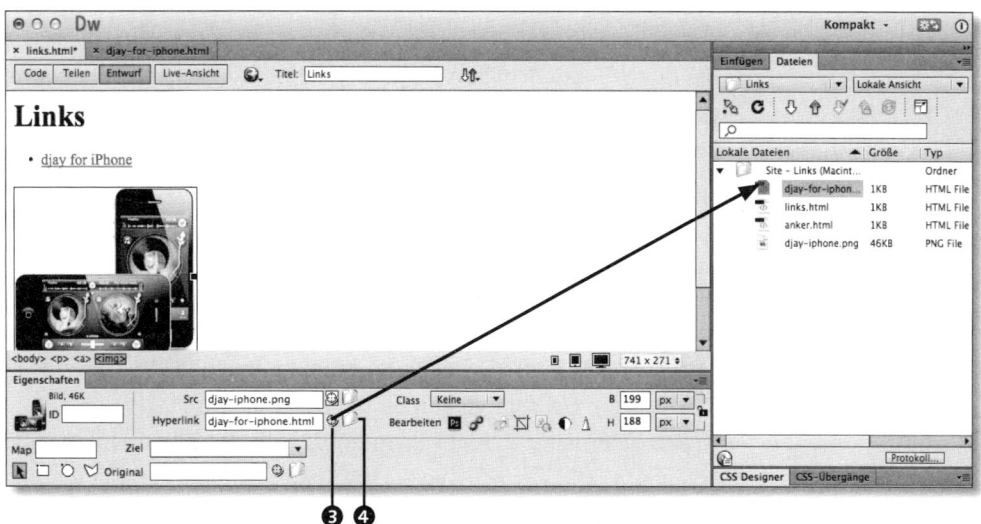

Löschen von Hyperlinks

Um einen Hyperlink zu entfernen, markieren Sie einfach den Text oder das Bild, für das der Hyperlink definiert ist, und löschen dann im EIGENSCHAFTEN-Bedienfeld den Eintrag unter HYPERLINK. Alternativ wählen Sie im Menü MODIFIZIEREN • HYPERLINK ENTFERNEN.

Seite in neuem Fenster öffnen

Normalerweise wird die aktuelle Seite durch den Klick auf einen Hyperlink ersetzt. Es ist aber auch möglich, dass die neue Seite sich in einem neuen Fenster (Popup-Fenster genannt) öffnet. Das ist z.B. bei der Anzeige von AGBs üblich.

▼ **Abbildung 15.4**
Wählen Sie bei ZIEL die Option _BLANK aus, um den Link in einem neuen Fenster zu öffnen.

Markieren Sie dazu einen Hyperlink (Text oder Grafik), und wählen Sie im EIGENSCHAFTEN-Bedienfeld unter ZIEL ❶ die Option _ BLANK aus.

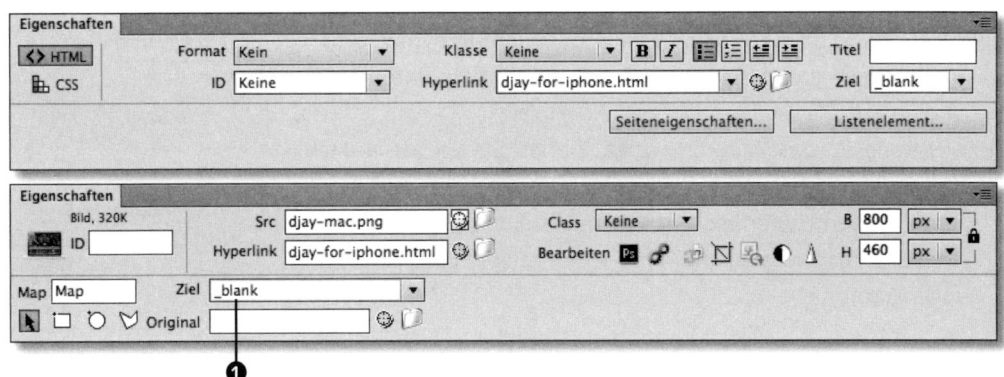

Bei dieser Technik haben Sie jedoch keine Möglichkeit zu steuern, wie groß das neue Fenster ist. In Kapitel 16, »Interaktivität mit JavaScript und jQuery UI«, zeige ich, wie Sie das Problem in den Griff bekommen.

Links innerhalb einer Webseite

Mit Hyperlinks können Sie nicht nur zu anderen Webseiten verlinken, sondern auch zu Stellen innerhalb derselben Webseite. Dies ist vor allem bei sehr langen Seiten sinnvoll.

Um einen Link zu einer Stelle innerhalb desselben Dokuments anlegen zu können, müssen Sie die Stellen, auf die verlinkt werden soll, zunächst mit sogenannten *Ankerpunkten* markieren. Diese können Sie dann als Zielpunkt in einem Hyperlink verwenden.

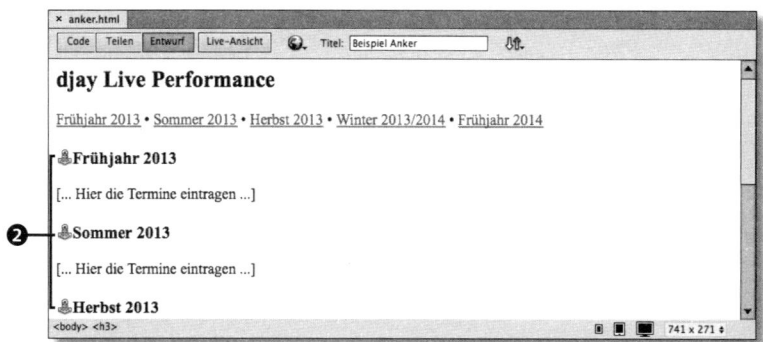

◀ **Abbildung 15.5**
Die Ankerpunkte ❷ dienen
als Sprungmarken, zu denen
die Hyperlinks verweisen.
Sie sind nur in Dreamweaver
sichtbar, nicht etwa im
Browser.

Schritt für Schritt
Ankerpunkte anlegen und darauf verlinken

1 Zielelement auswählen

Um einen Ankerpunkt anzulegen, setzen Sie die Einfügemarke an
die gewünschte Stelle ❸. Achten Sie dabei darauf, dass Sie die
Einfügemarke wirklich nur setzen und nicht etwa ein Wort oder
Bild markieren.

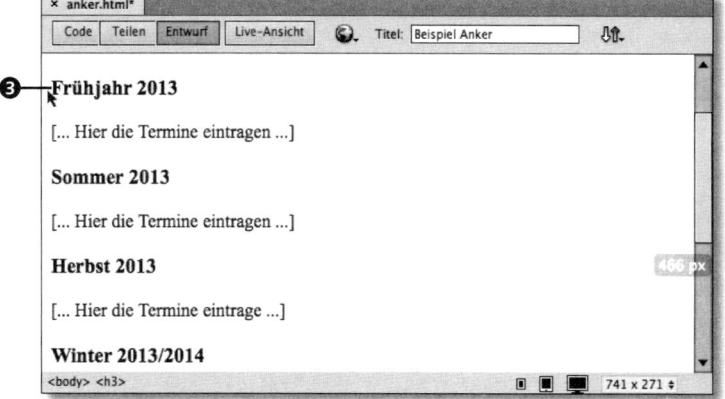

◀ **Abbildung 15.6**
Einfügemarke setzen

2 Ankerpunkt anlegen

Nun müssen wir per Hand etwas HTML-Code eingeben. Wechseln
Sie dazu in die Code- oder Teilen-Ansicht, und geben Sie folgenden Code ein: `<a name="fruehjahr_2013"></a>`

Verwenden Sie für den Namen keine Leer- oder Sonderzeichen,
sondern nur Buchstaben (keine Umlaute), Zahlen und Unter-

Funktion entfernt

In Dreamweaver CS6 und
früheren Versionen konn-
te man einen Ankerpunkt
einfach über das Menü
Einfügen • Benannter
Ankerpunkt einfügen.
Warum Adobe diese
Funktion entfernt hat, ist
mir unklar.

striche. Außerdem muss der Ankername mit einem Buchstaben beginnen. Klicken Sie dann auf OK.

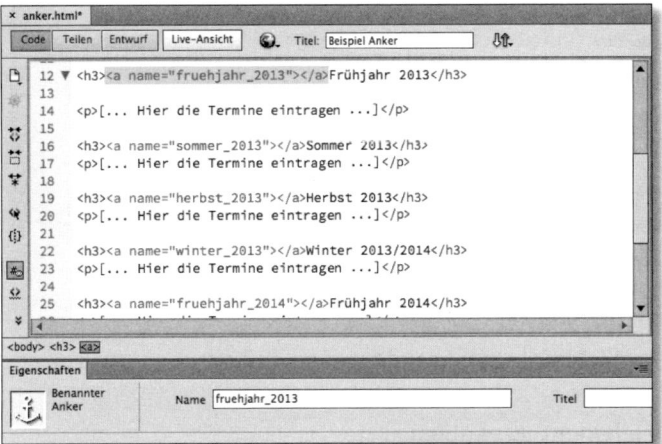

3 Ankerpunkte im Dokumentenfenster anzeigen

Ankerpunkte werden im Dokumentenfenster mit kleinen gelben Ankern gekennzeichnet. Ihre jeweiligen Namen können Sie im EIGENSCHAFTEN-Bedienfeld ablesen, wenn Sie die Ankerpunkte anklicken.

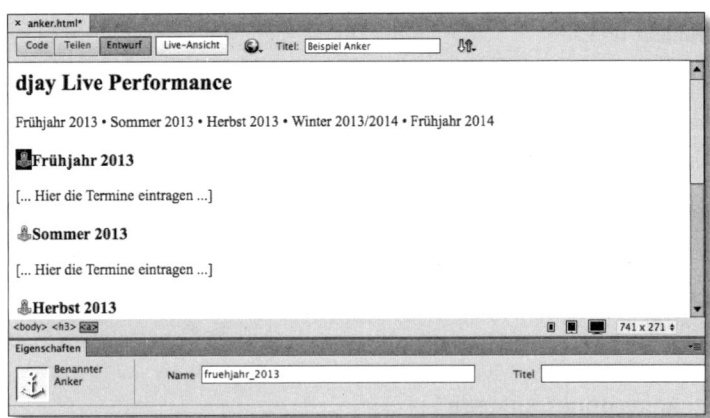

4 Hyperlink anlegen

Nachdem Sie einen Ankerpunkt erstellt haben, können Sie einen Hyperlink anlegen, der auf den Ankerpunkt verweist. Wählen Sie dafür das Element auf Ihrer Seite aus, das ein anklickbarer Link werden soll.

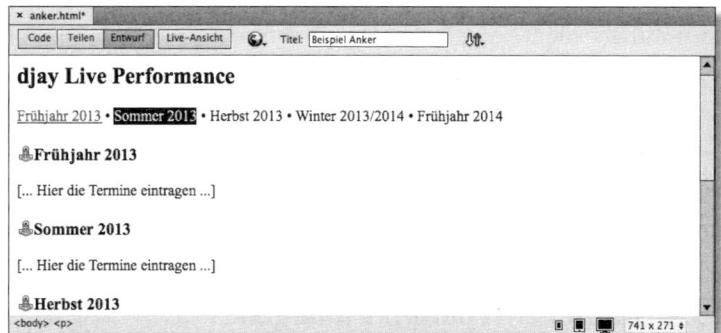

◀ **Abbildung 15.9**
Legen Sie den Link fest, der auf den Ankerpunkt verweisen soll.

5 Fadenkreuz auf Ankerpunkt ziehen

Gehen Sie mit der Maus in das EIGENSCHAFTEN-Bedienfeld, und ziehen Sie das Fadenkreuz neben HYPERLINK auf den Ankerpunkt.

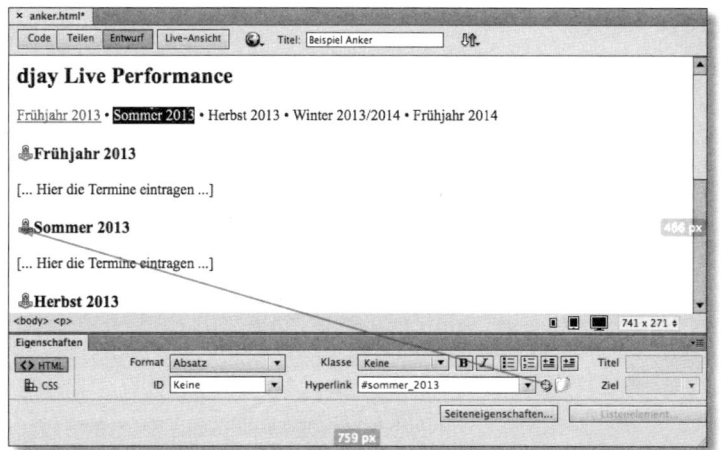

◀ **Abbildung 15.10**
Ziehen Sie das Fadenkreuz auf den Ankerpunkt.

6 Ankerpunkte prüfen

Im Feld HYPERLINK des Beispiels wird der Name des Ankerpunktes, #SOMMER _ 2013, angezeigt. Das Rautenzeichen gibt an, dass es sich um einen benannten Ankerpunkt handelt. Wenn Sie nun auf den Link klicken, springt die Anzeige im Browser automatisch an die Stelle, auf die der Hyperlink verweist.

Auf benannte Anker können Sie nicht nur von derselben Seite aus verlinken, sondern auch von anderen Seiten oder gar anderen Websites aus. Die einzige Voraussetzung ist, dass die entsprechenden Ankerpunkte im Zieldokument angelegt sind. Außerdem können Sie dann nicht die Fadenkreuz-Methode anwenden, sondern müssen den Namen des Dokuments und des Ankerpunktes wie folgt im Feld HYPERLINK eingeben: URL#ANKERNAME. Um zum Beispiel von der eigenen Webseite auf die Wikipedia-Seite zum Begriff »Internet« auf den Anker »Geschichte« zu verlinken, geben Sie im Feld HYPERLINK »http://de.wikipedia.org/wiki/Internet#Geschichte« ein.

15.3 Spezielle Hyperlinks anlegen

Leerer Link ohne Auswirkung

Bei einigen Browsern haben leere Links eine unschöne Nebenwirkung: Klickt man auf sie, scrollt das Fenster einfach an den Seitenkopf. Um diesen Effekt zu vermeiden, können Sie statt der Raute auch den Ausdruck »JavaScript:« eingeben. Damit wird dieser Effekt vermieden.

Kommen wir nun zu einigen Sonderfällen von Links, die häufig in Webseiten integriert werden.

Leere Links

Während der Erstellung einer Website kommt es häufig vor, dass Sie einen Link zu einer Webseite erstellen möchten, die noch nicht vorhanden ist. In einem solchen Fall können Sie einfach einen leeren Link (auch *Dummy-Link* genannt) anlegen.

Geben Sie dazu im EIGENSCHAFTEN-Bedienfeld unter HYPERLINK statt der URL nur ein Rautenzeichen (#) ein.

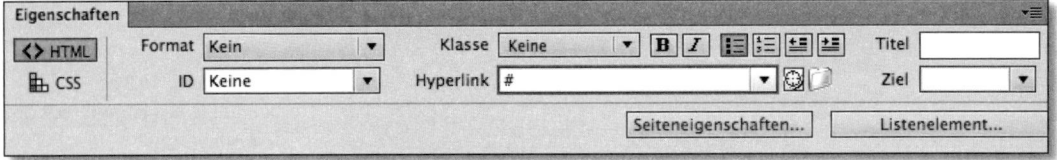

▲ **Abbildung 15.11**
Einen leeren Link (ohne Auswirkung) erstellen Sie am besten durch den Eintrag »#« im Feld HYPERLINK.

E-Mail-Links

Über Hyperlinks können Sie nicht nur Webseiten miteinander verknüpfen, sondern auch Webseiten mit E-Mail-Adressen. Klickt der Besucher auf einen solchen Link, wird automatisch ein E-Mail-Programm mit einem Mailfenster geöffnet, in dem bereits die Adresse des Empfängers eingetragen ist.

Sie haben in Dreamweaver zwei Möglichkeiten, E-Mail-Links zu erstellen. Markieren Sie für beide Wege zunächst das Element, das als Link fungieren soll. Für einen E-Mail-Link kann das etwa ein Foto oder ein Name sein.

1. Geben Sie nun im E<small>IGENSCHAFTEN</small>-Bedienfeld unter H<small>YPERLINK</small> die E-Mail-Adresse an, und schreiben Sie davor »mailto:«. Achten Sie darauf, dass Sie an dieser Stelle kein Leerzeichen eingeben, sonst funktioniert der Link später nicht.

▼ **Abbildung 15.12**
Ein E-Mail-Link

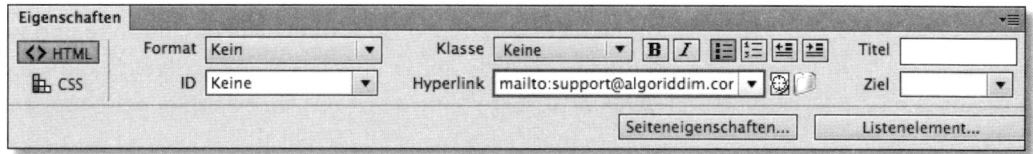

2. Der zweite Weg führt über den Menübefehl E<small>INFÜGEN</small> • E-M<small>AIL</small>-V<small>ERKNÜPFUNG</small>. Dazu müssen Sie nur die Einfügemarke an die gewünschte Stelle im Dokument setzen und das Menü aufrufen. Es erscheint ein Dialogfenster, in dem Sie den zu verlinkenden Text und die E-Mail-Adresse eingeben. Nach dem Anklicken der OK-Schaltfläche erstellt Dreamweaver einen Link mit *mailto:*, gefolgt von der E-Mail-Adresse.

▲ **Abbildung 15.13**
Über E<small>INFÜGEN</small> • E-M<small>AIL</small>-V<small>ERKNÜPFUNG</small> können Sie ganz einfach E-Mail-Links erstellen.

Testen Sie die Webseite im Browser, indem Sie zum Beispiel im Menü D<small>ATEI</small> • V<small>ORSCHAU IM</small> B<small>ROWSER</small> auswählen. Wenn Sie jetzt auf den E-Mail-Link klicken, sollte sich Ihr Mailprogramm öffnen und die E-Mail-Adresse, die Sie eingetragen haben, in der neuen Nachricht als Empfängeradresse erscheinen.

Mailfenster mit vordefinierter Betreffzeile

Wenn auf einen E-Mail-Link geklickt wird, öffnet sich das E-Mail-Programm mit einer leeren Nachricht, in der bereits die Empfängeradresse eingetragen ist. Sie können auch die Betreffzeile der E-Mail festlegen, indem Sie unter H<small>YPER</small>-<small>LINK</small> im E<small>IGENSCHAFTEN</small>-Bedienfeld den Link folgendermaßen ergänzen:
mailto:webmaster@djay-software.com?subject= Anfrage
Die Bezeichnung *subject* steht dabei für den Betreff (»Anfrage« in unserem Beispiel).

◄ **Abbildung 15.14**
Nach einem Klick auf den E-Mail-Link wird automatisch ein Fenster mit bereits eingetragener Mailadresse geöffnet.

Imagemaps

In Dreamweaver ist es nicht nur möglich, ein Bild als Ganzes zu verlinken, sondern auch ausgewählte Bildbereiche. Solche komplex verlinkten Bilder tragen die Bezeichnung *Imagemaps* oder *Hotspots*.

Mit Imagemaps können Sie Bildbereiche durch Kreise und Vielecke innerhalb eines Bildes definieren. Jeder Bereich kann separat verlinkt werden. Sinnvoll ist das zum Beispiel bei Gruppenfotos, in denen jede Person auf dem Bild anders verlinkt werden soll.

Schritt für Schritt
Eine Imagemap erstellen

1 Bild auswählen

Wählen Sie zuerst ein Bild im Dokumentenfenster aus, für das die Imagemap erstellt werden soll.

2 Form des zu verlinkenden Bereichs auswählen

Im Eigenschaften-Bedienfeld stehen Ihnen drei Formen für Imagemaps zur Verfügung: ein Rechteck ❷, ein Kreis ❸ und ein Vieleck ❹. Mit dem Pfeilsymbol ❶ können Sie die gezeichneten Elemente verschieben bzw. deren Größe anpassen.

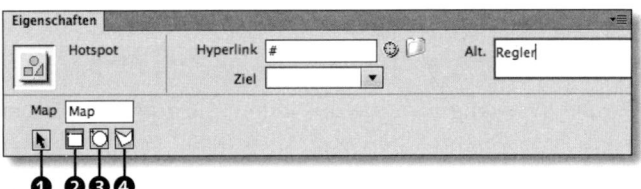

▲ **Abbildung 15.15**
Formen von Imagemaps

3 Bereich in das Bild zeichnen

Zeichnen Sie mit dem ausgewählten Werkzeug den Bereich ❺ auf das Bild, der verlinkt werden soll. Dieser ist nur während der Bearbeitung in Dreamweaver sichtbar. Mit dem Pfeil können Sie den Bereich dann exakt anpassen und an die richtige Stelle verschieben.

▲ **Abbildung 15.16**
Imagemaps erstellen

4 Zieladresse für Hyperlink angeben

Im EIGENSCHAFTEN-Bedienfeld geben Sie nun die Zieladresse für den Hyperlink ein. Sie können zu einer Webseite oder zu einer E-Mail-Adresse verlinken.

5 Wiederholen

Wiederholen Sie die Schritte 2 bis 4 für weitere Bereiche, und Ihre Imagemap entsteht Bereich für Bereich.

Download-Links

Sie können für Ihre Besucher nicht nur Verweise auf Webseiten, Ankerpunkte oder E-Mail-Adressen anlegen, sondern auch auf Dateien, wie zum Beispiel PDF- oder Word-Dokumente oder auch komprimierte ZIP-Dateien mit beliebigen Inhalten. Diese kann der Benutzer dann über das Internet herunterladen, wenn er den entsprechenden Hyperlink anklickt.

PDF-Dateien im Browser anzeigen

Wenn Sie eine PDF-Datei zum Download anbieten und der Besucher der Webseite auf den Link klickt, wird die PDF-Datei entweder heruntergeladen oder direkt im Browser angezeigt. Die meisten Browser (z. B. Safari, Chrome und Firefox) können direkt PDFs anzeigen. Für einige Browser wie den Internet Explorer wird Adobe Reader benötigt. Sie als Anbieter der Webseite haben keinen Einfluss auf diesen Vorgang. Wenn die PDF-Datei jedoch als ZIP-Datei komprimiert wird, wird sie nicht direkt angezeigt und auf jeden Fall nur zum Download angeboten.

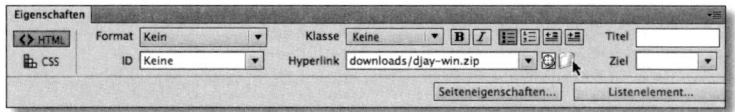

▲ **Abbildung 15.17**
Das Ordnersymbol im Eigenschaften-Bedienfeld

Um eine Datei zum Herunterladen anzubieten, müssen Sie sie zunächst auf den Webserver kopieren. Es ist empfehlenswert, dafür einen neuen Ordner (zum Beispiel mit dem Namen Downloads) innerhalb der Website anzulegen.

Um einen Link zu einer Datei herzustellen, klicken Sie im Eigenschaften-Bedienfeld auf das Ordnersymbol neben Hyperlink und wählen die entsprechende Datei für den Download aus.

Sie sollten darauf achten, dass zum Download angebotene Dateien nicht zu groß sind, und die Dateigröße jeweils auf die Webseite neben den Link schreiben. Je nachdem, welchen Browser der Besucher benutzt, wird ihm nicht unbedingt automatisch mitgeteilt, wie groß die Zieldatei ist und wie lange er voraussichtlich auf den kompletten Download warten muss.

Kapitel 16

Interaktivität mit JavaScript und jQuery UI

So bringen Sie mit JavaScript Bewegung in Ihre Website

- ▸ Wie programmiert man JavaScript?
- ▸ Ein Rollover-Bild mit JavaScript erstellen
- ▸ Wie erstelle ich eigene Skripte in Dreamweaver?
- ▸ Was ist jQuery UI?

16 Interaktivität mit JavaScript und jQuery UI

JavaScript ist die Programmiersprache Nummer eins, wenn es darum geht, Webseiten interaktiv zu machen. Mit ihr können Sie Rollover-Bilder einfügen, neue Browserfenster in festen Größen öffnen und Benutzeroberflächen wie Tabs integrieren. Adobe stellt Ihnen dafür verschiedene Möglichkeiten zur Verfügung, die Sie in diesem Kapitel kennenlernen werden.

16.1 Was ist JavaScript?

JavaScript ist eine Programmiersprache, die im Webbrowser ausgeführt wird. Stellen Sie sich ein solches Skript als eine Ansammlung von verschiedenen Befehlen vor, die z. B. durch einen Klick auf einen Hyperlink oder ein anderes Ereignis ausgelöst und abgearbeitet werden. Mit JavaScript lassen sich auch komplexe Anwendungen wie E-Mail-Programme oder auch Spiele entwickeln.

JavaScript in Dreamweaver integrieren

Es gibt in Dreamweaver verschiedene Techniken, JavaScript in eine Seite einzubauen:

▶ Über das Feld HYPERLINK können Sie im EIGENSCHAFTEN-Bedienfeld kurze JavaScript-Befehle eingeben, die ausgeführt werden, wenn der Benutzer auf den Hyperlink klickt. Eine Aufzählung der möglichen Kommandos ist im nächsten Abschnitt.

▶ Über das Menü EINFÜGEN • BILD • ROLLOVER-BILD wird ein Skript in Ihre Webseite integriert, das ein Bild austauscht, sobald mit der Maus darübergefahren wird.

▶ Über FENSTER • VERHALTEN können Sie über 25 JavaScript-Funktionen auswählen und in Ihre Webseite integrieren. JavaScript-Kenntnisse sind hierfür nicht erforderlich. Als Beispiel werden wir in diesem Kapitel einen Link erstellen, der in einem neuen Fenster eine Webseite mit festgelegter Breite und Höhe öffnet.

▶ Mit dem EINFÜGEN-Bedienfeld in der Kategorie JQUERY UI stehen Ihnen 11 Widgets zur Verfügung, mit denen Sie zum Beispiel Tabs in Ihre Webseite einfügen können.

16.2 JavaScript im Eigenschaften-Bedienfeld

Bei der einfachsten Methode, JavaScript direkt in der Webseite zu programmieren, tragen Sie den JavaScript-Code direkt im EIGENSCHAFTEN-Bedienfeld ein.

Um zum Beispiel einen Link zu erstellen, der beim Anklicken ein neues (JavaScript-)Fenster mit einer kurzen Nachricht anzeigt, markieren Sie einfach einen Text oder ein Bild im Dokumentenfenster und geben folgenden JavaScript-Befehl im Feld HYPERLINK ein: `JavaScript:alert('Hallo Welt');`.

▼ **Abbildung 16.1**
Hyperlink mit JavaScript, um ein kleines Fenster mit einer Nachricht anzuzeigen

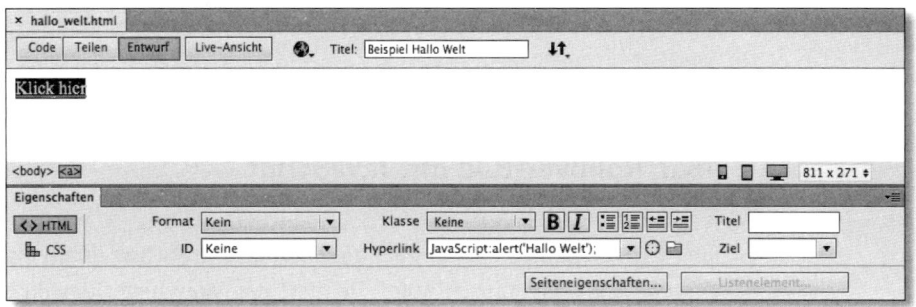

Sie können die Seite nun entweder in einem Webbrowser oder direkt in Dreamweaver mit der Live-Ansicht testen.

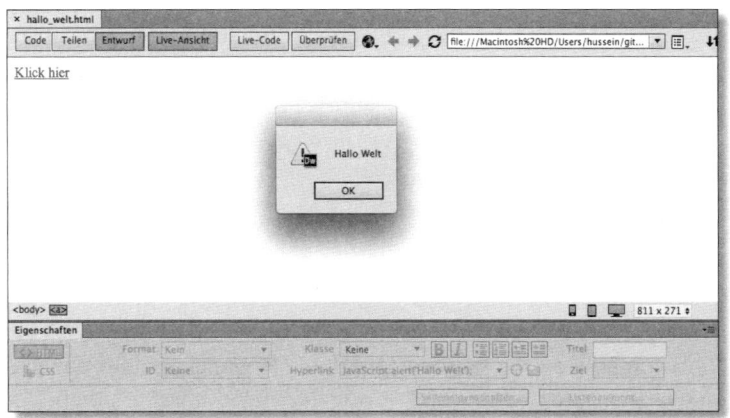

◀ **Abbildung 16.2**
JavaScript-Beispiel mit der Live-Ansicht in Dreamweaver

Syntax von JavaScript

Der Text `JavaScript:` ist erforderlich, damit der Browser den Befehl `history.back()` überhaupt als JavaScript-Funktion erkennt. Das Semikolon trennt mehrere Befehle voneinander. Bei nur einem Befehl wie in unserem Beispiel ist das Semikolon daher nicht erforderlich.

In der folgenden Tabelle finden Sie weitere nützliche JavaScript-Befehle, die Sie auf die gleiche Weise anwenden können.

JavaScript-Befehl	Funktion
`JavaScript:history.back();`	zurück zur vorherigen Seite
`JavaScript:history.forward();`	zur nächsten Seite
`JavaScript:history.go(-2);`	zwei Seiten zurück
`JavaScript:windows.close();`	Fenster schließen
`JavaScript:windows.moveTo(1,1);`	Fenster in Ecke oben links bewegen
`JavaScript:window.moveBy(10,-5);`	Fenster um 10 Pixel nach rechts und 5 Pixel nach oben bewegen
`JavaScript:window.resizeTo(400,200);`	Fenstergröße auf 400 × 200 Pixel einstellen
`JavaScript:window.print();`	aktuelles Fenster drucken

Tabelle 16.1 ▶
JavaScript-Befehle für das Eigenschaften-Bedienfeld

16.3 Rollover-Bild mit JavaScript

Ein Rollover-Bild ist eine Grafik, die bei Mausberührung durch ein anderes Bild ausgetauscht wird. Verlässt der Mauszeiger das Bild, wird wieder das ursprüngliche Bild angezeigt. Dieses Verhalten wird auch als *Hover-Effekt* bezeichnet.

Für die Erstellung eines Rollover-Bildes benötigen Sie zwei exakt gleich große Grafiken. Zudem ist ein Skript nötig, das die Bilder gegeneinander austauscht. Dreamweaver erstellt den Code automatisch über Einfügen • Grafikobjekte • Rollover-Bild wählen.

Schritt für Schritt
Rollover-Bild einfügen

1 Einfügemarke setzen
Setzen Sie, wie beim Einfügen eines normalen Bildes, zunächst die Einfügemarke an die Position im Entwurfsbereich, an der das Bild später angezeigt werden soll.

2 Rollover-Bild einfügen

Wählen Sie EINFÜGEN • BILD • ROLLOVER-BILD.

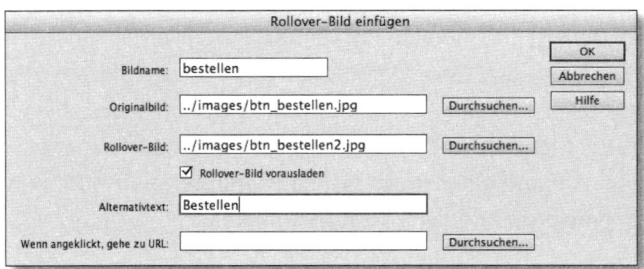

◄ **Abbildung 16.3**
So fügen Sie ein Rollover-Bild ein.

Geben Sie unter BILDNAME einen eindeutigen Namen für den Button ein. Der Bildname ist für den Betrachter der Webseite unsichtbar; er wird nur benötigt, damit das Rollover-Verhalten von Dreamweaver automatisch mit JavaScript programmiert werden kann.

Als ORIGINALBILD wählen Sie jenes Bild aus, das angezeigt werden soll, wenn sich der Mauszeiger nicht über dem Bild befindet. Als ROLLOVER-BILD legen Sie das Bild fest, das angezeigt werden soll, wenn sich der Mauszeiger über dem Bild befindet.

Das Kontrollkästchen ROLLOVER-BILD VORAUSLADEN sollte aktiviert sein, damit das Rollover-Bild bereits beim Laden der Webseite mitgeladen wird. Dadurch kommt es bei dem Effekt zu keiner Verzögerung.

Geben Sie jetzt noch einen ALTERNATIVTEXT für das Bild ein, damit Nutzer, bei denen das Bild nicht angezeigt werden kann, wissen, womit sie es zu tun haben. Für einen HOME-Button könnten Sie zum Beispiel »Hier geht es zur Homepage« eingeben.

Um das Rollover-Bild zu verlinken, klicken Sie auf die Schaltfläche DURCHSUCHEN in der Zeile WENN ANGEKLICKT, GEHE ZU URL. Wählen Sie dann im Dialogfenster die Webseite aus, zu der verlinkt werden soll.

3 Vorschau im Browser

Im Browser oder in der Live-Ansicht von Dreamweaver können Sie den Effekt dann testen.

◄ **Abbildung 16.4**
Der Effekt im Test

16.4 JavaScript über Verhalten integrieren

Das zentrale Fenster zum Verwalten und automatischen Erstellen von JavaScript ist das Bedienfeld VERHALTEN (zu erreichen auch über FENSTER • VERHALTEN). Darin finden sich fertige Skripte, die in Dreamweaver *Verhalten* genannt werden. Dreamweaver bietet über 25 Verhalten, die noch durch sogenannte Extensions erweiterbar sind. Anhand eines Rollover-Bildes erläutern wir nun, was Verhalten genau sind und wie sie funktionieren.

Funktionsweise eines Verhaltens

Verhalten sind immer Objekten zugeordnet, die das Skript auslösen können. Mögliche Objekte sind Texte mit Hyperlinks, Bilder mit Hyperlinks oder auch eine Webseite selbst mit Hyperlinks.

Um für unser Beispiel ein solches Objekt zu erzeugen, erstellen Sie, wie im letzten Abschnitt beschrieben, ein Rollover-Bild. Um die zugeordneten Verhalten anzuzeigen, klicken Sie auf das Rollover-Bild im Dokumentenfenster und öffnen das Bedienfeld VERHALTEN. Falls das Bedienfeld nicht sichtbar ist, wählen Sie im Menü FENSTER · VERHALTEN aus.

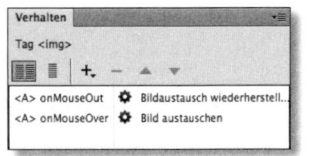

▲ **Abbildung 16.5**
Im Bedienfeld VERHALTEN verwalten Sie JavaScript-Funktionen.

Das Bedienfeld VERHALTEN besteht aus zwei Spalten. In der ersten werden die *Ereignisse* und in der zweiten die damit verbundenen *Aktionen* angezeigt. Für das Rollover-Bild werden zwei Verhalten angeboten. Das untere enthält die Aktion BILD AUSTAUSCHEN. Das auslösende Ereignis für diese Aktion ist `<A>` onMouse-Over und bedeutet, dass die Aktion BILD AUSTAUSCHEN nur ausgeführt wird, wenn sich die Maus über (`onMouseOver`) einem Link (`<A>`-Tag) befindet.

In dem zweiten Verhalten wird die Aktion BILDAUSTAUSCH WIEDERHERSTELLEN ausgeführt, wenn das Ereignis `<A>` onMouseOut zutrifft. Das bedeutet, dass beim Herausfahren (`onMouseOut`) des Mauszeigers aus dem Link (`<A>`-Tag) wieder das ursprüngliche Bild erscheint.

Wie wir im Beispiel gesehen haben, besteht ein Verhalten aus drei Elementen:

1. **Objekt**: Das Objekt ist zum Beispiel ein Hyperlink-Text oder ein Hyperlink-Bild. Sie müssen keine normalen Links verwenden, die zu einer anderen Webseite verweisen, sondern können

auch leere Links einsetzen, in denen an der Stelle der URL ein Rautenzeichen steht. Jedem Objekt können Sie eine oder mehrere Aktionen zuordnen.

2. **Aktion**: Aktionen (auch *Verhalten* genannt) sind vorgefertigte JavaScript-Befehle in Dreamweaver. Mögliche Aktionen finden Sie im Bedienfeld VERHALTEN, darunter zum Beispiel BILD AUS-TAUSCHEN, BROWSERFENSTER ÖFFNEN und SOUND ABSPIELEN.

3. **Ereignis**: Ereignisse legen fest, wodurch eine Aktion ausgelöst wird. Ein Ereignis kann ein Klick (onClick) auf ein Objekt oder eine Mausberührung sein (onMouseOver).

Ein Verhalten einfügen

Wir werden nun in Dreamweaver das Verhalten BROWSERFENSTER ÖFFNEN in eine Seite einbauen. Damit wird nach einem Klick auf einen Hyperlink eine Webseite in einem neuen Fenster geöffnet.

Schritt für Schritt
Seite in neuem Fenster öffnen

1 **Die beiden Webseiten erstellen**

Erstellen Sie eine HTML-Datei (»bild_klein.html«) mit einem kleinen Bild und eine HTML-Datei (»bild_gross.html«) mit einem großen Bild.

◀ **Abbildung 16.6**
Eine Seite im neuen Fenster öffnen

2 Leeren Link erstellen

Öffnen Sie nun die Seite »bild_klein.html«, von der aus die Webseite »bild_gross.html« geöffnet werden soll.

Markieren Sie dann einen Text oder ein Bild ❶, mit dem das Fenster geöffnet werden soll, und erstellen Sie einen leeren Link, indem Sie im EIGENSCHAFTEN-Bedienfeld unter HYPERLINK ❷ nur das Rautenzeichen # eingeben.

▼ **Abbildung 16.7**
Die HTML-Datei für das kleine Bild

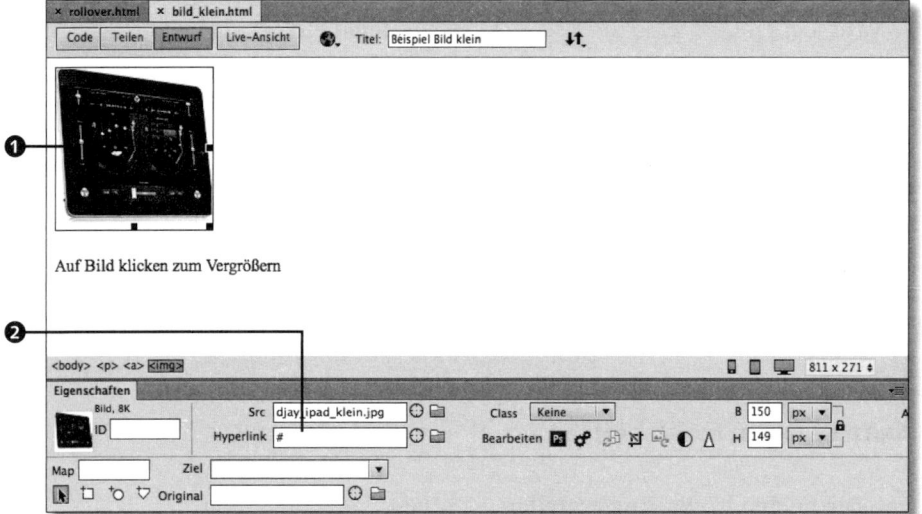

3 Verhalten im Bedienfeld auswählen

Klicken Sie im Bedienfeld VERHALTEN auf das Symbol mit dem Pluszeichen, und wählen Sie aus der aufklappenden Liste BROWSERFENSTER ÖFFNEN aus.

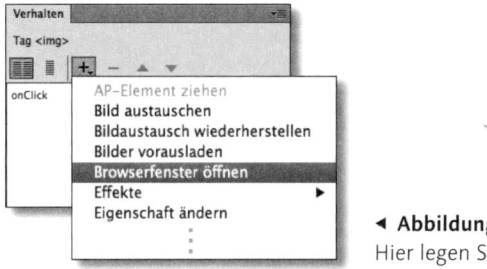

◀ **Abbildung 16.8**
Hier legen Sie das Verhalten fest.

4 Einstellungen für Verhalten vornehmen

Nach der Auswahl des Verhaltens öffnet sich ein Fenster, in dem Sie folgende Einstellungen vornehmen können.

```
                    Browserfenster öffnen
                                                        ┌──────────┐
                                                        │    OK    │
                                                        └──────────┘
URL anzeigen:  │ bild_gross.html        │  │ Durchsuchen... │  ┌──────────┐
                                                        │ Abbrechen│
                                                        └──────────┘
Fensterbreite: │ 630 │    Fensterhöhe: │ 470 │          ┌──────────┐
                                                        │   Hilfe  │
    Attribute:  ☐ Navigations-Symbolleiste  ☐ Menüleiste └──────────┘

                ☐ Standort-Symbolleiste  ☐ Rollbalken (falls erforderlich)

                ☐ Statusleiste           ☐ Größenänderungsgriffe

Fenstername:  │                        │
```

◀ **Abbildung 16.9**
Geben Sie hier die URL der Datei ein, die angezeigt werden soll.

Geben Sie unter URL ANZEIGEN entweder eine URL ein, oder klicken Sie auf DURCHSUCHEN, um in Ihrer Site eine Seite auszuwählen, die in dem neuen Fenster geöffnet werden soll. In unserem Fall muss auf »bild_gross.html« verlinkt werden.

Tragen Sie unter FENSTERBREITE und FENSTERHÖHE die Maße des neuen Fensters in Pixeln ein. Wenn Sie keines der ATTRIBUTE auswählen, wird das neue Fenster ohne Menüleiste, Symbolleiste usw. angezeigt. Wenn Sie dem Benutzer ermöglichen möchten, die Größe des Fensters zu verändern, aktivieren Sie GRÖSSENÄNDERUNGSGRIFFE. Klicken Sie auf OK, um das Verhalten in die Webseite zu integrieren.

5 Ereignis »onClick« auswählen

Im Bedienfeld VERHALTEN müssen Sie nun noch das Ereignis festlegen, bei dem das neue Fenster geöffnet werden soll. In unserem Beispiel soll sich die Webseite bei einem Klick auf den Hyperlink – also auf das Bild oder den darunter stehenden Text – öffnen. Wählen Sie daher aus der linken Spalte das Ereignis onClick aus.

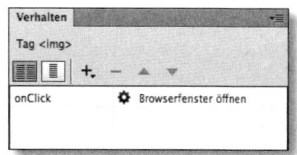

▲ **Abbildung 16.10**
Änderungen können Sie per Doppelklick vornehmen.

6 Verhalten testen

Das Verhalten ist nun aktiviert, und Sie können es bereits im Dokumentenfenster oder im Webbrowser testen. Wenn Sie die Änderungen in der Live-Vorschau durchführen, müssen Sie in der neuen Dreamweaver-Version unter Windows die ⌈Strg⌉-Taste bzw. die Taste ⌈Cmd⌉ auf dem Mac beim Klick auf das Bild festhalten. Dies ist immer dann in Dreamweaver erforderlich, wenn eine andere Webseite geöffnet wird.

7 Änderungen vornehmen

Um Änderungen am Verhalten durchzuführen, markieren Sie den Link und klicken im Bedienfeld VERHALTEN doppelt auf das entsprechende Verhalten.

Aktionen hinzufügen

Wir werden uns in diesem Abschnitt anschauen, welche Aktionen Sie in Dreamweaver einem Hyperlink zuweisen können. Wählen Sie daher zuerst einen Hyperlink auf einer beliebigen Seite aus, oder erstellen Sie einen neuen mit einer URL oder einem Rautenzeichen als Zielangabe.

Im Bedienfeld VERHALTEN können Sie durch Klicken auf das Plussymbol verschiedene JavaScript-Aktionen zuweisen.

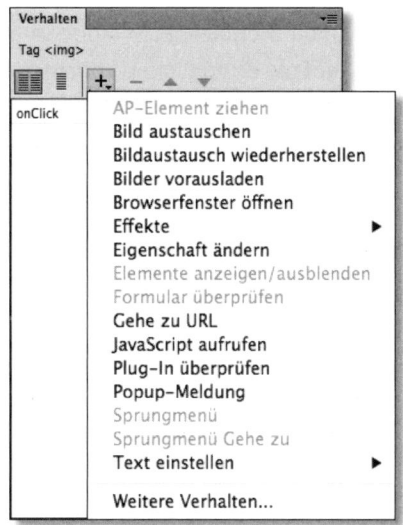

Graue Felder

Einige Punkte sind grau hinterlegt. Diese Menüpunkte sind dann mit dem aktuell ausgewählten Objekt nicht verwendbar. Die Aktion FORMULAR ÜBERPRÜFEN ist zum Beispiel deshalb nicht anwählbar, weil kein Formular, sondern ein Hyperlink als Objekt ausgewählt wurde.

In der folgenden Tabelle erläutern wir die wichtigsten Aktionen in Dreamweaver.

Aktion	Bedeutung
BILD AUSTAUSCHEN	Tauscht ein Bild gegen ein anderes aus.
BILDAUSTAUSCH WIEDERHERSTELLEN	Macht den Tausch eines Bildes wieder rückgängig.

Aktion	Bedeutung
BILDER VORAUSLADEN	Lädt eines oder mehrere Bilder, ohne sie anzuzeigen. Wird in Verbindung mit der Aktion BILD AUSTAUSCHEN verwendet.
BROWSERFENSTER ÖFFNEN	Öffnet eine URL in einem neuen Browserfenster mit einstellbarer Fenstergröße.
FORMULAR ÜBERPRÜFEN	Prüft vor dem Versenden, ob ein Formular korrekt ausgefüllt wurde.
GEHE ZU URL	Wird in framebasierten Websites verwendet, um nach Klick auf einen Hyperlink mehr als nur einen Frame zu aktualisieren.
PLUG-IN ÜBERPRÜFEN	Hiermit können Sie zum Beispiel überprüfen, ob das Flash-Plugin im Browser des Besuchers installiert ist.
POPUP-MELDUNG	Öffnet ein Fenster mit einem einstellbaren Text.

◄ **Tabelle 16.2**
Die wichtigsten Aktionen in Dreamweaver (Forts.)

Manuell JavaScript eingeben

In Dreamweaver CC können Sie JavaScript-Funktionen im Bedienfeld VERHALTEN auch von Hand eingeben. Tragen Sie dazu an der Stelle, an der normalerweise die Aktion steht, einen eigenen JavaScript-Befehl ein, zum Beispiel `window.close();`, um ein Fenster zu schließen.

Aktionen bearbeiten und löschen

Um eine bestehende Aktion zu bearbeiten, klicken Sie im Bedienfeld VERHALTEN doppelt auf deren Namen. Es öffnet sich dann ein Fenster, in dem Sie die Einstellungen ändern können.

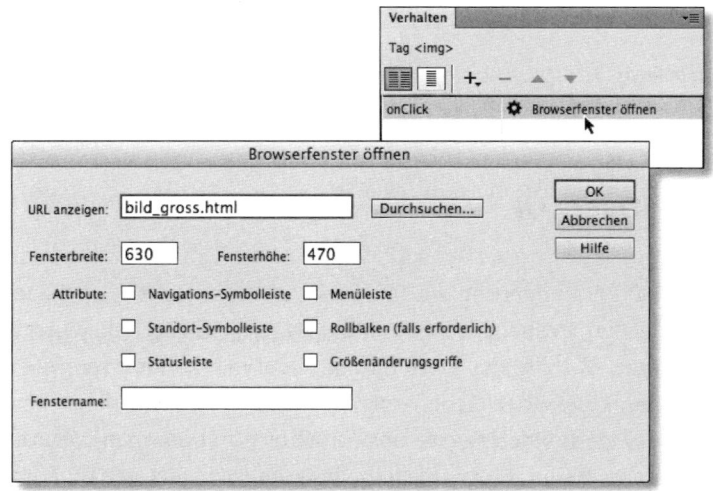

◄ **Abbildung 16.12**
Dialogfenster für Einstellungen zur Aktion BROWSERFENSTER ÖFFNEN

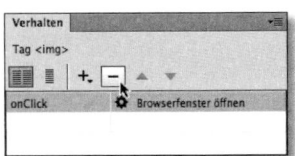

Über die Schaltfläche mit dem Minuszeichen im Bedienfeld VER-HALTEN löschen Sie ein Verhalten.

Ereignis festlegen

Wenn Sie auf ein vorhandenes Ereignis klicken, erscheint im Bedienfeld VERHALTEN eine Liste aller möglichen Ereignisse. Wählen Sie aus der Liste ein Ereignis aus, das das Verhalten eines Objekts auslösen soll.

Tabelle 16.3 erläutert die wichtigsten Ereignisse. Mit ihnen können Sie die oben genannten Verhalten auslösen.

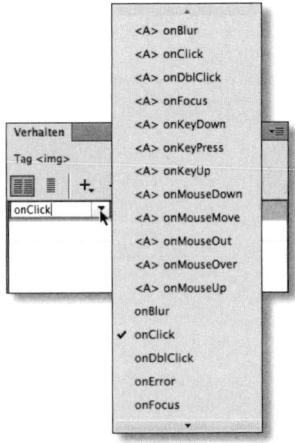

▲ **Abbildung 16.14**
Wählen Sie aus der Liste ein gewünschtes Ereignis aus.

Ereignis	Bedeutung
onClick	Mausklick auf Objekt
onDblClick	Doppelklick auf Objekt
onMouseDown	Maustaste ist auf dem Objekt gedrückt
onMouseOut	Mauszeiger befindet sich außerhalb des Objekts
onMouseOver	Mauszeiger befindet sich auf dem Objekt
onMouseUp	Maustaste wird über dem Objekt losgelassen
onAbort	Webseite wird durch Schließen des Browserfensters oder Klicken auf ein Objekt verlassen
onLoad	Webseite ist vollständig im Browser geladen

▲ **Tabelle 16.3**
Die wichtigsten Ereignisse

16.5 jQuery UI

Spry-Framework entfernt

Adobe hat das alternative JavaScript-Framework Spry aus Dreamweaver CC zugunsten von jQuery entfernt.

Um die Programmierung mit JavaScript zu vereinfachen, wird von den meisten Webentwicklern die JavaScript-Bibliothek jQuery eingesetzt. Mithilfe der Erweiterung jQuery UI können sehr einfach interaktive Oberflächen, wie z. B. Tabs, erstellt werden.

jQuery UI ist eine Erweiterung für jQuery, mit der man vorprogrammierte Benutzeroberflächenelemente (Widgets genannt) in HTML-Seiten integrieren kann. So können mit dem Tabs-Widget

z. B. Registerkarten erstellt werden. Die meisten jQuery-UI-Widgets lassen sich für Formulare einsetzen, wie z. B. das Datepicker-Widget, mit dem der Benutzer das Datum komfortabel über einen Kalender auswählen kann.

Widgets einfügen

In Dreamweaver können die jQuery-UI-Widgets über das EINFÜGEN-Bedienfeld eingefügt werden.

Im Folgenden stelle ich Ihnen exemplarisch das Accordion- und das Tabs-Widget vor, die Sie einfach in Ihre Website integrieren können. Alle anderen Widgets können Sie sich dann selbst erschließen.

Das Accordion-Widget

Mithilfe des jQuery-UI-Widgets Accordion lässt sich Text strukturieren. Es formatiert Text in mehreren Abschnitten mit jeweils einer Abschnittsüberschrift und einem Inhalt. Durch Klick auf eine Abschnittsüberschrift klappt sich der zugehörige Inhalt aus. Das Accordion eignet sich z. B. sehr gut, um eine Frage-und-Antwort-Seite, auch FAQ (Frequently Asked Questions) genannt, zu erstellen.

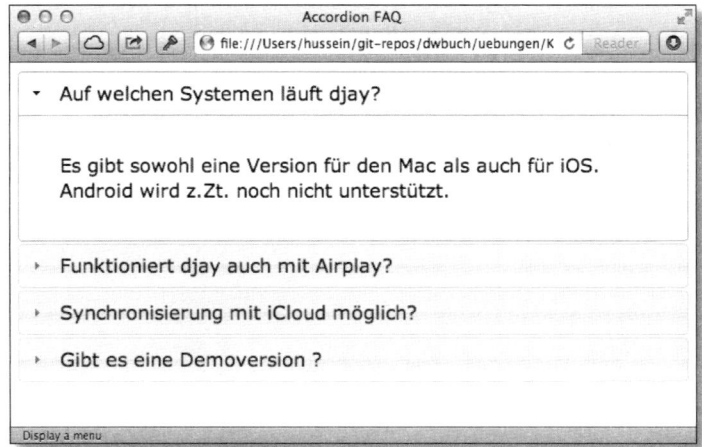

▲ **Abbildung 16.16**
Nach dem Laden der Webseite wird automatisch der erste Abschnitt des Accordion-Widgets angezeigt.

Und jQuery-Mobile?

Mit jQuery Mobile können Sie einfache mobile Apps entwickeln. Mehr dazu verrate ich Ihnen in Kapitel 18, »Mobiles Web«.

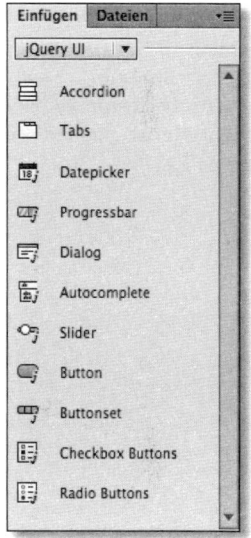

▲ **Abbildung 16.15**
In Dreamweaver stehen 11 jQuery-Widgets zur Verfügung.

Abbildung 16.17 ▶
Durch Klick auf eine
Abschnittsüberschrift wird der
zugehörige Inhalt animiert
eingeblendet.

Schritt für Schritt
Accordion-Widget einfügen und konfigurieren

1 Seite speichern
Speichern Sie zunächst die Seite, in die Sie das Widget einfügen
möchten.

2 Accordion -Widget einfügen

▼ **Abbildung 16.18**
Klicken Sie auf ACCORDION im
EINFÜGEN-Bedienfeld unter
der Kategorie JQUERY UI.

Fügen Sie das Accordion-Widget entweder über EINFÜGEN •
JQUERY UI • ACCORDION ein, oder wählen Sie im EINFÜGEN-Bedienfeld die Kategorie JQUERY aus, und klicken Sie auf ACCORDION ❶.

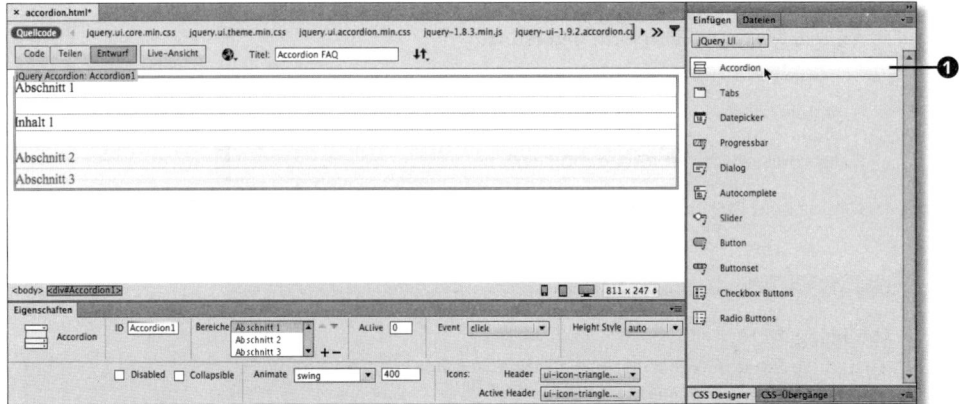

3 Abschnittsüberschrift und Inhalt eingeben

Ersetzen Sie nun den Beispieltext »Abschnitt 1« und »Inhalt 1«. Im
Inhalt können Sie neben einfachem Text auch Bilder und Tabellen
verwenden. Um die Inhalte der anderen Abschnitte einzublenden,
klicken Sie auf die Abschnittsüberschrift und dann rechts auf das
Augensymbol ❷.

▼ **Abbildung 16.19**
Das Augensymbol blendet
den Inhalt des Abschnitts ein.

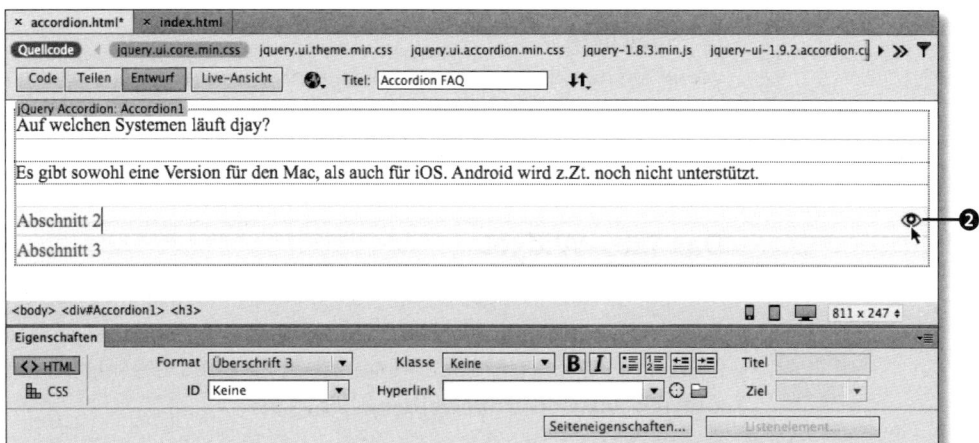

4 Widget konfigurieren

Um das Widget zu konfigurieren, klicken Sie auf den hellblauen
Widget-Titel ❸.

▼ **Abbildung 16.20**
Das Widget lässt sich auch
anpassen.

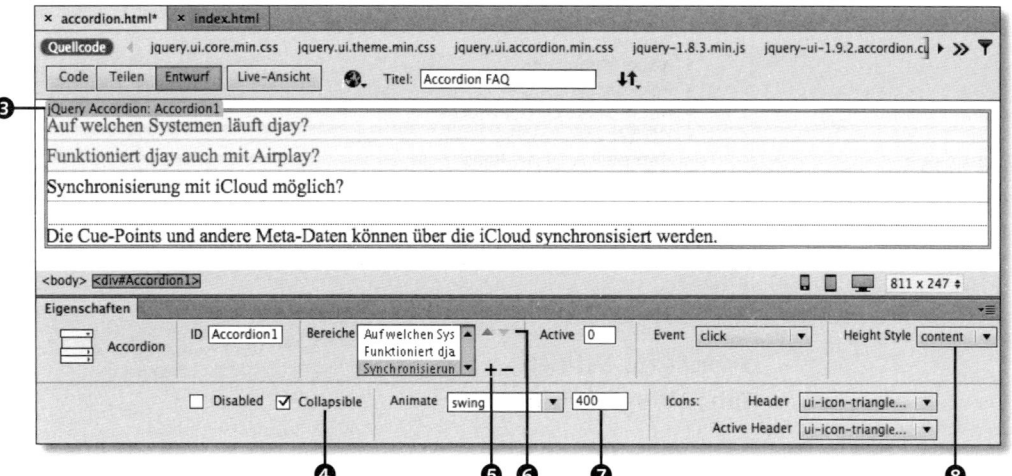

Um weitere Abschnitte hinzuzufügen, klicken Sie auf das Plussymbol ❺. Durch Klick auf die Pfeile ❻ kann die Reihenfolge geändert

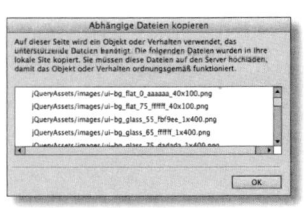

▲ **Abbildung 16.21**
Dreamweaver speichert zahlreiche Dateien für das Accordion-Widget ab.

werden. Stellen Sie unter HEIGHT STYLE ❽ den Wert CONTENT ein,
damit sich die Größe der Abschnitte an den Inhalt anpasst. Um
die Abschnitte durch einen Klick auf den Titel auch wieder auszu-
blenden, wählen Sie COLLAPSIBLE ❹ aus. Die Dauer der Animation
zum Ein- bzw. Ausblenden wird unter ❼ eingestellt. Der vorein-
gestellte Wert ist 400ms.

5 Speichern

Wenn Sie nun das Dokument speichern, erscheint ein Dialogfenster, das Sie darauf hinweist, dass abhängige Dateien für jQuery im
Ordner *jQueryAssets* gespeichert werden.

Das Tabs-Widget

Mit einem Tabs-Widget können Sie mehrere Inhalte in Form von
Registerkarten organisieren. Wenn Sie auf eine Registerkarte
klicken, wird der passende Inhalt angezeigt, und die Inhalte der
anderen Registerkarten werden überdeckt.

Abbildung 16.22 ▶
Mit dem Tabs-Widget werden
die Inhalte in Registerkarten
organisiert.

Schritt für Schritt
Tabs-Widget einfügen

1 Seite speichern

Speichern Sie zunächst die Seite, in der Sie das Widget einfügen
möchten.

2 Tabs-Widget einfügen

Fügen Sie das Tabs-Widget entweder über EINFÜGEN • JQUERY UI • TABS ein, oder wählen Sie im EINFÜGEN-Bedienfeld die Kategorie JQUERY UI aus und klicken auf TABS ❶.

▼ **Abbildung 16.23**
Tabs können über das EINFÜGEN-Bedienfeld in der Kategorie JQUERY UI eingefügt werden.

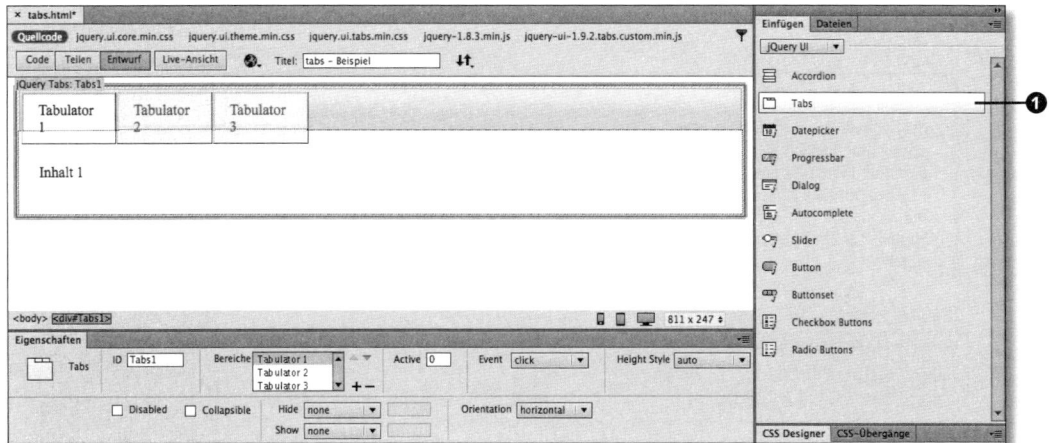

3 Inhalte bearbeiten

Sie können nun den Titel des ersten Tabs und den Inhalt bearbeiten. Um den Inhalt der anderen Tabs einzublenden, klicken Sie auf den Titel eines Tabulators (z. B. auf TABULATOR 2) und dann auf das Augensymbol ❷.

▼ **Abbildung 16.24**
Durch einen Klick auf das Augensymbol können die Inhalte der anderen Tabs eingeblendet werden.

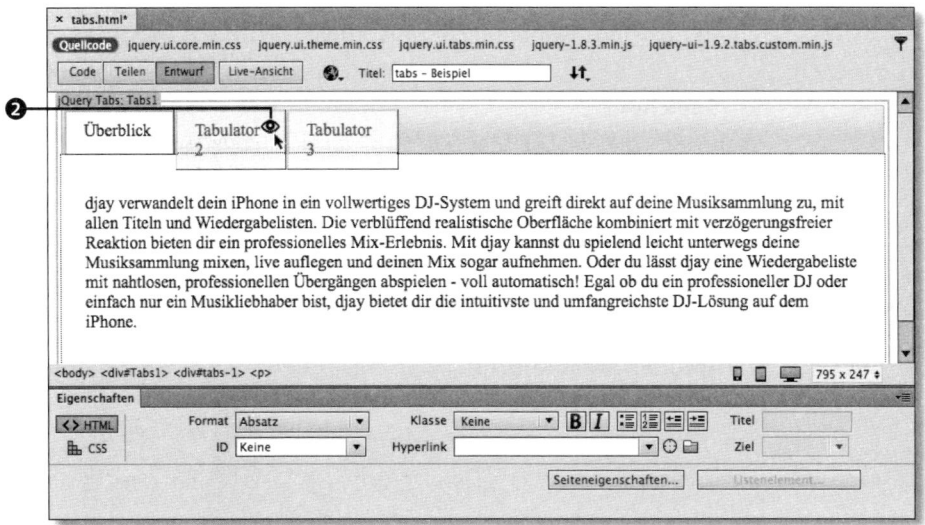

4 Tabs konfigurieren

Um das Widget zu konfigurieren, klicken Sie auf den blauen Bereich jQuery Tabs: Tabs1 ❸. Im Eigenschaften-Bedienfeld können Sie dann die gewünschten Einstellungen vornehmen.

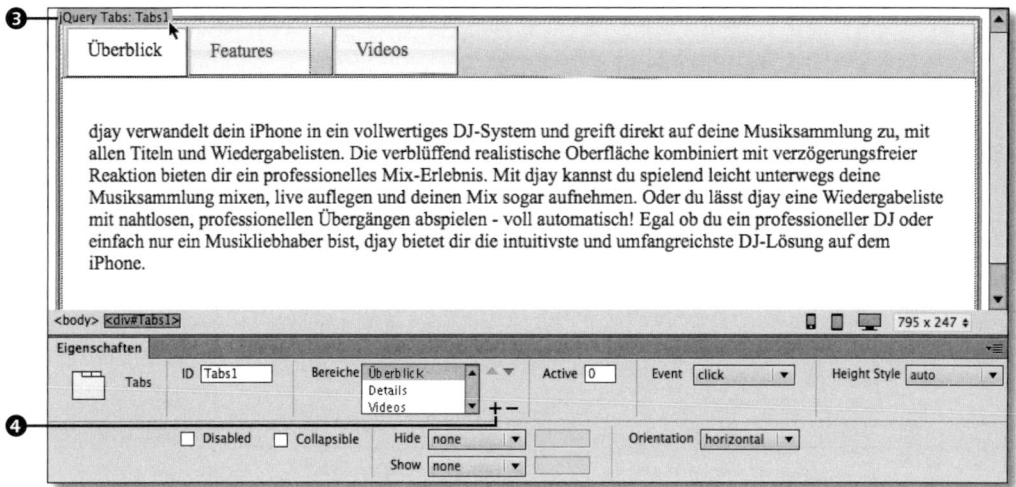

▲ **Abbildung 16.25**
Klicken Sie auf den blauen Bereich, um das Tabs-Widget im Eigenschaften-Fenster zu konfigurieren

Über das Plussymbol ❹ können wiederum Tabs hinzugefügt und über das Minussymbol entfernt werden. Weitere Einstellungen sind für ein Tabs-Widget nicht notwendig.

5 Speichern

Wenn Sie die Webseite speichern, wird ein Dialogfenster mit Dateien angezeigt, die für das Tabs-Widget notwendig sind.

Abbildung 16.26 ▶
Für das Tabs-Widget werden einige Dateien mit abgespeichert.

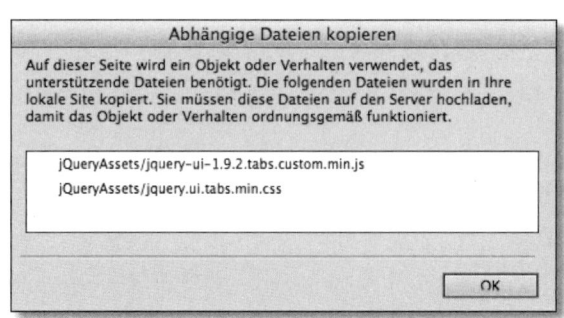

282

Kapitel 17

Formulare erstellen
So lassen Sie Ihre Besucher zu Wort kommen

- ▸ Wie funktionieren Formulare auf Webseiten?
- ▸ Wie baue ich Formulare ein?
- ▸ Welche Formularelemente gibt es?
- ▸ Wie gestalte ich mein Formular?
- ▸ Wie können Formulareingaben überprüft werden?
- ▸ Wie erstelle ich ein Kontaktformular mit PHP?

17 Formulare erstellen

Formulare erlauben es dem Besucher einer Website, Eingaben vorzunehmen und automatisch an den Anbieter der Website übermitteln zu lassen. In diesem Kapitel werden wir Schritt für Schritt ein Kontaktformular erstellen und uns dabei alle Eigenschaften und Elemente von Formularen anschauen.

17.1 Eigenschaften von Formularen

In erster Linie werden dem Besucher auf Webseiten Inhalte unterschiedlichster Art angeboten. Die Kommunikation geht dabei jedoch immer nur in eine Richtung. Dieses Prinzip lässt sich mit Formularen durchbrechen.

Was ist ein Formularbereich?

Ein Formularbereich ist in HTML nicht mehr als ein Bereich innerhalb eines Dokuments, der mit den Tags `<form>` und `</form>` umschlossen wird. Alle Formularelemente müssen innerhalb dieses Bereichs platziert werden. Wenn Sie zum Beispiel zwei unabhängige Formulare an verschiedenen Stellen auf einer Seite unterbringen möchten, sollten Sie zwei Formularbereiche im Dokument anlegen.

Über Eingabefelder, Buttons, Checkboxen und Auswahllisten können Sie dem Besucher die Möglichkeit geben, Inhalte einzutragen und an den Webserver zu senden. Dort können die Daten dann ausgewertet (wie zum Beispiel bei der Bestellannahme in einem Onlineshop), auf der Website veröffentlicht (wie zum Beispiel in einem Forum) oder als Auslöser für spezielle Aktionen (wie zum Beispiel bei einer Suchmaschine) genutzt werden.

Eine einfache und beliebte Form im Web sind Kontaktformulare. Darin kann der Besucher Ihrer Website seine Kontaktdaten, wie Name und E-Mail-Adresse, eintragen und ein Anliegen mitteilen. Sie als Betreiber der Website erhalten dann eine automatisch erzeugte E-Mail mit den Eingaben des Besuchers.

Jede Website sollte die Möglichkeit bieten, Kontakt mit ihrem Betreiber aufzunehmen. Ein einfacher E-Mail-Link kann ein Kontaktformular nicht ersetzen: In vielen Internetcafés sind zum Beispiel keine E-Mail-Programme auf den Systemen installiert, ein derartiger Link funktioniert somit nicht. Kontaktformulare hingegen funktionieren vollständig im Browser und somit auf jedem Internetrechner.

Ein Formular besteht immer aus zwei Teilen:

▶ **dem Formular auf der Webseite** selbst mit Textfeldern, Listen, Schaltflächen usw. und

▶ **einem Skript oder Programm auf dem Webserver**, das die Formulardaten entgegennimmt und auswertet, indem zum Beispiel die Eingaben überprüft und weitergeschickt werden.

17.2 Erstellen von Formularen

Wir widmen uns zunächst dem ersten Punkt, der Erstellung des Formulars auf der Webseite. Wählen Sie dafür im Bedienfeld EINFÜGEN die Kategorie FORMULAR aus, um alle Werkzeuge zum Einfügen von Formularelementen angezeigt zu bekommen. Da in HTML5 zahlreiche neue Formularelemente, wie z.B. E-Mail, Tel, Datum, dazugekommen ist, umfasst das Bedienfeld 30 Elemente. Alternativ können Sie die Formularelemente über die Menüleiste EINFÜGEN • FORMULAR auswählen.

Formularbereich einrichten

Bevor Sie die Formularelemente wie Textfelder, Kontrollfelder usw. in Ihr Dokument einfügen können, müssen Sie einen **Formularbereich** (in Dreamweaver kurz Formular genannt) erstellen, in dem die Elemente des Formulars Platz finden.

Um einen Formularbereich zu erstellen, klicken Sie im Bedienfeld EINFÜGEN im Reiter FORMULARE auf das Icon FORMULAR ❶. Am besten ist es, wenn Sie die Teilen-Ansicht (Menü ANSICHT • CODE UND ENTWURF) aktiviert haben, damit Sie den HTML-Code gleichzeitig sehen können.

Einen Formularbereich erkennt man im HTML am `<form>`-Tag. Alle Formularelemente wie Textfelder, Schaltflächen etc. müssen innerhalb des `<form>`-Tags eingeführt werden (siehe Abbildung 17.2).

Im Bedienfeld EIGENSCHAFTEN können Sie dann die folgenden Einstellungen vornehmen:

Im Textfeld ID ❷ legen Sie den Namen des Formulars fest. Wichtiger ist die Einstellung bei ACTION ❸. Hier geben Sie die URL des PHP- oder Perl-Skripts an, das die Formulareingaben auf

▲ **Abbildung 17.1**
Elemente der Kategorie
FORMULARE im Bedienfeld
EINFÜGEN

dem Webserver entgegennimmt und verarbeitet, indem es zum
Beispiel eine E-Mail aus den Angaben des Besuchers generiert und
an Sie verschickt.

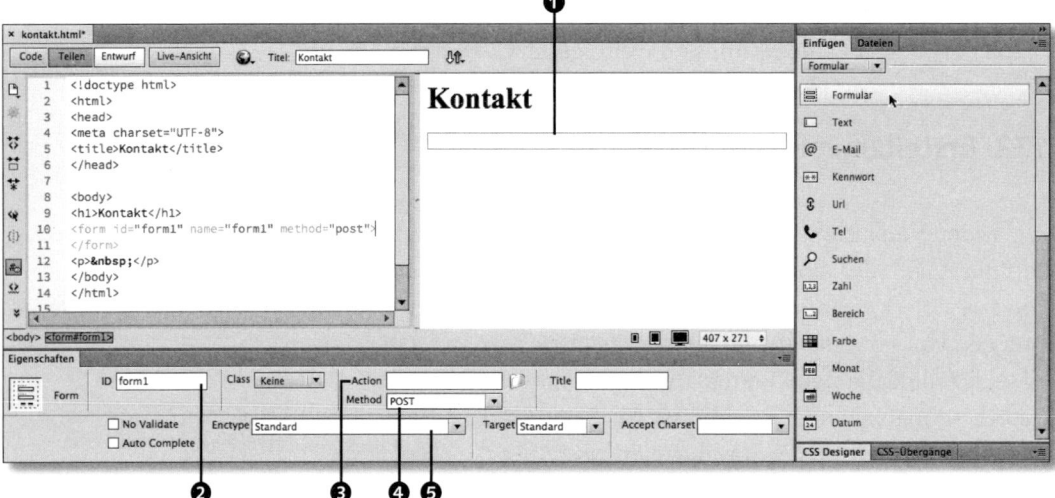

Abhängig vom verwendeten Skript müssen Sie als METHOD ❹ für
das Versenden der Benutzereingaben entweder POST oder GET
auswählen. In den meisten Fällen ist POST die richtige Wahl.

Das Feld ENCTYPE (Kodierungstyp) ❺ ist auf STANDARD gestellt.
Wenn Sie dem Besucher ermöglichen wollen, über ein Formular
Dateien auf den Webserver zu laden, müssen Sie APPLICATION/X-
WWW-FORM-URLENCODED auswählen.

Aufbau eines Formularelements

Bisher haben wir nur die Grundeigenschaften eines Formulars
besprochen, die für das Funktionieren des Formulars wichtig sind.
Jetzt wollen wir auf unserer Seite *Formularelemente* einbinden,
über die der Besucher Eingaben durchführen kann.

Zunächst schauen wir uns den grundsätzlichen Aufbau von Formularelementen an.

Ein Formularelement besteht normalerweise

▶ aus einer **Beschriftung** und

▶ aus dem eigentlichen **Formularelement**, wie z. B. einem Textfeld, einer Schaltfläche oder einer Auswahlliste.

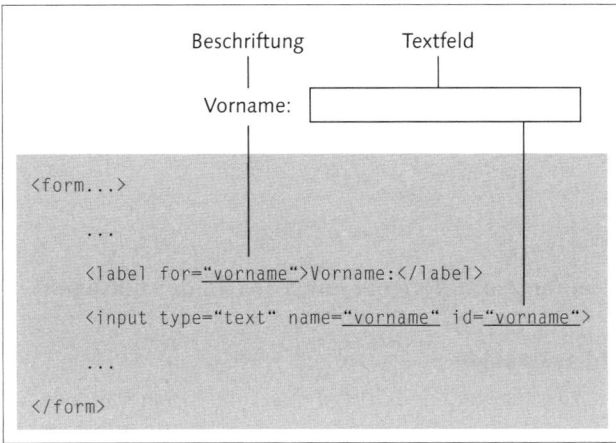

```
<form...>
    ...
    <label for="vorname">Vorname:</label>
    <input type="text" name="vorname" id="vorname">
    ...
</form>
```

▲ **Abbildung 17.3**
Aufbau von Formularen

Um Formulare zu verstehen, sind ein wenig HTML-Kenntnisse von großem Nutzen: Die Beschriftung entspricht nämlich in HTML dem `<label>`-Tag. Das Textfeld wird in HTML durch das `<input>`-Tag repräsentiert.

Die Zugehörigkeit einer Beschriftung zu einem Formularelement wird mit einer eindeutigen *ID* hergestellt. In unserem Beispiel wurde als ID `email` gewählt. Pro Formular darf die ID nur einmal vergeben werden. Obwohl es nicht zwingend erforderlich ist, sollte das `name`-Attribut genau den gleichen Wert wie die ID haben. Aber keine Sorge – Dreamweaver unterstützt uns, damit die Werte gleich sind.

Verwenden Sie für die ID keine Leer- oder Sonderzeichen sowie Umlaute. Unterstriche sind jedoch erlaubt. Es ist üblich, nur Kleinbuchstaben zu verwenden. Der Name sollte aussagekräftig sein, da er zum Beispiel in der E-Mail des Kontaktformulars verwendet wird. Wählen Sie beispielsweise bei einem Textfeld für eine E-Mail-Adresse den Namen `email`.

Formularelemente einfügen

Nun aber genug der Theorie. In den folgenden Beispielen werden Sie sehen, wie leicht Sie mit Dreamweaver Formularelemente mit Beschriftungen erstellen können. Dreamweaver kümmert sich dabei automatisch um die Generierung des HTML-Codes.

Daten über GET oder POST versenden?

Mit GET werden die Formulardaten über die URL der Webseite übertragen. Die Eingabe wird dann einfach vom Browser hinter die URL in der Adresszeile geschrieben und zurück an den Server geschickt. Diese Methode ist besonders einfach, aber leider unsicher und nicht für alle Formulardaten einsetzbar.
Mit der POST-Methode können beliebig viele Formulardaten bis zu einer Größe von mehreren Megabyte verschickt werden. Sie ist sicherer, da die Eingaben nicht direkt in der URL sichtbar sind.

Es gibt in Dreamweaver über 20 Formularelemente. Anhand des einfachen Textfeldes zeige ich Ihnen nun, wie ein Formularfeld eingefügt wird und die wichtigsten Anpassungen vorgenommen werden.

Schritt für Schritt
Formularelemente am Beispiel eines Textfeldes einfügen

1 Textfeld auswählen

Setzen Sie die Einfügemarke in Ihrem Dokument innerhalb des rot umrandeten Formularbereichs. Klicken Sie im EINFÜGEN-Bedienfeld auf die Auswahl TEXT. Alternativ können Sie auch über die Menüleiste EINFÜGEN • FORMULAR • TEXT auswählen.

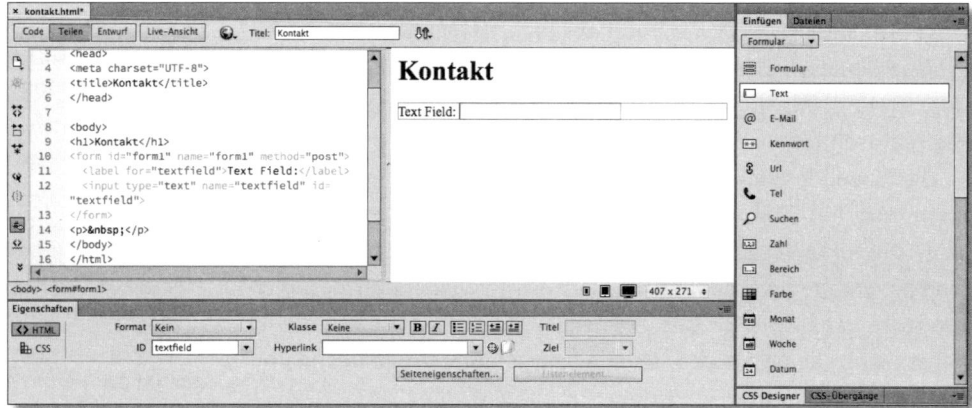

▲ **Abbildung 17.4**
Wählen Sie TEXT im EINFÜGEN-Bedienfeld aus, um ein Textfeld einzufügen.

2 Beschriftung ändern

Daraufhin wird ein Textfeld mit der Beschriftung »Text Field:« eingefügt. Sie können nun die Beschriftung z. B. in »Vorname« ändern.

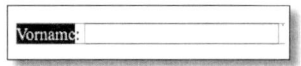

▲ **Abbildung 17.5**
Passen Sie die Beschriftung (Label) an.

3 Namen anpassen

Wichtig ist nun, dass Sie den Namen bzw. die ID des Formular-feldes anpassen. Klicken Sie dazu auf das Textfeld, und geben Sie im EIGENSCHAFTEN-Bedienfeld unter NAME ❶ einen eindeutigen Namen (z. B. Vorname) an.

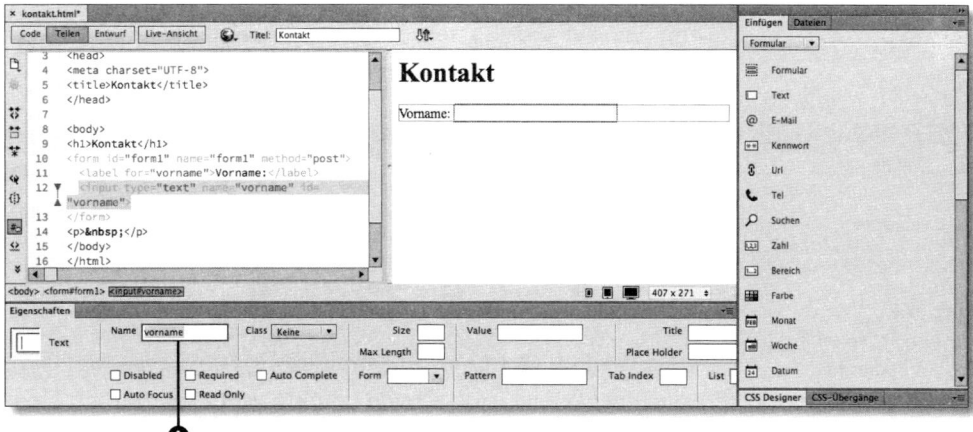

▲ **Abbildung 17.6**
So sähe das Formularelement
Text mit der Beschriftung
Vorname aus.

Im HTML-Code können Sie sehen, dass Dreamweaver auch automatisch das `<label>`-Tag mit Ihrem gewählten Namen aktualisiert hat – sehr praktisch.

17.3 Formularfelder im Überblick

Formulare haben noch mehr als nur Textfelder zu bieten. Daher werden im Folgenden die wichtigsten Formularfelder vorgestellt.

Einfache Textfelder

In Textfeldern kann der Besucher beliebige Eingaben machen. Um ein Textfeld zu erstellen, setzen Sie die Einfügemarke in Ihrem Dokument innerhalb des rot umrandeten Formularbereichs und klicken in der Symbolleiste Formular auf das Icon Text.

Im folgenden Beispiel haben wir drei Textfelder erstellt.

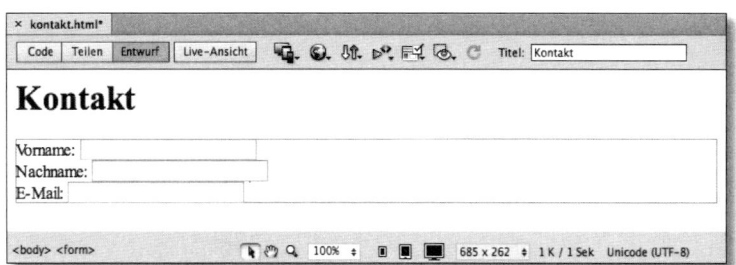

◀ **Abbildung 17.7**
Drei Textfelder jeweils mit
Beschriftungen

Wenn Sie auf ein Textfeld klicken, können Sie im Bedienfeld EIGENSCHAFTEN verschiedene Einstellungen vornehmen.

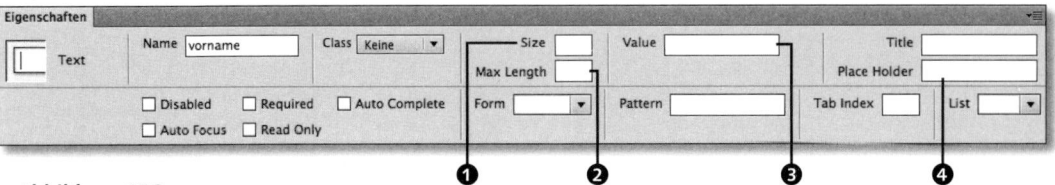

▲ **Abbildung 17.8**
Einstellungsmöglichkeiten für ein Textfeld im Bedienfeld EIGENSCHAFTEN

Der Eintrag SIZE ❶ gibt an, wie breit das Textfeld angezeigt wird. Da die eingegebenen Werte von den Browsern sehr unterschiedlich interpretiert werden, sollten Sie die Breite der Textfelder besser über CSS festlegen und das Feld frei lassen (siehe Abschnitt 17.5, »Formulare mit CSS gestalten«).

Wie viele Zeichen der Besucher eingeben kann, legen Sie unter MAX LENGTH ❷ fest. Dieser Eintrag hat keinen Einfluss auf die dargestellte Breite des Textfeldes.

Wenn das Textfeld später im Formular mit einem Text vorbelegt sein soll, geben Sie einen Text unter VALUE ❸ ein. Bei einem Textfeld für die Eingabe einer URL könnten Sie etwa *http://* als Anfangswert einstellen.

Sehr nützlich ist die Einstellung PLACE HOLDER ❹. Text, den Sie hier einstellen, wird im Formularfeld als Platzhalter angezeigt. Im Gegensatz zum Value-Eintrag wird der Place-Holder-Text ausgeblendet, sobald der Benutzer in das Feld schreibt. Place Holder werden meist verwendet, um dem Benutzer Hilfestellungen für die Eingabe zu geben.

> **Formularelemente gestalten**
>
> In Abschnitt 17.5, »Formulare gestalten«, zeige ich, wie Sie das Formular schöner darstellen können.

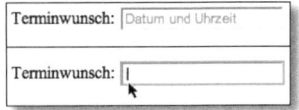

▲ **Abbildung 17.9**
Beispiel eines Place Holders, der verschwindet, wenn der Benutzer das Feld bearbeitet

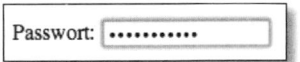

▲ **Abbildung 17.10**
Textfeld vom Typ KENNWORT

Kennwortfelder

Mit dem Formularelement KENNWORT erstellen Sie ein Textfeld, bei dem die Eingaben nur durch schwarze Punkte angezeigt werden. Dieser Typ wird zum Beispiel für Passwortabfragen verwendet.

Mehrzeilige Textfelder/Textbereich

Sie können ein mehrzeiliges Textfeld durch Klicken auf das Element TEXTBEREICH im Bedienfeld EINFÜGEN erstellen.

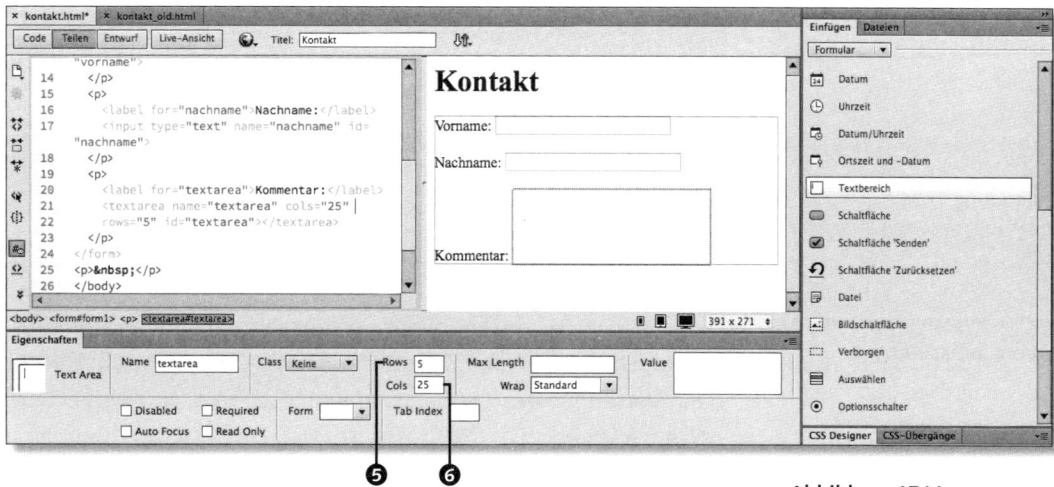

▲ **Abbildung 17.11**
Mehrzeilige Textfelder geben dem Benutzer die Möglichkeit, einen längeren Text einzutippen.

Die Zahl der Zeilen legen Sie im Bedienfeld EIGENSCHAFTEN unter Rows ❺ fest. Unter Cols ❻ wird die Breite (Anzahl Zeichen) angegeben.

Auswahllisten

Auswahllisten enthalten beliebig viele Einträge, aus denen der Besucher einen oder mehrere auswählen kann. Auswahllisten werden zum Beispiel für die Angabe eines Landes verwendet.

Um eine Auswahlliste zu erstellen, klicken Sie in der Symbolleiste FORMULAR auf AUSWÄHLEN. Klicken Sie dann mit der Maus in das Formularelement, um im Bedienfeld EIGENSCHAFTEN Einstellungen vornehmen zu können.

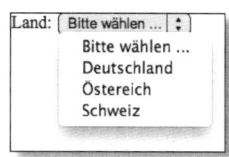

▲ **Abbildung 17.12**
Beispiel einer Auswahlliste für die Länderauswahl

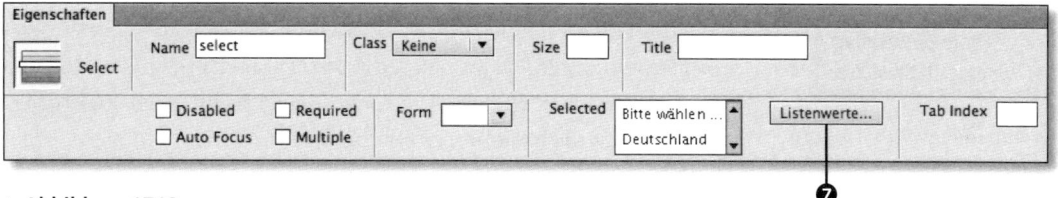

▲ **Abbildung 17.13**
Bedienfeld EIGENSCHAFTEN für Auswahllisten

Die Einträge Ihrer Auswahlliste geben Sie unter LISTENWERTE ❼ ein. Klicken Sie auf den Eintrag LISTENWERTE, und es öffnet sich ein Dialogfenster.

Abbildung 17.14 ▶
Listenwerte für die Auswahlliste

Verschlüsselung

Beachten Sie, dass Pass-
wort-Textfelder nicht
wirklich verschlüsselt
übertragen werden. Die
Eingaben werden nur
nicht auf dem Bildschirm
angezeigt. Um die For-
mulardaten verschlüsselt
zu versenden, muss der
Webserver *SSL* (Secure
Socket Layer) unterstüt-
zen. Informieren Sie sich
bei Ihrem Webspace-Pro-
vider, ob er SSL unter-
stützt und wie Sie es auf
Ihrer Seite einsetzen können.

▲ **Abbildung 17.15**
Kontrollkästchen

Geben Sie in der ersten Spalte die Texte ein, die in der Auswahlliste erscheinen sollen. Die zweite Spalte gibt an, welcher WERT
beim Versenden des Formulars abgeschickt wird. Im Beispiel wird
bei Auswahl von DEUTSCHLAND der Wert GERMANY übertragen.
Soll kein Wert übertragen werden, geben Sie ein Leerzeichen ein.
Dies ist z. B. bei der Auswahl BITTE WÄHLEN ... sinnvoll.

Falls in der Spalte WERT nichts eingegeben ist (also auch kein
Leerzeichen), wird bei der Übertragung der Eintrag aus der ersten
Spalte verschickt. Wenn in unserem Beispiel ÖSTERREICH ausge-
wählt wird, wird auch ÖSTERREICH gesendet.

Kontrollkästchen

Kontrollkästchen ermöglichen es dem Benutzer, Elemente durch
Ankreuzen auszuwählen. Sie werden meist in einer Gruppe von
mehreren Kästchen verwendet. Im folgenden Beispiel kann der
Besucher wählen, welchen Newsletter er erhalten möchte, und
dabei kein, ein oder beide Kontrollkästchen ankreuzen. Wenn
der Benutzer ein Kontrollkästchen anhakt, wird der Wert beim
Abschicken des Formulars übertragen.

Zum Einfügen eines Kontrollkästchens klicken Sie im EINFÜGEN-
Bedienfeld unter FORMULAR auf KONTROLLKÄSTCHEN. Um mehrere
Kontrollkästchen gleichzeitig einzufügen, wählen Sie KONTROLL-
KÄSTCHENGRUPPE (siehe Abbildung 17.15).

Bei der Auswahl von KONTROLLKÄSTCHENGRUPPE öffnet sich ein
spezielles Dialogfenster. Geben Sie hier unter NAME den Namen
des Kontrollkästchens ein. Wie bei Textfeldern dürfen Sie für den
Namen keine Leer- und Sonderzeichen verwenden. Wir haben
unser Kontrollkästchen newsletter genannt.

◄ **Abbildung 17.16**
Dialogfenster zum Erstellen
einer Kontrollkästchengruppe

Geben Sie nun für jedes Kontrollkästchen eine BESCHRIFTUNG und
einen WERT ein. In den meisten Fällen ist es sinnvoll, für BESCHRIF-
TUNG und WERT das Gleiche einzutragen.

Auf Wunsch kann ein Kontrollkästchen bereits vorausgewählt
sein. Aktivieren Sie dazu im EIGENSCHAFTEN-Bedienfeld die Option
CHECKED ❶.

▼ **Abbildung 17.17**
ANFANGSSTATUS von Kontrollkästchen auf CHECKED (aktiviert) gestellt

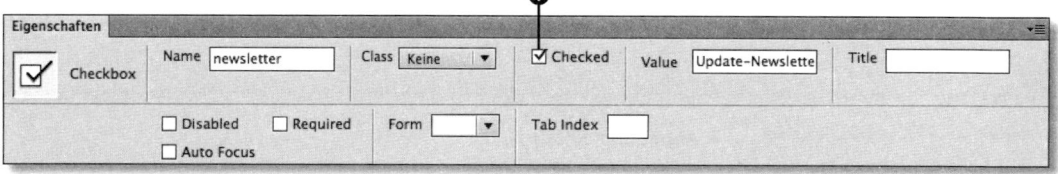

Optionsschalter

Optionsschalter werden auf die gleiche Weise wie Kontrollkästchen erstellt; der entscheidende Unterschied liegt in der Auswahl-
möglichkeit für den Nutzer: Bei einer Gruppe von Optionsschal-
tern kann der Besucher im Gegensatz zu Kontrollkästchen immer
nur eine Option aktivieren. Daher werden Optionsschalter häufig
für die Auswahl von »Ja« oder »Nein« verwendet. Die Einstellungsmöglichkeiten sind die gleichen wie bei Kontrollkästchen.

Mehrere Optionsschalter in einer Gruppe können Sie im
Bedienfeld EINFÜGEN auch über das Symbol OPTIONSSCHALTER-
GRUPPE erstellen.

⊙ Zahlung per Überweisung
○ Zahlung per Nachnahme

▲ **Abbildung 17.18**
Optionsschalter

Schaltflächen

In Formularen gibt es mehrere Arten von Schaltflächen, die Sie
aus dem EINFÜGEN-Bedienfeld wählen können:

▸ Wählen Sie SCHALTFLÄCHE 'SENDEN' aus, um eine Schaltfläche zum Senden des Formulars zu erstellen. Jedes Formular sollte diese Schaltfläche enthalten.

▸ Wählen Sie SCHALTFLÄCHE 'ZURÜCKSETZEN' für eine Schaltfläche, die sämtliche Einträge im Formular löscht.

▸ SCHALTFLÄCHE und BILDSCHALTFLÄCHE haben beim Klicken keine Auswirkung. Sie werden meist in Verbindung mit speziellen JavaScript-Befehlen eingesetzt. Alternativ können Sie statt einer Schaltfläche vom Typ KEINE auch ein Bildfeld verwenden, in dem Sie eine Grafik als Schaltfläche festlegen.

Die Beschriftung Ihrer Schaltfläche können Sie unter VALUE ❶ verändern.

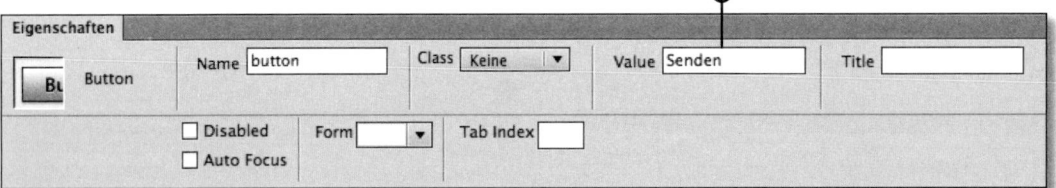

▲ **Abbildung 17.20**
Das EIGENSCHAFTEN-Bedienfeld für Schaltflächen (Button)

**Die Schaltfläche
»Zurücksetzen«**

In den meisten Formularen wird die ZURÜCKSETZEN-Schaltfläche eingesetzt. Diese ist jedoch in der Regel eher hinderlich, denn es kommt nicht selten vor, dass der User unabsichtlich auf ZURÜCKSETZEN statt auf SENDEN klickt.

Versteckte Felder

Versteckte Felder werden im Browser nicht angezeigt. Mit ihnen ist es möglich, Daten für den Benutzer unsichtbar zu verschicken. Versteckte Felder werden oft eingesetzt, um Einstellungen (wie zum Beispiel die E-Mail-Adresse des Empfängers) an ein PHP- oder Perl-Skript zu übertragen.

Um ein verstecktes Feld einzufügen, wählen Sie im Bedienfeld EINFÜGEN im Reiter FORMULAR den Eintrag VERBORGEN. In diesem Fall öffnet sich kein eigenes Dialogfeld, es wird im EIGENSCHAFTEN-Bedienfeld die ID hiddenField voreingestellt. Den Namen des Textfeldes sollten Sie mit dem verwendeten PHP- oder Perl-Skript auf dem Server abstimmen. Bei einigen PHP-Skripten für Kontaktformulare wird als Name recipient und als WERT die E-Mail-Adresse des Empfängers der Formulardaten eingetragen.

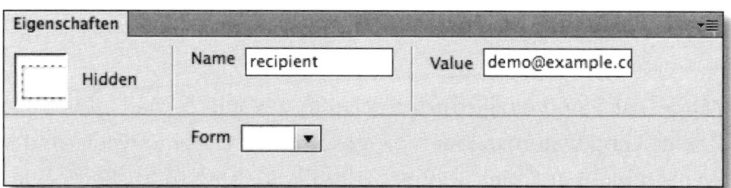

◀ **Abbildung 17.21**
Versteckte Felder werden eingesetzt, um Daten für den Benutzer unsichtbar zu verschicken.

Dateifeld

Sie können es Ihren Besuchern sogar ermöglichen, Dateien von ihren lokalen Rechnern auf Ihren Webserver zu übertragen. Fügen Sie dazu ein Dateifeld in das Formular ein (z. B. über EINFÜGEN • FORMULAR • DATEI). Der Benutzer gelangt dann über einen Button DURCHSUCHEN in ein Dateiauswahl-Menü; die ausgewählte Datei wird in das Feld eingefügt. Der *Upload* findet dann beim Abschicken des Formulars statt.

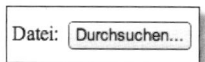

▲ **Abbildung 17.22**
Eine Datei kann hochgeladen werden.

Feldgruppe

Wenn Sie aus mehreren Formularelementen ein ganzes Ensemble erstellt haben, können Sie dieses auch visuell mit dem Formularelement FELDGRUPPE gruppieren. Der Besucher wird sich so in einer komplexen Formularstruktur besser zurechtfinden.

Wenn Sie eine Feldgruppe einfügen, öffnet sich ein Dialogfeld, in dem Sie die Überschrift der Feldgruppe eingeben können.

Anschließend können Sie innerhalb der Feldgruppe weitere Formularelemente einfügen. Sie können Feldgruppen auch nachträglich erstellen, indem Sie einfach verschiedene Formularelemente markieren und dann FELDGRUPPE auswählen. Beachten Sie, dass die Feldgruppe mit Rahmen erst richtig in der Live-Ansicht oder im Browser angezeigt wird.

Dateiupload

Das Hochladen (Upload) einer Datei funktioniert nur, wenn ein Programm/ Skript auf dem Server, der die Formulardaten empfängt, entsprechend programmiert ist. Ein einfaches Kontaktformular-Skript (siehe Abschnitt 17.7) kann das normalerweise nicht.

▲ **Abbildung 17.23**
Geben Sie eine Überschrift für die Feldgruppe ein.

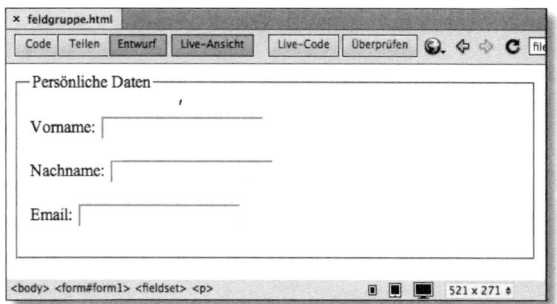

◀ **Abbildung 17.24**
Aus den Kontaktdaten kann man auch optisch eine Gruppe erstellen.

17.4 HTML5-Formularfelder

Mit HTML5 sind einige Formularfelder wie z. B. E-Mail-, Telefon-, Zahlen- und Datumsfelder hinzugekommen. Diese Formularfelder werden nicht auf allen Webbrowsern voll unterstützt. Beim Telefon-Feld z. B. wird unter iOS (iPhone und iPad) eine virtuelle Tastatur eingeblendet, in der nur Zahlen eingegeben werden können.

▲ **Abbildung 17.25**
Virtuelle Tastatur zur Eingabe von Telefonnummern auf Android und iOS

Bei Webbrowsern, die HTML5-Formulare nicht unterstützen, wird einfach nur ein normales Textfeld gezeigt, in das beliebige Zeichen eingegeben werden können. Daher gibt es in der Regel keine Probleme, wenn Sie die HTML5-Formularelemente in Ihrem Formular verwenden. Folgende Formularelemente können aus dem EINFÜGEN-Bedienfeld in Dreamweaver eingefügt werden:

E-Mail

Ein E-Mail-Feld ist auf den ersten Blick nicht anders als ein normales Textfeld. Bei einigen Webbrowsern, insbesondere auf mobilen Geräten, wird die virtuelle Tastatur entsprechend angepasst, in der u. a. dass @-Zeichen einfach erreichbar ist.

Telefon

Das TEL-Feld zeigt auf Android und iOS eine Telefon-Tastatur, mit der nur Zahlen und das Pluszeichen eingegeben werden können. Runde Klammern für Vorwahlen können z. B. nicht eingegeben werden.

URL

Das URL-Feld dient zur Eingabe von Webadressen. Auf iOS wird auf der virtuellen Tastatur neben Buchstaben auch eine Taste für die Top-Level-Domain .de/.com/.net etc. angezeigt. Auf anderen Geräten und Webbrowsern wird auch hier ein normales Textfeld angezeigt.

Zahl

Unter Android wird beim Zahlenfeld eine virtuelle Tastatur eingeblendet, in der Zahlen, ein Komma für Dezimalzeichen und ein Minuszeichen (Vorzeichen) eingegeben werden können. Auf der iOS-Plattform können neben Zahlen auch Währungszeichen und andere Zeichen eingegeben werden. Die WebKit-Webbrowser Safari und Google Chrome unter Windows und Mac blenden bei Zahlenfeldern rechts von der Texteingabe jeweils Pfeile nach oben und unten ein, mit denen die Zahlen jeweils um 1 erhöht bzw. verringert werden können. Eine Eingabe über Tastatur ist aber dennoch möglich.

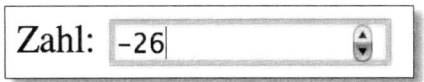

▲ **Abbildung 17.26**
Zahlenfeld im Google-Chrome-Browser unter Mac

Datum

Beim Datumsfeld z. B. wird unter iOS (iPhone und iPad) eine Auswahlliste angezeigt, in der das Datum ausgewählt werden kann. Auf den meisten anderen Plattformen wird einfach nur ein Textfeld angezeigt.

▲ **Abbildung 17.28**
Auswahl des Datums mit
jQuery UI

Für das Datumsfeld ist es empfehlenswert, jQuery UI zu verwenden, das dann auf jeder Plattform einen Kalender einblendet
(siehe Kapitel 16, »Interaktivität mit JavaScript und jQuery UI«).

Weitere Felder wie Farbe, Woche etc.

Felder wie Bereich, Farbe, Woche etc. werden zurzeit praktisch
nicht unterstützt. Daher können Sie auf den Einsatz dieser Formularelemente vorerst verzichten.

17.5 Formulare gestalten

Ohne Layout sieht ein Formular nicht sehr ansehnlich aus. Für
das Layouten von Formularen haben Sie die Möglichkeit, entwe-
der Tabellen oder CSS einzusetzen. Die Methode, Formulare mit
Tabellen zu gestalten, ist zwar antiquiert, aber relativ einfach. Das
Gestalten von komplexen Formularen mit CSS ist selbst für Profis
keine leichte Angelegenheit. Wir werden aber gleich sehen, dass
Sie durchaus in der Lage sein werden, mit Dreamweaver CC und
CSS ein einfaches Formular zu layouten.

Formulare mit Tabellen gestalten

Formulare können am einfachsten mit einer zweispaltigen Tabelle gestaltet werden, damit die Beschriftungen und die Formularelemente selbst übersichtlich nebeneinander angeordnet werden können. In der ersten Spalte fügen Sie dann die Beschriftungen ein und in der zweiten Spalte die Formularelemente.

Platzieren Sie Ihre Einfügemarke dazu innerhalb des rot umrandeten Formularbereichs, und wählen Sie EINFÜGEN • TABELLE. Fügen Sie eine zweispaltige Tabelle ein, in der Sie die Beschriftungen und die Formularelemente anordnen.

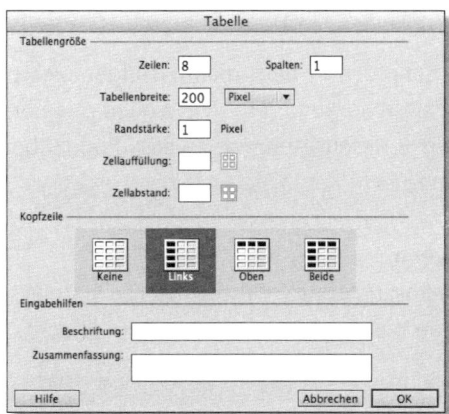

◀ **Abbildung 17.29**
Tabelle einfügen

Auch ein bestehendes Formular kann in ein Tabellenlayout überführt werden: Ziehen Sie einfach die Beschriftungen in die linke Spalte der Tabelle und die Formularelemente in die rechte.

◀ **Abbildung 17.30**
Ein Formular, das mit Tabellen layoutet wurde

Formulare mit CSS gestalten

Sie werden im folgenden Beispiel sehen, wie Sie mit wenigen Schritten ein ansehnliches Formular mit CSS erstellen.

Als Erstes beginnen wir mit der Gestaltung der Beschriftung. Da Beschriftungen im HTML-Code von `<label>`-Tags umschlossen sind, wollen wir eine CSS-Regel für das Tag `<label>` erstellen.

Schritt für Schritt
Beschriftungen mit CSS gestalten

1 Formular erstellen
Legen Sie ein neues Formular an, in dem die Textfelder Name, E-Mail, Betreff und Anfrage vorkommen. Wir wollen das Formular so gestalten, dass die Beschriftungen jeweils direkt über den Formularelementen stehen.

2 Beschriftung selektieren
Um eine CSS-Regel für die Beschriftung (`<label>`-Tag) zu erstellen, markieren Sie zunächst eine beliebige Beschriftung (z. B. Name).

Abbildung 17.31 ▶
Markieren Sie eine Beschriftung.

3 CSS-Datei auswählen oder erstellen
Wählen Sie im Bedienfeld CSS-Designer (Menü Fenster) unter Quellen entweder eine vorhandene CSS-Datei, oder erstellen Sie

eine neue CSS-Datei über das Plussymbol ❶. In diese CSS-Datei werden wir dann die neue CSS-Regel einfügen.

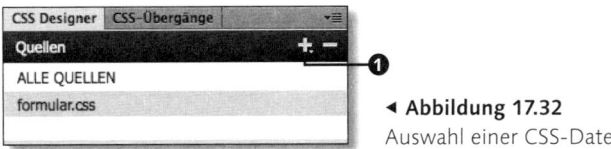

◄ **Abbildung 17.32**
Auswahl einer CSS-Datei

4 Selektor erstellen

Klicken Sie nun auf das Plussymbol ❷ im Bereich SELEKTOREN. Dreamweaver schlägt Ihnen den Eintrag #form1 p label vor, den Sie durch die Betätigung der Eingabetaste übernehmen können.

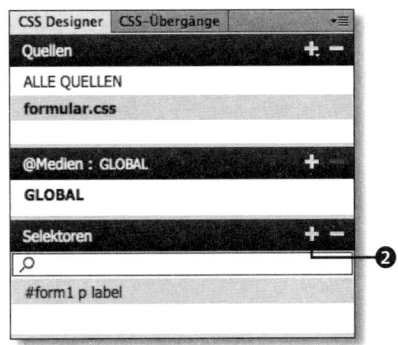

▲ **Abbildung 17.33**
Erstellen Sie eine neue CSS-Regel.

5 Fette Schrift auswählen

Im Bereich EIGENSCHAFTEN legen wir nun das Aussehen der Beschriftung fest. Wählen Sie in der Kategorie TEXT ❸ unter FONT-WEIGHT • BOLD aus, um die Beschriftung in fetter Schrift darzustellen. Außerdem können Sie u. a. die Textfarbe unter COLOR ändern.

◄ **Abbildung 17.34**
Wählen Sie BOLD unter FONT-WEIGHT aus.

Selektoren

Ein Selektor gibt an, auf welche Elemente sich eine CSS-Regel beziehen soll. Der Selektor #form1 p label bezieht sich auf eine Beschriftung (<label>-Tag), die sich innerhalb eines Absatzes (<p>-Tag) befindet, der sich wiederum innerhalb des ersten Formulars (ID form1) befindet. Es hätte auch genügt, wenn wir als Selektor einfach label verwendet hätten. Die genaue »Ortsangabe« (Fachbegriff Spezifität) wäre nicht notwendig gewesen.

6 Beschriftung in eigener Zeile

Scrollen Sie nun im EIGENSCHAFTEN-Bereich etwas nach oben, oder klicken Sie auf LAYOUT ❶, bis Sie die Eigenschaft DISPLAY gefunden haben. Damit Beschriftungen in einer eigenen Zeile stehen, wählen Sie unter der Eigenschaft DISPLAY ❷ den Wert BLOCK aus.

Abbildung 17.35 ▶
Wählen Sie unter DISPLAY den Wert BLOCK aus.

7 Fertig

Die Beschriftungen stehen jeweils in einer eigenen Zeile.

Darstellungstypen

Überschriften wie z. B. das <h1>-Tag werden normalerweise in einer eigenen Zeile dargestellt, da sie automatisch vom Darstellungstyp BLOCK sind. Beschriftungen sind jedoch normalerweise vom Darstellungstyp INLINE. Per CSS können Sie den Darstellungstyp über die Kategorie BLOCK und den Eintrag DISPLAY jedoch leicht ändern.

Abbildung 17.36 ▶
Das Ergebnis in der Live-Ansicht

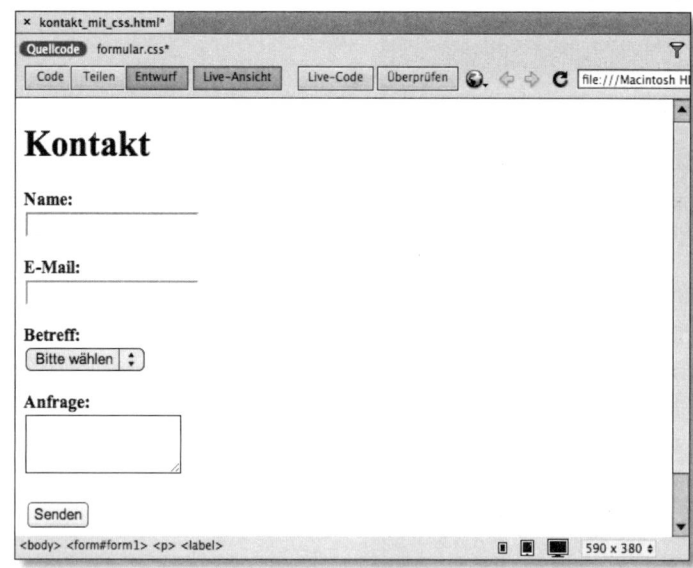

Nachdem wir uns um das Stylen der Beschriftungen gekümmert haben, wenden wir uns nun der Breite der Textfelder zu. In der folgenden Schritt-für-Schritt-Anleitung zeigen wir, wie Sie für jedes Formularelement getrennt die Breite einstellen.

Schritt für Schritt
Breiten für Textfelder mit CSS einstellen

1 Textfeld selektieren
Klicken Sie in der Entwurfsansicht mit der Maus auf ein Textfeld, um es zu selektieren.

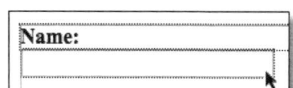

▲ Abbildung 17.37
Selektieren eines Textfeldes

2 Selektor erstellen
Wählen Sie nun wieder die CSS-Datei »formular.css« ❸ aus, und klicken Sie auf das Plussymbol ❹ im Bereich SELEKTOREN. Akzeptieren Sie den Vorschlag #form1 p #name.

◄ Abbildung 17.38
Erstellen Sie einen Selektor für ein Textfeld.

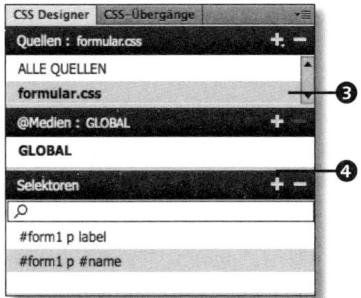

3 Breite festlegen
Im EIGENSCHAFTEN-Bereich legen Sie in der Kategorie LAYOUT nun für die Eigenschaft WIDTH die Breite des Textfeldes fest – z. B. 300 px.

◄ Abbildung 17.39
Legen Sie für die Eigenschaft WIDTH die Breite des Textfeldes fest.

4 Schritte für jedes Textfeld wiederholen
Wiederholen Sie die vorherigen Schritte jeweils für die weiteren Textfelder.

CSS-Trick

Anstatt für jedes Textfeld einzeln die Breite festzulegen, ist dies auch mit nur einer CSS-Regel möglich. Erstellen Sie einen neuen Selektor, und geben Sie den folgenden Ausdruck ein:
»input[type=text] , input[type=email], textarea. Anschließend geben Sie in der Kategorie Box die Breite unter WIDTH ein. Die überflüssigen Selektoren wie #form1 p label können Sie durch Klick auf das Minussymbol löschen.

5 Fertig

Nachdem wir die Breiten für die Textfelder festgelegt haben, können wir unser Formular nun der Öffentlichkeit zeigen.

Abbildung 17.40 ▶
Fertiges Formular in der Live-
Ansicht

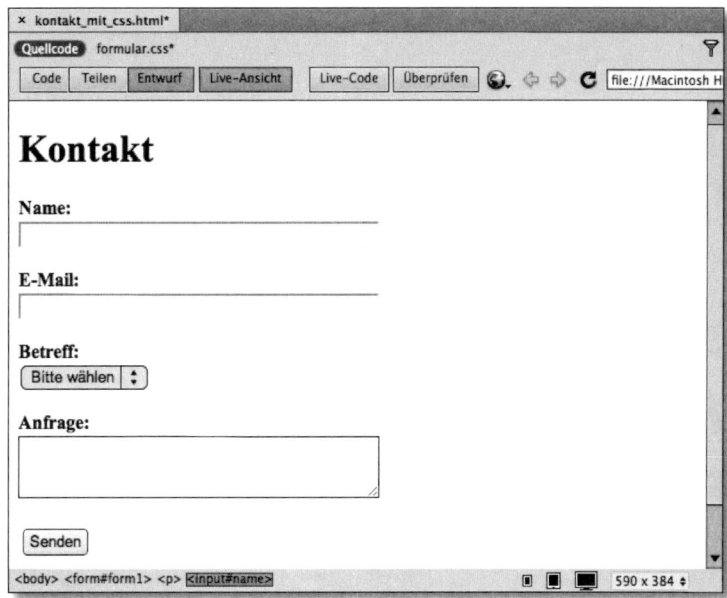

**Spry aus Dream-
weaver CC entfernt**

Von Dreamweaver CS3
bis CS6 konnten Formu-
lare mithilfe des integrierten JavaScript-Frame-
works Spry einfach
validiert werden. Da die
Formularvalidierung
Bestandteil des HTML5-
Standards ist, ist Spry
nicht mehr notwendig.
Adobe hat daher Spry aus
Dreamweaver CC ent-
fernt. Wer auf Spry ange-
wiesen ist, kann das
Framework von der Git-
Hub-Seite *https://github.
com/adobe/Spry* herun-
terladen.

17.6 Formulare validieren

Eine äußerst wichtige Funktion ist die Überprüfung von Formulareingaben, bevor diese an den Webserver geschickt werden. Fal-
sche E-Mail-Schreibweisen oder unpassende Eingaben wie Text in
Zahlenfeldern können somit von vornherein vermieden werden.

Es gibt drei grundlegende Techniken, um Formulare zu vali-
dieren:

▶ **HTML5-Validierung**: Hier werden die Formularelemente direkt
  im Browser überprüft, bevor sie an den Server geschickt werden. Der User bekommt sofort ein Feedback, wenn eine Eingabe nicht korrekt war.

▶ **JavaScript-Validierung**: In älteren Browsern, die keine HTML5-
  Validierung unterstützen, muss die Validierung per JavaScript
  erfolgen.

▶ **Serverseitige Validierung**: Die Formulareingaben werden validiert, nachdem sie zum Server gesendet wurden, z. B. durch ein

PHP-Skript. Diese Lösung funktioniert unabhängig davon, ob die Validierung bereits im Webbrowser vorgenommen wurde, ist jedoch nicht so interaktiv wie bei den browserseitigen Lösungen.

Am sichersten ist es, wenn man alle drei Techniken anwendet. Wenn ein Besucher z. B. einen alten Webbrowser verwendet, der die HTML5-Validierung nicht unterstützt, und zugleich JavaScript deaktiviert hat, so wird der Eingabefehler auf dem Server festgestellt. Bei Kontaktformularen reicht aber in der Regel eine Validierung per HTML5 und JavaScript.

Validierung mit HTML5

In HTML5 kann man festlegen, welche Eingabefelder Pflichtfelder sind und welche Eingaben erlaubt sind. Wird beispielsweise ein E-Mail-Feld nicht oder falsch vom Benutzer ausgefüllt, wird neben bzw. unter dem Formularfeld eine Fehlermeldung angezeigt.

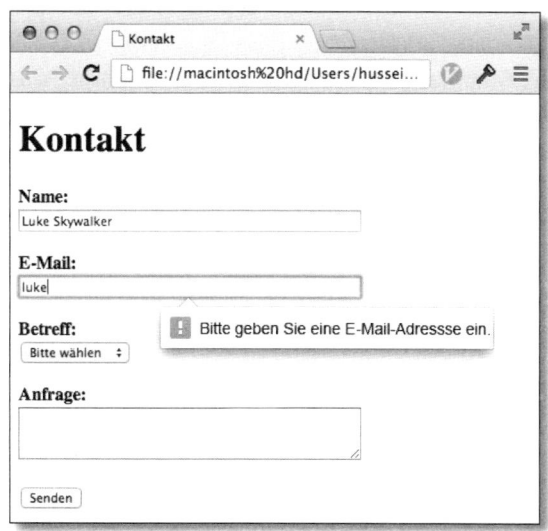

◀ **Abbildung 17.41**
Validierung eines E-Mails-Feldes im Google-Chrome-Browser

Es ist sehr einfach, in Dreamweaver Eingabefelder als Pflichtfelder zu markieren. Selektieren Sie dazu ein Eingabefeld im Dokumentenfenster, und aktivieren Sie im Eigenschaftsfenster die Option Required ❸ (siehe Abbildung 17.42).

Abbildung 17.42 ▶
Aktivieren Sie die
Option REQUIRED.

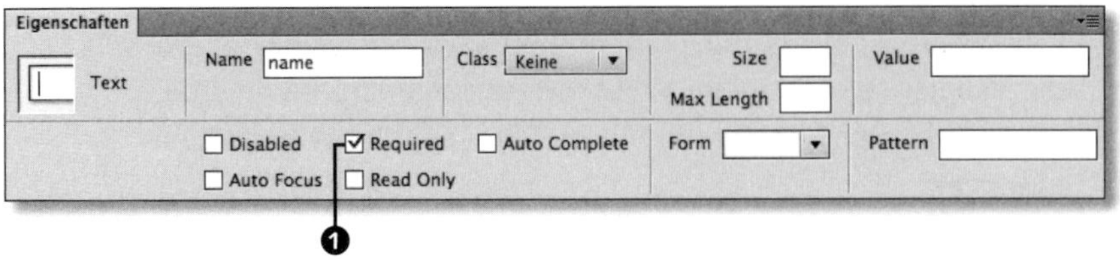

Pflichtfelder beschriften

Es ist üblich, Pflichtfelder
in der Beschriftung mit
einem Stern zu markie-
ren.

Name*:

▲ **Abbildung 17.43**
Sterne markieren Pflicht-
felder.

Pro Eingabefeld können Sie in Dreamweaver festlegen, welche
Eingaben obligatorisch und welche erlaubt sind.

Bei einem Pflichtfeld wird einfach nur geprüft, ob eine Eingabe
erfolgt ist oder nicht. Sie können aber auch festlegen, welche
Eingaben erlaubt sind. In einem E-Mail-Feld sollen z. B. E-Mail-
Adressen als valide akzeptiert werden. Ein Feld für den Namen
sollte z. B. mindestens drei Zeichen enthalten. Sie können auch
eigene Formate definieren, wie z. B. eine Kundennummer.

Für Textfelder kann ein Muster (Pattern) festgelegt werden, das
die möglichen Eingaben beschreibt. Bei den Mustern handelt es
sich um sogenannte *reguläre Ausdrücke*.

Das Erstellen von regulären Ausdrücken ist relativ kompliziert:
Um z. B. die Anzahl der Zeichen auf den Bereich von 3 bis 20 zu
beschränken, geben Sie unter PATTERN ❷ im EIGENSCHAFTEN-
Bedienfeld ^.{3,20}$ ein. Das Dach- und das Dollarzeichen kenn-
zeichnen jeweils den Anfang und das Ende eines Musters. Das
Punktsymbol steht für ein beliebiges Zeichen, das 3- bis 20-mal
vorkommen kann.

Abbildung 17.44 ▶
Das Feld PATTERN

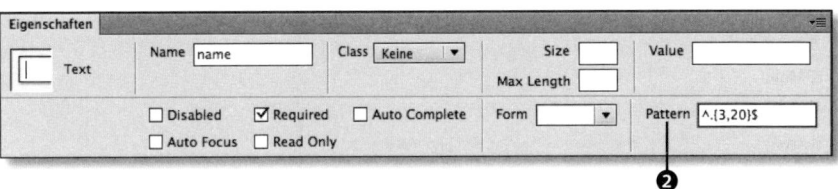

Hier ein paar Beispielmuster, die Sie in Ihren Formularen verwenden können:

- Nur Zahlen mit der Länge 3, wie z. B. 123 oder 007
  ^[0-9]{3}$ oder ^\d{3}$
- Zahlen von 1 bis 99, z. B. geeignet für Stückzahlen
  ^[1-9][0-9]{0,1}$
- Zahlen mit genau zwei Nachkommastellen mit Werten von
  0,00 bis 9999999,99
  ^(0|[1-9]\d{0,6}),\d{2}$

- Zahlen ohne oder mit maximal zwei Nachkommastellen, wie z. B. 23 oder 24,50 (geeignet für Währungsbeträge)

  `^(0|[1-9]\d{0,6})(,\d{1,2})?$`

- Nur Buchstaben inklusive Umlauten, Leerzeichen und Bindestrich mit 3 bis 20 Zeichen (geeignet für Namensfelder), wie z. B. Hans-Peter Zimmer

  `^[A-Za-zÄäÖöÜüß \-]{3,20}$` (beachten Sie das Leerzeichen nach ß)

- Telefonnummern, wie z. B. 0211 4455

  `^[0-9/ \-]+$` (beachten Sie das Leerzeichen zwischen / und \)

- Jahreszahl zwischen 1900 und 2099

  `^(19|20)\d{2}$`

- Monat, wie z. B. 5, 05 oder 12

  `^(0?[1-9]|1[012])$`

- Tag eines Monats, wie z. B. 3, 03 oder 31

  `^(0?[1-9]|[12][0-9]|3[01])$`

- Datum, wie z. B. 20.11.1963

  `^(0?[1-9]|2\d|3[01])\.(0?[1-9]|[12]\d|3[01])\.(19|20)\d{2}$`

> **Keine Muster für E-Mail-Felder**
>
> Für E-Mail-Felder ist es nicht notwendig, selbst einen regulären Ausdruck unter PATTERN einzutragen. Wenn Sie das Formularfeld E-MAIL verwenden, wird automatisch geprüft, ob die Eingabe einem E-Mail-Format entspricht.

JavaScript für Browser ohne HTML5-Validierung

Nur die Webbrowser Google Chrome, Firefox und Opera unterstützen voll die HTML5-Formularvalidierung. Es gibt aber sehr nützliche JavaScript-Programme (sog. Polyfills), die die fehlende Funktionalität bei den nicht kompatiblen Browsern wie z. B. dem Internet Explorer nachrüsten.

Im Folgenden zeige ich Ihnen, wie Sie JavaScript einsetzen können, damit in allen Browser die HTML5-Formularvalidierung funktioniert.

Schritt für Schritt
JavaScript zur HTML5-Validierung einfügen

1 **Download der JavaScript-Datei**

Laden Sie die Datei »html5form.js« herunter, indem Sie die URL *www.dwbuch.de/html5form.js* aufrufen. Fügen Sie die Datei in denselben Ordner ein, in dem Ihre Kontaktformular-Datei liegt.

2 JavaScript-Code einfügen

Wechseln Sie in die Code-Ansicht, und fügen Sie direkt unter dem
`<head>`-Tag folgenden Code ein:

```
<script type="text/javascript" src="html5form.js">
</script>
```

3 CSS-Regeln für invalide Felder

Wir erstellen nun eine CSS-Regel, die die fehlerhaft ausgefüllten
Formularfelder mit einer roten Hintergrundfarbe markiert.

Klicken Sie dazu im CSS-Designer-Bedienfeld auf FORMULAR.
css ❶, klicken Sie auf das Plussymbol im SELEKTOREN-Bereich
❷, und geben Sie ».formerror« ein. Anschließend können Sie im
EIGENSCHAFTEN-Bereich unter BACKGROUND-COLOR ❸ z. B. eine
rote Farbe auswählen. Zusätzlich können Sie noch weitere Eigenschaften, wie z. B. die Textfarbe (COLOR) anpassen.

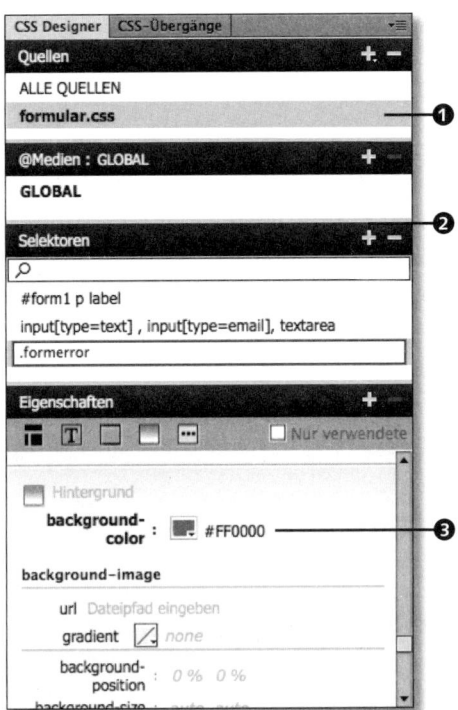

Abbildung 17.45 ▶
CSS-Regel für fehlerhafte
Felder im CSS-DESIGNER-
Bedienfeld

4 Fertig

Die Formularvalidierung funktioniert nun auch in Webbrowsern
wie dem Internet Explorer 8.

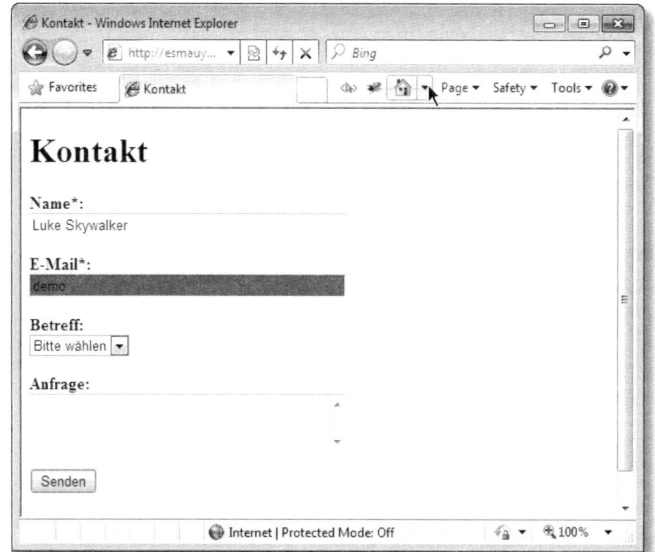

◄ **Abbildung 17.46**
Fehlerhafte Formularfelder
werden nun farblich her-
vorgehoben (Internet
Explorer 8).

17.7 Kontaktformular mit PHP-Skript

Jetzt haben Sie alle Elemente eines Formulars kennengelernt. Nun
fehlt noch das Skript für unseren Webserver, das die Benutzereingaben ausliest und sie uns per E-Mail zusendet. Es gibt hierzu
verschiedene Skripte. Auf der Website zum Buch unter *http://
www.dwbuch.de* finden Sie ein passendes Skript zum Herunterladen, wenn Sie unten rechts auf FORMMAILGENERATOR klicken. Eine
wichtige Voraussetzung für das Funktionieren des Kontaktformulars ist, dass Ihr Server PHP unterstützt.

Um das Formular in Dreamweaver CC fertigzustellen, gehen Sie
einfach wie folgt vor:

Schritt für Schritt
Erstellung eines Kontaktformulars mit Integration
eines PHP-Skripts

1 Formular erstellen

Erstellen Sie zunächst ein Formular mit Eingabefeldern. Ihr Formular sollte mindestens ein Feld für die E-Mail-Adresse und ein
Textfeld für die Anfrage enthalten.

**Prüfen, ob PHP
installiert ist**

Ob Ihr Webserver PHP
unterstützt, lässt sich
leicht prüfen. Downloa-
den Sie die Datei *php-
test.php* von der Seite
*www.dwbuch.de/php_
test,* und laden Sie die
Datei anschließend auf
Ihren Server. Rufen Sie
nun die Seite auf Ihrer
Website auf, z. B. *http://
www.ihre-seite.de/php_
test.php.* Sie sollten nun
u.a. die PHP-Version
angezeigt bekommen.

2 PHP-Skript herunterladen und kopieren

Auf der Website zum Buch können Sie sich das PHP-Skript generieren lassen (*www.dwbuch.de/formgen*) und es herunterladen.
Kopieren Sie das Skript »myFormMail.php« in den Ordner, in dem
auch das Formular gespeichert ist.

3 Skript in Formular einbauen

Markieren Sie das Formular durch einen Klick auf den roten Rand
im Dokumentenfenster, oder klicken Sie in der Statusleiste das
`<form>`-Tag ❶ an. Geben Sie im Bedienfeld EIGENSCHAFTEN unter
ACTION ❷ »myFormMail.php« ein.

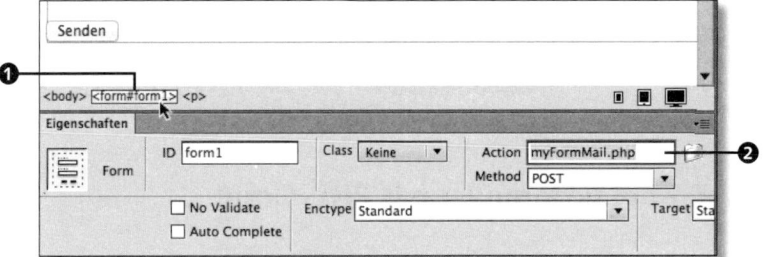

Abbildung 17.47 ▶
Das Bedienfeld EIGENSCHAF-
TEN für das Formular

4 Danke-Seite erstellen

Erstellen Sie eine Webseite mit dem Dateinamen »danke.html«,
die angezeigt wird, wenn der Benutzer das Formular korrekt ausgefüllt und abgeschickt hat.

Abbildung 17.48 ▶
Diese Datei wird bei korrekt
ausgefülltem Formular angezeigt.

5 Auf Webserver übertragen

Lokal auf Ihrem Rechner wird das Kontaktformular nicht funktionieren. Kopieren Sie daher alle Dateien des Kontaktformulars
auf Ihren Webserver, und schon funktioniert das Formular. Füllt
ein Besucher das Formular aus, erhalten Sie eine E-Mail mit den
Inhalten.

Kapitel 18

Mobile Websites

So erstellen Sie Websites, die auch auf Smartphones und Tablets gut aussehen.

- ▸ Wie erstelle ich Websites für verschiedene Geräte?
- ▸ Wie erstelle ich Websites, die sich automatisch der Größe des Anzeigegeräts anpassen?
- ▸ Wie funktioniert responsives Webdesign mit Dreamweaver?
- ▸ Wie erstelle ich Web-Apps mit jQuery Mobile?
- ▸ Was ist PhoneGap?

18 Mobile Websites

Eine große Herausforderung für jeden Webdesigner ist es, Websites zu erstellen, die nicht nur auf Notebooks und Desktoprechnern gut aussehen, sondern auch auf mobilen Endgeräten wie Smartphones, Tablets etc.

18.1 Websites für mobile Geräte entwickeln

Vor der Smartphone-Revolution, die Apple 2007 mit dem iPhone auslöste, war die Welt des Webdesigners noch einfach. Eine Website wurde in erster Linie für den Desktoprechner entwickelt, und häufig wurde eine Standardbreite von 960 Pixeln verwendet.

Heutzutage werden Webseiten immer mehr mit mobilen Geräten wie Smartphones und Tablets wie dem iPad besucht. Es wird nicht mehr lange dauern, bis Websites in erster Linie auf mobilen Geräten betrachtet werden.

Es gibt heute im Wesentlichen drei Kategorien von Geräten zum Betrachten einer Website:

▸ Smartphones wie das iPhone und Android-Geräte wie z.B. Samsung Galaxy

▸ Tablet-PCs wie z.B. das iPad oder das Samsung Galaxy Tab

▸ Desktop-PCs/Notebooks

Jedes dieser Geräte besitzt unterschiedliche Bildschirmmaße. Außerdem können Websites auf Smartphones und Tablets auch noch sowohl im Hochkant- als auch im Querformat betrachtet werden, was die Anforderungen an den Webdesigner noch einmal erhöht.

In diesem Kapitel stellen wir zwei Lösungen vor, um mobile Websites zu erstellen:

▸ **Responsives Webdesign**: Diese Lösung ist für die meisten Websites sinnvoll, da hier eine universelle Website erstellt wird, die sich automatisch den verschiedenen Gerätegrößen anpasst.

▶ **Mobile Web-Apps mit jQuery Mobile**: Bei dieser Lösung wird eine separate Version der Website für mobile Geräte erstellt. Die Inhalte und das Design werden speziell für Geräte mit Touch-Bildschirmen angepasst.

18.2 Responsives Webdesign

Mit der Technik des responsiven Webdesigns lässt sich eine Website automatisch an die Bildschirmmaße des Anzeigegeräts anpassen. »Responsiv« bedeutet, dass das Seitenlayout und die Inhalte sich entsprechend dem benutzten Endgerät verändern. Webseiten können mit dieser Technik daher auf praktisch allen Geräten betrachtet werden.

Websites, die mit der Technik des reponsiven Webdesigns erstellt wurden, erkennen Sie meist daran, dass sich das Layout anpasst, wenn Sie das Browserfenster verkleinern.

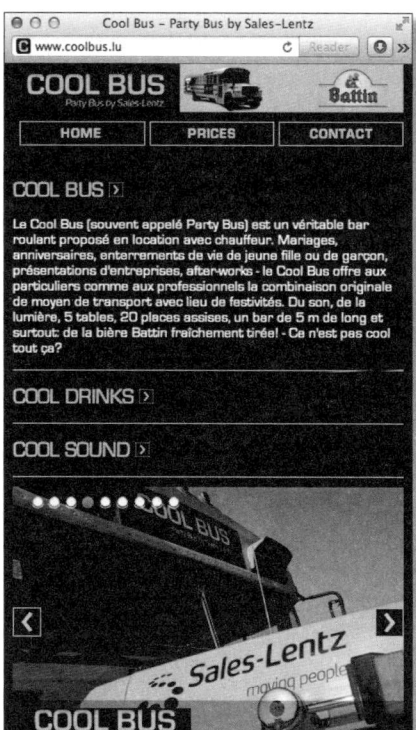

◀ **Abbildung 18.1**
Website »coolbus.lu« in einem schmalen Fenster

▼ **Abbildung 18.2**
Website »coolbus.lu« in Desktopbreite

Wie funktioniert responsives Webdesign?

Drei Elemente sind für das Funktionieren des responsiven Webdesigns wichtig:

▶ **Flexible Layouts**: Es werden zwar immer noch die in der Vergangenheit üblichen 960 px festgelegt, jedoch als Obergrenze. Durch die Angabe der Layoutgröße als Prozentwert werden die Layoutelemente in den unterschiedlichen Bildschirmauflösungen immer den gleichen Layoutanteil behalten.

▶ **Flexible Schriftgrößen**: Schriftgrößen werden nicht mehr in Pixeln, sondern in Prozent angegeben, so dass jeder Browser sie optimal interpretieren kann.

▶ **Medienabfragen (engl. Media Queries)**: Mithilfe von Medienabfragen im CSS-Code werden hierbei die Eigenschaften des Anzeigegeräts abgefragt, und die Website wird automatisch angepasst. Abgefragt werden können z. B. die Breite und Höhe des Browserfensters (width/height) und des Geräts (device-width/device-height), die Ausrichtung (Quer- oder Hochformat, orientation) und natürlich die Bildschirmauflösung (resolution).

Seite mit flexiblem Layout anlegen

Sehen wir nun, wie eine Website auf der Grundlage des responsiven Webdesigns mit Dreamweaver erstellt werden kann. Seit Dreamweaver CS6 gibt es die Funktion FLIESSENDES RASTERLAYOUT im Menü DATEI, mit der Sie auf einfache Art und Weise sich anpassende Websites anlegen können.

Die in Dreamweaver integrierte Lösung hat folgende Vorteile:

▶ Sie enthält Cross-Browser-Unterstützung, also eine Unterstützung für die meisten Browser – sowohl auf Desktop- als auch auf mobilen Geräten.

▶ Sie basiert auf dem modernen HTML5-Standard.

▶ Sie enthält eine integrierte Anzeigenvorschau für Desktoprechner, Tablets und mobile Endgeräte.

▶ Es gibt ein Raster zum genauen Ausrichten der Elemente.

Rasterlayouts aus CS6

Falls Sie eine Webseite in Dreamweaver CS6 mit flexiblem Rasterlayout erstellt haben, können Sie diese zwar in Dreamweaver CC öffnen, aber nicht im Rasterlayout bearbeiten, da die beiden Versionen dahingehend nicht kompatibel sind.

Schritt für Schritt
Webseite mit fließendem Rasterlayout erstellen

1 Neue Website

Erstellen Sie eine neue Website über SITE • NEUE SITE …

Für unsere Beispielsite verwenden wir den Namen »responsive Website-Übungen«. Alternativ öffnen Sie eine vorhandene Site über das DATEIEN-Bedienfeld.

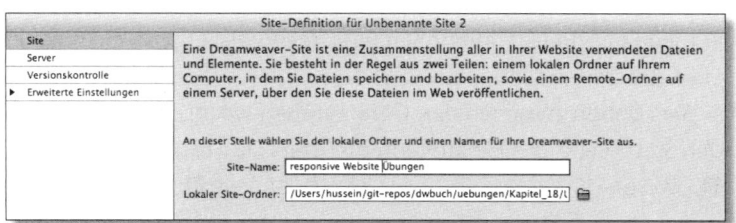

◄ **Abbildung 18.3**
Dialogfenster für eine neue Site

2 Neue Seite erstellen

Wählen Sie danach DATEI • NEU und dann FLD. RASTERLAYOUT im linken Bereich ❶. Im folgenden Dialogfenster können Sie jetzt u. a. die Anzahl der gewünschten Spalten für das Layout einstellen. Für unser Beispiel wählen Sie 4 für MOBIL, 8 für TABLET und f12 für DESKTOP. Klicken Sie nun auf ERSTELLEN.

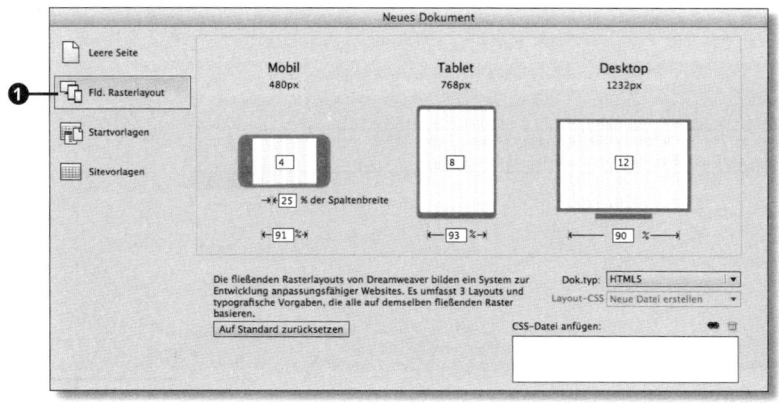

◄ **Abbildung 18.4**
Einstellungen des Rasters

3 CSS-Datei speichern

Nachdem Sie auf ERSTELLEN geklickt haben, öffnet sich ein Dialogfenster zum Speichern einer CSS-Datei. Geben Sie z. B. den Namen »layout.css« ein.

4 HTML-Datei und abhängige Dateien speichern

Speichern Sie anschließend die HTML-Datei direkt z. B. unter dem Namen »index.html«. Es öffnet sich ein Dialogfenster, das Ihnen mitteilt, dass noch abhängige Dateien gespeichert werden. Dies sind alle notwendigen CSS- und JavaScript-Files für die drei unterschiedlichen Layouts, die Dreamweaver automatisch generiert. Klicken Sie auf OK.

5 Erstellte Layouts betrachten

Für jede der drei Gerätegrößen hat Dreamweaver jetzt ein eigenes Layoutraster erstellt.

Sie können zwischen den Gerätegrößen wechseln, indem Sie in der Statuszeile des Dokumentenfensters auf Mobilgerätgrösse ❶, Tablet-PC-Grösse ❷ oder Desktopgrösse ❸ klicken.

Abbildung 18.5 ▼
Mobile-, Tablet- und
Desktop-Ansicht

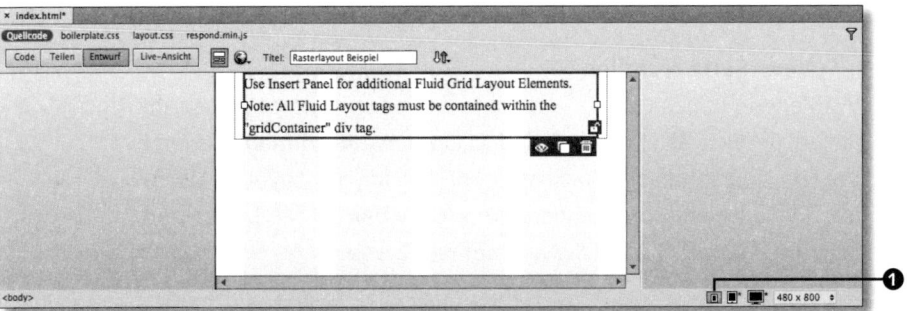

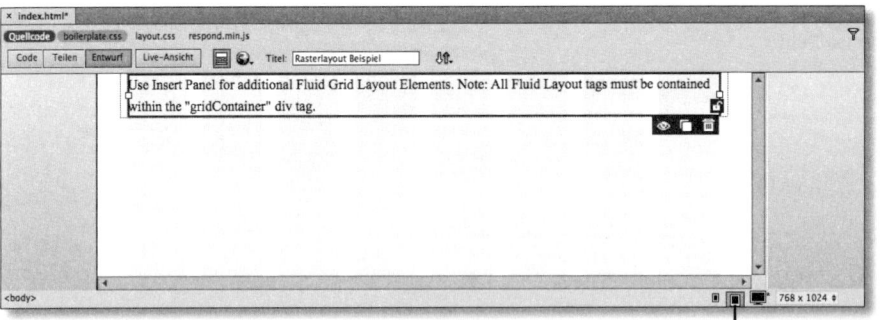

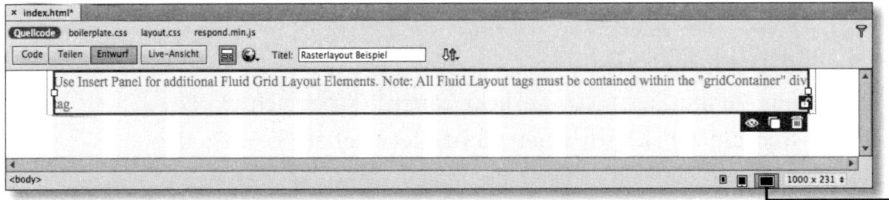

Die Raster-Ansicht kann durch Klick auf die Schaltfläche ❺ (links neben der Weltkugel) im oberen Bereich des Dokumentenfensters aus- und wieder eingeschaltet werden.

▼ **Abbildung 18.6**
Das Raster kann durch Klick auf das Symbol ❺ aktiviert bzw. deaktiviert werden.

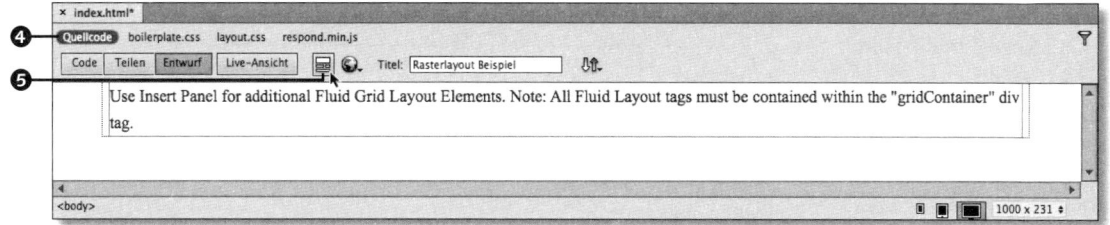

Neben Quellcode ❹ ganz oben im Dokumentenfenster sehen Sie die zugeordneten CSS-Dateien »boilerplate.css«, »layout.css« und die JavaScript-Datei »respond.min.js«, die Dreamweaver erstellt hat. Individuelle Einstellungen, die wir im fließenden Rasterlayout vornehmen, werden in der Datei »layout.css« gespeichert. Es ist empfehlenswert, die Dateien nicht direkt im Quellcode zu verändern.

Wir werden nun Schritt für Schritt das Layout für die verschiedenen Gerätegrößen anpassen.

HTML5-Boilerplate

Die Datei »boilerplate. css« haben die Adobe-Entwickler vom HTML5-Boilerplate-Projekt (*http://h5bp.com/css*) übernommen. Hier sind die besten CSS-Techniken und Optimierungen enthalten.

Layout für mobile Geräte

Als Erstes kümmern wir uns um das Layout für Smartphones. Erst später beschäftigen wir uns mit dem Desktoplayout. Der Ansatz, sich zuerst um mobile Geräte zu kümmern, wird auch als *Mobile First* bezeichnet.

Wie sieht ein Layout für mobile Geräte aus?

Eine Beschreibung des typischen Mobile-Layouts finden Sie in Abschnitt 18.3, »Charakteristika von mobilen Websites«.

Schritt für Schritt
Layout für mobile Geräte festlegen

1 Wechseln in die Ansicht »Mobile Geräte«
Klicken Sie auf MOBILGERÄTGRÖSSE ❶ in der Statuszeile des Dokumentenfensters, um in die Ansicht für mobile Geräte zu gelangen.

2 Inhalt im ersten div-Tag
Klicken Sie zunächst in den umrandeten Bereich, und geben Sie einen Text für dieses erste div-Tag an. Zusätzlich können Sie im

Was ist ein div-Tag?

Ein div-Tag markiert in HTML einen allgemeinen Bereich, der mithilfe von CSS-Regeln u. a. positioniert wird.
In Dreamweaver wird der Bereich durch einen Kasten dargestellt.

EIGENSCHAFTEN-Bedienfeld das Format ÜBERSCHRIFT 1 für den Text auswählen.

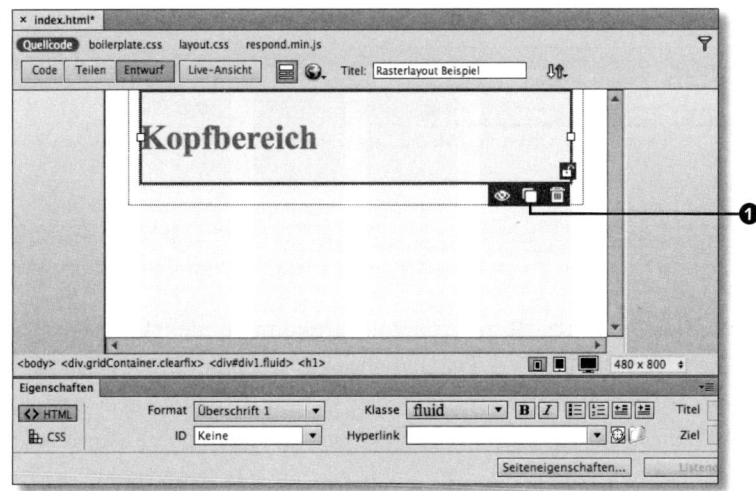

Abbildung 18.7 ▸
Erstellen Sie den Kopfbereich der Einfachheit halber hier nur mit dem Platzhaltertext KOPFBEREICH. Natürlich können Sie den Text auch anpassen.

3 Duplizieren

Um einen weiteren Kasten zu erstellen, klicken Sie auf das Duplizieren-Symbol ❶ des ersten Kastens.

4 Inhalt eingeben

Sie können nun Inhalte wie z. B. Text oder Bilder in Ihren neu erstellten Bereich einfügen. Hier im Beispiel wurde einfach ein Text mit dem Format *Überschrift 2* eingefügt.

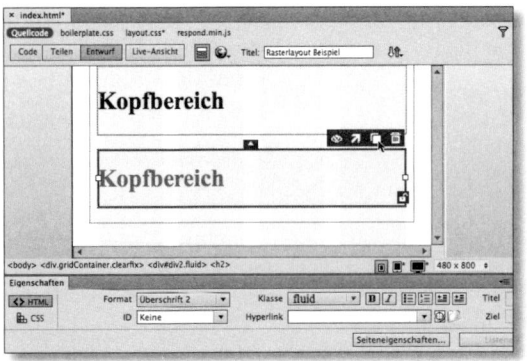

▲ **Abbildung 18.8**
Klicken Sie auf das Duplizieren-Symbol, um einen weiteren Kasten zu erstellen.

▲ **Abbildung 18.9**
Im neu erstellten Kasten können Sie Ihren Text einfügen.

5 Weitere Elemente anlegen

Legen Sie für unser Beispiel weitere Kästen durch Duplizierung an.
Der unterste Kasten dient als Fußbereich.

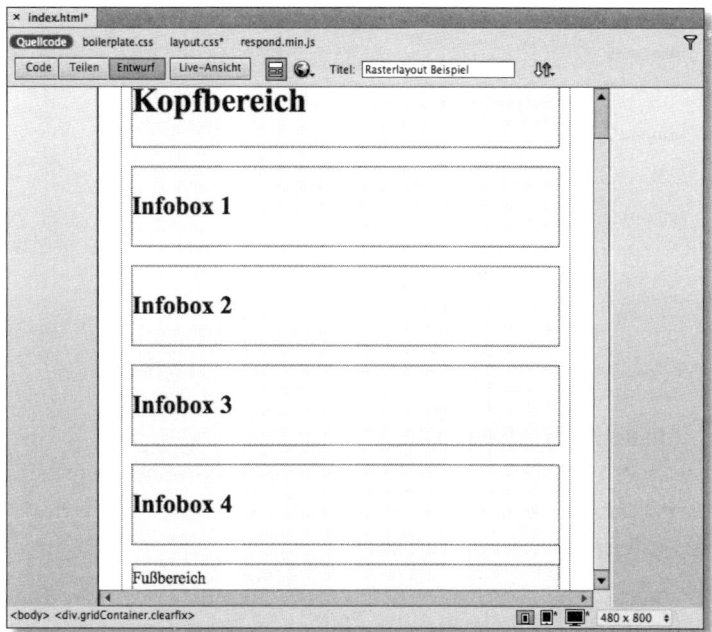

◄ **Abbildung 18.10**
Fertiges Layout für mobile
Geräte

Layout für Tablet-Geräte

Nach dem Layout für mobile Geräte kümmern wir uns nun um
das Layout für Tablet-Geräte, wie z. B. das iPad. Da uns bei Tablet-
Geräten mehr Platz zur Verfügung steht, werden wir zwei Boxen
(div-Tags) jeweils in einer Zeile anordnen.

Schritt für Schritt
Layout für Tablet-Geräte festlegen

1 In Tablet-Ansicht wechseln

Wechseln Sie in die Tablet-Ansicht, indem Sie in der Statusleiste
auf TABLET-PC-GRÖSSE ❶ (siehe Abbildung 18.11) klicken. Die
bereits beim mobilen Layout angelegten Elemente werden übernommen.

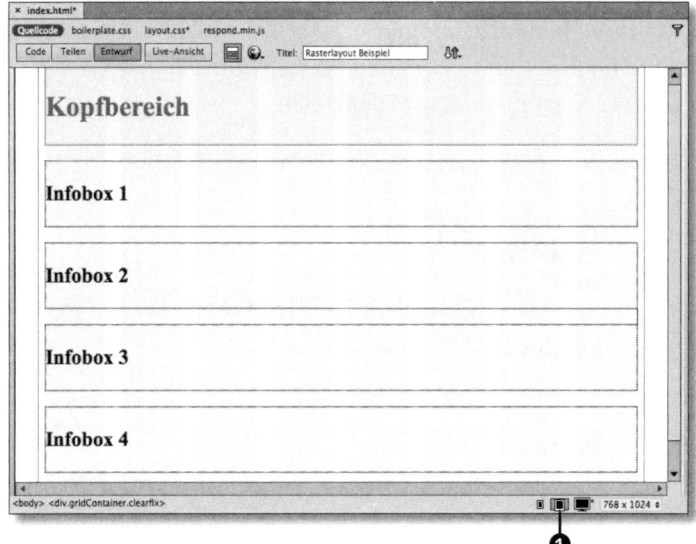

Abbildung 18.11 ▶
Wechseln in die Tablet-
Layout-Ansicht ❶

2 Elemente verkleinern

Verkleinern Sie zunächst alle Elemente außer den Kopf- und Fußbereich auf eine Breite von vier Spalten. Selektieren Sie dazu die
Box, und ziehen Sie sie dann kleiner.

3 Mehrere Elemente in einer Zeile

Selektieren Sie zunächst den Kasten INFOBOX 2, und klicken Sie
auf das Pfeilsymbol ❷, um das Element nach oben zu verschieben. Wiederholen Sie den Schritt für die INFOBOX 4.

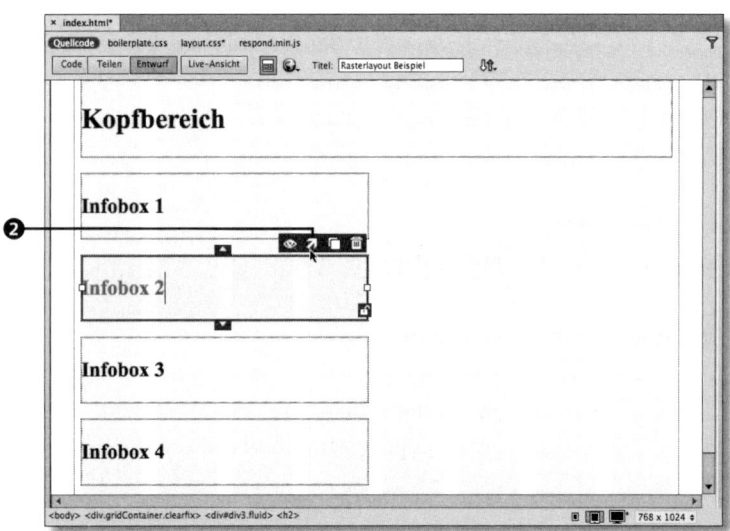

Abbildung 18.12 ▶
Über das kleine Symbol ❷
können Sie die Box ver-
schieben.

4 Fertig

Auf diese einfache Art und Weise haben Sie Ihr Layout für die
Ausgabe auf Tablet-PCs angepasst.

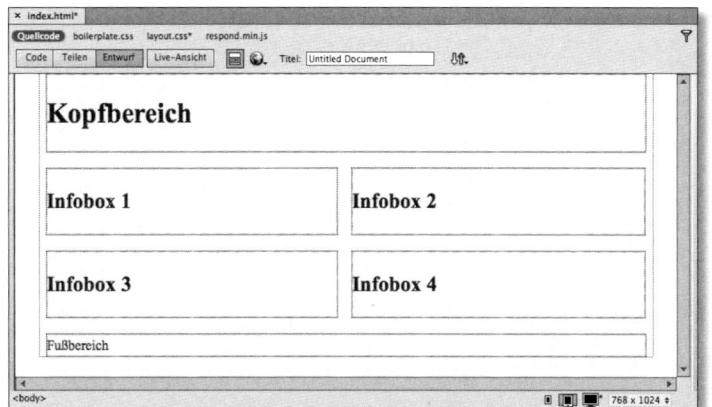

◄ **Abbildung 18.13**
Fertiges Layout für Tablet-
Geräte

Layout für Desktopgeräte

Als Letztes widmen wir uns dem Layout für Desktopgeräte. Da
wir ein 12er-Raster haben, können wir alle vier neu angelegten
Elemente mit Namen INFOBOX 1 bis 4 in einer Reihe anordnen.

Schritt für Schritt
Layout für Desktopgeräte festlegen

1 Ansicht

Klicken Sie in der Statuszeile auf DESKTOPGRÖSSE ❸, um in die
Desktop-Ansicht zu wechseln.

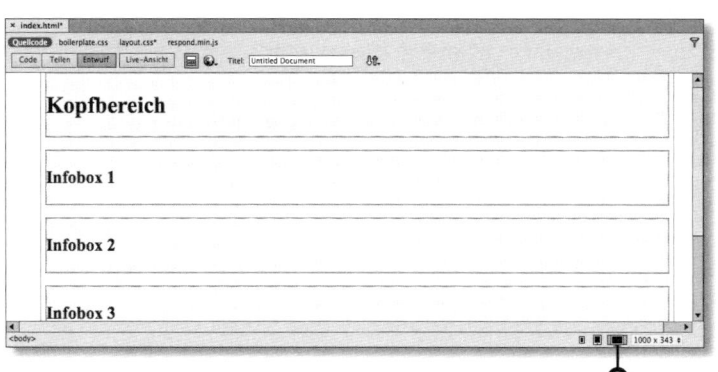

◄ **Abbildung 18.14**
Nach einem Klick auf ❸
befinden Sie sich in der Desktop-Ansicht.

▼ **Abbildung 18.15**
Kästen auf eine Breite von
drei Spalten verkleinert

2 Elemente verkleinern

Verkleinern Sie die Elemente INFOBOX 1 bis 4 auf eine Breite von
drei Spalten.

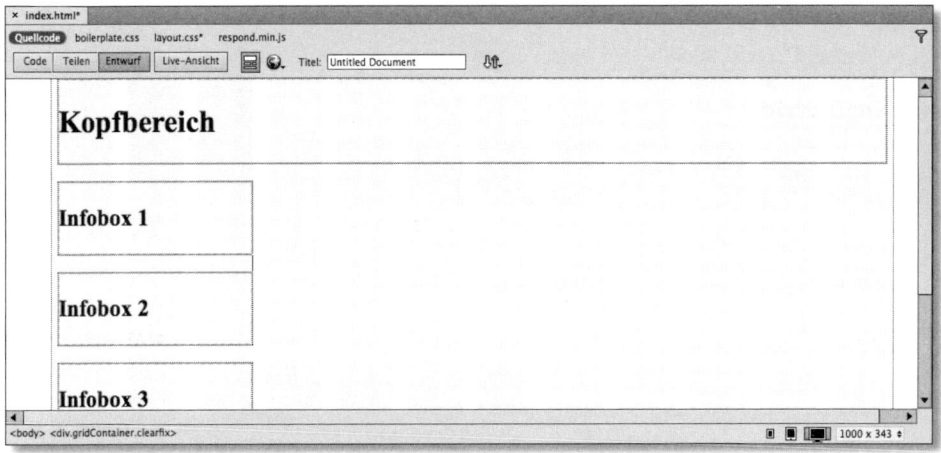

3 Elemente in eine Reihe

Verschieben Sie die Infoboxen 2 bis 4 jeweils in eine Zeile, wie Sie
das bereits bei dem Layout für das Tablet gemacht haben.

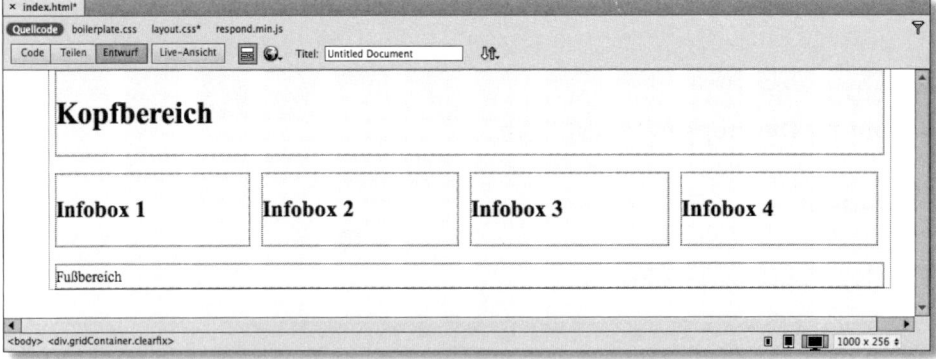

Sie können die Seite jetzt im Webbrowser öffnen und durch Verändern der Breite des Browserfensters überprüfen, ob sich das
Layout anpasst.

Sie haben nun gesehen, wie elegant Sie mit dem flexiblen Layoutraster in Dreamweaver Webseiten erstellen können, die sich
der Größe der mobilen Geräte anpassen.

18.3 Mobile Web-Apps mit jQuery Mobile

Ein anderer Weg, das Problem der verschiedenen Gerätegrößen zu lösen, ist es, unterschiedliche Versionen der Website zu erstellen, z. B. eine Desktopversion und eine Mobile-Version (oder gegebenenfalls noch eine Tablet-Version).

Ein Beispiel ist die Website der Deutschen Bahn. Unter *www. bahn.de* erreichen Sie die normale Website, unter *mobile.bahn.de* die mobile Version.

▲ **Abbildung 18.18**
Mobile Version der Bahn-Website auf einem iPhone

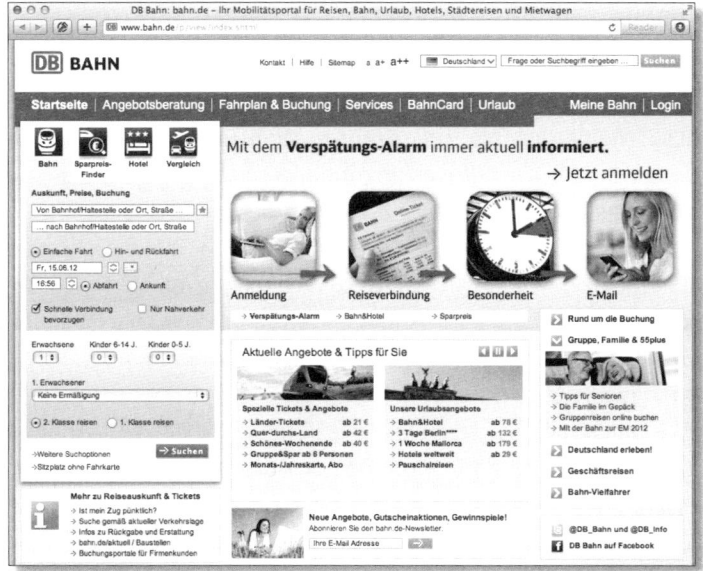

▲ **Abbildung 18.17**
Die Website der Deutschen Bahn

Charakteristika von mobilen Websites

Mobile Websites bestehen meist aus einer Navigation in Listenform ❶ bzw. als einspaltige Tabelle. Klickt man auf ein Element, so gelangt man zu einer weiteren Seite.

Meist ähnelt das Design der mobilen Websites dem einer nativen App, wie Sie sie aus dem App Store laden können. Daher werden die mobilen Websites, die einer nativen Applikation gleichen, auch **Web-Applikationen** (kurz **Web-Apps**) genannt. Mit jQuery Mobile können Sie relativ leicht solche Web-Apps erstellen.

Native Apps und Web-Apps: Definition

Native Apps sind nur auf bestimmten Endgeräten, z. B. dem iPhone, lauffähig, wohingegen Web-Apps auf allen webfähigen Endgeräten funktionieren, also auf Smartphones, Tablets und anderen mobilen Geräten. Dabei wird die Applikation aus dem Web geladen.

Buchempfehlungen

Wenn Sie sich in die Thematik der mobilen Apps noch weiter einarbeiten möchten, kann ich Ihnen die folgenden beiden Bücher wärmstens empfehlen:
»Apps mit HTML5 und CSS3« von Florian Franke und Johannes Ippen (erschienen bei Galileo Computing) sowie »Mobiles Web von Kopf bis Fuß« von Lyza Danger Gardner und Jason Grigsby (erschienen bei O'Reilly).

Sencha Touch

Es gibt auch Alternativen zu jQuery Mobile. Sencha Touch (*http://www.sencha.com/products/touch*) bietet noch mehr Möglichkeiten als jQuery Mobile. Mit Sencha Touch erstellte Web-Apps sehen meist zu 100 % wie native Apps aus. Jedoch ist Sencha Touch im Vergleich zu jQuery Mobile schwieriger zu verwenden.

Eine separate Website für mobile Geräte zu erstellen, bietet die folgenden Vorteile:

▶ ein eigenes Design für die mobile Version
▶ eine Reduzierung der Inhalte
▶ nur die Informationen, die für unterwegs geeignet sind, werden angezeigt

Der größte Nachteil besteht in dem Aufwand, eine getrennte Version zu entwickeln. Es gibt jedoch ein Projekt namens jQuery Mobile, mit dem Sie relativ einfach mobile Websites erzeugen.

Was ist jQuery Mobile?

jQuery Mobile ist ein sogenanntes Web-Framework, das ein Grundgerüst für die Entwicklung mobiler Web-Applikationen zur Verfügung stellt.

jQuery Mobile basiert auf den Technologien HTML5, CSS3 und JavaScript bzw. Ajax. Mit der Ajax-Technologie ist es u. a. möglich, dass mithilfe von http-Anfragen Teile einer Seite nachgeladen werden, ohne dass die gesamte Seite geladen werden muss. Somit werden die Seiten schneller geladen.

Es ist auch möglich, manuell ohne jQuery Mobile Web-Apps zu erstellen, jedoch ist dann ein größerer Aufwand erforderlich, um viele verschiedene mobile Geräte zu unterstützen.

Es gibt inzwischen zahlreiche Web-Apps, die mit jQuery Mobile entwickelt wurden. *bahn.de* haben wir bereits zu Beginn dieses Abschnitts erwähnt. Weitere Beispiele von Websites mit getrennter mobiler Version:

▶ *m.ikea.com*
▶ *m.stanford.edu*
▶ *mobile.oberschwarzach.at*
▶ *m.disneyworld.disney.go.com*

Meist werden die mobilen Websites über die Subdomain *m.* statt *www.* aufgerufen, wie z. B. *m.ikea.com*.

jQuery-Mobile-Websites laufen u. a. auf folgenden mobilen Systemen:

▸ Apple iOS (iPhone und iPad)

▸ Android (z. B. Samsung Galaxy)

▸ BlackBerry ab Version 6.0 (ältere Versionen werden nur zum Teil unterstützt)

Eine Web-App mit Dreamweaver CC erstellen

Seit Dreamweaver CS5.5 ist die Erstellung von Web-Apps mit jQuery Mobile relativ leicht möglich. Der Einstieg besteht darin, die in Dreamweaver integrierte jQuery-Mobile-Vorlage zu öffnen, die bereits vier Beispielseiten enthält.

Schritt für Schritt
Neues jQuery-Mobile-Projekt erstellen

1 Neue Website

Erstellen Sie eine neue Website über SITE • NEUE SITE ... Für unsere Beispielsite verwenden wir den Namen »jQuery Mobile Übungen«. Alternativ öffnen Sie eine vorhandene Site über das DATEIEN-Bedienfeld.

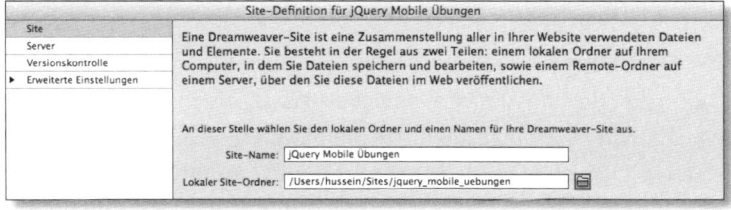

▲ **Abbildung 18.20**
Dialogfenster für eine neue Site

2 Neue Seite erstellen

Erstellen Sie nun eine neue Seite, und zwar über DATEI • NEU, und wählen Sie dann im linken Bereich den Reiter STARTVORLAGEN. Hier entscheiden Sie sich dann im Beispielordner MOBILE STARTER für JQUERY MOBILE MIT THEMA (LOKAL).

Mehr zu jQuery Mobile

Um sich mit den Funktionen von jQuery Mobile vertraut zu machen, öffnen Sie am besten die Demoseite von jQuery Mobile, *http://jquery-mobile.com/demos*, auf Ihrem Smartphone. Selbstverständlich können Sie die Seite auch auf Ihrem Rechner aufrufen.

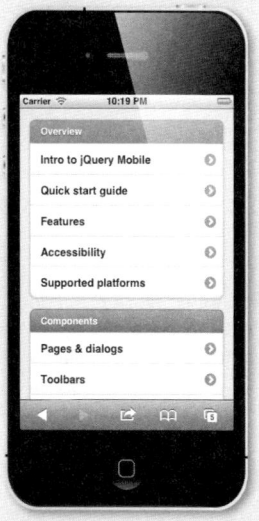

▲ **Abbildung 18.19**
Demo-Web-App
jquerymobile.com/demos

Abbildung 18.21 ▶
Erstellen einer jQuery-
Mobile-Beispielseite

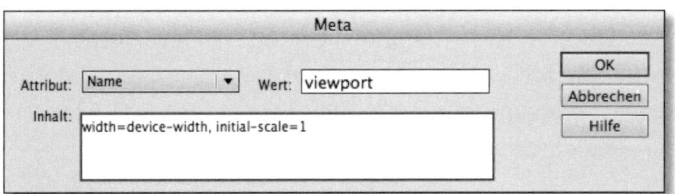

3 Meta-Tag für mobile Geräte einstellen

Damit die Seite auf mobilen Geräten korrekt skaliert wird, sollten Sie ein Meta-Tag in das neue Dokument einfügen. Wählen Sie dazu EINFÜGEN • HEAD • META, und tragen Sie unter WERT »viewport« und unter INHALT »width=device-width, initial-scale=1« ein.

Abbildung 18.22 ▶
Meta-Tag `viewport` hinzufügen

4 Speichern

Wenn Sie die HTML-Datei speichern (z. B. als index.html), wird ein Dialogfenster angezeigt, das Sie darauf hinweist, dass weitere Dateien, die zu jQuery Mobile gehören, automatisch angelegt und in Ihrem Verzeichnis abgespeichert werden. Bestätigen Sie die Meldung mit KOPIEREN.

Abbildung 18.23 ▶
Abhängige Dateien werden
kopiert.

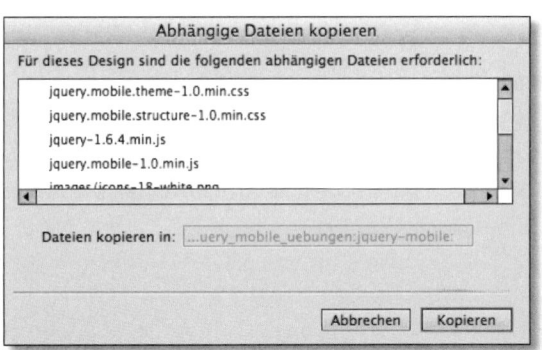

5 Fertig

In der Entwurfsansicht des Dokumentenfensters sehen Sie nun das Ergebnis.

◀ **Abbildung 18.24**
jQuery-Beispiel in der Entwurfsansicht

Anfangs sicherlich ungewohnt ist, dass in einer HTML-Datei mehrere jQuery-Mobile-Seiten angelegt sind.

Eine jQuery-Mobile-Seite besteht normalerweise aus

▶ einer Kopfzeile (Header) ❷,
▶ einem Inhaltsbereich (Content) ❸ und
▶ einer Fußzeile (Footer) ❹.

Die erste Seite ❶ dient der Navigation, verlinkt also zu den anderen Seiten.

Wenn das HTML-Dokument geladen wird, so werden alle Seiten geladen. Es wird jedoch zunächst nur die erste Seite angezeigt. Wenn nun der Benutzer eine andere Seite durch einen Klick auf einen bestimmten Link aufruft, wird mit einem schönen Übergangseffekt zur neuen Seite gewechselt.

Dies können Sie leicht überprüfen, indem Sie die Seite speichern und z. B. in Google Chrome oder Safari öffnen.

Abbildung 18.25 ►
Beispiel »Seite eins« im Safari-Browser

Abbildung 18.26 ►
Beispiel »Seite zwei« im Safari-Browser

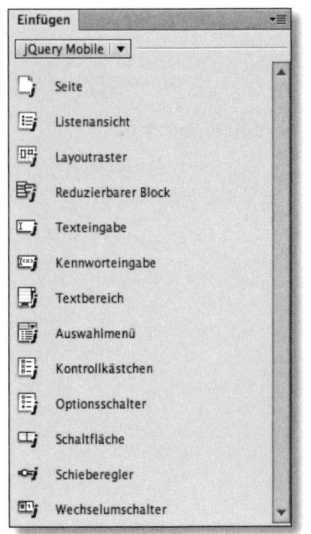

▲ **Abbildung 18.27**
JQUERY MOBILE im EINFÜGEN-Bedienfeld

Sie können in Dreamweaver die einzelnen Seiten mit Inhalten, z. B. Texten und Bildern, befüllen. Falls Ihnen vier Seiten nicht genügen, fügen Sie mit Dreamweaver leicht weitere Seiten ein. Dazu steht im EINFÜGEN-Bedienfeld die Kategorie JQUERY MOBILE zur Verfügung. Alternativ können Sie die Elemente auch über das Menü EINFÜGEN • JQUERY MOBILE ergänzen.

Schritt für Schritt
Seite hinzufügen und verlinken

1 **Einfügemarke positionieren**

Um eine neue Seite am Ende der HTML-Datei zu positionieren, wechseln Sie am einfachsten in die Code-Ansicht und positionieren die Einfügemarke direkt oberhalb des `</body>`-Tags ❶.

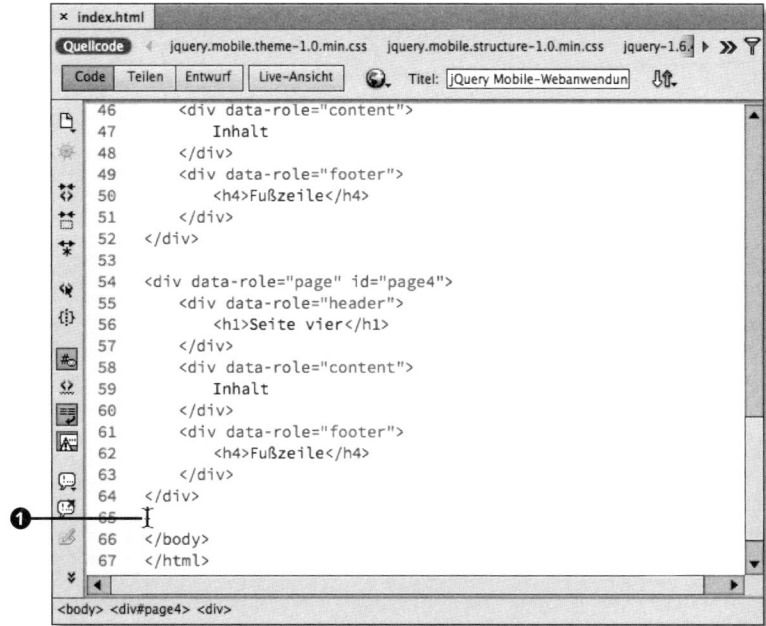

◄ **Abbildung 18.28**
Einfügemarke oberhalb des
`</body>`-Tags ❶

Wechseln Sie anschließend wieder in die Entwurfsansicht.

2 jQuery-Mobile-Seiten hinzufügen

Wählen Sie EINFÜGEN • JQUERY MOBILE • SEITE.

Es öffnet sich ein Fenster, in dem Sie eine Seiten-ID für die neue Seite festlegen. Dreamweaver wählt für Sie automatisch die ID »page5«. Sie können aber auch eine eigene ID vergeben. Jedoch muss die ID pro HTML-Datei eindeutig sein. Sonderzeichen, Umlaute und Leerzeichen dürfen Sie nicht verwenden. Die Seiten-ID wird später für die Verlinkungen der Seiten untereinander verwendet.

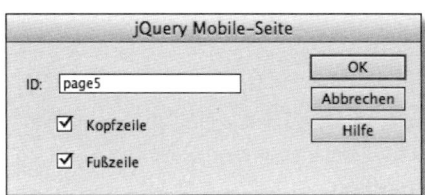

▲ **Abbildung 18.29**
Dialogfenster beim Erstellen einer neuen Seite

Des Weiteren können Sie festlegen, ob eine KOPF- und eine FUSS-
ZEILE erstellt werden soll.

3 Fertig

Wenn Sie auf OK klicken, fügt Dreamweaver die neue Seite am
Ende des Dokuments hinzu.

▲ **Abbildung 18.30**
Neu hinzugefügte jQuery-Mobile-Seite

Als Nächstes soll auf der ersten Seite, die der Navigation dient,
noch ein Link zur neuen Seite hinzugefügt werden.

Schritt für Schritt
Seite verlinken

1 Neues Listenelement erstellen

Setzen Sie die Einfügemarke auf der ersten Seite an das Ende des
letzten Listenelements, und drücken Sie die ⏎-Taste, um eine
neues Listenelement zu erstellen.

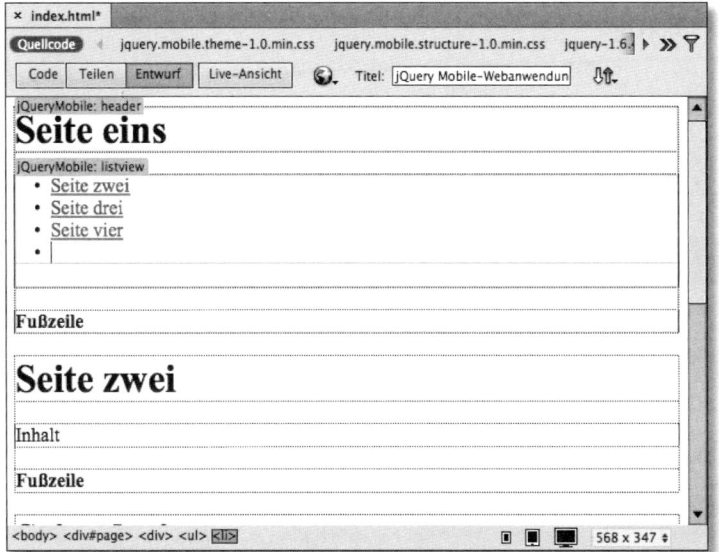

◀ **Abbildung 18.31**
Neues Listenelement

2 Link erstellen

Geben Sie einen Text ein, und markieren Sie ihn. Im EIGENSCHAF-
TEN-Bedienfeld geben Sie unter HYPERLINK das Rautenzeichen (#)
ein, gefolgt von der ID der Seite, die Sie verlinken möchten. Wenn
Sie wie weiter oben eine Seite mit der ID page5 angelegt haben,
tragen Sie in dieses Feld »#page5« ein.

◀ **Abbildung 18.32**
Verlinkung der Seite

3 Fertig

In der Live-Ansicht oder im Webbrowser können Sie überprüfen, ob der Link auch tatsächlich zur neuen Seite führt.

18.4 Native mobile Apps mit PhoneGap – ein Ausblick

Jeder, der ein Smartphone besitzt, hat sicherlich schon Apps von einem App Store geladen. Diese Apps sind entweder kostenpflichtig oder kostenlos. Jede mobile Plattform hat ihre eigenen Stores. Bei Apple ist es z. B. der iTunes App Store.

Apps, die für den App Store entwickelt sind, werden bei Apple in der Programmiersprache Objective-C geschrieben. Für die Android-Plattform werden Apps in der Programmiersprache Java entwickelt.

Die Entwicklung solcher Apps hat normalerweise nichts mit HTML, CSS oder JavaScript zu tun und ist in der Regel sehr zeitaufwändig. Es gibt jedoch ein relativ neues Projekt namens *Phone-Gap*, das die Brücke zwischen HTML und nativer App herstellt. PhoneGap wurde 2011 von Adobe erworben und in Dreamweaver integriert.

Mit PhoneGap können Sie Ihre mobile App, die Sie z. B. mit jQuery Mobile und HTML erzeugt haben, in eine native App verpacken. Aufwändige Apps wie z. B. Spiele lassen sich auf diese Weise aber nicht erstellen, da nur native Apps die maximale Geschwindigkeit und sämtliche Möglichkeiten bieten.

Um Apps beispielsweise für Apples App Store bereitzustellen, ist eine kostenpflichtige Entwickler-Mitgliedschaft bei Apple notwendig. Die Apps müssen dann bei Apple eingereicht werden. Meist bekommt man innerhalb von zwei Wochen das Okay oder eine Ablehnung für den App Store.

Da der Prozess, eine App in den App Store zu stellen, relativ kompliziert ist, werden wir PhoneGap nicht in diesem Buch behandeln. Am einfachsten ist es, wenn Sie Ihr jQuery-Mobile-Projekt einem App-Entwickler geben, der sich dann um den Rest kümmert.

Auf der Website *http://build.phonegap.com* gibt es einen Service, der Ihnen bei der Erstellung der Apps für die verschiedenen Stores behilflich ist. Hier können Sie sich registrieren und dann einfach Ihr jQuery-Mobile-Projekt hochladen und erhalten anschließend die fertigen nativen Apps für verschiedene Plattformen. Bei diesem Service müssen Sie keine Software auf Ihrem Rechner installieren. Preisangaben finden Sie auf der genannten Website.

Teil IV

Über Dreamweaver hinaus …

Kapitel 19

Bloggen mit WordPress
So erstellen Sie Ihren eigenen Weblog

▸ Was sind Weblogs?

▸ Was ist eigentlich WordPress?

▸ Wie richte ich einen Blog ein?

▸ Wie integriere ich einen Blog in meine Dreamweaver-Site?

▸ Wie gestalte ich eigene Themes?

19 Bloggen mit WordPress

In diesem Kapitel lernen Sie, wie Sie das Weblog-System Word-Press in Ihre Website integrieren und wie Sie damit Onlinebeiträge für Ihre Seiten schreiben, ohne dafür zuerst Dreamweaver öffnen zu müssen. WordPress kann nicht nur als Blog, sondern auch als kleines Content-Management-System verwendet werden.

19.1 Was sind Weblogs?

Weblogs sind Webseiten, in denen Texte und Bilder auf möglichst einfachem Wege veröffentlicht werden können. Es wird dabei einfach Beitrag für Beitrag übereinandergestellt, der aktuellste steht immer oben, und auch der Rest wird nach Datum sortiert angezeigt. Ältere Beiträge werden nicht gelöscht, sondern stehen nach wie vor in einem Archiv nach Jahren und Monaten gegliedert zum Abruf bereit.

Weblogs werden häufig wie ein Tagebuch geführt, in dem die Autoren über ihre Erfahrungen berichten. In anderen Blogs werden Neuigkeiten zu einem Fachgebiet veröffentlicht, wiederum andere kommentieren politische Ereignisse.

Das Erstellen der Beiträge erfolgt bei den meisten Systemen online nach Eingabe eines Benutzernamens und eines Passworts. Es erscheint ein Administrationsbereich mit Formularen, über die Sie Ihre Beiträge erstellen und verwalten. Eine spezielle Software außer dem Webbrowser ist nicht erforderlich. Die meisten Weblogs bieten ihren Lesern eine Interaktion an, indem sie es auch erlauben, Beiträge zu kommentieren.

Mit neueren Weblog-Systemen können Sie nicht nur Ihre eigenen Beiträge verwalten, sondern auch ganz neue Webseiten erstellen. Daher können Weblog-Systeme auch als simple Alternative zu den üblichen Content-Management-Systemen dienen.

Sie können Weblogs auch in Dreamweaver erstellen. Dreamweaver bietet die Möglichkeit, PHP-Skripte mit MySQL-Daten-

Einige Begriffe aus der Blog-Welt

Der Begriff *Weblog* setzt sich aus »Web« und »Log« (Logbuch) zusammen. In einem Logbuch werden je ein Ereignis und der Zeitpunkt seines Eintretens festgehalten. Statt Weblog wird meist der Kurzname *Blog* verwendet. Autoren eines Weblogs werden auch als *Blogger* bezeichnet. Weblogs, die hauptsächlich Fotos veröffentlichen, werden *Phlogs* oder – wenn die Bilder von Mobiltelefonen stammen – *Moblogs* genannt.

bankanbindung zu erzeugen. Um jedoch ein richtiges Weblog-System mit Archivierungsfunktion usw. zu erstellen, ist sehr viel Arbeit notwendig. Da wir das Rad nicht neu erfinden wollen, werden wir für unseren Weblog einfach ein »fertiges« Weblog-System einsetzen.

19.2 WordPress

Es gibt viele kostenlose Weblog-Systeme. Sehr beliebt ist Word-Press, da es trotz des großen Funktionsumfangs sehr einfach zu installieren und die Bedienung sehr klar gestaltet ist. Aufgrund der vielen Mustervorlagen (Templates) müssen Sie Ihren Blog damit nicht einmal selbst entwerfen. Selbstverständlich können Sie das Design auch anpassen.

WordPress bietet folgende Leistungsmerkmale:

- schnelle Installation
- sehr viele Templates
- einfaches Erstellen von Beiträgen
- Speichern des Datums der Veröffentlichung
- Erstellen von Seiten wie in einem Content-Management-System
- mehrere Autoren mit eigenen Benutzernamen und Passwörtern
- Kategorien und Unterkategorien für die Beiträge
- Beiträge schreiben per E-Mail
- zahlreiche Plugins für die Erweiterung des Systems
- kostenloser Download

19.3 Weblog mit WordPress erstellen

Um einen Weblog mit WordPress zu erstellen, gibt es die folgenden Möglichkeiten:

- Sie können auf der Website *http://www.wordpress.com* einen Blog kostenlos online erstellen. Sie benötigen dafür keinen eigenen Server. Angenommen, Ihr Blog heißt *xyz*, dann ist Ihr Weblog unter *http://xyz.wordpress.com* erreichbar.
- Alternativ dazu installieren Sie WordPress komplett selbst auf Ihrem Webserver. Dies hat den Vorteil, dass Sie unter anderem

Buchtipp

Falls Sie tiefer in die Materie einsteigen möchten, kann ich Ihnen wärmstens das Buch »WordPress 3« von Alexander Hetzel, Galileo Press, empfehlen.

Alternativen zu WordPress

Neben WordPress gibt es inzwischen sehr viele andere Weblog-Systeme. Immer mehr davon, z.B. Drupal und Joomla, können Sie auch als Content-Management-System (kurz CMS) einsetzen. Die meisten Systeme sind kostenlos. Das kostenpflichtige ExpressionEngine (es gibt auch eine kostenlose Version) zeichnet sich durch eine sehr komfortable Bedienung und große Flexibilität aus.

die neueste Version einsetzen können. Einige Webspace-Provider bieten auch schon fertig installierte WordPress-Versionen an.

WordPress installieren

Für die Installation benötigen Sie Webspace mit folgenden Leistungsmerkmalen:

- PHP
- MySQL-Datenbank
- FTP-Zugang

Neben den FTP-Zugangsdaten benötigen Sie den Namen der Datenbank, den Benutzernamen mit Passwort und die IP des Hostrechners, auf dem sich die Datenbank befindet. Die folgende Schritt-für-Schritt-Anleitung sieht zwar sehr umfangreich aus, die Installation dauert jedoch nur etwa zehn Minuten.

Schritt für Schritt
WordPress installieren

1 Download von WordPress
Laden Sie von der Website *http://wpde.org/download* die deutsche (DE-)Version von WordPress herunter. Nach dem Entpacken erhalten Sie einen Ordner namens WORDPRESS.

2 Konfigurationsdatei umbenennen
Benennen Sie die Datei »wp-config-sample.php« im Ordner WORDPRESS in »wp-config.php« um.

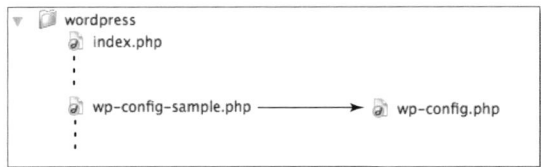

Abbildung 19.1 ▶
Benennen Sie die Config-Datei um, wie hier dargestellt.

3 Dreamweaver-Website erstellen
Erstellen Sie nun eine Dreamweaver-Website, die den Ordner WORDPRESS enthält. Wählen Sie dafür zuerst SITE • NEUE SITE.

Dokumentationen zu WordPress

Die zentrale Website von WordPress finden Sie unter der Adresse *http://www.wordpress.org*. Die deutsche Website *http://wordpress-deutschland.org* bietet neben der deutschen Version auch deutsche Anleitungen zu WordPress.

Datei »liesmich«

Es empfiehlt sich sehr, die Datei »liesmich.html« im Ordner WORDPRESS zu öffnen. Diese Seite beschreibt die Installation des Weblog-Systems sehr detailliert.

Geben Sie unter Sɪᴛᴇ-Nᴀᴍᴇ ❶ »djay WordPress« ein. Wählen Sie
bei Lᴏᴋᴀʟᴇʀ Sɪᴛᴇ-Oʀᴅɴᴇʀ den vorhandenen Ordner ᴡᴏʀᴅᴘʀᴇss
aus, den Sie in Schritt 1 erstellt haben, indem Sie auf das Ordnersymbol ❷ klicken.

▼ **Abbildung 19.2**
Site-Definitionen für
WordPress

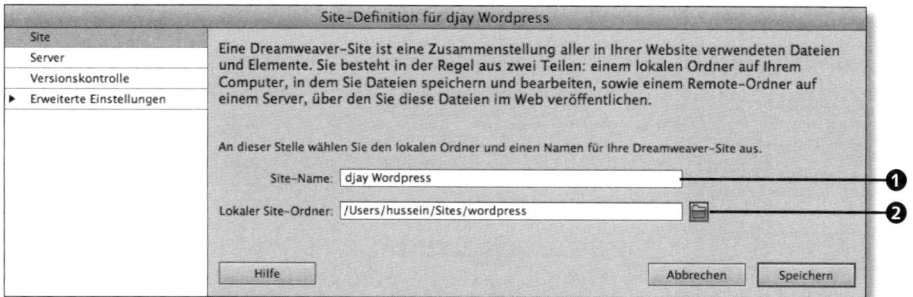

4 Kategorie »Server«

Damit Sie Ihre WordPress-Website auf den Webserver übertragen
können, müssen Sie zuvor die FTP-Benutzerdaten eingeben.

Wählen Sie dazu in der linken Leiste die Kategorie Sᴇʀᴠᴇʀ aus,
und klicken Sie auf das Plussymbol ❸, um einen neuen Server
hinzuzufügen.

▼ **Abbildung 19.3**
Neue Servereinstellung
hinzufügen

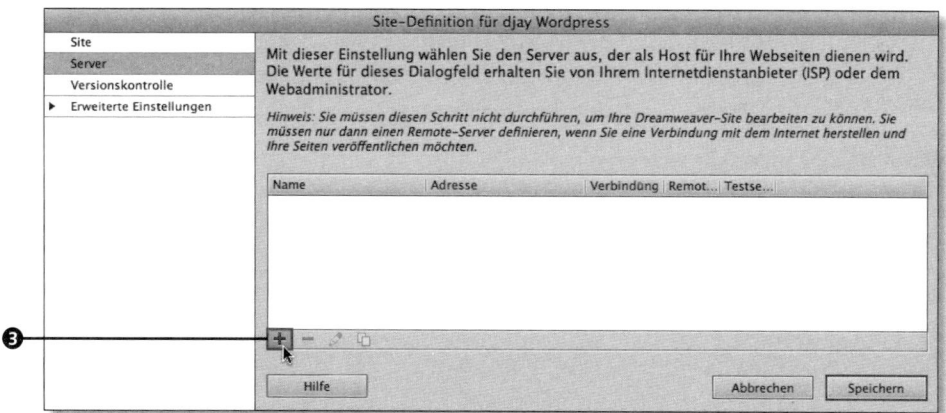

5 FTP-Einstellungen

Geben Sie unter SFTP-Aᴅʀᴇssᴇ ❹ den Namen des Webservers an.
Wenn Ihr Provider sogenannte Subdomains unterstützt, bietet es
sich an, *blog.Ihre-domain.de* zu wählen. Dazu müssen Sie jedoch
vorher die Subdomain über das Konfigurationsmenü auf Ihrem
Webspace anlegen.

Unter STAMMVERZEICHNIS ❼ geben Sie den Namen des Ordners an, in dem die Website installiert werden soll. Im Allgemeinen können Sie das Feld leer lassen. Geben Sie unter BENUTZERNAME ❺ und KENNWORT ❻ Ihren Benutzernamen und das Passwort für den FTP-Zugang an, und bestätigen Sie mit SPEICHERN.

▼ Abbildung 19.4
Die Zugangsdaten für Word-Press eingeben

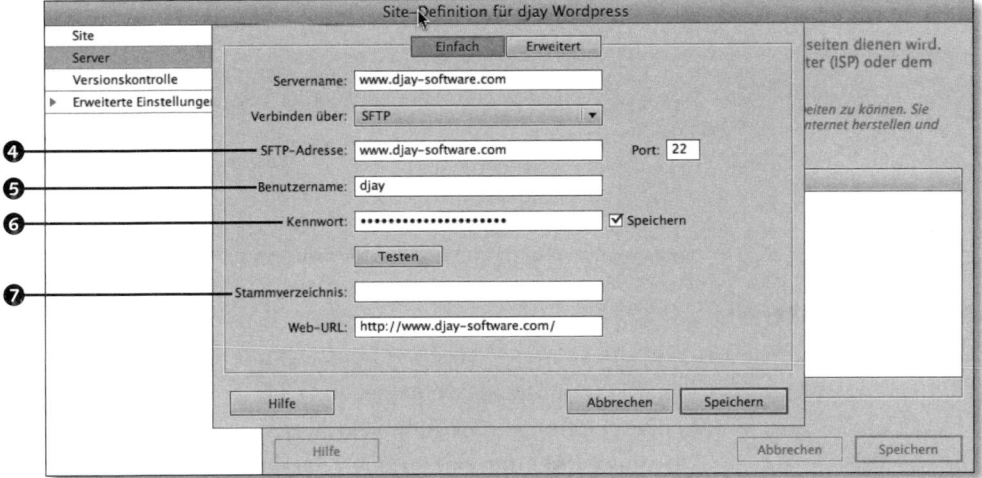

6 Konfigurationsdatei einstellen

Öffnen Sie die Konfigurationsdatei durch einen Doppelklick auf den Dateinamen WP-CONFIG.PHP ❽ im EINFÜGEN-Bedienfeld, und wählen Sie die Code-Ansicht. Tragen Sie unter DB _ NAME, DB _ USER, DB _ PASSWORD und DB _ HOST jeweils Ihre MySQL-Zugangsdaten ein.

▼ Abbildung 19.5
Tragen Sie in der Datei »wp-config.php« die Zugangsdaten in Ihrer MySQL-Datenbank ein.

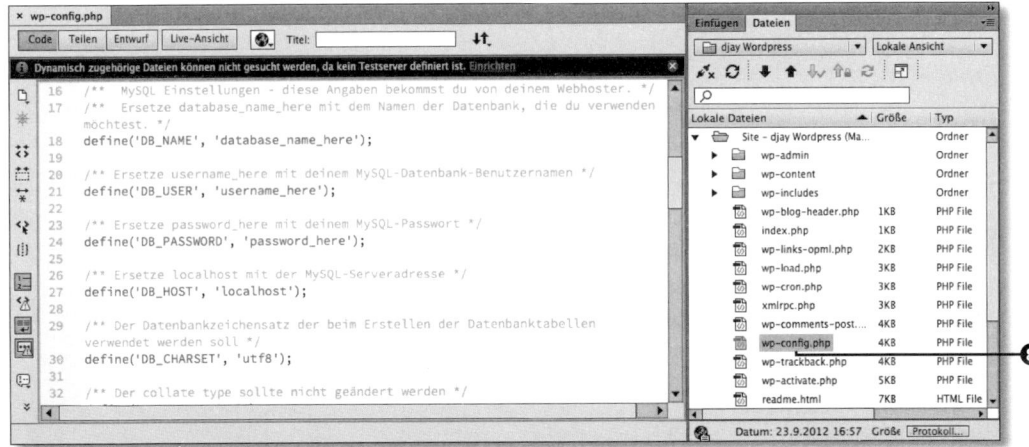

7 Auf den Server übertragen

Übertragen Sie nun WordPress auf Ihren Webserver, indem Sie auf den Ordner SITE ❿ und anschließend auf die Schaltfläche BEREIT-STELLEN ❾ klicken.

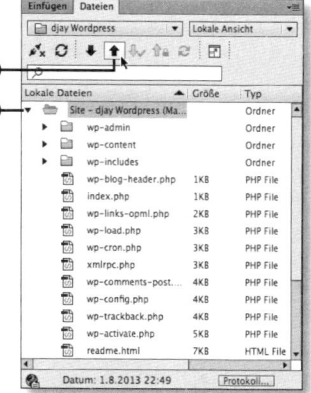

8 WordPress im Browser öffnen

Die Website befindet sich nun auf dem Webserver. Rufen Sie WordPress im Browser auf, zum Beispiel *www.Ihre-domain.de*, *blog.Ihre-domain.de* oder *www.Ihre-domain.de/wordpress* – je nachdem, welche Adresse Sie in den FTP-Einstellungen angelegt haben. Folgen Sie dem Link INSTALL.PHP, und klicken Sie anschließend auf SCHRITT 1.

9 Titel und E-Mail-Adresse eingeben

Geben Sie den Titel des Weblogs und Ihre E-Mail-Adresse ein. Achten Sie darauf, dass Sie eine korrekte Mailadresse eintragen. Klicken Sie anschließend auf WEITER MIT SCHRITT 2.

▲ **Abbildung 19.6**
Klicken Sie auf BEREITSTELLEN.

▲ **Abbildung 19.7**
Weiter mit Schritt 2

10 Benutzernamen und Passwort notieren

In Schritt 2 werden Ihnen der Benutzername »admin« und ein zufällig generiertes Passwort angezeigt. Notieren Sie sich dieses. Falls das E-Mail-System in PHP richtig funktioniert, erhalten Sie ebenfalls automatisch eine E-Mail von WordPress mit Ihren Zugangsdaten.

Abbildung 19.8 ▶
Sie erhalten anschließend eine
Mail mit Ihren Zugangsdaten.

11 Ende

Nachdem die Installation abgeschlossen ist, können Sie nun den fertig installierten Blog zum Beispiel unter *http://www.[Ihre-domain].de* (siehe FTP-Einstellungen) aufrufen.

Abbildung 19.9 ▶
Der Blog unserer djay-Site ist
fertig.

WordPress administrieren

Nachdem wir nun WordPress auf dem Webserver installiert haben, können wir beginnen, Beiträge zu schreiben. Dafür müssen Sie sich zuvor im Administrationsbereich von WordPress anmelden.

In diesem Bereich können Sie nicht nur Beiträge erstellen und verwalten, sondern auch Seiten, Themen und Benutzer administrieren.

Einloggen im Administrationsbereich | Um in den Administrationsbereich zu gelangen, rufen Sie die Seite *wp-admin.php* auf (zum Beispiel *blog.[Ihre-domain].de/wp-admin* oder *www.[Ihre-domain].de/wordpress/wp-admin*). Geben Sie Ihren Benutzernamen und Ihr Passwort ein. Später können Sie auch noch Konten für andere Benutzer einrichten.

▲ **Abbildung 19.10**
Login-Seite für den Administrationsbereich

Nach der Anmeldung gelangen Sie zur Startseite (*Dashboard* oder in der deutschen Version *Tellerrand* ❶) des Administrationsbereichs (siehe Abbildung 19.11). Hier werden neben News aus der WordPress-Welt unter anderem die letzten Beiträge und Kommentare Ihres Weblogs angezeigt. Über die Hauptnavigation im Kopfbereich gelangen Sie in die anderen Menüs des Administrationsbereichs.

Schreiben von Beiträgen | Klicken Sie in der Hauptnavigation auf SCHREIBEN ❷ und dann in der Subnavigation auf BEITRAG SCHREIBEN ❸. Sie können nicht nur den Titel und den Inhalt des Beitrags erstellen, sondern auch die zugeordnete Kategorie festlegen. Die Kategorienverwaltung befindet sich unter VERWALTEN • KATEGORIEN.

Abbildung 19.11 ▶
Erstellen eines neuen Beitrags

Verwalten von Beiträgen | Um Beiträge zu bearbeiten oder zu löschen, wählen Sie in der Navigation VERWALTEN • BEITRÄGE. Sie erhalten eine tabellarische Übersicht über alle Beiträge. Falls es sehr viele sind, können Sie auch über das Suchfeld nach einem bestimmten Artikel suchen.

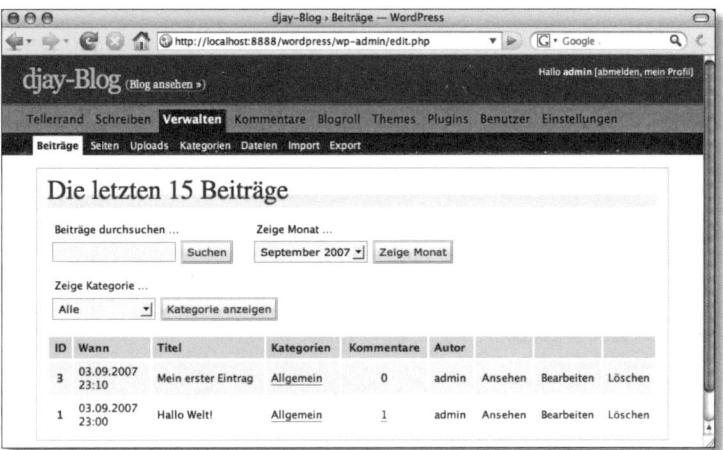

Abbildung 19.12 ▶
Verwalten der Beiträge

WordPress-Templates/Themes

Die beiden vorinstallierten Templates oder *Themes* (Designvorlagen) sind relativ schlicht gestaltet. Sie können hier entweder ein eigenes Theme erstellen oder aus einer Vielzahl von vorgefertigten Themes auswählen. Eine Übersicht finden Sie zum Beispiel auf der Website *http://themes.wordpress.net*.

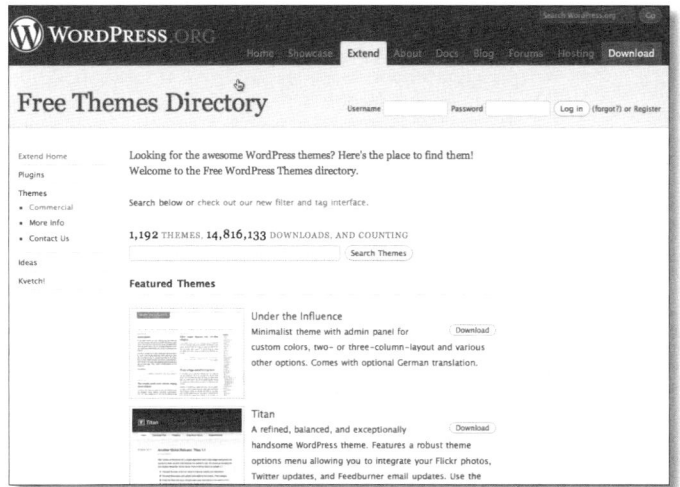

◄ **Abbildung 19.13**
Auf der Website *http://themes.wordpress.net* finden Sie in einer übersichtlichen Galerie sehr viele Themes.

Schritt für Schritt
Installation eines Themes

1 Download des Themes
Suchen Sie unter *http://themes.wordpress.net* eines oder mehrere Themes aus, und laden Sie diese auf Ihren Rechner, indem Sie auf den Link DOWNLOAD klicken.

◄ **Abbildung 19.14**
Der Theme Viewer

2 Themes kopieren

Entpacken Sie die Themes, und kopieren Sie die entpackten Ordner in den Ordner WORDPRESS/WP-CONTENT/THEMES.

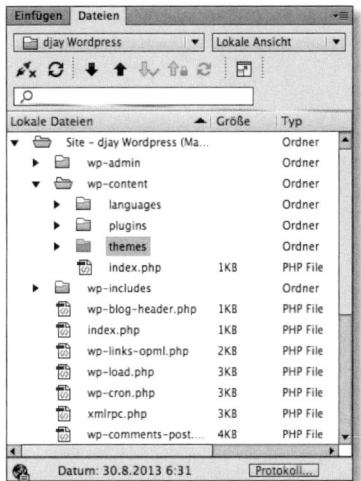

Abbildung 19.15 ▶
In diesem Ordner müssen Sie die Archive entpacken.

3 Themes in Dreamweaver hochladen

Wählen Sie im Fenster DATEIEN den Ordner THEMES ❷ unter dem Ordner WP-CONTENT aus, und klicken Sie auf die Schaltfläche BEREITSTELLEN ❶. Somit werden alle Themes übertragen. Wenn Sie nur ein einzelnes Theme hochladen möchten, markieren Sie den entsprechenden Ordner unter THEMES.

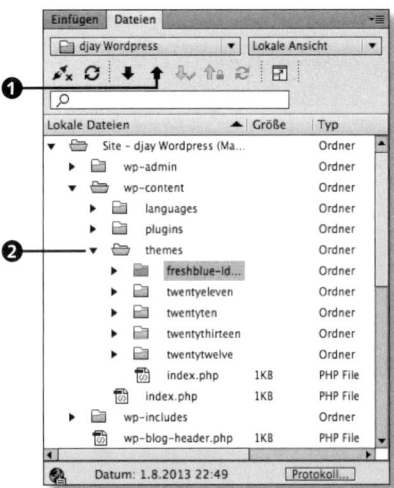

Abbildung 19.16 ▶
Wählen Sie die Themes aus, die Sie hochladen möchten.

4 Theme im Adminbereich aktivieren

Loggen Sie sich im Administrationsbereich von WordPress ein, und wählen Sie in der Navigation THEMES aus. In der Liste sollten Ihre neuen Themes erscheinen. Klicken Sie einfach auf ein Theme, um es zu aktivieren ❹.

Klicken Sie dann oben auf den Link BLOG ANSEHEN ❸, um den Weblog im neuen Gewand zu bewundern.

◀ **Abbildung 19.17**
So sieht unser Blog am Ende aus.

Themes anpassen | Für unser Beispielprojekt haben wir im zweiten Teil des Buches eine Vorlage erstellt. Sicherlich möchten Sie das Design daraus auch für den Blog übernehmen, damit die gesamte Site konsistent erscheint. Leider ist eine direkte Übernahme der Vorlage aus Dreamweaver nach WordPress nicht möglich. Sie können jedoch die CSS-Dateien bearbeiten, um zum Beispiel die Farben und Schriftgrößen anzupassen.

Zu jedem Theme gibt es eine oder mehrere CSS-Dateien, die Sie in Dreamweaver öffnen können. Klicken Sie dazu im Fenster DATEIEN doppelt auf die CSS-Datei.

Sie können die CSS-Datei dann im Fenster CSS-STILE bearbeiten. In Kapitel 12, »Arbeiten mit CSS«, erhalten Sie nähere Details zum Thema CSS.

WordPress erweitern mit Plugins | Dank der zahlreichen Plugins lässt sich WordPress auch um neue Funktionen ergänzen. Mit dem Plugin WP-Gallery können zum Beispiel sehr einfach Bildergalerien aufgebaut werden.

Wenn Sie auch Podcasts erstellen möchten und damit Audio- oder Videobotschaften anstelle von reinen Textbeiträgen veröffentlichen wollen, ist das WordPress-Plugin *Podlove Podcast Publisher* (*www.dwbuch.de/podlove*) sehr zu empfehlen.

Auf der Webseite *http://wordpress.org/plugins* werden über 25.000 Erweiterungen gelistet.

Gesucht und gefunden bei Google

So machen Sie Ihre Website bekannt

- ▶ Wie optimiere ich meine Webseite, damit ich in Google gefunden werde?

- ▶ Wie melde ich meine Website bei Google an?

- ▶ Wie erfahre ich mehr über meine Besucher?

- ▶ Kann ich Werbeanzeigen auf meiner Website schalten?

- ▶ Wie kann ich mit meiner Website Geld verdienen?

20 Gesucht und gefunden bei Google

In diesem Kapitel erfahren Sie nicht nur, wie Sie Ihre Website für Google optimieren und erfolgreich bei Google anmelden, sondern auch, wie Sie detaillierte Statistiken über die Besucher Ihrer Website erhalten.

Die beste Website nützt nichts, wenn sie von den Internetnutzern nicht gefunden wird. Ihre Site ist natürlich immer über ihre URL (Webadresse) erreichbar, doch um sie manuell in den Browser eingeben zu können, muss diese Adresse einem Besucher erst einmal bekannt sein.

Die meisten Surfer steuern allerdings nicht direkt Webseiten an, sondern benutzen Suchmaschinen, um Seiten mit Informationen zu bestimmten Themen und Begriffen im Internet zu finden. Um bei einer Suchmaschine angezeigt zu werden, sollte Ihre Website dort eingetragen sein. Als Beispiel melden wir unsere Website nun bei Google an, der größten und meistgenutzten Suchmaschine überhaupt. Normalerweise reicht es völlig aus, wenn Ihre Website »nur« in der einen Suchmaschine Google vertreten ist.

Und Google bietet viel mehr als nur die Möglichkeit zu suchen. Sicherlich haben Sie schon einmal von der Google-Anwendung *Google Mail* gehört, mit der Sie Ihre E-Mails komfortabel verwalten können. Google bietet sogar eine Software namens *Google Earth* an, mit der Sie zum Beispiel von einem Start- zu einem Zielpunkt virtuell über den Erdball fliegen können. Für uns als Webdesigner sind insbesondere die im Folgenden genannten Dienste von Interesse, die wir in diesem Kapitel detailliert behandeln:

▸ Melden Sie Ihre Website bei der Suchmaschine Google an.

▸ Erfahren Sie mit *Google Analytics*, wie viele Besucher Ihre Website angeschaut haben.

▸ Werben Sie für Ihre Website mit *Google AdWords*.

▸ Verdienen Sie mit Ihrer Website Geld mit *Google AdSense*.

20.1 Tipps zur Suchmaschinenoptimierung

Es ist sehr wichtig, dass Ihre Website im Verzeichnis von Google enthalten ist. Gleichzeitig ist auch das sogenannte *Ranking*, also die Platzierung Ihrer Website auf den Suchausgabeseiten bei Google, ausschlaggebend für den Erfolg Ihrer Website. Wenn Ihre Website nach einer Suche nicht unter den ersten von Google angezeigten Seiten gelistet wird, werden viele Surfer sie vernachlässigen.

Da das Verfahren zur Berechnung des Google-Rankings ein sehr streng gehütetes Geheimnis ist und häufig geändert wird, weiß niemand (außer Google) genau, welche Kriterien für dieses Ranking herangezogen werden. Da oft auch der finanzielle Erfolg einer Website vom Google-Ranking abhängt, gibt es zahlreiche Firmen und Berater, die sich auf die sogenannte Suchmaschinenoptimierung (englisch »Search Engine Optimization«) spezialisiert haben.

Sie können aber auch selbst dafür sorgen, dass Ihre Website zumindest unter den ersten 30 Plätzen angezeigt wird. Die folgenden Tipps helfen Ihnen, Ihre Website für Suchmaschinen zu optimieren.

Verwenden Sie Titel und »Alt«-Attribute

Für Suchmaschinen sind nicht nur die sichtbaren Inhalte relevant, sondern auch der Titel der Seite und die sogenannten Alt-Attribute von Bildern.

Überlegen Sie sich zunächst, über welche Suchbegriffe Ihre Website gefunden werden soll. Bei unserem djay-Projekt könnten folgende Suchbegriffe von Interesse sein: »Musik«, »Sound«, »DJ«, »djay«, »Platten« usw. Diese Begriffe sollten im Titel der Webseiten und mindestens noch einmal, besser gleich mehrfach, auf jeder Webseite als Text vorkommen. Den Titel tragen Sie in Dreamweaver einfach oben ❶ (siehe Abbildung nächste Seite) im Dokumentenfenster ein. Wählen Sie einen aussagekräftigen Titel aus, damit die Webseite unter diesem Begriff auch gefunden wird.

Wenn Sie ein Bild markieren, können Sie im EIGENSCHAFTEN-Bedienfeld unter ALT. ❷ das Bild kurz beschreiben. Diese Einstellung hilft unter anderem Google, Ihre Bilder in der Google-Bildersuche zu indizieren.

Buchtipp

Im Buch »Suchmaschinen-Optimierung« für Webentwickler von Sebastian Erlhofer (erschienen bei Galileo Press) finden Sie umfassende Informationen und Tipps, um Ihre Website für Suchmaschinen zu optimieren.

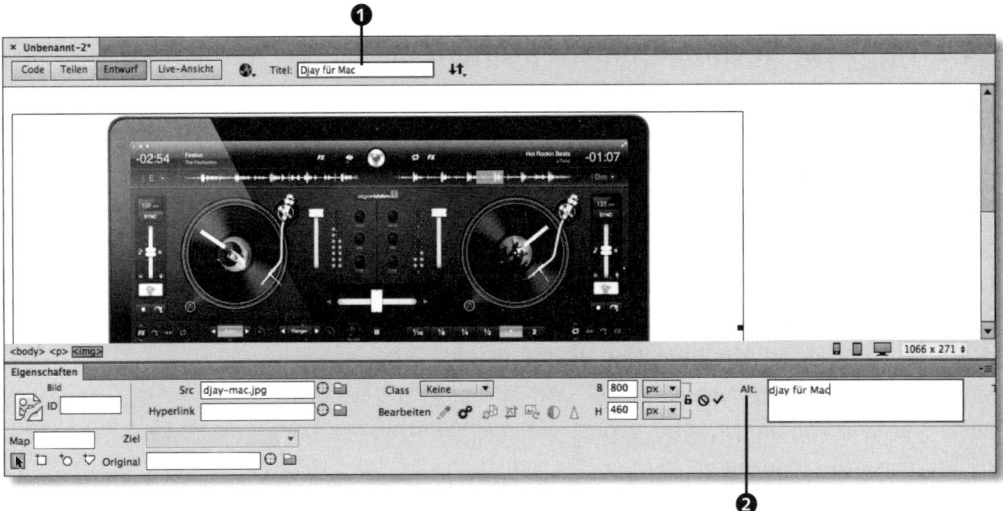

Metatags

Neben Title- und Alt-Attributen gibt es auch die Metatags, die nicht im Browser angezeigt, sondern nur von Suchmaschinen ausgelesen werden. Es gibt verschiedene Arten von Metatags. Das wichtigste Metatag für Suchmaschinen ist das Description-Metatag.

Geben Sie eine kurze Beschreibung Ihrer Website im Description-Metatag an. Dieser Text wird (meist) in den Google-Suchergebnissen angezeigt.

Keine Keywords notwendig

Neben dem Description-Metatag gibt es auch das Keywords-Metatag. Hier werden Schlüsselwörter angegeben, die mit Ihrer Website in Verbindung gebracht werden können. Aufgrund des hohen Missbrauchs des Keywords-Metatags in der Vergangenheit (z. B. indem Begriffe verwendet werden, die nichts mit dem Inhalt der Webseite zu tun haben) ignorieren Google und andere Suchmaschinen dieses Meta-Tag.

Schritt für Schritt
Metatags hinzufügen

1 Seite öffnen
Öffnen Sie zunächst eine Webseite. Falls Sie mit Vorlagen (Templates) arbeiten, öffnen Sie eine solche. Der Vorteil bei der Verwendung von Vorlagen liegt darin, dass Sie die Metatags nicht für jede einzelne Seite hinzufügen müssen.

2 Metatag »description« einfügen
Wählen Sie EINFÜGEN • HEAD • BESCHREIBUNG. Es öffnet sich ein Fenster, in dem Sie mit ein paar Sätzen die Website beschreiben können.

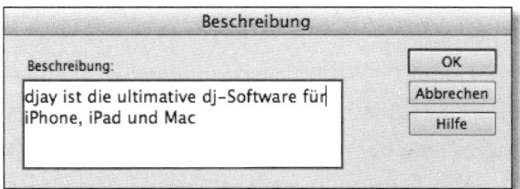

◄ **Abbildung 20.2**
Fügen Sie das Beschreibungs-
Metatag ein.

3 Metatag »description« bearbeiten

Nach Betätigung der OK-Schaltfläche werden Sie zunächst keinen Unterschied im Dokumentenfenster sehen. Erst wenn Sie in die Teilen- oder Code-Ansicht wechseln, sehen Sie das eben einge-fügte Metatag. Hier können Sie auch das Metatag nachträglich anpassen.

▼ **Abbildung 20.3**
Metatags können in der
Code-Ansicht bearbeitet
werden.

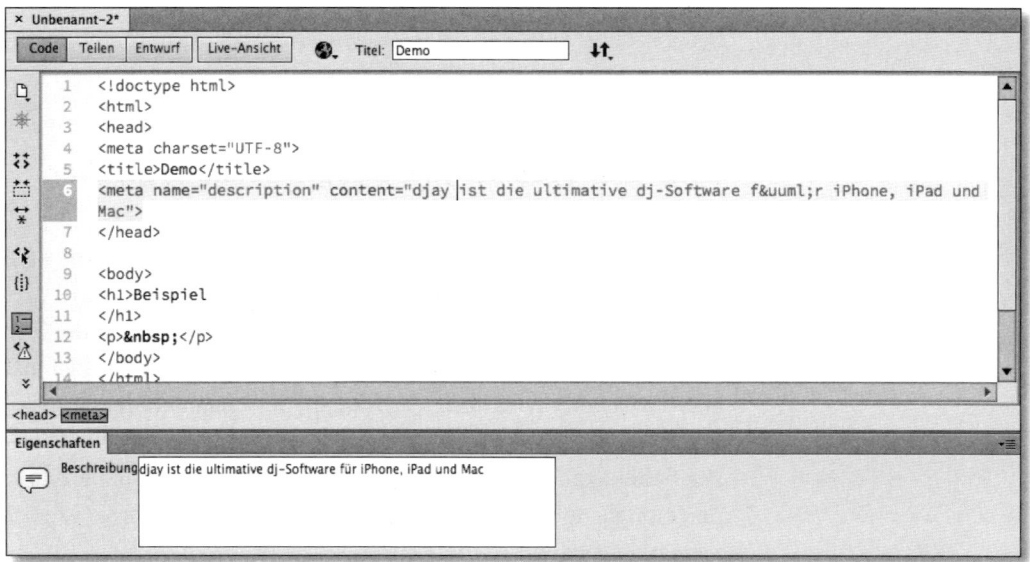

Website von anderen Websites verlinken

Für Google ist allerdings nicht nur der Inhalt der Website für das Ranking ausschlaggebend, sondern auch, wie bekannt Ihre Website bereits im Internet ist. Sie sollten also Freunde und Geschäftspartner darum bitten, einen Link zu Ihrer Website zu integrieren. Somit wird Ihre sogenannte *Linkpopularität* erhöht.

Um festzustellen, welche Webseiten auf Ihre Website verweisen, können Sie in Google folgenden Suchbegriff eingeben: »link:http://www.[Ihre-URL].de«.

Was Sie unbedingt vermeiden sollten

Versuchen Sie nicht, Google auszutricksen, indem Sie Suchbegriffe mehrfach hintereinanderstellen und deren Textfarbe der Hintergrundfarbe angleichen, damit der Besucher der Website die Wiederholung nicht sieht. Diese und viele andere Tricks werden von Google erkannt und führen dazu, dass Ihre Website entweder gar nicht gelistet wird oder ein sehr schlechtes Ranking bekommt. 2006 wurde sogar der Fahrzeughersteller BMW für kurze Zeit aus dem Google-Index entfernt, da BMW unlautere Tricks verwendet hatte.

Vermeiden Sie auch den Einsatz sogenannter *Brückenseiten* (»Doorway«-Seiten), die manchmal speziell für Suchmaschinen erstellt werden. Auch den Einsatz kompletter Flash-Seiten sollten Sie sorgfältig abwägen, da Google den Inhalt dieser Seiten nicht erfassen kann.

20.2 Ihre Website mit Google bekannt machen

Google ist so weit verbreitet, dass es eigentlich ausreicht, eine Website nur in dieser Suchmaschine eintragen zu lassen. Es gibt dazu auf der Website von Google ein Formular, in das Sie die URL Ihrer Website eingeben können. Nach ein paar Tagen (manchmal auch Wochen) wird Ihre Website in den sogenannten *Google-Index* aufgenommen. Wenn andere Websites Links auf Ihre Website haben, kann es auch vorkommen, dass Ihre Website bereits in den Google-Index aufgenommen wurde, ohne dass Sie sie explizit angemeldet haben.

Google bietet den Dienst *Webmaster-Tools* an, mit dem Sie Ihre neuen Websites bei Google anmelden können. Gehen Sie dazu wie folgt vor:

Schritt für Schritt
Ihre Website in Google eintragen

1 Google aufrufen

Öffnen Sie im Browser *http://www.google.de/webmasters/*, und wählen Sie IN WEBMASTER-TOOLS ANMELDEN ❶ aus.

Sie werden dann von Google oben rechts auf der Site aufgefordert, sich zu registrieren.

2 URL anmelden
Klicken Sie danach auf den Link WEBSITE HINZUFÜGEN ❷.

▲ **Abbildung 20.4**
Die Google-Seite

▼ **Abbildung 20.5**
Der Link WEBSITE HINZU-
FÜGEN ❷

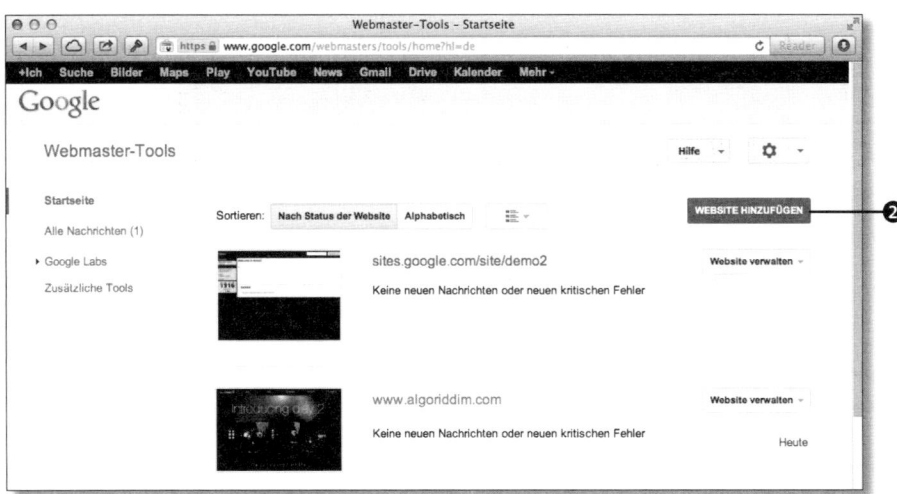

3 Die Startseite Ihrer Website eintragen
Geben Sie die absolute Adresse Ihrer Startseite ein, wie zum Beispiel *http://www.djay-software.com*, und einen kurzen Kommentar, der Ihre Website beschreibt.

Abbildung 20.6 ▲
Füllen Sie das Formular aus.

4 Inhaberschaft nachweisen

Als Nächstes müssen Sie nun die Inhaberschaft der Website nachweisen. Am besten geht dies, indem Sie in Ihre Website einen Google-Analytics-Tracking-Code einsetzen (siehe nächsten Abschnitt). Auch wenn Sie den Tracking-Code noch nicht eingesetzt haben, können Sie auf die Bestätigungsschaltfläche klicken.

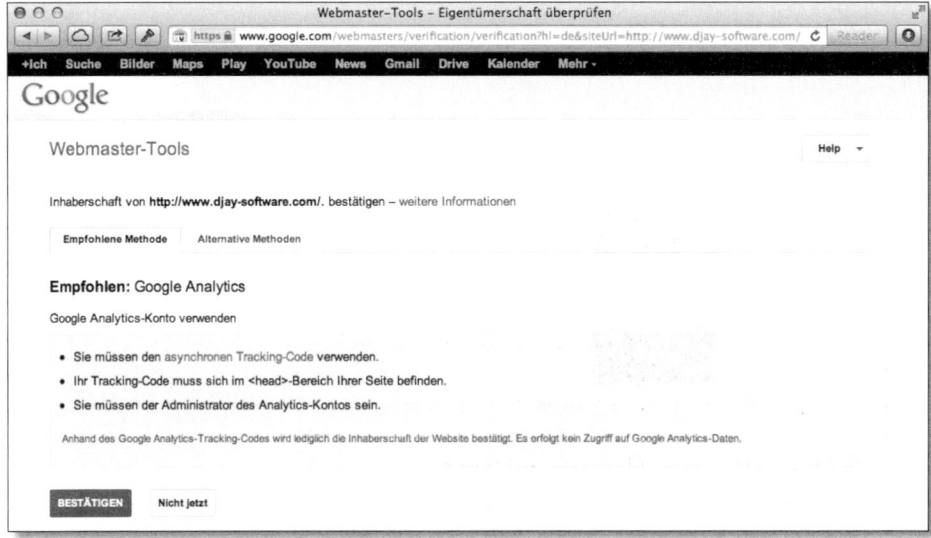

▲ **Abbildung 20.7**
Der Bestätigungsdialog

Nachdem Sie Ihre Website bei den Google Webmaster-Tools angemeldet haben, wird diese analysiert. Sie erhalten nützliche Tipps, wie Sie Ihre Website für die Suchmaschine optimieren können.

Bis Ihre Website tatsächlich über Google gefunden werden kann, können mehrere Stunden, Tage oder sogar Wochen vergehen. Eine Anmeldung beschleunigt die Indizierung, es dauert aber trotzdem eine gewisse Zeit, bis sie abgearbeitet ist.

20.3 Besucherstatistiken mit Google Analytics

Mit Google Analytics bietet Google einen kostenlosen Service, mit dem Sie detaillierte Statistiken zu den Besuchern Ihrer Websites erhalten. So können Sie das Verhalten Ihrer Besucher auswerten und dann mit diesen Informationen Ihre Website optimieren. Sie können sogar erfahren, aus welcher Stadt Ihre Besucher kommen.

▼ **Abbildung 20.8**
Übersichtsseite von Google Analytics

Google Analytics kann Ihnen unter anderem folgende Fragen beantworten:

▸ Wie viele Besucher hat meine Website pro Stunde/Tag/Woche/Monat/Jahr?
▸ Hat die Website mehr neue oder mehr wiederkehrende Besucher?
▸ Welche Suchbegriffe führten erfolgreich zu der Website?
▸ Über welche Website sind die Besucher auf Ihre Website gekommen (zum Beispiel über einen Link oder über eine Suchmaschine)?
▸ Aus welchem Land/Ort kommen die Besucher?
▸ Welche Webseite war der Einstiegspunkt, und über welche Seite hat der Besucher die Website verlassen?
▸ Welche Webseite wurde am häufigsten besucht?
▸ Welche Browser und welches Betriebssystem wurden verwendet?
▸ Welche Bildschirmauflösungen haben die Besucher verwendet?
▸ Wie hoch ist der Anteil der Besucher mit einer DSL-Verbindung, und über welchen Internet-Zugangsprovider surften sie?
▸ Wie erfolgreich war meine Werbung mit Google AdWords?

Google Analytics einrichten

Zunächst müssen Sie für jede Website jeweils ein *Konto* und darin ein sogenanntes *Web-Property* in Google Analytics erstellen. In einem Web-Property werden die Einstellungen zu Ihrer Website, wie z. B. die URL, gespeichert. In einem Google-Analytics-Konto können ein oder mehrere Web-Properties gespeichert werden.

Es ist empfehlenswert, pro Website jeweils ein Konto und darin ein Property anzulegen und diese auch gleich zu benennen, z. B. »djay-software«.

Damit Google alle Informationen über die Besuche auf Ihrer Website erhält, muss ein sogenannter *Tracking-Code* in jede Seite Ihrer Site eingefügt werden. Dieser Code enthält Ihre eindeutige Kundennummer bei Google Analytics.

Wenn Sie den Tracking-Code eingebaut und die Website bei Analytics hinzugefügt haben, können Sie die Statistiken auf der Google-Analytics-Website abrufen.

Schritt für Schritt
Website bei Google Analytics anmelden

1 Anmelden

Besuchen Sie die URL *http://www.google.com/analytics/*, und melden Sie sich an bzw. erstellen Sie ein Google-Konto.

2 Website-Profile anlegen

Klicken Sie oben rechts auf VERWALTEN ❶, um die Liste aller Konten aufzulisten. Wählen Sie dann NEUES KONTO ERSTELLEN ❷.

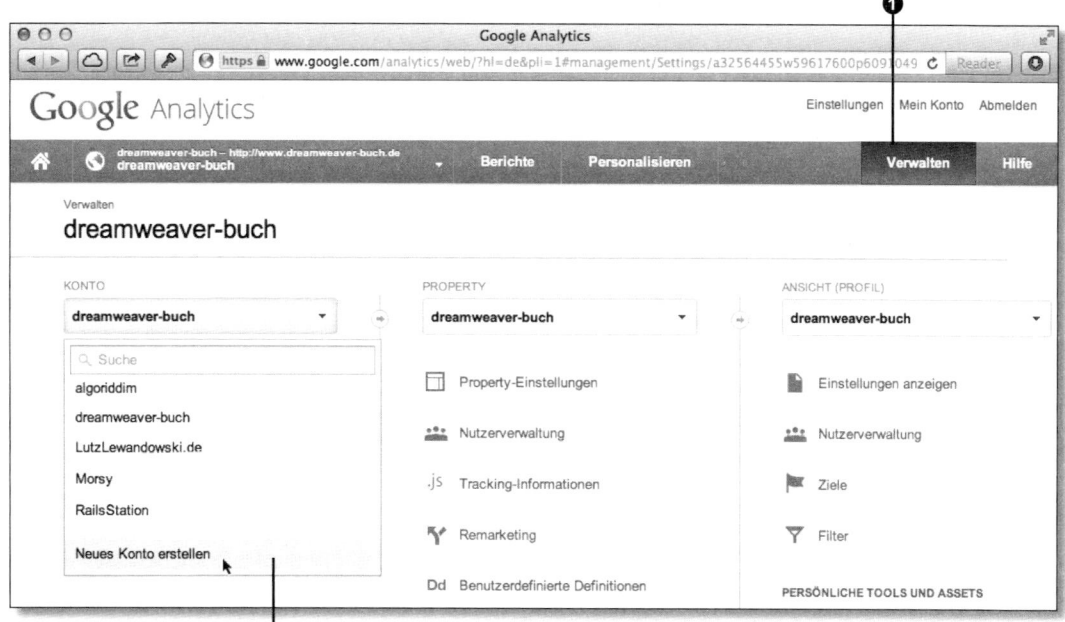

▲ **Abbildung 20.9**
Liste der Konten in Google Analytics

Geben Sie nun einen Namen für Ihre Website, die Website-URL und den Namen des Kontos an.

▼ **Abbildung 20.10**
Neues Konto zu
Google Analytics hin-
zufügen

Der folgende Screenshot zeigt die Analytics-Einstellungen, nachdem die Domain der Website zum Buch, *http://www.dwbuch.de*,
hinzugefügt wurde.

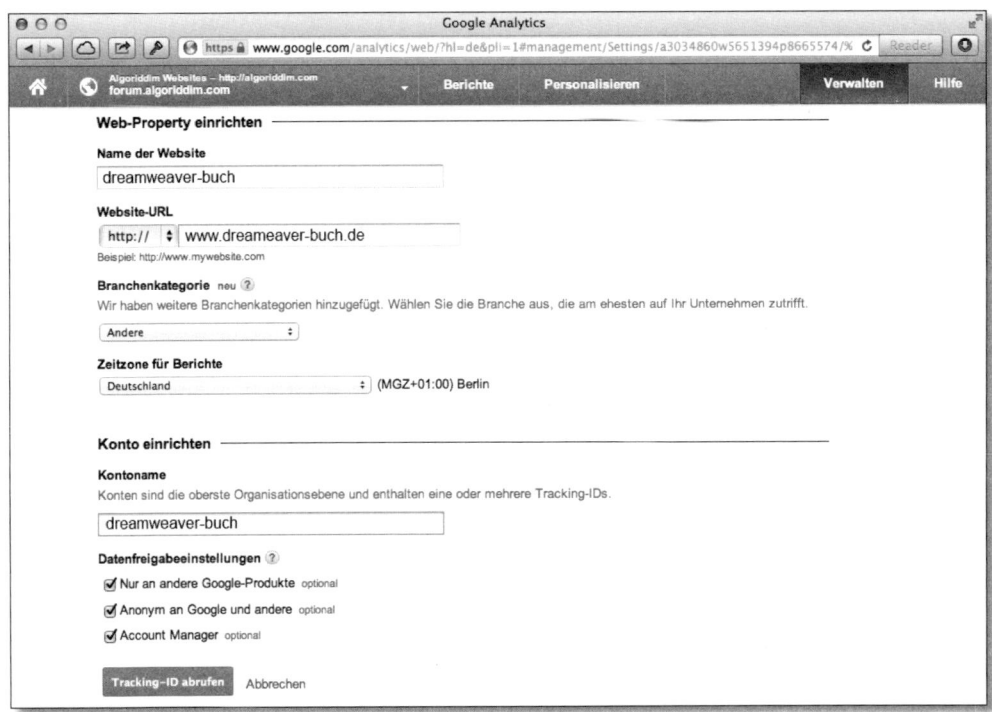

3 Tracking-Code kopieren

▼ **Abbildung 20.11**
Code-Ansicht in
Dreamweaver öffnen

Nach dem Absenden des Formulars werden Sie aufgefordert, den
Tracking-Code in Ihre Website zu integrieren. Kopieren Sie dazu
den Tracking-Code ❸ in die Zwischenablage.

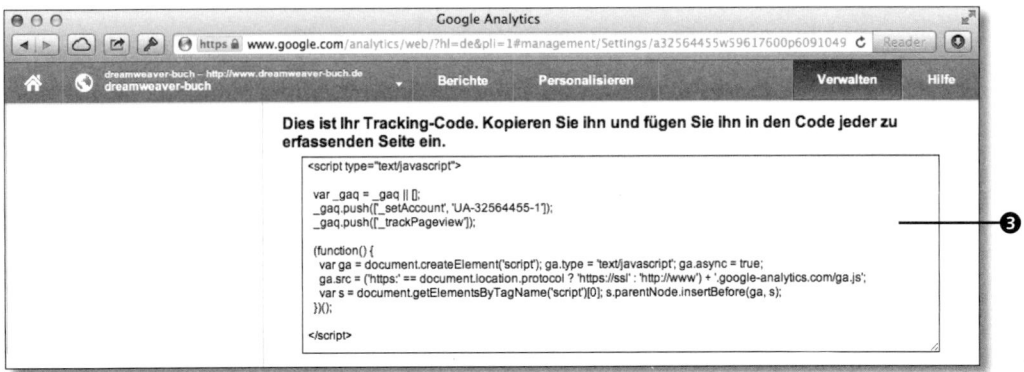

Öffnen Sie in Dreamweaver Ihre Webseite oder eine Vorlage (Template), und wechseln Sie zur Code-Ansicht.

4 Tracking-Code einfügen

Fügen Sie nun den Tracking-Code aus der Zwischenablage direkt über dem </head>-Tag ❹ ein. Falls Sie keine Vorlage für Ihre Website verwendet haben, müssen Sie den Vorgang für jede Webseite wiederholen.

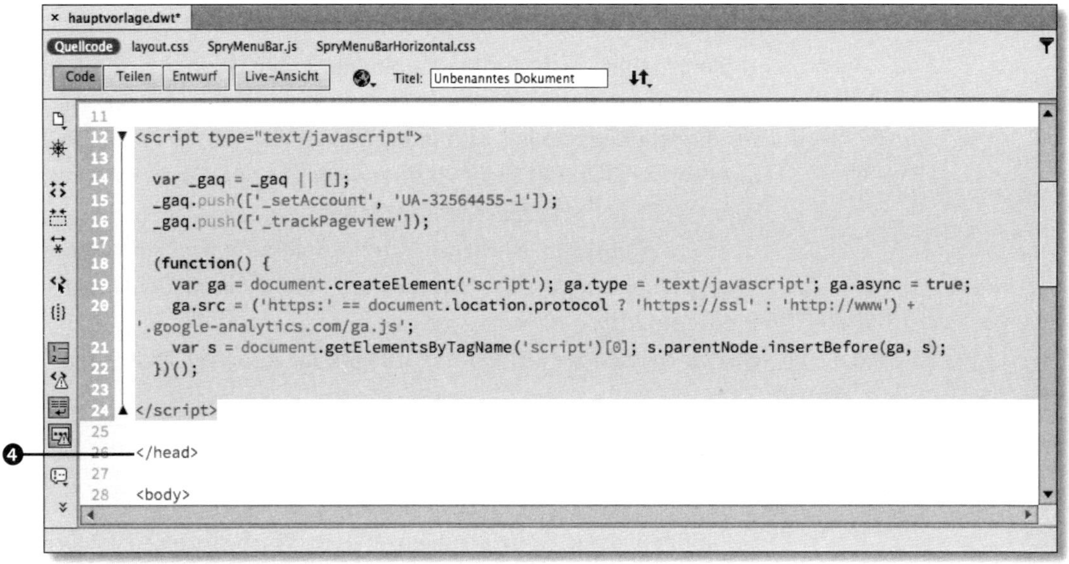

▲ **Abbildung 20.12**
An diese Stelle gehört der Code.

5 Warten

Nach ein paar Tagen liegen bei Google Analytics genug Daten vor, um Besucherstatistiken bereitstellen zu können.

20.4 Anzeigen mit Google AdWords

Wenn Ihre Website bei der Google-Suche oft weit oben in der Liste zu finden ist, so ist die Wahrscheinlichkeit recht groß, dass Ihre Website auch gut besucht wird. Ist sie jedoch nicht so gut bei Google platziert, können Sie auch Anzeigen mit dem kostenpflichtigen Service Google AdWords schalten. Die Anzeige wird zum einen auf den Suchergebnisseiten von Google auf der rechten Seite angezeigt und zum anderen auf Websites, die Google-Anzeigen in ihre Seiten integriert haben (siehe Abschnitt 20.5, »Geld verdienen mit Google AdSense«).

Ihre Anzeige wird nur dargestellt, wenn Ihre Site für die vom Nutzer eingegebenen Suchwörter relevant ist. Da Google feststellen kann, aus welcher Region ein Besucher kommt, können Sie Ihre Anzeigenkampagne auf bestimmte geografische Gebiete oder Städte begrenzen.

Sie bezahlen nicht für die Einblendung der Werbung, sondern nur, wenn ein Besucher den Link zu Ihrer Website anklickt. Dieses Berechnungsmodell wird international als *Cost per Click* (CPC) bezeichnet. Damit es nicht zu unerwartet hohen Kosten kommt, können Sie auch ein Tageslimit festlegen.

Eine ausführliche Schritt-für-Schritt-Anleitung, wie Sie Werbeanzeigen bei Google AdWords schalten, finden Sie auf der Google-Webseite *http://adwords.google.de/select/steps.html*. In Dreamweaver müssen Sie keine Vorkehrungen für Ihre Website treffen.

20.5 Geld verdienen mit Google AdSense

Sie können dank Google AdSense auch Werbeanzeigen in Ihre Website integrieren und erhalten dafür Werbeeinnahmen, falls Ihre Besucher häufig auf die Anzeigen klicken. Immer mehr Websites integrieren Google-Werbung, um ihre Umsätze zu steigern. Es werden dabei nur solche Anzeigen auf Ihrer Website angezeigt, die für den Inhalt der Website relevant sind.

Sie sind Google aber nicht hoffnungslos ausgeliefert, was die Auswahl der Werbeanzeigen und deren Aussehen angeht. Sie können unter anderem festlegen, dass Werbung Ihrer Konkurrenten nicht auf Ihrer Website erscheint. Außerdem können Sie das Erscheinungsbild der Anzeigen anpassen, indem Sie aus einer Reihe von Farben und Vorlagen auswählen.

Auf der Webseite *http://www.google.de/adsense* können Sie einen AdSense-Account einrichten. Dort finden Sie auch eine Anleitung, wie Sie die Anzeigen in Ihre Webseite integrieren können.

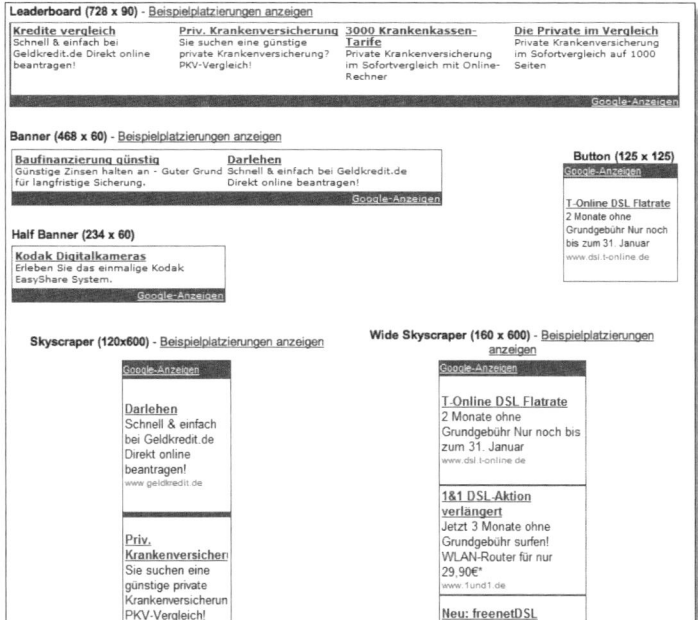

▲ **Abbildung 20.13**
Google bietet eine große Auswahl an möglichen Anzeigenformaten.

▲ **Abbildung 20.14**
Ergebnis der Integration des Google-AdSense-Banners

Kapitel 21

Mashups – YouTube, Facebook und Co. integrieren

So integrieren Sie externe Dienste in Ihre Website

- ▸ Was sind Mashups?
- ▸ Wie binde ich YouTube-Videos ein?
- ▸ Wie baue ich eine Anfahrtskizze mit Google Maps?
- ▸ Wie integriere ich Twitter?
- ▸ Wie erstelle ich einen Empfehlen-Link zu Facebook oder Google+?

21 Mashups – YouTube, Facebook und Co. integrieren

Mashup-Verzeichnis

Auf der englischsprachigen Website *http://programmableweb.com* finden Sie die derzeit größte Mashup-Sammlung. Hier sind über 7.000 Mashups gelistet.

Das Web 2.0 ermöglicht es, verschiedene Medieninhalte und Dienste, wie YouTube-Videos, Google Maps usw., nahtlos in die eigene Website zu integrieren. Dies wird als Mashup (von englisch »to mash« für »vermischen«) bezeichnet. Es gibt inzwischen schon Tausende von Mashups, die Sie in die eigene Website einbetten können. Anhand von YouTube-Videos, Google Maps und Twitter zeigen wir im Folgenden, wie einfach die Integration bzw. Einbettung dieser Dienste in Ihre Website ist.

21.1 YouTube-Videos einbinden

Die Integration von Bildern in eine Webseite, egal ob diese im PNG-, GIF- oder JPEG-Format vorliegen, ist in Dreamweaver immer gleich. Für die Integration von Videos stehen Ihnen mehrere Möglichkeiten zur Verfügung:
1. Flash-Videos
2. HTML5-Videos
3. Integration von einem Videoportal

Flash-Videos benötigen eine Browsererweiterung (Plugin). Auf mobilen Geräten wie Smartphones und Tablets werden in der Regel keine Flash-Videos abgespielt. Eine Flash-Einbindung ist demnach nicht zu empfehlen.

Im HTML5-Standard können Videos ohne Browsererweiterung abgespielt werden. Über die Funktion EINFÜGEN • MEDIEN • HTML5 VIDEO können Sie leicht Videos z. B. im MPEG4-Format einfügen. Das Problem ist jedoch, dass diese Videos nur auf modernen Webbrowsern funktionieren.

Am einfachsten ist es, wenn Sie ein Video auf ein Videoportal, wie z. B. YouTube oder Vimeo, hochladen. Diese Portale konvertieren Ihre Filme automatisch in das richtige Flash-Videoformat. Das Besondere ist jedoch, dass die Videoportale Sie dabei unterstützen, die Videos auch in Ihre Webseite einzubetten. Im Folgenden zeigen wir, wie einfach es ist, ein YouTube-Video in die eigene Website zu integrieren.

Schritt für Schritt
YouTube-Video in die eigene Webseite einbetten

1 YouTube-Video hochladen
Bevor Sie Ihr Video hochladen können, müssen Sie sich bei YouTube *(http://www.youtube.de)* anmelden, indem Sie kostenlos ein Konto einrichten. Anschließend können Sie Ihre Filme in der Rubrik MEIN KONTO · MEINE VIDEOS verwalten. Damit Ihr Video nicht nur über YouTube verfügbar ist, sondern auch in Ihre eigene Webseite integriert wird, führen Sie die folgenden Schritte durch.

2 Einstellungen vornehmen
Um Ihr Video in Ihre Webseite einzubetten, suchen Sie in YouTube zunächst das gewünschte Video heraus und klicken unterhalb des Videos auf TEILEN ❶ und danach auf EINBETTEN ❷. Kopieren Sie den kompletten Text aus dem Feld ❸ in die Zwischenablage. Zuvor können Sie jedoch noch Anpassungen, z.B. bei der Größe, vornehmen.

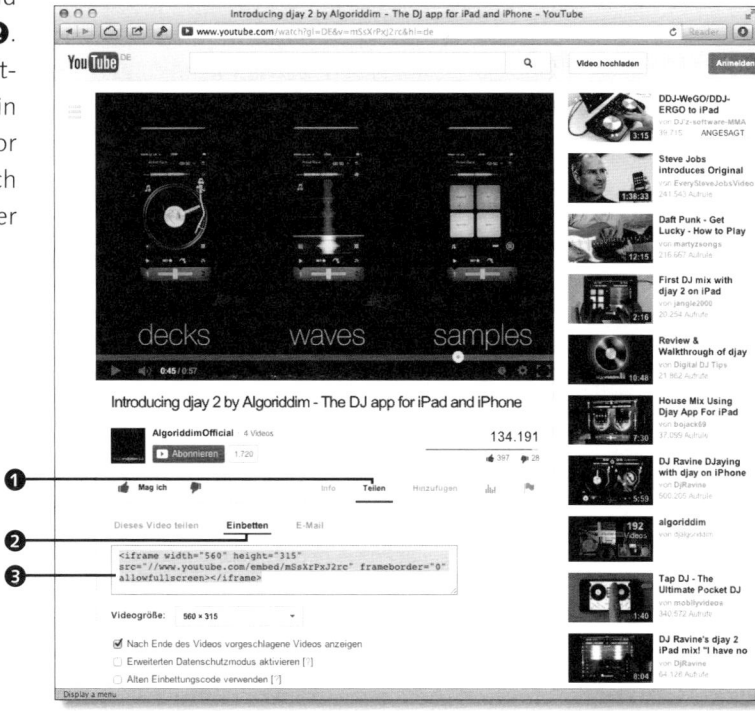

Abbildung 21.1 ▶
HTML-Code kopieren

3 Vorbereitungen in Dreamweaver

Positionieren Sie den Cursor im Dreamweaver-Dokument an der Stelle, an der Sie das Video einbetten möchten, und aktivieren Sie die Teilen-Ansicht. Setzen Sie die Einfügemarke in den Code im oberen Bereich des Fensters. Gegebenenfalls können Sie auch eine Leerzeile einfügen.

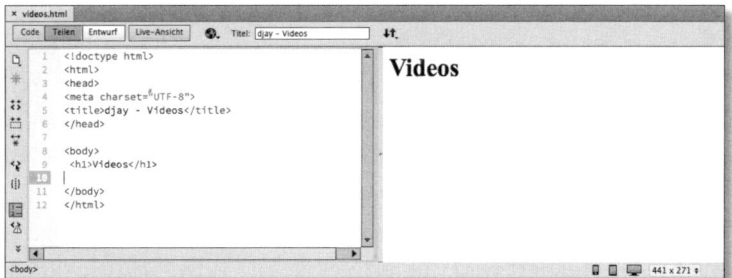

▲ **Abbildung 21.2**
Platzieren Sie die Einfügemarke.

4 Einfügen des Codes

Fügen Sie den Inhalt der Zwischenablage in den Code ein. Damit das Video auch in der Live-Ansicht und lokal in Ihrem Browser angezeigt werden kann, fügen Sie `http:` vor *//www.youtube.com* im Quelltext ein.

Fehler von YouTube?

Das Fehlen des Protokolls *http* in der URL ist kein Fehler.
Wenn das Video auf einen Webserver übertragen und dann abgerufen wird, wird das Video korrekt angezeigt – nur nicht lokal.
Das Weglassen hat den Vorteil, dass automatisch das Protokoll der Website verwendet wird. Wenn die Website z. B. das sichere Protokoll *https* verwendet, funktioniert die Einbettung ohne Probleme.

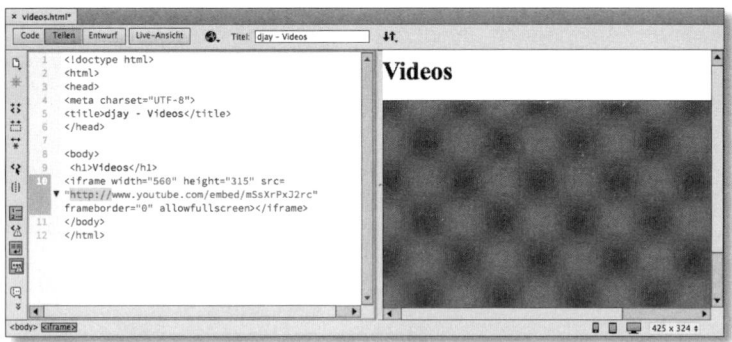

▲ **Abbildung 21.3**
Fügen Sie den kopierten Text in den Code ein.

5 Vorschau im Webbrowser

Anschließend können Sie das Ergebnis im Webbrowser testen.

▲ **Abbildung 21.4**
Das Ergebnis im Webbrowser

21.2 Google Maps integrieren

Mit Google Maps können Sie nicht nur nach Adressen suchen und diese auf einer Karte anzeigen, sondern dank Ajax-Technologie interaktiv auf der Karte zoomen und den Ausschnitt verändern. Im Folgenden erläutern wir, wie Sie Google Maps nahtlos in Ihre eigene Website integrieren.

Schritt für Schritt
Google Maps in Ihre Webseite einbinden

1 Ort suchen

Suchen Sie auf *http://maps.google.de* die gewünschte Adresse, und wählen Sie den passenden Ausschnitt. Klicken Sie dann auf das Link-Symbol ❶ (siehe Abbildung 21.5) und anschließend auf EIN-GEBETTETE KARTE ANPASSEN UND VORSCHAU ANZEIGEN ❷.

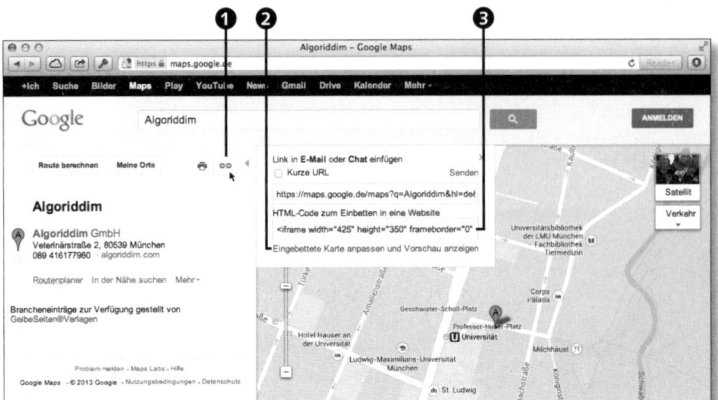

Abbildung 21.5 ▶
Google Maps – ein nützliches
Hilfsmittel

2   Größe festlegen und HTML-Code kopieren

Sie können nun die Kartengröße genau festlegen. Kopieren Sie anschließend den angezeigten HTML-Code ❸ in die Zwischenablage.

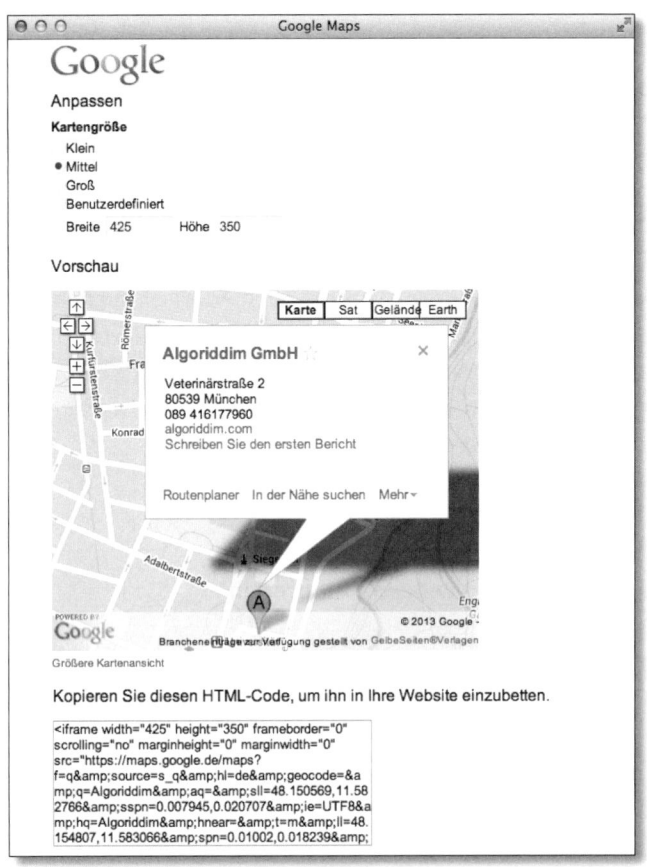

Abbildung 21.6 ▶
Markieren und kopieren Sie
den Code.

3 Vorbereitungen in Dreamweaver

Positionieren Sie den Cursor im Dreamweaver-Dokument an der Stelle, an der Sie die Karte einbetten möchten, und aktivieren Sie die Teilen-Ansicht. Setzen Sie die Einfügemarke in den Code im linken Bereich des Fensters. Gegebenenfalls können Sie im Quelltext auch eine Leerzeile einfügen.

▼ **Abbildung 21.7**
Hier fügen Sie den Code schließlich ein.

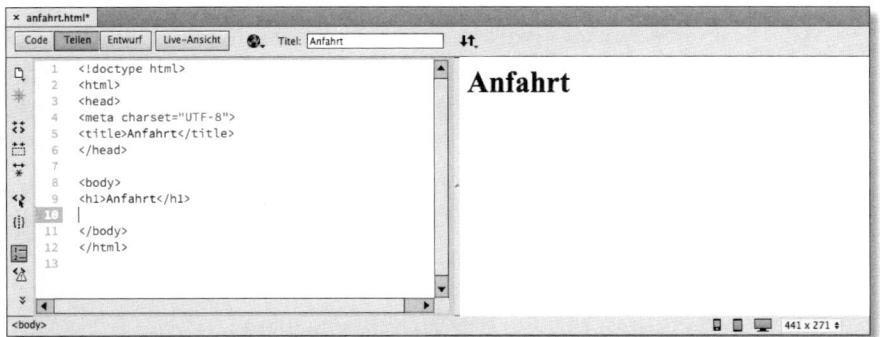

4 Code einfügen

Fügen Sie den Inhalt der Zwischenablage wie im Beispiel mit dem YouTube-Video in den Code ein.

5 Vorschau in Live-Ansicht

Anschließend können Sie das Ergebnis in der Live-Ansicht oder im Webbrowser testen.

▼ **Abbildung 21.8**
Das Ergebnis in der Live-Ansicht

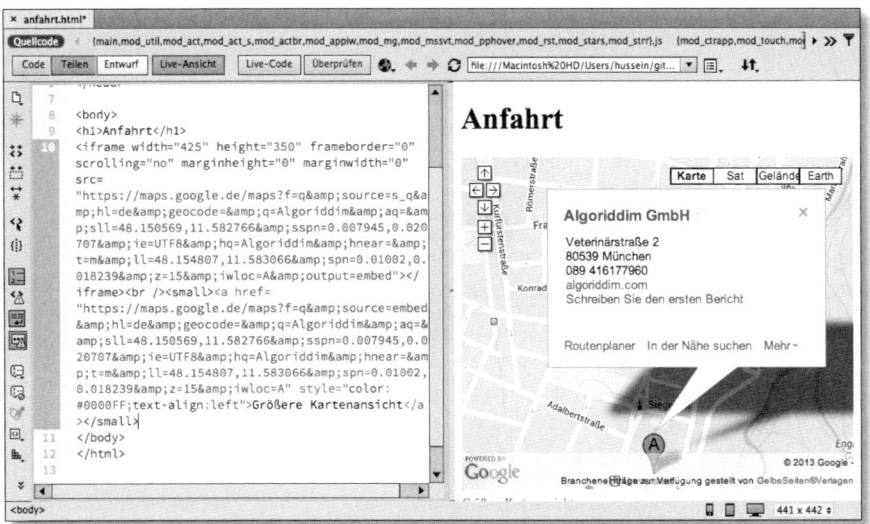

21.3 Twitter-Timeline integrieren

Twitter ist ein Webdienst zum Veröffentlichen von Kurznachrichten (maximal 140 Zeichen). Diese Kurznachrichten werden auch *Tweets* genannt. Inzwischen ist Twitter mehr als nur ein Onlinetagebuch von Privatpersonen – es ist auch eine der wichtigsten Kommunikationsplattformen für Firmen und Politiker.

Eine Twitter-Timeline, in der die letzten Nachrichten (Tweets) angezeigt werden, können Sie leicht in Ihre Website integrieren. Melden Sie sich dazu zunächst auf *http://www.twitter.com* an. Rufen Sie dann die URL *https://twitter.com/settings/widgets/new* auf, und geben Sie unter NUTZERNAME den Twitter-Nutzernamen an, von dem Sie die Twitter-Timeline erstellen möchten. Vorher können Sie noch Anpassungen z. B. bei der Höhe vornehmen. Sie können dann den HTML-Code ähnlich wie bei YouTube-Videos und Google Maps in Ihre Website integrieren.

▼ **Abbildung 21.9**
Generierung des HTML-Codes auf Twitter

21.4 Empfehlungslinks zu sozialen Netzwerken

Die Popularität Ihrer Website können Sie erheblich erhöhen, indem Sie Empfehlungs- oder Teilen-Links (engl. Share Buttons) zu sozialen Netzwerken wie Twitter, Facebook und Google+ in Ihre Website integrieren.

▼ **Abbildung 21.10**
Empfehlungslinks zu Twitter, Facebook und Google+

Wenn ein Besucher Ihrer Website z. B. auf einen »Gefällt mir«- oder »Empfehlen«-Link klickt, wird ein Link zu Ihrer Website auf der Facebook-Chronik-Seite des Besuchers veröffentlicht. Alle seine Freunde können dann den Link in seiner Chronik sehen.

Auf den Webseiten von Facebook, Twitter und Google+ können Sie jeweils die Links bzw. Schaltflächen generieren lassen:

- Facebook: *www.dwbuch.de/facebook*
- Twitter: *www.dwbuch.de/twitter*
- Google+: *www.dwbuch.de/googleplus*

Es gibt aber auch Websites wie *www.dwbuch.de/like-generator*, auf denen Sie komfortabel den HTML-Code gleichzeitig für mehrere soziale Netzwerke generieren lassen können.

Kapitel 22

Nützliche Software der Creative Cloud

Weitere wichtige Applikationen

- ▸ Welche Applikationen sind für die Bildverarbeitung nützlich?
- ▸ Mit welchen Apps kann ich Animationen erstellen?
- ▸ Welche HTML-Tools können neben Dreamweaver eingesetzt werden?

22 Nützliche Software der Creative Cloud

Adobe Dreamweaver funktioniert nicht als Standalone-Programm. Es ist in eine Produktfamilie eingebettet, die Sie kennen sollten, um wirklich effizient arbeiten zu können. So gibt es zahlreiche Applikationen, von Adobe jetzt kurz Apps genannt, die Sie bei der Erstellung von Websites unterstützen wollen. In diesem Kapitel werden neun hilfreiche Apps vorgestellt.

22.1 Die Adobe Creative Cloud

Bis auf wenige Ausnahmen (wie z.B. Adobe Lightroom) können die Programme von Adobe nur noch über ein Abo-Modell bezogen werden. Wenn Sie das Komplett-Abo abgeschlossen haben, haben Sie Zugriff auf über 30 Programme für Windows und Mac, und das in unterschiedlichen Sprachen.

Wir werden im Folgenden die wichtigsten Applikationen kurz vorstellen, die für die Erstellung von Webseiten nützlich sind.

- **Adobe Photoshop** für die Bearbeitung von Bildern
- **Adobe Photoshop Lightroom** für die Bearbeitung von Fotos und die Generierung von Webgalerien
- **Adobe Bridge** für die Verwaltung von Bildern
- **Adobe Flash** zur Erstellung von Animationen und Spielen
- **Adobe Edge Animate** zur Erstellung von Animationen im HTML-Format
- **Adobe Muse**, um ohne HTML- und CSS-Kenntnisse Webseiten zu erstellen
- **Adobe Edge Inspect** zum einfachen Testen von Webseiten auf mobilen Geräten
- **Adobe Reflow**, um responsive Layouts zu erstellen
- **Adobe Edge Code**, ein Editor zur Bearbeitung von HTML- und CSS-Dateien im Quelltext

Sie können die Apps entweder von der Website *creative.adobe. com* downloaden oder direkt über den Adobe Application Manager beziehen. Der Application Manager ist ein Programm, mit dem Adobe-Apps installiert und aktualisiert werden können. Auf der Website von Adobe finden sich auch zahlreiche Einführungsvideos, meist jedoch auf Englisch.

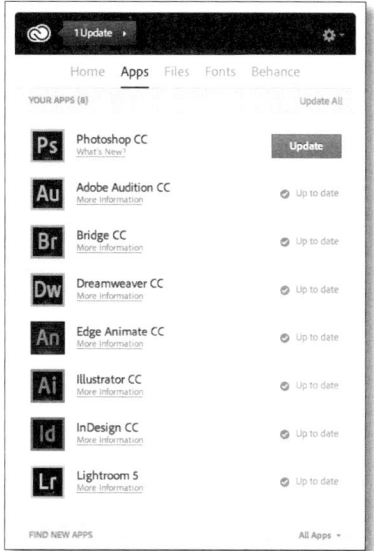

Adobe Fireworks eingestellt

Es gibt zahlreiche Alternativen zu Photoshop. Adobe Fireworks war bei einigen Webdesignern sehr beliebt, leider wurde die Entwicklung der Software nun eingestellt. Die letzte Version von Fireworks ist CS6, sie kann aus der Creative Cloud geladen werden.

◀ **Abbildung 22.1**
Der Adobe Application Manager zeigt u. a. an, welche Apps aktualisiert werden können.

22.2 Apps für Bildverarbeitung und Verwaltung

Drei interessante Tools wollen wir uns kurz ansehen: Photoshop, Lightroom und die Bridge.

Adobe Photoshop CC

Die meisten Webdesigner verwenden Adobe Photoshop für die Bearbeitung und Erstellung von Bildern. Sie können Bilder retuschieren und Schaltflächen, Überschriften, Hintergrundgrafiken etc. erstellen. Photoshop wird von vielen Webdesignern auch verwendet, um einen Prototyp der Website zu erstellen, der dann dem Kunden vorgelegt wird, bevor die Website in HTML umgesetzt wird.

Dreamweaver bietet eine direkte Anbindung an Photoshop (siehe Abschnitt 13.5, »Zusammenarbeit mit Photoshop CC«).

▲ **Abbildung 22.2**
Adobe Photoshop in Aktion

Apple iPhoto und Adobe Aperture

Auf Apple-Computern ist iPhoto vorinstalliert. Damit lassen sich Fotos verwalten und bearbeiten. Es bietet jedoch nur grundlegende Funktionen und ist für ambitionierte Fotografen kaum geeignet. Für professionelle Fotografen hat Adobe die Software Aperture mit einem ähnlichen Funktionsumfang wie Lightroom im Programm. Lightroom ist jedoch beliebter, da Adobe die Software besser an ihren Workflow angepasst hat.

Für Anfänger ist jedoch der Einstieg in Photoshop nicht ganz einfach. Insgesamt bietet Photoshop u. a. die folgenden Funktionen, die für Webdesigner benötigt werden:

► Bilder verbessern bzw. retuschieren
► Zuschneiden von Bildern
► Freistellen von Bildern (Hintergrund entfernen)
► Erstellung von Überschriften
► Erstellung von Schaltflächen
► Erstellung von Kacheln, die sich als Hintergrund eignen
► Exportieren von Bildern ins PNG- oder JPG-Format

Adobe Photoshop Lightroom

Lightroom richtet sich in erster Linie an Fotografen, die ihre digitalen Bilder verwalten und bearbeiten möchten. Im Vergleich zu Photoshop ist die Bedienung von Lightroom etwas einfacher, da nur die Funktionen integriert sind, die für die Fotobearbeitung sinnvoll sind. Die Bilder können katalogisiert und mit zahlreichen Filterfunktionen durchsucht werden. Mit Lightroom können Sie auch sehr einfach aus einer Sammlung von Bildern eine Webgale-

rie (HTML-Format) erzeugen, die Sie dann in Dreamweaver wei-
terverarbeiten können.

Zur Erstellung von Grafiken, Schaltflächen, Texteffekten etc. ist
Lightroom nicht geeignet. Für Webdesigner ist daher Photoshop
ein unverzichtbares Werkzeug.

Lightroom bietet u. a. die folgenden Funktionen:

▶ umfangreiche Fotobearbeitungswerkzeuge

▶ komfortable Verwaltung von Fotos

▶ Fotos mit GPS-Metainformationen können auf einer Karte
angezeigt werden

▶ Generieren von Web-Bildergalerien im HTML-Format

▶ Erstellung von Fotobüchern im PDF-Format oder Versenden an
einen Druckdienstleister (*http://www.blurb.de*)

▼ Abbildung 22.3
Adobe Photoshop Lightroom
ermöglicht die komfortable
Verwaltung von Fotos.

Adobe Bridge

Adobe Bridge ist eine Applikation, mit der Sie Bilder und andere
Dokumente komfortabel anzeigen und verwalten können. Es
dient sozusagen als Medienzentrale oder Medienmanager für Ihre
Dokumente. Adobe Bridge bietet u. a. die folgenden Funktionen:

▶ Anzeige von Bildern bzw. Dokumenten aus Photoshop, Illustrator, Camera Raw, InDesign u. v. m.

▶ Anzeige von Metadaten, wie z. B. Datum und Uhrzeit der Aufnahme des Fotos und die verwendete Blendeneinstellung

▶ umfangreiche Such- und Filterfunktionen

▶ übersichtliches Gruppieren von Bildern mithilfe von Stapeln

▼ Abbildung 22.4
Adobe Bridge

▶ Importieren von Fotos von einer Digitalkamera oder einer Speicherkarte

22.3 Apps für Animationen

Zur Erstellung von Animationen kann entweder Flash oder Edge Animate eingesetzt werden.

Adobe Flash CC

Flash war lange Zeit die Software Nummer eins für die Erstellung von Animationen und interaktive Navigationen in Websites. Mit Flash lassen sich auch interessante Anwendungen wie zum Beispiel Spiele programmieren oder ganze Datenbankapplikationen wie etwa Shops erstellen.

Um einen Flash-Film in eine Webseite zu integrieren, muss er zunächst aus Flash in das SWF-Format exportiert werden. Anschließend kann diese Datei dann in Dreamweaver über EINFÜGEN • MEDIEN • FLASH SWF eingefügt werden.

Das Flash-Format hat jedoch einen entscheidenden Nachteil: Damit Flash-Filme im Browser betrachtet werden können, wird ein Flash-Plugin benötigt, das kostenlos auf der Adobe-Website erhältlich ist. Bei den aktuellen Versionen von Windows ist der Flash-Player bereits vorinstalliert. Auf Mac OS X lässt sich der Flash-Player nachträglich installieren. Flash wird auf mobilen Geräten, insbesondere auf Apples iPhone und iPad, nicht abgespielt. Da diese mobilen Geräte inzwischen eine relativ große Verbreitung gefunden haben, sollten Sie besser auf die Verwendung von Flash verzichten.

YouTube

In Kapitel 21, »Mashups – YouTube, Facebook und Co. integrieren«, erfahren Sie, wie Sie YouTube-Videos integrieren. Dieses Vorgehen hat den Vorteil, dass Ihre Videos auch auf mobilen Geräten wie iPhones und iPads optimal abgespielt werden.

Adobe Edge Animate CC

Mit Adobe Edge Animate können Sie komfortabel Animationen erstellen und als HTML- und JavaScript-Dateien exportieren, die dann im Gegensatz zum Flash-Format auch auf mobilen Webbrowsern funktionieren.

22.4 Apps zur Bearbeitung von Websites

Neben Dreamweaver bietet Adobe noch andere Apps an, deren Funktionsumfang sich teilweise mit Dreamweaver überschneidet.

Adobe Muse

Mit der neuen Applikation Adobe Muse können Websites ohne HTML-, CSS- oder JavaScript-Kenntnisse erstellt werden. Mithilfe von Widgets können sehr einfach z.B. Navigationen, Diashows und Kontaktformulare in die Website integriert werden. Die App leitet den Benutzer durch die vier Phasen der Webentwicklung:

1. **Planung**: Hier werden die Webseiten mit einem Strukturdiagramm vorbereitet.

2. **Entwurf**: In dieser Phase werden die Inhalte der Webseite auf sehr einfache Art vorbereitet. Jede Webseite basiert auf einer Musterseite. Auf den Musterseiten werden all die Elemente angelegt, die für alle Seiten gleich sind (wie z.B. das Logo, die Navigation und der Fußbereich).

3. **Vorschau**: In der Vorschau wird die Website direkt in der Applikation dargestellt und kann dort auch getestet werden.

4. **Veröffentlichen**: Die Website kann anschließend auf einen Server hochgeladen werden. Hierbei wird der kostenpflichtige Dienst Adobe Business Catalyst verwendet. Alternativ lassen sich die Webseiten auch per FTP auf einen Webserver Ihrer Wahl hochladen.

▼ **Abbildung 22.5**
Mit dem Strukturdiagramm in Adobe Muse kann die Website übersichtlich geplant werden.

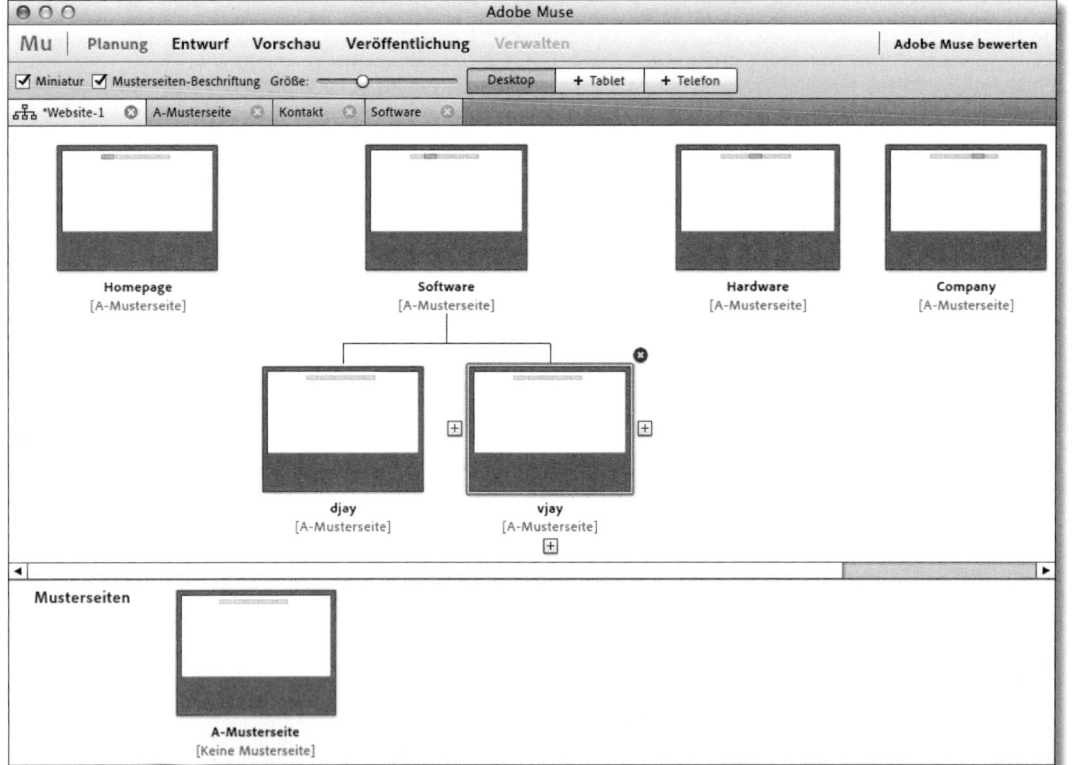

Adobe Muse richtet sich hauptsächlich an Designer, die keine HTML-Kenntnisse haben. Das Programm ist aber auch für Dreamweaver-Benutzer interessant, die auf die Schnelle eine einfache

Website erstellen möchten. Adobe Muse kann zudem verwendet werden, um einen Prototyp einer Website zu erstellen.

Adobe Edge Inspect

Wenn Sie Webseiten erstellen, ist es sehr wichtig, dass Sie die Seiten auch auf mobilen Geräten testen. Dieser Test kann jedoch relativ umständlich sein: Nehmen Sie z. B. eine Änderung an einer Webseite vor, müssen Sie die Seite zunächst auf einen Webserver hochladen und dann auf einem mobilen Gerät aufrufen, um die Änderung zu testen. Diesen Workflow müssen Sie für jede Änderung wiederholen.

Genau hier hilft das Programm Adobe Edge Inspect. Sobald Sie eine Änderung an einer Webseite vorgenommen haben, wird sie an ein mobiles Gerät gesendet und kann dort getestet werden. Screenshots, die auf dem mobilen Gerät aufgenommen werden, lassen sich direkt an Ihren Rechner senden. Adobe Edge Inspect ist daher auch eine ideale Ergänzung für Dreamweaver-Benutzer.

Damit dieser Workflow komfortabel funktioniert, müssen Sie auf allen Browsern die Erweiterung Adobe Edge Inspect installieren; auf iOS- oder Android-Geräten ist die kostenlose App Adobe Edge Inspect aus dem jeweiligen App Store erforderlich.

Adobe Edge Reflow CC

Mit Adobe Edge Reflow CC lassen sich sehr komfortabel responsive Layouts erstellen. Diese Funktion ist vergleichbar mit der Funktion FLIESSENDES RASTERLAYOUT, bietet jedoch mehr Einstellmöglichkeiten. Außerdem können Grafikelemente direkt aus Photoshop übernommen werden.

Adobe Edge Code CC

Adobe Edge Code ist ein HTML- und CSS-Editor, vergleichbar mit TextMate oder Sublime Text. Die App richtet sich an Entwickler, die direkt im Code arbeiten. Da Dreamweaver sowohl eine Entwurfs- als auch eine Code-Ansicht besitzt, ist diese App für Dreamweaver-Benutzer nicht notwendig.

Index

Markus Wäger

Grafik und Gestaltung

Das umfassende Handbuch

Was macht eine Gestaltung perfekt? Dieses umfassende Praxisbuch zeigt Ihnen im Detail, wie Sie mit Form, Farbe, Schrift und Bildern ansprechende und professionelle Layouts erstellen. Markus Wäger verrät so manchen Trick aus der Praxis und wertvolles Hintergrundwissen. Nutzen Sie das Buch als Nachschlagewerk und Inspirationsquelle – und perfektionieren Sie Ihre Designs!

ISBN 978-3-8362-1206-9
www.galileodesign.de/1812

620 Seiten, 2010, 39,90 €

Ein Muss für jeden spezialisierten Kreativen, der über den Tellerrand seiner Disziplin hinausblicken will. DOCMA

Claudia Korthaus

Grundkurs Grafik und Gestaltung

Für Ausbildung und Praxis

Dieses Buch führt Sie Schritt für Schritt in die Geheimnisse guter Gestaltung ein. Es zeigt Ihnen, welche Grundregeln es zu beachten gilt und wie Sie mit den richtigen Farben, Bildern und Schriften Layouts entwerfen, die im Gedächtnis bleiben. Mit zahlreichen Beispielen, Vorher-nachher-Vergleichen und praktischen Checklisten!

318 Seiten
2. Auflage 2013
24,90 €

ISBN 978-3-8362-2355-3
www.galileodesign.de/3357

Claudia Runk

Grundkurs Typografie und Layout

Für Ausbildung und Praxis

Diese liebevoll gestaltete Einführung zeigt Ihnen, wie Ihre Entwürfe durch den richtigen Umgang mit Schrift gewinnen können – von der passenden Schriftwahl über Abstände bis hin zu Grundlinienrastern und dem optimalen Seitenformat. Beispiele aus Print und Web, umgesetzt mit InDesign und QuarkXPress, vervollständigen das Buch.

319 Seiten
3. Auflage 2012
24,90 €

ISBN 978-3-8362-1794-1
www.galileodesign.de/2627

Claudia Korthaus

Das Design-Buch für Nicht-Designer

Gute Gestaltung ist einfacher, als Sie denken!

Die einzige Voraussetzung für dieses Buch ist: Spaß am Gestalten! Egal ob Grußkarte, Vereinszeitung oder Aushang – schauen Sie sich einfach die zahlreichen Beispiele an und lassen Sie sich inspirieren. Vorher-nachher-Vergleiche und genaue Analysen helfen beim Verstehen. So steht gutem Design nichts mehr im Wege!

ISBN 978-3-8362-1779-8
www.galileodesign.de/3105

330 Seiten, 2013, 24,90 €

Aus dem Inhalt:

- Drei Schritte für jede Gestaltung
- Layouts für jeden Zweck
- Ideen gekonnt umsetzen
- Aufmerksamkeit erzeugen
- Standards kennen und nutzen
- Die richtige Schrift auswählen
- Passende Farben finden
- Mit Räumen arbeiten
- Visitenkarte, Briefbogen
- Flyer, Broschüre, Plakat
- Postkarte, Einladung
- Aushang, Vereinszeitung
- Webseite u. v. m.

Björn Rohles

Grundkurs Gutes Webdesign

Alles, was Sie über Gestaltung im Web wissen sollten

So entstehen moderne und attraktive Websites, die jeder gerne besucht! In diesem Buch erlernen Sie die Gestaltungsgrundlagen für gutes Webdesign – vom Layout über Farben und Schrift bis hin zu Grafiken, Bildern und Icons. So wird aus einer einfachen Website ein echter Hingucker. Inkl. HTML5, CSS3 und Responsive Webdesign.

424 Seiten, 2013, mit DVD, 24,90 €

ISBN 978-3-8362-1992-1
www.galileodesign.de/3236

Aus dem Inhalt:

- Gestaltungsgrundlagen
- Ideen finden und bewerten
- Typografie, Webfonts
- Farblehre, Farbe im Web
- Grafiken, Bilder, Icons
- Buttons, Links, Navigation
- Website-Konzeption
- Informationsarchitektur
- CSS-Layouts, Raster
- HTML5 und CSS3

Hussein Morsy

Adobe Dreamweaver CC

Der praktische Einstieg

Sie möchten Ihre eigene Website mit Dreamweaver CC erstellen? Dann starten Sie mit diesem Buch durch: Vorlage anlegen, Seite füllen, Navigation hinzufügen, Website veröffentlichen. Auch zu Formularen, der Ausgabe auf mobilen Geräten, Bloggen u.v.m. Wie schrieb einer unserer Leser? »Ein spannendes, lesens- und lernenswertes Buch, einfach genial für Einsteiger«.

394 Seiten
29,90 €
2013

ISBN 978-3-8362-2452-9
www.galileodesign.de/3387

Manuela Hoffmann

Modernes Webdesign

Gestaltungsprinzipien, Webstandards, Praxis

Die Grafikerin und Webdesignerin Manuela Hoffmann (pixelgraphix.de) führt Sie von der Idee über erste Entwürfe bis hin zur technischen Umsetzung: ein Wegweiser für modernes Webdesign, der gleichzeitig Praxis, Anleitung und Inspiration liefert. Inkl. DVD mit Beispielmaterial, Software, WordPress-Template u.v.m.

422 Seiten, 2013
mit DVD
39,90 €

ISBN 978-3-8362-1796-5
www.galileodesign.de/2907

Heiko Stiegert

Modernes Webdesign mit CSS

Schritt für Schritt zur perfekten Website

In ausführlichen Praxisworkshops zeigt Ihnen Heiko Stiegert, wie Sie moderne und professionelle Webdesigns standardkonform mit CSS realisieren. Attraktive Beispiele demonstrieren sowohl die Gestaltung einzelner Seitenelemente als auch das Layout ganzer Websites. Zahlreiche Profi-Tipps und -Tricks zu CSS3 lassen garantiert keine Fragen offen!

Sehr anschaulich! der webdesigner

444 Seiten, 2011
mit DVD
39,90 €

ISBN 978-3-8362-1666-1
www.galileodesign.de/2455

Alexander Hetzel

WordPress 3

Das umfassende Handbuch

Das Buch zeigt Ihnen den richtigen Umgang mit WordPress. Angefangen bei der Installation bis hin zur Anpassung und Konfiguration Ihrer Website oder Ihres Blogs. Dazu zählt auch die Darstellung der komplexen Entwicklung von eigenen Design-Vorlagen und Erweiterungen. Inkl. Einbindung von Social-Media und SEO.

707 Seiten
2. Auflage 2012
mit CD
29,90 €

ISBN 978-3-8362-1943-3
www.galileocomputing.de/3152

392 S., 2013
29,90 €

Stefanie Aßmann, Stephan Röbbeln
Social Media für Unternehmen
Das Praxisbuch für KMU

Unser Buch gibt Ihnen einen Einblick in alle relevanten Arbeitsschritte für eine erfolgreiche Social-Media-Teilnahme. Konkrete Themenfelder zeigen Möglichkeiten der Umsetzung und bieten konkrete Anleitungen und Best Practices.

Das Buch ist ein idealer Begleiter für jeden, der Social Media im Unternehmen neu einsetzen möchte. Webmagazin

ISBN 978-3-8362-1977-8
www.galileocomputing.de/3211

575 S., 2013
29,90 €

Vivian Pein
Der Social Media Manager
Handbuch für Ausbildung und Beruf

Was ist ein Social Media Manager? Welche Aufgaben nimmt er wahr? Und welche Ausbildungsmöglichkeiten gibt es für diesen spannenden neuen Beruf? Antworten darauf und vieles mehr bietet das erste deutsche Handbuch für jeden, der diesen Job anstrebt oder die Stelle im Unternehmen einführen möchte. Praxisnah und umfassend!

ISBN 978-3-8362-2023-1
www.galileocomputing.de/3280

522 S., 2013
29,90 €

Rebecca Belvederesi-Kochs
Erfolgreiche PR im Social Web
Das praktische Handbuch

Facebook, Twitter und Co. sind fester Bestandteil moderner Pressearbeit. Nutzen Sie die Möglichkeiten der sozialen Medien. Unsere Autorin gibt Ihnen einen umfassenden Überblick über PR im Social Web und erklärt Ihnen Social-Media-Kampagnen von der Idee bis zur Realisierung. Für Unternehmen, Verbände und NGOs.

Das Buch kann eine sehr hilfreiche Stütze für Einsteiger, aber auch Fortgeschrittene sein.
Wissenssucher, Falk Hedemann

ISBN 978-3-8362-2011-8
www.galileocomputing.de/3260

402 S., 2013
29,90 €

Anne Grabs, Jan Sudhoff
Empfehlungsmarketing im Social Web
Kunden gewinnen und Kunden binden

Kaufanreize schaffen durch Empfehlungen von Freunden, das ist Social Commerce. Ob im Online-Shop oder im lokalen Handel, mit diesem Buch erhalten Sie Grundlagen, Best Practices und zahlreiche Tipps und Tricks an die Hand, wie Sie Ihren Umsatz steigern und Ihr Marketing durch Facebook & Co. verbessern können. Mobil, lokal und online. Vor, während und nach dem Kaufprozess.

ISBN 978-3-8362-2038-5
www.galileocomputing.de/3300

538 S., 2. Auflage
2012, 29,90 €

Anne Grabs, Karim-Patrick Bannour
Follow me!
Erfolgreiches Social Media Marketing mit Facebook, Twitter und Co.

Folgen Sie der Erfolgsstrategie der Autoren. Was ist Social Media? Wie gehen Sie damit um? Welche Schritte müssen in welcher Reihenfolge erfolgen? Welche Gefahren drohen und wie können Sie diese minimieren? All dies verraten Ihnen Anne Grabs und Karim-Patrick Bannour.

Follow me! ist als Einsteiger-Handbuch für Social Media absolut empfehlenswert. Nico Lumma

ISBN 978-3-8362-1862-7
www.galileocomputing.de/3028

504 S., 2. Auflage
2013, 29,90 €

Lukas Adda
Face to Face
Handbuch Facebook-Marketing

Face to Face bietet einen umfassenden Überblick zum Einsatz von Facebook als Marketing-Instrument. Inkl. Definition von Zielen, Strategien und zahlreichen Best Practices. Lukas Adda gibt Ihnen erprobte Strategien und kreative Denkanstöße für erfolgreiche Social-Media-Kampagnen auf Facebook an die Hand.

ISBN 978-3-8362-2212-9
www.galileocomputing.de/3323

Thomas Künneth

Android 4

Apps entwickeln mit dem
Android SDK

Sie möchten Apps für Android Tablets
und Smartphones entwickeln? Java-
Kenntnisse vorausgesetzt, wird Ihnen
das durch die verständlichen Erklärun-
gen und zahlreichen Praxisbeispiele
schnell gelingen. Ob GUIs, Datenbanken, Kamera, Multimedia, Kontakte
oder GPS – hier erfahren Sie alles, was
Sie wissen müssen!

446 S., 2. Auflage
2012, mit DVD
34,90 €

ISBN 978-3-8362-1948-8
www.galileocomputing.de/3167

Uwe Post

**Android-Apps entwickeln
für Einsteiger**

Ihr Einstieg in die App-Programmie-
rung! Grundkenntnisse in der Programmierung werden vorausgesetzt, und
es kann losgehen: Hier lernen Sie auf
besonders einfache und unterhaltsame
Weise, wie Sie Apps für Android entwickeln. Schritt für Schritt programmieren
Sie ein eigenes Spiel, das sich sehen
lassen kann!

409 S., 3. Auflage
2013, mit DVD
24,90 €

ISBN 978-3-8362-2629-5
www.galileocomputing.de/3470

Thomas Theis

**Einstieg in Objective-C 2.0
und Cocoa**

Programmieren für Mac,
iPhone und iPad

Wer ansprechende GUI-Anwen-
dungen und gute Apps für die
Mac-Welt entwickeln will, benötigt
grundlegende Kenntnisse der Programmiersprache und der Entwicklungs-
umgebung. Dieses Buch bietet Ihnen
das notwendige Basiswissen, leicht
verständlich aufbereitet, damit Sie
sofort durchstarten können.

502 S., 2013, mit
DVD, 29,90 €

ISBN 978-3-8362-1933-4
www.galileocomputing.de/3141

Klaus M. Rodewig, Jörg Brunsmann

**iPhone- und iPad-Apps
entwickeln**

Ideal für Programmiereinsteiger
geeignet

Unsere Autoren zeigen Ihnen, wie
Sie Schritt für Schritt Ihre eigene App
erstellen und diese im App Store veröffentlichen. Dabei werden alle wichtigen
Grundlagen mit viel Hintergrundwissen
beschrieben. Praktische und direkt
nachvollziehbare Beispiele helfen beim
Verständnis. Aktuell zu iOS 7.

345 S., mit DVD
2013, 29,90 €

ISBN 978-3-8362-1942-6
www.galileocomputing.de/3154

Klaus M. Rodewig, Clemens Wagner

**Apps programmieren für iPhone
und iPad**

Das umfassende Handbuch

Unsere Autoren zeigen Ihnen, wie Sie
professionell eigene Apps entwickeln
können. Dabei werden alle wichtigen
Themen in der gebotenen Tiefe mit
viel Hintergrundwissen beschrieben.
Praktische und direkt nachvollziehbare
Beispiele helfen beim Verständnis.
Programmiergrundkenntnisse sollten
vorhanden sein. Das Buch ist aktuell
zu iOS 7.

1.170 S., 39,90 €
Dezember 2013

ISBN 978-3-8362-2734-6
www.galileocomputing.de/3521

Florian Franke, Johannes Ippen

Apps mit HTML5 und CSS3

für iPad, iPhone und Android

Entdecken Sie die Möglichkeiten von
HTML5 und CSS3 für die Entwicklung
von modernen Apps. Sie erstellen
erste Apps, gestalten Zeitschriften und
Bücher für iPad und Co. und nutzen
alle Möglichkeiten der mobilen Geräte.
Inkl. Ausbau zu nativen Programmen
und dem Einsatz von JavaScript-Frame-
works.

524 S., 2. Auflage
2013, mit DVD
29,90 €

ISBN 978-3-8362-2237-2
www.galileocomputing.de/3330

Harald Franzen
Die Fotoschule in Bildern. Bildgestaltung

Der Fotojournalist Harald Franzen zeigt Ihnen, wie Sie mit bewusster Gestaltung das Beste aus Ihren Motiven machen. Sie lernen, wie Sie Motive sehen und mithilfe von Linien, Formen, Licht, Farbe, Zeit u.v.m. inszenieren. Viele inspirierende Fotos, deren Entstehungsgeschichten und Aufnahmedaten sowie erläuternde Skizzen und Vergleichsbilder veranschaulichen Ihnen alle Aspekte der Bildgestaltung – Bild für Bild!

312 Seiten, 2012, 29,90 €

ISBN 978-3-8362-1874-0
www.galileodesign.de/3044

Christian Westphalen
Die große Fotoschule
Digitale Fotopraxis

Alles zur Fotografie im digitalen Zeitalter! Vollständig und verständlich präsentiert dieses Schwergewicht unter den Fotoschulen die Themen Kamera- und Objektivtechnik, Bildgestaltung, Licht und Beleuchtung, Blitzfotografie, Scharfstellung, Filmen mit der DSLR, Bildbearbeitung, Fotogenres und vieles mehr.

Gebündeltes Wissen rund um die Digitalfotografie.
PHOTOGRAPHIE

712 Seiten, 2. Auflage mit DVD, 2013, 39,90 €

ISBN 978-3-8362-2384-3
www.galileodesign.de/3367

Robert Mertens
Kreative Fotopraxis
Bewusst sehen, außergewöhnlich fotografieren

Mangelt es Ihnen an Bildideen, und wünschen Sie sich, »anders« zu fotografieren? Das können Sie lernen! Robert Mertens zeigt Ihnen in diesem einzigartigen Buch, wie Sie Ihr kreatives fotografisches Potenzial entwickeln können. So lernen Sie, mit frischem Blick an die Fotografie heranzugehen – Motive wahrnehmen, neu interpretieren und gestalten!

240 Seiten, 2012 39,90 €

ISBN 978-3-8362-1676-0
www.galileodesign.de/2479

Jacqueline Esen
Der große Fotokurs
Besser fotografieren lernen

Diese Fotoschule ist Ihr umfassender Einstieg in die digitale Fotografie. Jacqueline Esen erklärt Ihnen leicht und verständlich alle Grundlagen. Zusätzlich gibt sie Ihnen zahlreiche Praxistipps und Übungsbeispiele an die Hand. So machen Sie im Handumdrehen tolle Bilder!

439 Seiten 2. Auflage 2013 19,90 €

ISBN 978-3-8362-2030-9
www.galileodesign.de/3293

Wolfgang Rau
Recht für Fotografen
Der Ratgeber für die fotografische Praxis

Wolfgang Rau erklärt anhand zahlreicher Beispiele Ihre Rechte und Grenzen beim Fotografieren! Ob es um Fotos von Natur, Architektur oder Menschen geht, um Begriffe wie Urheberrecht, Panoramafreiheit oder das Recht am eigenen Bild, um die Frage, wie Sie Ihre Rechte schützen oder selbst Verträge aufsetzen – alles wird kompetent und verständlich erklärt.

Eine verlässliche Informationsquelle für Fotoamateure und Berufsfotografen.
NaturFoto

436 Seiten 2. Auflage 2013 34,90 €

ISBN 978-3-8362-2580-9
www.galileodesign.de/3427